改 訂 版
岐路に立つ日中関係

――過去との対話・未来への模索――

家近亮子/松田康博/段 瑞聡 編著

晃洋書房

目　　次

序　章　日中関係の現状 ………………………… 家近亮子　1
1 「敵か？　友か？」──本書執筆の動機，改訂版によせて──　1
2 「上か？　下か？」──日中関係の位相の変遷とその現状──　3
3 「過去か？　未来か？」──本書構成の説明──　10

第Ⅰ部　過去との対話

第一章　歴史認識問題 ………………………… 家近亮子　14
はじめに　14
1 歴史認識とは何か　15
2 日中間の歴史認識問題　16
3 日中間の歴史認識問題の展開　24
おわりに──「戦略的互恵関係」構築と歴史認識問題（2006年〜）──　34

第二章　靖国神社参拝問題 ………………………… 一谷和郎　39
はじめに　39
1 首相靖国参拝の政治化　40
2 閣僚靖国参拝の日中間における政治化　44
3 小泉首相靖国参拝と日中関係　51
おわりに　57

第三章　教科書問題 ………………………… 段　瑞聡　65
はじめに　65
1 「55年体制」の成立と日本国内における教科書問題の発生　65
2 1982年の教科書問題　67
3 1986年の教科書問題　71
4 2001年の教科書問題　75

5　2005年の教科書問題　*81*
        おわりに　*82*

    第四章　日本の戦後賠償・補償問題　……………　中岡まり　*88*
        はじめに　*88*
        1　国家間賠償について　*89*
        2　個人に対する補償　*96*
        おわりに　*104*

    第五章　中国の愛国主義教育　………………………　木下恵二　*111*
        はじめに　*111*
        1　愛国主義とは何か　*112*
        2　愛国主義教育の展開　*116*
        おわりに　*127*

第Ⅱ部　未来への模索

    第六章　安全保障関係の展開　……………………　松田康博　*136*
        はじめに　*136*
        1　冷戦期の日中安全保障関係
            ──敵対関係の終結と防衛協力の欠如──　*137*
        2　ポスト冷戦時期
            ──防衛交流の進展と限界──　*140*
        3　相互不信・懸念の増大　*144*
        4　地域安全保障への関与と危機管理　*149*
        おわりに　*155*

    第七章　「東アジア」をめぐる日中関係，1997～2005
            ………………………………………………　増田雅之　*162*
            ──日中関係の枠組転換を中心に──
        はじめに　*162*
        1　東アジアにおける地域協力の進展　*163*
        2　中国の「周辺外交」と対日関係　*169*

3　日本の東アジア外交と対中国関係　*176*
　おわりに――「72年体制」の終焉と「東アジア」の希薄化――　*181*

第八章　海洋をめぐる日中関係 ……………… 阿南友亮　*191*
　　　　――新たな秩序形成の模索――
　はじめに　*191*
　　1　排他的経済水域（EEZ）・大陸棚の境界画定問題　*191*
　　2　境界画定から発生した諸問題　*201*
　おわりに　*217*

第九章　台湾問題の新展開 ……………… 松田康博　*222*
　はじめに　*222*
　　1　ポスト冷戦期における台湾問題の政治化過程　*223*
　　2　日中政治関係悪化過程における台湾問題　*228*
　　3　日中間の認識ギャップと日台関係の実態　*238*
　おわりに　*244*

第十章　対中経済協力 ……………… 加茂具樹　*252*
　はじめに　*252*
　　1　成功した対中経済協力　*252*
　　2　対中経済協力の見直し議論　*256*
　　3　対中有償資金協力の新規供与の停止　*260*
　　4　国益だけでは割り切れない「国民の感情」　*267*
　おわりに　*272*

第十一章　日中経済関係の歴史的転換 ……… 唐　成　*279*
　はじめに　*279*
　　1　近代における日中経済関係　*280*
　　2　国交不正常期の日中経済関係　*285*
　　3　国交正常化後の日中経済関係　*289*
　おわりに　*295*

第十二章　アメリカの対中・対日政策　………… 伊藤　剛　298
　　　　――乖離する相互イメージ――

　はじめに――政策の「送り手」と「受け手」――　298
　1　「中国大国論」と日米同盟の「質」
　　　――アメリカにとっての「日中離間」――　300
　2　東アジアの「分断」と「統合」　305
　3　前方展開「10万人体制」の将来　307
　おわりに
　　　――中国の経済成長によるアジアの変容とアメリカの戦略――　310

改訂版へのあとがき　315
人名索引　319
事項索引　322

序　章　日中関係の現状

1　「敵か？　友か？」——本書執筆の動機，改訂版によせて——

「日本は，敵か？　友か？」，これは1934年に発せられた蔣介石による問いかけである．蔣介石は同名の文章を翌35年日本の雑誌に寄稿した．蔣は寄稿の目的を「東亜の安定のため，日中問題を真っ正面から認識し，逃げ隠れせず，忠実に検討する」ことにあるとした．

　その問い対して，蔣介石自身は「日本は結局中国の敵にはならず，中国もまた最終的には日本と手を結ぶ必要があることを知っている」と答えた．そして，日中は「共存共亡の民族」であり，「互いに敵となれば，絶滅の危機に瀕する」ため，「友好の回復は日中が共に背負うべき時代の使命である」と結論づけたのである．[1]

　同文章からは日本という国をどのように理解し，対処すべきかに苦悩する中国の姿が手に取るようにわかる．1934年といえば当然のことながら満州事変及び満洲国建国の後で，日本と中国は多くの政治的，軍事的矛盾を抱え，中国共産党が全国的に抗日運動を展開していた時期であった．それでも，蔣はあくまでも日本との「友好」構築の可能性を模索しようとした．

　日本政府はこの蔣介石の問いかけに積極的に対応し，靖国神社参拝問題で話題となったA級戦犯の一人であり，当時外相であった広田弘毅が1935年2月対中経済提携を本格化させる方針を発表する．その方針に基づき，民間実業視察団の相互交流，中国に対する技術援助，貿易における特殊バーター制（中国商品の輸入増大）の導入，そして上海銀行への2億元の緊急援助，という具体的な政策が提起された．[2]

　この日本政府の方針は，蔣介石はもとより他の多くの国民政府要人にも歓迎された．欧米派の代表であった孫科までが日本の方針を「東亜和平の曙光」で

あり，日中は「共存共栄相互扶助」の関係を築くこととなったとし，汪精衛は満州問題を日中間の「唯一の障碍」であるとの認識を示し，「将来の解決に待つに止めたい」と述べ，当面は問題にしないとの方針を発表したのである[3]。[4]

中国国内ではその後「中日親善ブーム[5]」が一気に高まり，貿易額は増大し，日中は精力的に経済視察団の相互交換をおこない，1935年上半期だけでも留日学生の数は4000人に上り，近代以降最多となる[6]。この状況を受けて蔣介石は9月，日本の雑誌である『経済往来』に「中日関係の転回」を寄稿し，「中日和平こそが世界平和に最大の貢献を為すものである」との見解を示し，日中関係が平等の原則の下に推移することに期待をこめた[7]。

すなわち，この時期日中両国政府は満州問題を代表とするさまざまな政治問題を棚上げにし，日本の軍部のさらなる侵略の意図への対応を先送りにし，「経熱」の「親善」関係を強化させていったのである．このような状況を『東洋経済新報』の編集記者であった石橋湛山は「永久の日支親善など云うことは望んでいない」し，「遠い将来の事は判らない」が，「先ず今日の親善を工作する」ことが重要であり，「今日主義の親善策こそ，実は真の永久親善策なのである」と論評したのである[8]。

しかし，石橋のいう「今日主義」の親善が歪なものであり，決して永久親善につながらなかったことは，歴史の証明するところである．近代史の視点からすると，1990年代後半からの日中関係を特徴づけていた「政冷経熱」は目新しいことではなかった．日中間にはそれと同じような状況が過去何度か認められた．トインビーの歴史の同時代性論からいうと，2006年までの日中関係は前述した1934-36年の状況と極めて類似していたといわざるを得ない．近代においては周知の通り，その後37年7月7日の盧溝橋事変を契機とする日中戦争が起きている．政治問題をおざなりにしての経済関係の強化と形式的友好関係の構築は砂上の楼閣に過ぎず，常に危険をともなうものである．

このような近代史を歴史の教訓とし，本書初版を執筆した時期に横行していた極端な楽観主義や悲観主義を払拭するため，我々は日中関係を「真っ正面から認識」するため，「忠実な検討」に真摯に取り組むこととした．それが，我々11人が結集し，本書を執筆することとなった最大の動機である．そして，その取り組みこそが日本にとって，また中国にとって，互いの国が「敵か？

友か？」を適切に判断する材料を提供し，まさに岐路に立つ日中関係のすすむべき途を示すことができると確信したのであった．

2 「上か？ 下か？」——日中関係の位相の変遷とその現状——

(1) 日中における位相の変遷

　日中関係の悪化が顕著になり，誰の目にも分かるようになってからかなりの年月が経った．その原因は重層的であり，解明には複合的なアプローチが必要となる．その根源の一つに近代以降の日本と中国の東アジア（周縁の東南アジアを含む）における位相の問題をあげることができる．溝口雄三は日中間の現状を「日本に対する中国の位相の上昇という局面」の出現と表現した．溝口によれば，日本は現在「中国の衝撃」を受けており，その衝撃の実体は，日本がいまだに「日本＝優者，中国＝劣者という構図から脱却していない．その無知覚」にあると指摘した．このような日本人の「無知覚」に現在突きつけられているのが，2010年に中国が「国別GDP（世界銀行調査）」で日本を抜き，世界第2位に躍り出たという事実である．予測したよりも急速な中国の経済発展に日本人の多くは眼を見張っているが，中国の「一人あたりGDP」がいまだに96位という数字を見て，納得しようとしているのが現実であろう．「人口は国力である」と主張した毛沢東の「人口大国化論」が今彷彿としてよみがえるのである．

　日中間の位相問題は，単なるヘゲモニー争いや「中国脅威論」，「新冷戦論」では解明することのできないアジア特有の政治文化に根ざしたものである．そしてそれは，日本外交及び日本人の対外認識に根本的な構造転換をせまるものとなった．ここでは，位相という言葉を集合体（東アジア）に対する部分集合（日本及び中国）の運動量の多寡（影響力）を表わす言葉として用いる．

　近代以降の日中関係を見ると，日本の圧倒的位相の上昇が目立つ．しかし，2000年にのぼる日中関係の歴史に目を転じてみると，日本は弥生時代（倭人）から中国（後漢）への朝貢を行い，中国が構築していた華夷的世界秩序（大中華世界）を構成する役割を担わされていた．その間日本が中国から得た文化遺産は大きなものがある．中国は文化圏の拡大と貿易活動を通してその位相の上位

安定を図ってきた．日本がようやく中国との対等な関係を構築できるようになるのは，16世紀，豊臣秀吉の時代になってからである．その後，17世紀になって日中は互いに対外的封鎖政策（日本は鎖国，中国は海禁政策）をとるようになるが，日中貿易は継続していた．日中はその戦争中でも貿易，人的交流は途絶えることがなかった．なぜなら，中国の国土の半分は親日政権か日本占領区であったためである．また，中華人民共和国との国交がなかった時期でも民間貿易・民間外交は活発におこなわれていた．すなわち，歴史的に見て，日中関係が完全に断絶した時期はない．

19世紀半ば日本と中国は共に「西洋の衝撃」を受け，開国を余儀なくされる．しかし，その「西洋の衝撃」の受容の仕方には大きな隔たりがあり，それが両国の近代化の方向性の違いに繋がっていく．中国は近代以降も華夷的世界秩序の維持に対するこだわりをなかなか捨てきれなかった．そのため，いたずらに西洋列強の侵略を深化させることとなり，諸外国との戦争を繰り返すという状況の中で近代化が遅れ，東アジアにおける位相の下降を自ら招いていった．

それに対して，日本は政治体制を一新（「明治維新」）し，これに応えた．日本の「西洋の衝撃」への対応には二つの思想とそれに基づく路線が存在し，対アジア政策，特に対中政策に強い影響を与えてきた．その二つとは，いわゆる「アジア主義」と「脱亜論」である．これらの目的はいずれも西洋列強の侵略からいかに日本を守るかということにあったが，その方法論は大きく異なっていた．アジア主義はアジアの国々，特に朝鮮，中国の近代化を日本が指導し，共に西洋列強に対抗していこうとする「日本盟主論的」なアジア主義と「儒教風な一種のユニバーサリズム」の構築を目ざすアジア主義とに分かれるが[10]，いずれもアジアとの連帯を主張するものであった．

一方，福沢諭吉の「脱亜入欧論」はアジアよりも西欧の一員として日本が認定されることを目ざすものであった．明治政府は，「『隣国の開明を待って共に亜細亜を興す』のではなく，『正に西洋人が之に接するの風に従って処分するべき』であり，『心に於て亜細亜東方の悪友を謝絶』」[11]すべきであるとの福沢の主張を採用し，「攻撃こそ最大の防御」の旗頭の下，軍事力を背景として，アジアにおける位相の上昇を強化していく．

そのような政府の方針の中で，アジア主義的考え方は一部の政治家・資産

家・知識人に継承され，戦前は「日支親善」，戦後は日中友好路線として存在してきた．そして，常に日本政治の争点となり，時には政治の表舞台にたち，時には政府の方針から離れた独自の活動，及び民間活動の展開という形をとりつつも今日に至っている．しかし，近年，「謙中意識」が一般の日本人に浸透する中でその勢力の縮小と活動の低下が著しく認められる．

1990年代から「東アジア共同体」構築の動きが表面化してきた．いわゆるアジア連帯時代の到来において，最も問題となるのが日中の位相問題である．日本は，戦後「脱亜入欧」からその延長線上にある「向米一辺倒」の「離亜入米」へとシフトした．経済大国の実現に成功し，国民の多くが自らがアジア人ではない，少なくとも「一段上のアジア人」[12]であるとの認識をもっていた日本にとって，また，歴史問題の対応に苦慮していた日本にとって，アジア外交は苦手分野であった．そのため，1950年代からアジア諸国と被侵略国としての，また第三世界の一員としての連帯を心がけてきた中国に水をあけられているのが現状である．

1941年12月の太平洋戦争勃発に際し，連合国側に立って正式に日本に宣戦布告した中国は，日米開戦を自らの国際的地位向上の好機ととらえ，積極的な戦時外交を展開した．この最大の外交果実が国際連合における安全保障理事会常任理事国入りであり，五大国の一員としての地位の獲得であった[13]．中国は日中戦争を通して「次植民地」[14]の地位を脱し，国際政治的には日本の圧倒的優位に立ったといえる．

この国際上の地位と歴史問題を巧みに組み合わせ，経済発展のさらなる可能性を自らアピールするという外交戦略によって，中国はアジアにおける位相の上昇に成功した．まさに近代以前の「大中華世界」再構築のうねりが日本が戦後経済力によって培ってきた部分集合を席捲しようとしている状況が出現しつつある．日本はこのうねりを押し戻すのか，巻き込まれるのか，孤高を保つのか，いずれにしても対応を迫られていることは明らかである．その対応の一つが，アメリカ主導のTPP（環太平洋戦略的経済連携協定）への参加となるのであろうか．

（2）日中関係の現状

　今日の日中関係でもっとも懸念されることの一つに日本人の「嫌中意識」の拡大があげられる．その原因には2004年夏のサッカー・アジアカップにおける中国人観客の示したあからさまな反日感情とそれに続く2005年4月の反日デモが考えられる．連日それらの映像はテレビによって早朝から深夜まで飽きることなく繰り返し配信された．たぶん，これは多くの日本人が目の当たりにした初めての抗日運動であった．

　サッカー観戦におけるマナーの悪さに日本人は，中国人の理不尽さに対する憤りをつのらせていった．そして，マスコミは一斉に北京オリンピック開催の是非を問う論調に傾き，中国人の「民度」の低さを問題にした．さらに，その翌年の4月に起きた日本の国連安保理常任理事国入りに反対するデモに，中国人の日本に対する憎悪の深さを思い知らされることになったのである．

　多くの日本人は日本が中国に対して長年おこなってきたODAに思いを至らせ，日中友好のもとにおこなわれてきた交流にむなしさを感じたようである．一般人の「なぜ？」にマスコミと専門家達は中国におけるインターネット上の「反日サイト」や反日教育と同一視されがちな「愛国主義教育」の存在，そして東シナ海における中国軍艦の領海侵犯やガス田開発をめぐる対立を紹介し，さらに近年来の在日中国人の犯罪の多発を伝え，中国脅威論を強調することで答えたのである．おそらく，2004年から2005年春にかけての一連の出来事は，日本人の対中観を分析する上で一つの転機になったといえるであろう．

　2005年の反日デモはどのように解釈すべきか？　ここでどうしても述べておかなくてはならないことがある．それは，中国において国連のもつ「重み」が日本とは比べものにならないということである．日本で国際連合と称しているUnited Nationsは，直訳すると連合国の意味である．連合国という言葉は第二次世界大戦中の1942年1月に出された対ファシズムの連合国共同宣言に由来する．中国語では，国連を「連合国」とそのまま訳して使用している．19世紀半ばから諸外国との不平等条約の締結によって「次植民地」の地位におとしめられ，隣国の「小日本」から侵略を受けた中国にとって，国際的に平等な地位を獲得することは，中国国民党においても，共産党においても，共通の国家目標であった．

序　章　日中関係の現状　7

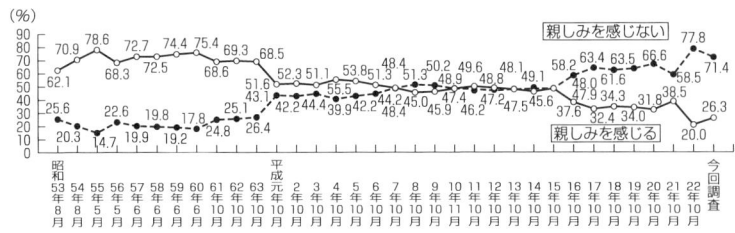

図 序-1　中国に対する親近感
出所）内閣府大臣官房政府広報室「外交に関する世論調査」．

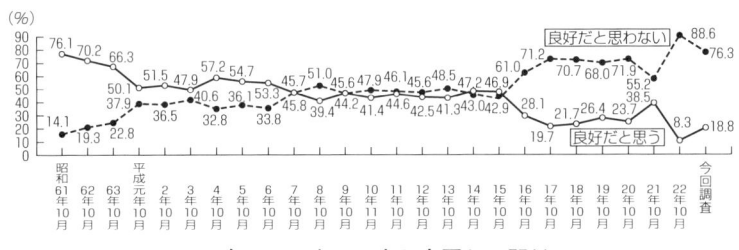

図 序-2　現在の日本と中国との関係
出所）内閣府大臣官房政府広報室「外交に関する世論調査」．

　前述したように，この国家目標を中国は連合国の一員として太平洋戦争に参戦することで達成したのである．中国にとって，「連合国」で獲得した地位は，近代以降の国家的屈辱から脱却したメルクマールでもある．単なる「パワー・ゲーム」的視点だけでは説明できない感情がそこには存在する．また，戦後経済力において日本に大きく差をつけられた中国にとって，国連は日本の優位に立てる唯一の場でもあった．

　すなわち，日本の国連常任理事国入り問題は，中国にとってはまさに歴史問題とも大きくかかわる問題なのである．だからこそ，日本が常任理事国に入るためには，歴史問題に真摯に取り組むことが必要とされる．歴史的視点からすれば，それは容易に理解できる．しかし，いまや中国の歴史問題への執拗なまでのこだわりが日本人の多くを「嫌中」へと追いやっている事実に対して，中国からの配慮が必要とされるのである．

　毎年内閣府大臣官房政府広報室が実施している「外交に関する世論調査」[15]からは日本人の中国に対する認識の推移が分かる．

ここから分かることは，最も日本人が中国に親近感をもっていたのは1980年5月の調査の時で，78.6％の人が「親しみを感じる」と答え，「親しみを感じない」の14.7％を大きく引き離していることである．この時期は第二次大平正芳内閣の時期であった．それに対して反日デモが起きた2005年10月は「親しみを感じない」（「親しみを感じない」30.2％＋「どちらかというと親しみを感じない」33.2％）と答えた人は63.4％にのぼり，この数字は2004年の中国人に対する世論調査における「日本人に親しみを感じない・非常に親しみを感じない」の53.6％をも上回った．[16]

これに対して，「親しみを感じる」と答えた人は32.4％にまで落ち込み，調査開始以降最低となったのである．この中で明確に「親しみを感じる」と解答したのは6.5％に過ぎず（残りは「どちらかというと親しみを感じる」25.9％），戦後最低であった文化大革命時期のものをも下回ったのである．[17]

その後，2006年からの日中両国政府主導の日中関係改善政策（「戦略的互恵関係」の提案，首脳訪問の復活など）により，2009年には「親しみを感じない」は58.5％まで減少し，「親しみを感じる」は38.5％まで回復した．

また，現在の日中関係が良好だと思うかの質問に対しては，2005年は「良好だと思わない」人は71.2％にのぼり，「良好だと思う」の19.7％を大きく引き離している．この中で，明確に「良好だと思う」と答えたのは，1.8％に過ぎなかったのである（残りは「まあ良好だと思う」17.9％）．この調査も2009年には「良好だと思わない」は55.2％まで減少し，「良好だと思う」は38.5％に上昇した．

しかし，本書第八章が初版ですでに予測した通り，2010年9月7日午前10時15分，尖閣諸島付近で操業中の福建省の中国漁船と違法操業を取り締まっていた日本の海上保安庁の巡視船「みずき」とが衝突し，日本が中国漁船の船長を公務執行妨害罪で逮捕するという事件が起きた．これに対して，中国政府は強く抗議し，「尖閣諸島は中国固有の領土」と主張し，中国各地（特に重慶などの内陸部の都市）では反日デモが再発し，中国側の「報復措置」として日本人駐在員の身柄拘束やレアアースの輸出制限などが行われた．また，衝突時の映像がインターネット上に流出したため，この尖閣諸島中国漁船衝突事件以後，再び日本人の謙中意識が激しくなり，2010年末の調査では明確に「親しみを

感じる」と答えた人は 5.3％（「どちらかというと親しみを感じる」14.7％），「友好だと思う」は 1.1％（「まあ良好だと思う」は 7.2％）と 2005 年よりも落ち込み，過去最低となった．2011 年この数字は若干回復したが，それでも極めて低い水準にある．

　これらの調査結果からすると，現在の日中関係は極めて憂慮すべき時代に入ったといわざるを得ない．これは，近代以降日中関係を下支えしてきた日本の「日支親善」「日中友好」派勢力の縮小をも意味し，中国が毛沢東以来主張してきた「日本国民隔離論」[18]にも方向転換を迫るものになりうると思われる．

　日本人の「嫌中」の背景には明らかに前述した「日本に対する中国の位相の上昇」がある[19]．日本にとって，中国は長年日本が経済発展と近代化を援助すべき国の一つであった．しかし，中国の予想を超える経済発展と軍備拡張による「大国化」が中国を「見知らぬ国」へと変化させたのである．1970 年代から日本が外交カードとしてきた ODA ですら効力を発しない状況は，日本にとまどいを与えると同時に，日本に対しても外交戦略の転換を迫ることとなった．

　今後日本にとって重要なことは，大国化しつつある中国とどのように向き合い，付き合っていくのか，その方法論を模索していくことにある．小泉首相の靖国神社参拝の継続は，小泉首相自らが下した一つの方向性であった．2006 年，小泉首相は任期最後となる 6 回目の参拝を 2001 年の自民党総裁選時の公約を実行するため，8 月 15 日の終戦記念日に実行した．国内外からの反対にもかかわらず参拝を実行した理由の一つを小泉首相は，「中国や韓国が嫌がることはするな，という一部の勢力に対抗するため」，「中国も，韓国も日本が嫌がる日本の常任理事国入りに反対した」と答えた．そして，「靖国問題だけで首脳会談を開こうとしない」中国に対して，「自分はいつでも会談に応じる用意がある」との余裕を見せたのである[20]．

　小泉内閣に対する歴史評価は未来に委ねなくてはならないが，中国からの反対があっても主張を変えないという姿勢を貫いた点で歴代の内閣と一線を画することは事実である．このことは，教科書問題，安全保障問題，台湾問題，ODA 問題，尖閣諸島・ガス田開発問題など対中外交全般に見られるようになった．中国の変容が日本をも変えていく．それが負の連鎖となるのか，両政府のいう真の戦略は互恵関係を構築できるのか，いずれにしても冷静な分析が要

求されるのである．

3 「過去か？ 未来か？」──本書構成の説明──

　本書は第Ⅰ部と第Ⅱ部によって構成されている．第Ⅰ部においては日中間の「歴史問題」を論じ，第Ⅱ部においては主に日中関係の現状を分析するのに不可欠で，未来を構築すると予測される諸問題を論じる．しかし，第Ⅰ部と第Ⅱ部は決して断絶するものではなく，歴史の解釈が現在の問題に規定され，また将来の諸問題が歴史問題に束縛され，変容をせまられることも十分に考えておかなくてはならない．すなわち，過去と未来は必ずしも直線的ではないにしても「連続性」という枠組みの中で繋がっているものであり，完全に切り離すことは不可能である．そのことを基本合意とした上で，本書は便宜上二部構成をとることとした．

　第Ⅰ部を構成するのは，「歴史認識問題」（第一章），「靖国神社参拝問題」（第二章），「教科書問題」（第三章），そして「日本の戦後賠償・補償問題」（第四章）である．ここではこれらの問題を「歴史問題」と総称する．歴史問題とは近代以降の日本の中国に対する侵略と，その結果起きた日中戦争から派生した各種の問題を指す．本書においてはこれらの問題が日中双方共に国内問題の性格を色濃く持ち，日本においては政治の争点となり，中国においては支配の正当性につながっているという点を重視しつつ，その変遷と現状及び問題点を分析していく．

　また，本書においては第Ⅰ部に歴史問題の新たな問題として「中国の愛国主義教育」（第五章）を加えた．これは，現在日本人が中国人の対日観悪化の最大の原因であると考えるようになった問題である．「愛国主義教育」の本質は本当に反日歴史教育にあるのか否か．ここでは，本来中国の愛国主義教育がもっていた政治的目的，内容，実態を分析し，それが反日教育として認知されていく過程を考察していく．

　第Ⅱ部においては，現在日中が直面している，もしくは直面するであろうさまざまな問題を分析することで，日中関係の現状を出来うる限り正確に描き出すこととする．その作業は自ずと日中関係の未来像を構築することに役立つこ

ととなると思われる．

　現在，日中関係は対立の側面が偏向して語られる傾向があるが，複合的に相互依存している側面も多々ある．ここでは，歴史問題に阻まれながらも継続してきた「安全保障関係」（第六章），近い将来日中が必ず深く関わりを持たざるを得なくなる「東アジア」をめぐる新たな関係枠組み構築の問題（第七章），本来歴史問題に属していたが，未来志向の関係を構築するためには不可欠となる日本の「対中経済協力」の変遷と今後の方向性をめぐる問題（第十章），そして，近代以降常に日中関係の断絶を防ぎ，架け橋となってきた経済関係の変遷（第十一章）を分析することで，建設的な関係構築の可能性を探る．

　しかし，同時に現在，日中には歴史問題とは別の次元での対立の要因が存在している．歴史問題は「心の問題」，「感情の問題」としてあつかわれることも可能だが，国益にかかわる問題の解決には専門の知識と手段が必要となる．特に，歴史的に長い間棚上げされ，解決を先送りされてきた日中間の海洋をめぐる問題は，領海・領土・漁業を含む資源問題などが内包され，今後厳しい国益の対立を生じさせる可能性があり，その解決には高度な国際法の知識が必要となる．ここでは第八章でこの問題を扱い，複合的なアプローチをこころみる．

　また，本来解決済みである「台湾問題」が将来の新たな日中間の対立要因となるとしたら，そこにはどのような場面が想定されるのだろうか？　なぜ，中国政府は2007年の温家宝首相の日本の国会演説（第一章参照）で見られたように日中間の懸案の一つに台湾問題をあげつづけるのだろうか．その分析は第九章でおこなう．

　また，終章となる第十二章においては，戦後一貫して日中関係に大きな影響を与えつづけ，日中関係の現状と方向性に対しても大きな影響力をもつアメリカが今後どのようなファクターとして日中関係を規定する可能性があるのかを分析していく．

　注
　1）この文章は蔣介石が口述し，腹心の部下であった陳布雷が筆記したが，情勢を鑑みた蔣介石の判断で徐道鄰の名義で雑誌に発表された．――徐道隣「中日関係の検討――敵乎？　友乎？」，『国際知識』昭和10年（1935年）3月号．原文は「敵乎？　友乎？

──中日関係的検討」（『外交評論』第3巻第11，12期，1934年12月20日，南京外交評論社）にある．同文章は1950年9月に蒋介石自らの手で再版された．蒋は再版の理由を「東亜民族の前途の助けとなるため」と説明している．
2）「日支経済調整へわが大綱決す」，『東京朝日新聞』昭和10年（1935年）2月13日．
3）「孫院長講演原詞・敬告日本朝野人士」，『中央日報』1935年3月14日．
4）「感銘すべき蒋氏の言汪氏は語る」，『東京朝日新聞』昭和10年（1935年）2月15日．
5）孟真の造語である．──孟真「中日親善？？！！」，『独立評論』140号，1935年3月，2頁．
6）「周憲文談我国留日学生近況」，『中央日報』1935年7月21日．
7）蒋介石「中日関係の転回」，『経済往来』1935年9月号，149～153頁．
8）石橋湛山「対支外交雑感」，『国際知識』1936年10月号，58～59頁．
9）溝口雄三『中国の衝撃』東京大学出版会，2004年，15頁．
10）嵯峨隆「初期アジア主義の政治史的考察──日本と中国の間──」，『中国研究論叢』，第6号，2006年8月，8頁．
11）福沢諭吉「脱亜論」，『時事新報』明治18年（1885年）3月16日．
12）家近亮子『日中関係の基本構造』晃洋書房，2004年，187頁．
13）この点に関しては，家近亮子「蒋介石の外交戦略と日本」（黄自進主編『蒋中山與中日関係』2，稲郷出版社，台北，2006年），参照．
14）孫文の言葉．植民地以下の意味で使われた．
15）http://www8.cao.go.jp/survey/h17/h17-gaikou/2-1.html
16）中国社会科学院日本研究所「第二次中日輿論調査（2004年9月～10月）」，『日本学刊』2004年6期．
17）中国研究所編「日本人の中国観に関する世論調査」（『アジア経済旬報』693号，1967年8月下旬号）は日中戦争開始30周年に際しおこなわれた「日本世論調査会」の世論調査の結果を分析している．それによると，「あなたは中国が好きですか」との質問に「好き」と答えた人は10.2％であった．
18）本書，第一章24頁参照．
19）2006年8月11日に掲載された『読売新聞』がおこなった世論調査においては，中国は「信頼ができない」と答えた人は過去最多の65％であったが，「今後，アジア地域に最も影響力をもつ国」を選択した人は70％で，2位のアメリカを大きく引き離した．
20）2006年8月15日午前9時半からおこなわれた小泉首相の靖国神社参拝に関する記者会見のテレビ報道より．

　　　　　　　　　　　　　　　　　　　　　　　　　　　　　　　　（家近亮子）

第Ⅰ部

——過去との対話——

第一章　歴史認識問題

はじめに

　2006年9月の自民党総裁選で安倍晋三議員が第21代総裁に選出されたことを受けて，中国政府は今後の日中関係をうらなう鍵は，「日本が表明してきた歴史問題での反省とおわびの上に立ち，中日関係を重視する姿勢を実際の行動で示す」ことにあるとのコメントを出した．同じ主張を中国が始めてからすでに20年以上が経つ．歴史問題には，本書の他章で扱う靖国神社参拝問題や教科書問題，賠償問題など，個別の問題が含まれるが，それらの問題の基礎にあるのが歴史認識問題である．

　歴史認識とは何かという問いに対して明確に答えることは，極めて困難である．なぜなら，それは歴史学上の概念規定が確立していない，もしくはその潮流から離れた分野であるからである．これが歴史認識問題，となるとさらに分かりにくくなる．しかし，1980年代初めから歴史認識および歴史認識問題という言葉は新聞・雑誌などで頻繁に使われるようになってきた．そこに共通の「了解」が存在するかどうかの検証はなされないままに，言葉だけが先行しているのが現状である．

　本章においてはこの現状をふまえ，現在日中間の明示的対立要因となっている歴史問題の中の歴史認識問題に関して分析をこころみる．はじめに歴史認識の概念規定をおこない，次に日中双方が抱える国内問題としての歴史認識問題を検証し，その後歴史認識問題が日中間で政治化し，現在の状況に至った過程を述べていく．

1 歴史認識とは何か

歴史認識という言葉は，歴史学上は一般的ではない．戦後歴史学は人文科学の一分野として確立してきた．この作業は欧米において 1950 年代から精力的におこなわれ，今日に至っている．歴史認識という言葉を英語に直訳すると，"recognition of history" になるが，意味は「歴史を知ること」と訳され，E. H. カー（Edward H. Carr）の提起した「歴史とは何か」（"What is History?"）やアーサー・マーウィック（Arthur Marwick）の「歴史の本質」（"The Nature of History"）の概念に繋がっていく．

特に 1970 年代から各国で盛んになっている「ポスト・モダンの歴史学」においては，「言説（ディテール）と歴史的事実との関係を切断し，歴史的事実は所詮捉えられないものとする不可知論を主張する」ようになり，「事実の追求は放棄」するようになってきたのである．[2]

E. H. カーは歴史の事実に関して，「すべての歴史家にとって共通な，謂わゆる基礎的事実なるものは，通常，歴史家が用いる材料に属するもので，歴史そのものに属するもの」ではなく，「輿論を動かす最も効果的な方法は，都合のよい事実を選択し配列することにある」のであり，「事実はみずから語る，という言い慣わし」は，「もちろん，それは嘘」であると述べた．また，「事実というのは，歴史家が事実に呼びかけた時にだけ語るもの」であり，「いかなる事実に，また，いかなる順序，いかなる文脈で発言を許すかを決めるのは歴史家」の作業であると断定した．[3] すなわち，カーは歴史の事実のもつ客観性に懐疑的視角を投げかけ，そこには歴史家の恣意的な判断及び意図が介在していることを主張したのである．さらに，カーはこのような視点から「歴史から道徳的判断（moral judgment）を除去する」ことを主張するようになった．[4] また，このような歴史学の傾向から歴史における「人間の責任の領域は狭められていき，ついには責任という概念は除去される」に至る．[5]

このように，歴史学においては「道徳的判断」と「責任という概念」が除去される傾向にあるが，歴史認識は理論的にはどのように規定されるのだろうか．管見の限り，戦後日本において歴史認識をテーマに書かれた著書は岸本昌雄の

『歴史認識の論理』が最初のものである．岸本はここで「歴史認識は自然認識の論理と対立」するもので，「認識は概念を媒体としてその対象を把握する」ならば，「歴史認識は類型を媒体とする一つの意識作用を俟ってはじめて可能となるのでなければならない」とし，「この意識作用は最も適切に『了解』と名づけられる」と説明している．また，この「了解」に関しては，「意識現象のうちには知性的なものと並んで情意的なものがある」が，「情意的な意識は本来からいうと客観的に観察し得るものでもなく」，「それは現在に結びついた全体的体験であり」，「情意的意識は常に統一的体験となる」ものであるとしている．

同様な概念規定は石田雄の論説においても見いだすことができる．石田は，「歴史的事実の中から何を忘却し，何を記憶するかは，各個人にとって重要な心理過程であるだけではなく，この過程は集団としてもみられ，しかもこの過程は集団の価値意識の形成において重要な意味を持つ」とし，この「集団的記憶で支えられたもの」を「記憶の共同体」と規定した．そして，この「記憶の共同体」は「集団的な記憶の過程で，自分たちに都合の悪い面は忘れ，都合の良い面だけを記憶し，それに特別の歴史的意味づけをすることによって作られたものである．この集団的記憶過程は，制度的には歴史教育や国家的行事における象徴的祭典によって強められる」と説明している．

以上のことからすると，歴史認識とは，①同一の歴史を体験したものの情意的意識が織りなす「全体的統一的了解」であり，②「集団的記憶で支えられ」，「歴史教育や国家の行事」によって強化される「記憶の共同体」であるということができるのである．

2　日中間の歴史認識問題

(1) 日中間の歴史認識問題の特徴と問題点

本来，日中間の歴史認識問題は，中国において中国共産党によって指導され，形成されてきた近代日中関係史に関する「全体的統一的了解」に対して，日本も同様の「記憶の共同体」をもつことが当然である，という中国の主張に日本がどのように対処するのかという問題をさした．

ここには歴史学が意識的に除去してきた「道徳的価値」と「責任という概念」が強く残存し，歴史「事実の追求」が継続され，「情意的意識」がその説明に使われることに日中双方共に何らの躊躇もないことにその特徴がある．小泉首相の靖国神社参拝への批判を中国が「中国人民及び日本の国民の感情を傷つける」とし，小泉首相がその理由を「心の問題」と表現して対抗したことは，その象徴的例である．

　日中間の歴史認識問題が悪化し，政治化した背景には共にその問題が国内問題として政治的にも社会的にも大きな意味をもつという事情がある．日本においては戦後，歴史認識をめぐる政界内部の対立，学会，及びマスコミにおける論争が存在し，今日に至っている．それは裁判闘争を含むなど，日中間で問題になる以前からそれと匹敵するくらいに，時にはそれ以上に激しいものとして存在してきた．

　一方，中国においては歴史認識が中国共産党の支配の正当性の根拠の一つとなっているため，議論の場にのぼりづらく，常に日本の歴史認識だけが問題とされてきた．中国の一方的な主張に日本がどれくらい近づけるのか，それが日中間の歴史認識問題の本質であった．しかし，この問題の解明には日本と同様，中国の国内問題としての歴史認識問題を分析していく必要があると思われる．この作業はいまだ限定的ではあるが，中国でも徐々に端緒が開かれつつある．

（2）日本の歴史認識問題

　2006年9月日本の歴史認識問題を考える上で，象徴的な判決が出された．東京地方裁判所は21日，東京都立の高校や養護学校の教職員401名が「入学式や卒業式で日の丸に向かっての起立や君が代の斉唱を強要するのは不当」であると，都教育委員会などを相手に起した訴訟に対して，それは「思想・良心の自由を保障する憲法19条に違反する」との判決を下した．原告側はその判決を「画期的」として，高い評価を与えたが，東京都はこの判決に強い不快感を表明し，最高裁に控訴したのである．

　東京地裁の判決理由は，「我が国で日の丸，君が代は明治時代以降，第2次世界大戦終了までの間，皇国思想や軍国主義思想の精神的支柱として用いられてきたことがあることは否定し難い歴史的事実で，国旗，国歌と規定された現

在においても，なお国民の間で宗教的，政治的にみて価値中立的なものと認められるまでには至っていない9)」というものであった．そして，さらに東京地裁はそれは同時に「教育は不当な支配に服してはならない」と定めた教育基本法第10条に違反すると明確に認めたのである．しかし，2011年5月30日最高裁は上告審判決において，「国家斉唱の際の起立斉唱は，一般的に式典における慣例上の儀礼による行為」であり，「起立斉唱を求める職務命令」は，「個人の思想，良心の自由を直ちに制約するものではない」との見解を示したのである10)．

日本では戦後長い間，学校の式典で国旗が掲揚され，国歌が歌われることは義務ではなく，その学校の判断に委ねられていた．たとえ学校が日の丸を掲揚し，君が代を斉唱することを決定しても，教職員はこれを拒否することができた．しかし，1999年8月の「国旗・国歌法」の制定により，その趣旨の解釈の多様性を認めず，この拒否権を認めない自治体及び学校が出てきた11)．その代表的存在が東京都である．2003年10月都教育委員会が出した「入学式，卒業式等における国旗掲揚及び国歌斉唱の実施について」の「通達」には，この「通達」に基づく「校長の職務命令に従わない場合は，服務上の責任を問われる」と謳われている．

戦後「日の丸」と「君が代」が国旗，国歌と規定されるのに54年の年月を要し，職務命令にしなくては国旗の掲揚と国歌の斉唱が徹底されない，「違憲判決」に涙を流して喜ぶ人々が大勢いる．これが日本の歴史認識問題の現状である．中国は日本の軍国主義復活を懸念する発言を繰り返しているが，日本内部にはそれに対する根強い強力な抵抗がある．なぜなら，日本国民は自らが戦争被害者であることを中国政府からの指摘がなくとも，十分に認識しているからである．

このように，日本においては戦後60年以上を経ても，「全体的統一的了解」に基づく「記憶の共同体」がほとんど構築されていない．その原因は戦後日本がおかれた国際的立場にある．日本は1945年9月から52年4月までの6年半GHQ（連合国軍最高司令官総司令部）の占領下にあった．GHQ最高司令官であったダグラス・マッカーサー（Douglas MacArthur）は，1946年1月戦争犯罪人を裁く必要から「極東国際軍事裁判所憲章」を公布し，裁判所を東京の巣鴨に設

置させた．ここを舞台に繰り広げられた大規模な公開裁判（いわゆる「東京裁判」）は46年5月から48年11月の2年半にわたり繰り広げられた．

ここでは，それまでの国際法上の「交戦法」に加えて「平和に関する罪」と「人権に関する罪」が新たに付加され，日本の戦犯が確定すると同時に，天皇の戦争責任は免責され，アメリカの原爆投下は不問に付された．その結果，「戦争」の最高責任者として28名の政治家及び軍人がA級戦犯として裁かれることとなったのである．このような「東京裁判」の是非は裁判開廷当時から出されていた．「文明の裁き」論としての肯定論と「勝者の裁き」論としての否定論は第二章で扱う靖国神社参拝の是非論とオーバーラップする問題なのである．[12]

日中間の歴史認識問題及び第三章で扱う教科書問題の最大の争点となってきた「南京事件」は1946年8月29日の「東京裁判」の法廷上で厖大な「証拠」とともに明らかにされた．ここでは大虐殺の期間は1937年12月13日から4週間，死者総数は34万人とされた．この調査記録の提出に「新聞の一般読者，とりわけ善良な人々は，このような惨劇が事実日本軍によって行われたのであろうかといつも疑問の声を発する」ようになったが，その判断は歴史「事実」として提出された一方的な「証拠」に頼る以外当時の状況ではなかったのである．[13]

このようにして日本は，無条件降伏という状況下で自らの「戦争」を総括する権利と機会を失ったということができる．そのため日本はいまだに「記憶の共同体」の構築ができないでいるが，今後もその可能性は薄く，必要性も高くないのが現状である．その点が「歴史認識全体主義」の中国と完全に相反する点である．中国は日本全体が中国側の主張にそった「記憶の共同体」をもたないことに不満をもっているが，日本国内の状況を見る限り，それは不可能である．不可能な目標の追求には終わりがない．重視すべきは日本政府の公式見解であり，それ以上の「了解」を求めることはいたずらに対立を生むこととなる．

日本の歴史認識問題を形成してきた要因には次のことが考えられる．

① 日本は明治以来，天皇を主権者とする立憲君主制であったが，戦後天皇は象徴となり，国民主権の民主主義へと政治体制が大きく変わった．また軍の政治への介入を容認する政治風土を一掃し，平和主義を原則とする国家へと転換した．そのことは明治以来邁進してきた対外拡張主義の放棄をも意味すると同

時に,「軍国日本」の強い否定及び,戦前の歴史に対する「検証なき批判」へとつながったということができる.

② しかしながら,アメリカ主導のGHQによる昭和天皇の皇位継続・皇室存続及び日本国憲法における天皇象徴論の決定は,一方で戦争そのものの完全なる否定を拒む要因となり,戦前の歴史分析そのものに曖昧さを残す結果となった.[14] 近年日本においては,昭和天皇に関する本格的な研究が増えてきているが,[15] その戦争責任論はいまでも十分な分析がおこなわれているとは言えない.

③ 多くの世論調査が明らかにしているように,ほとんどの日本人にとって,先の戦争の主要な相手は中国ではなくアメリカである.すなわち,一般市民の戦争原体験は主に対米戦において見られ,対中戦に関しては新聞及び雑誌等から一方的で偏った情報を得ていたにすぎない.例えば,1937年12月の南京の状況を伝える報道は,兵士と一般市民・子ども達,すて犬などとの「暖かい」交流の様子が主流であり,日本国民はその陰でおこなわれていた「虐殺」など知るよしもなかったのである.[16] 東京を中心とする多くの都市へのアメリカのB29戦闘機による市街地爆撃,それから避難するための疎開,沖縄戦,本土決戦の準備と覚悟,広島・長崎への二度の原爆の投下は日本国民全体に日常生活及び生命の犠牲を強いたというのが戦争の現実であった.

④ さらに,靖国神社に祀られている「戦没者(柱)」の数が,太平洋戦争(大東亜戦争)においては213万3915柱であるのに対して,日中戦争(支那事変)のそれが19万1250柱と10分の1以下であることも日本人の歴史認識問題を考える上には大きな影響をもつ.[17] すなわち,日本の戦死者遺族のほとんどが主にアメリカとの戦闘で肉親を亡くしており,日本人の中には中国との関係のみで靖国神社参拝問題を論議することには納得しない人々が多数存在するのである.

　このことからいえることは,日本人にとって先の戦争は主に50数カ国からなる連合国と戦った太平洋戦争を指し,日米開戦まで局地戦であった日中戦争に対する知識及び意識は長い間極めて希薄であったということである.そのため,中国から提起される歴史認識を同じレヴェルで「了解」できない風潮が根強く残っている.そこでは,たとえ中国に対する侵略と「虐殺」を認めたとしても,日本が経験した「戦争」全体をそれのみで語ることはできないということが主張されるのである.

（3）中国における歴史認識問題

　中国において，対日歴史認識問題の研究は「日本の歴史認識問題の是非を問い，それが日中関係に与える影響を解明する」ことが中心となっている[18]．当然のことながら，中国側の歴史認識に対する検証という点に関しては，ほとんど手つかず状態であるというのが現状である．中国が自らの歴史認識の固定化に固執する理由には次のことが考えられる．

①中国にとって，戦争の相手は日本一国であり，そのため「日本が侵略しなければ戦争は起きなかった」という極めて単線的な発想が可能となる．ここから，中国においては日中戦争二国間戦争論及び抗日戦争論は動かしがたい定説となってきた．しかし，中国でもグローバルな視点で日中戦争を分析するという研究がここ数年来多くなってきている．

②この「抗日」の概念は中国近代史における主要テーマとなると同時に，中国国民党と中国共産党との政治闘争における「政治カード」にもなってきた．そのため，共産党は1921年7月の結党以来一貫して自らが中心となり「抗日」を指導してきたことを強調し，国民党および国民政府の役割を否定，もしくは過小評価することで，自らの役割をアピールした．また，1949年の中華人民共和国成立からはこの「カード」を支配の正当性，一党独裁堅持の理論的根拠の一つとして今日に至っている．そのため，抗日戦争研究は共産党の農民を中心とした大衆動員による「人民戦争論」の枠組みを基本的にはいまだに脱することができないでいるのである．

　しかし，実際の歴史事象に目を転じれば，この枠組みだけでは抗日戦争を解明することには無理があることが容易にわかる．日中戦争開戦当時中国の執政府であった中華民国国民政府の外交戦略は，その前政府のいわゆる北京政府のそれを基本的に継承し，日本との紛争を直接的武力行使で抵抗するよりも国際化し，世界の中に位置づけ，国際世論を味方に付けて国際援助の下で解決していこうというものである．そのために国民政府は多くの北京政府時代の外交官特に国連外交の専門家を起用した．この点にもっとも積極的だったのは蔣介石であったのである[19]．

　このような外交戦略は共産党及び毛沢東の主張する大衆動員による抗日論とは大幅に乖離していたため，国民党の失策として，または蔣介石の「不抵抗・

反動政策」として歴史上批判の対象となり，これまで正当な評価を受けることがなかったのである．

　明らかにいえることは，日本は公的には1941年12月の太平洋戦争勃発後に直ちに連合国の一員となって正式に宣戦布告した国民政府に敗北したのであり，農民を主体とした「人民戦争」を展開していた共産党に敗北したわけではないということである．ここに日本と中国共産党の歴史認識のズレの原点がある．日中間の歴史認識問題を解決するためには，日本と同様に中国においても多様な歴史認識が出現し，日本とのすり合わせの作業が可能になる状況が生み出される必要がある．

　中国においてはこの可能性の模索は今日のところ極めて困難であるといわざるを得ないが，これまでよりは徐々に開放に向かっているということができる．2002年末，『人民日報』評論員の馬立誠が「対日新思考」を提議し，中国内部の「狭隘な民族主義者」を批判した．翌年これに反応した中国人民大学教授の時殷弘は今日日中双方に「急速に強まっている相互嫌悪と敵意」を食い止めるために[20]，「中日間の『歴史問題』をめぐる争いを，長期にわたって，対日外交の重要議題からはずし，相応する公式，準公式面での宣伝もやめる」ことを提案したのである[21]．

　この馬立誠の「対日新思考」は画期的提案として直ちに日本のマスコミによって紹介され，歓迎されたが，中国国内では逆に反論と批判が出され，インターネット上では馬と時とを「民族の裏切り者」，「売国奴」などとして激しい批判が繰り返された[22]．このような強い反発の中で「新思考」は消滅していったのである．しかし，今後の日中関係の展開によってはこの「新思考」が復活し，市民権を得る可能性も残されている．

　2005年9月3日胡錦濤共産党総書記は抗日戦争勝利60周年記念大会での演説で，抗日戦における国民党の一定の役割を評価した．これは，戦後60年を経て共産党の指導者がおこなった初めての発言であり，画期的であるといえる．

　また，2005年12月南京大学から出版された『中華民国史』の序論で主編の張憲文は，中華民国史を階級史観のみで分析することには反対するとの立場を明らかにし，さらに政治環境に影響されない歴史研究の重要性及び科学的分析の重要性を主張しているのである[23]．

2006年1月24日，『中国青年報』の附属紙である『氷点週刊』が中国政府（中央宣伝部）によって突然停刊および「粛正」された。その停刊の理由は1月11日号に掲載された中山大学歴史系教授の袁偉時の書いた「現代化と中国の歴史教科書問題」という論文にあった。袁は基本的に中国の歴史教科書が「反列強・反西洋人すなわち愛国」，「中国と外国との紛争では，中国が必ず正しい」という姿勢で書かれており，この姿勢を貫くために，「資料の選択や使用に当っては真偽を抜きにして中国に有利なものを」ということが行われていることを批判したのである。そして，必要なことは，「理性的な態度を持って一切を分析すること」であり，「正しいものは正しい，間違っているものは間違っている」という「冷静で客観的かつ偏りなく対処する」ことであると主張した歴史家としての袁に対する評価は様々であるが，この問題提起は極めて有意義であると思われる。

　まさに袁は，前述した歴史認識がもつ陥穽である「集団的な記憶の過程で，自分たちに都合の悪い面は忘れ，都合の良い面だけを記憶し，それに特別の歴史的意味づけをする」行為に警告を発したのである。『氷点』は，停刊と同時に編集長と副編集長は解任された。この停刊事件は国際的にも大きなニュースとして伝えられ，中国政府の行為は言論弾圧として厳しい批判にあったのである。また，同雑誌の復刊第一号で袁偉時への批判が掲載されたことも驚きをもって報道された。袁の主張は，一般には極当たり前のことであるが，その当たり前の主張が通らず，力で押さえ込まれることに中国における歴史認識問題の本質がある。

　「政治環境に影響されない」歴史研究が中国において自由におこなわれる日が来るのは遠い将来であろうが，中国内部から袁偉時のような歴史学者が出現し，彼の文章を掲載した雑誌が存在したことに対しては，一部の知識人及び一部のメディアの変化の萌しとして評価されるべきであると思う。ただ，根本的変化の可能性は今のところ極めて低いと言わざるを得ない。それは，2006年から開始された日中両政府主導の歴史共同研究が2010年に公表した『報告書』（外務省ホームページ）を見れば明らかである。日中間の史的論争点の多くは歩み寄りができないまま平行線をたどっているのである。

3　日中間の歴史認識問題の展開

　日中間の歴史認識問題は，中国の日本に対する歴史認識を軸として展開されてきた．中国共産党の対日歴史認識の特徴は，毛沢東が1930年代半ばから主張してきた点を基本的には継承していることにある．それは第一には，毛沢東が中国の抗日戦勝利の要因の一つに「日本国内の人民と日本の植民地の革命運動のもりあがり」をあげ[27]，「日本人民の革命闘争と呼応して，共同で日本帝国主義を包囲攻撃し一挙にそれを消滅すること」[28]の可能性を主張していたことに根拠をもつ．毛沢東は日本の人民がいずれ革命を起し，日本の一部の軍国主義的帝国主義勢力を駆逐するものとの予測と期待を持ちつづけた．そのことは，1959年から激化した日本の安保（「日米相互協力及び安全保障条約」改定反対）闘争に強い関心を示し，これを「日本革命」と称し，中国の「抗米運動」との連携に期待したことからも明らかである．

　このような毛沢東の日本人民観は，蔣介石が抗日戦開始期から主張し，1945年8月15日に行ったいわゆる「以徳報怨」演説の中で集大成した「無辜の民」論よりもさらに日本の国民の自主性と役割を積極的に評価し，期待をかけつづけた点に特徴がある．日本のA級戦犯を代表とする戦争責任者と一般国民の「責任二分論」，もしくは「日本国民被害者論」はここに由来するが，毛沢東の意図とは大きく乖離している．毛沢東自身は日本国民の責任や被害にはあまり言及しておらず，あくまでも日本国民を軍部や政府から隔離して認識し，その革命性に期待をかけ，日本に親共産党勢力が拡大することを願ったのである[29]．

　第二の特徴は，毛沢東が帝国主義を「反面教師」と位置づけ，外国の侵略が中国の統一と中国人民の愛国心を喚起したとの積極的な「評価」を持ちつづけたことにある．毛沢東は抗日戦勝利を共産党と人民との「偉大な歴史的功績」とし，「被害」を強調するよりもその「英雄性」と栄光を強調することに専念した．その結果，共産党は「中国抗日戦争の勝利は，中国革命の勝利である」という歴史認識を確立するに至る．この点は1954年に公布され，その後何度か改訂されてきた「中華人民共和国憲法」の「前言」に反映されつづけている．また，基本的には愛国主義教育の理念もこの潮流に位置づけることができるの

である．

　これらの二つの点を念頭におきつつ，ここでは日中間の歴史認識問題の展開を三つの時期に大別して論じていくこととする．

(1) 日中友好最優先時期（1950年代～1982年）

　日本と中国が正式に国交を回復したのは1972年9月であるが，それ以前から両国は密接な民間交流と民間貿易をおこなってきた．「民間」といってもそこには両国政府の強い指導性が存在していたのである．日本は冷戦構造の中でアジアにおけるアメリカの同盟国という立場から講和の相手を中華民国（台湾）としたが，一方で吉田茂首相は中国のもつ市場としての潜在力に強い魅力を感じていたということができる．[30]

　当時外務省アジア局第二課がまとめた「当面の対中共政策」[31]という文章には次のような基本方針が述べられている．それは，日本が中国が「いずれ近い将来（おそくとも一九五六年秋総会）国連に『加入』」すると予測し，そうなればこれを承認して，「正常の国家関係」をもつことが「自然であると考える」こと，それまでは「国民の来往，経済交流」には「大幅な緩和処理」をおこなうべきというものである．

　また，日本は基本的にはアメリカから自律的に中国との関係正常化の道を模索し，そのために人的・経済的交流の活発化を考えていたことがこの文章からは分かる．1950年代の民間貿易と交流の活発化の背景には日本政府のこのような意向が強く反映されていたということができる．日本と同様，中国も建国初期から日本との早期関係正常化を望む発言を繰り返していた．1953年10月30日の『人民日報』社説「中日関係を論ず」[32]には次のような共産党の基本見解が示されている．

　それは第1に，日本は「中国と正常な関係を回復する可能性」があるが，それを阻んでいるのはアメリカである，第2は日本には関係正常化に奔走している中国の「友人達」が沢山いる，そして第3には正常な外交関係が確立されていない現在，まず両国人民間の経済・文化交流を行うことが重要である，というものであった．

　このように，国交正常化までの時期，日本と中国の関係はある意味では極め

て良好であったということができる．その背景にはこの時期に共産党が招き，接触を持った人々はいわゆる「親中派」であり，共産党と同様な歴史認識をもっていたことが考えられる．

　例えば，1950年10月1日に発足した「日本中国友好協会」は経済人・文化人・社会党など野党を中心とする超党派の国会議員1000名からなるボランティアの形で結集した民間団体であり，中国との交渉の窓口にもなっていた．彼らは結成にあたってその趣旨と綱領を発表している．ここでは近代以降「長い期間にわたって中国人民が日本軍国主義の侵略政策により被った不幸」に思いをめぐらし，「日本国民の誤った中国観を深く反省し，これが是正に努力」し，「日中両国人民の友好提携」を促進することが謳われている．また，日本国民も戦争の被害者であることが強調され，日本の「指導者階級」の誤った政策を糾弾するという姿勢が示されている．彼らとのみ接触を重ねてきた共産党が彼らの「歴史認識」が日本国民を代表するものとなる可能性が十分あると判断するに至ったとしてもそれは無理からぬことであった．この時点では日中双方の「記憶の共同体」と「情意的意識」に基づく「統一的了解」が構築されていたということができるのである．

　したがって，国交正常化交渉においては日本側の歴史認識は問題にされず，交渉の中心は台湾問題におかれた．この時周恩来の「小異を捨てて，大同につく」方針の「小異」の中にすら歴史認識問題は含まれていなかったのである．しかし，1972年9月25日国交正常化交渉に北京を訪問した田中角栄首相が周恩来総理主宰の歓迎晩餐会でおこなった答辞の挨拶は，中国側のこのような考えを大きく揺らがせることとなった．田中は「過去数十年にわたって，日中関係は遺憾ながら，不幸な経過を辿って参りました．この間我が国が中国の国民に多大のご迷惑をおかけしたことについて，私はあらためて深い反省の念を表明するものであります」と述べた．この言葉が日本政府が初めて中華人民共和国に対して示した日中戦争に関する歴史認識の公式見解であったのである．

　最も歴史認識を表わしていたのが「多大のご迷惑」という言葉であったが，この言葉が中国語に「很大的麻煩」と訳されると，周恩来の顔色が変わり，一瞬拍手の手が止まった．晩餐会終了後，周恩来は激怒したといわれる．これまで，この件に関するその後の周恩来の発言は明らかにされなかったが，30年

を経て公開された「田中総理・周恩来総理会談記録」(外交史料館史料)には緊迫したやりとりが残されている．

　田中発言の翌日の9月26日に行われた首脳会談の口火をきった周恩来は，「戦争のため幾百万の中国人が犠牲になった．日本の損害も大きかった．我々のこのような歴史の教訓を忘れてはならぬ」と切り出し，「田中首相の『中国人民に迷惑をかけた』との言葉は中国人の反感をよぶ．中国では迷惑とは小さなことにしか使われないからである」と述べて田中発言を批判した[35]．これは，日中間の歴史認識問題がスタートした瞬間であったといっても良い．

　この周恩来の発言に対して，田中はこの問題には深入りすることを避け，中国が社会主義であることの問題点を列挙し，「国交正常化の結果，中国が内政に干渉しないこと，日本国内に革命勢力を培養しないこと」，「中国が革命を輸出しないということが私の最大のみやげになる」と切り返したのである[36]．これに対して周恩来は「我々の方も人民に説明をする必要がある．人民を教育しなければ，『三光政策』でひどい目にあった大衆を説得することはできない」[37]として，歴史認識問題が日中関係の懸案となる可能性を示唆した．ここで周恩来が「南京大虐殺」ではなく「三光作戦」を日中戦争の最大の戦争被害の例に出したことは注目に値する．

　この問題は共同声明の原案作成交渉でも問題になった．姫鵬飛外交部長は，大平正芳外務大臣に対して「第一番目の問題は，日本側提出の共同声明案の前文で述べられている，日本側の態度の表明に関する問題である．即ち，日本側が与えた戦争損害に対する日本側の反省表明の問題である」と述べ，自ら[38]「『日本側は，過去において日本が戦争を通じて中国人民にもたらした重大な損害の責任を深く反省する』という表現を採ってはどうか」との提案を行っている[39]．ここからは中国が歴史認識問題を戦争責任に対する「日本側(日本政府)の反省表明」に集約していたことが分かる．

　しかし，この時中国はそれでも公式に表面だって日本政府の歴史認識を批判することはなかった．その点からみると，この時期の歴史認識問題は日中間で政治化しなかったといえる．1972年の「日中共同声明」においては，「日本側は，過去において日本国が戦争を通じて中国国民に重大な損害を与えたことについての責任を痛感し，深く反省する」という文言で日本の歴史認識が表現さ

れた．これは，中国側の意向を大幅に入れたものであった．交渉過程で大平外相は「日本国」という文字が入ることに抵抗を示したことが記録に残されている．[40] 当時の日本の歴史認識においては，国家の戦争責任の追求は昭和天皇に対する戦争責任に繋がるとの判断があり，これを避ける傾向があった．

この時期，中国側は日本の歴史認識を基本的に承認し，1978年8月の「日中平和友好条約」締結交渉においても歴史認識問題は起きていない．同条約締結を報じた『人民日報』の社説「中日両国人民は子々孫々友好的に付き合っていこう」は，「中日両国は一衣帯水の隣国であり，両国人民の友好往来は長い歴史をもっている．この半世紀中，両国の間に戦争が起こり，中国人民は大きな災害を被り，日本の人民も同様にその害を受けた，しかし，2000年以上にわたる両国の交流の歴史の流れに比べれば，それは短い時間である」として，日中戦争を相対化し，友好の歴史を強調している．[41] また，条約批准のため訪日した鄧小平副総理は，10月23日昭和天皇主宰の宮中晩餐会において，「過去より今後の平和関係」が重要とし，過去は問わないとする発言を行ったのである．

このような中国政府の方針を受けて，日本は1979年12月7日首相となった大平正芳が訪中し，500億円までの円借款と160億円の無償援助となる中日友好病院建設計画を発表した．その後日中関係は日本の援助を軸に友好関係を構築していく．それは，鈴木善幸内閣の時期の1982年6月の教科書問題発生までつづいていく．因みにこの時期，三木武夫，福田赳夫，鈴木と歴代の首相が靖国神社に8月15日に参拝しても中国からの強い批判はなかったのである．

（2）政治化の時期 （1982年〜1998年）

教科書問題に関しては第三章で扱うのでここでは詳述を避けるが，教科書問題が歴史認識問題に与えた影響は大きい．教科書問題発生後の1982年8月2日の『人民日報』は南京大虐殺の特集を組み，写真入りでその惨状を報じた．同紙が南京大虐殺の被害に関して大々的に報じるのはこの時が最初となった．[42] また，8月15日には同紙は社説で「前事を忘れざるは，後事の師となり」を掲げ，日本が戦後憲法を改正し，「永久戦争放棄」を行ったこと，国交正常化は侵略戦争の反省の基礎の上に立って実現されたことを強調して，教科書の

「改ざん」を批判し，南京大虐殺ばかりでなく，日本がシンガポールやフィリピンでも大虐殺を行ったことを激しく非難したのである．現在の中国政府の「歴史を鑑として未来へ向う」の主張はここを起源とする．このようにして，第二期において中国の歴史認識は「栄光」の強調から徐々に被害の強調へと転換していき，それは当然日本の加害行為の強調に繋がっていったのである．

このような中国の厳しい批判に対して，日本は教科書を是正し，「近隣諸国条項」（第三章参照）を規定するなどして対応した．「中国からの批判，日本の善処」のパターン化はこの時期の特徴である．1983年12月政権についた中曽根康弘首相は85年8月15日靖国神社を公式訪問するが，中国の批判に応えて翌年の参拝を取り止めている．また，藤尾文部大臣など日本の閣僚の不用意な発言が続出し，罷免されることを繰り返したもこの時期である．

1987年5月になると，それまで歴史認識問題に寛大であった鄧小平の発言が徐々に変化してくる．6月4日公明党の矢野委員長と会談した鄧小平は，「日本は世界で一番中国に借りの多い国」であり，「中国は国交回復の時戦争賠償要求を出さなかった」のであるから，「日本は中国の発展のためにもっと多くの貢献をすべき」であり，「率直にいってこの点に不満をもつ」と述べた．また，6月28日には「中日関係における歴史的なもめごとについては，率直にいって中国に責任」はなく，「一連の問題はどれ一つとして中国が引き起こした問題ではない」と発言するに至る．

この背景には，1987年度の日本の防衛費予算GNP1％突破の決定をめぐる「軍国主義復活」に関する懸念，2月の「光華寮問題」の発生に端を発した日本の台湾政策に関する不満，そして貿易不均衡に対する不満があったが，さらに，改革開放政策開始による政治的，経済的，社会的矛盾が表面化したのもこの時期であった．中国は国内外の政治上の摩擦を歴史認識問題に転嫁し，日本がそれに「善処」するためにODAを増額するというパターンができあがっていく．すなわち，歴史認識問題が中国側の「政治カード」として最も効力を発したのはこの時期であった．

さらに，この時期には第五章で扱う愛国主義教育がスタートし，1987年7月6日盧溝橋に「中国人民抗日戦争紀念館」が開館して愛国主義教育重点基地に指定されるなど，中国の歴史認識が共産党の指導の下でより強力に「全体的

統一的了解」を形成し始めるのである.

　1972年9月29日上海空港に田中首相を見送った周恩来は,「天皇陛下に宜しく」という言葉を最後に残した. それは, 天皇訪中を要請する発言であったのである. しかし, 天皇の戦争責任と謝罪に繋がるこの問題に敏感であった日本政府は, 天皇訪中をその20年後まで先送りする. 92年10月23日訪中した天皇は歓迎晩餐会で「わが国が中国国民に対し, 多大の苦難を与えた不幸な一時期がありました. これは私の深く悲しみとするところです」と自らの気持ちを述べた[45]. このことは, 中国では一定の高い評価を受け, 日本の歴史認識問題に対しても一つの区切りをつけることとなり, この後, 日本政府の発言が変化していくこととなる.

　1993年8月, 首相となった細川護熙は, 就任早々先の戦争を「私自身は, 侵略戦争で間違った戦争だと思っている」と述べた[46]. その後, 羽田孜首相は「侵略行為」と「植民地支配」の認識を示し, この傾向は94年6月に首相となった村山富市に引き継がれていく.

　中国が現在でも最も高く評価しているのが村山首相の歴史認識である. 1995年8月15日に出されたいわゆる「村山談話」には「侵略」「植民地支配」に加えて, 初めて「国策を誤り」という文言が入った. これは, 戦争責任の所在を明確にしたもので, 中国の求めていた歴史認識の深化を表わす表現であった. また,「反省」とともに「心からのお詫びの気持ちを表明」という言葉が入り, 中国との「記憶の共同体」を構築する可能性を示した. しかし, この談話は公式文書としては残されていない[47].

　一方, このような日本政府の歴史認識の「深化」にもかかわらず, 中国の日本の「侵略の歴史」に対する攻撃は先鋭化していく. その背景には日本が中国の地下核爆発実験に抗議してODAを削減し, 凍結したことに対する不満があった. この時期日本がODAを, 中国が歴史認識問題を「政治カード」に使うという負の連鎖が強化されていくのである. ここからいえることは, 歴史認識問題はすでに単独では存在しなくなり, 他の政治要素と結びつくことで強化され, 単なる「反省の態度表明」だけでは意味をなさなくなったということである.

(3) 対立恒常化時期（1998年～2006年）

　日本政府の日中戦争に関する公式見解は前述した村山内閣のものが定着するようになっている．それは，橋本内閣から小泉内閣まで引き継がれ今日に至っている．中国政府が国交正常化の時期に求めた「反省の態度表明」に関しては，日本政府はクリアーしているといっても過言ではない．しかし，それではなぜここまで日中は歴史問題によって対立の溝を深めていったのであろうか．それを解明する鍵は1998年の一連の出来事にある．

　1998年は中国にとっても，日中関係にとっても極めて重要な年であった．中国では改革開放政策開始から，また日中友好条約締結からも20周年の記念すべき年であった．『人民日報』紙上では連日改革開放政策の成果が人民の生活の改善にいかに貢献しているかということと，共産党の指導がいかに正しいかが繰り返し強調された．

　中国はこの記念すべき年に江沢民国家主席のロシア訪問と日本訪問を計画していた．この時江沢民主席はロシアとの間では国境問題を解決し，日本との間では「平和と発展のための友好協力パートナーシップ」を実現させることでその外交手腕を発揮する予定であった．当初，訪ロの帰途9月初旬には江沢民主席が訪日することが発表された．この年日本では金大中韓国大統領の訪問が10月に予定されており，日本政府はそれより前に江沢民訪日を実現させたい意向であった．ところが，偶発的出来事によって日本政府のその意向は通らなかったのである．

　1998年夏，中国では黒龍江省・吉林省・内モンゴル一帯が降り続いた雨のために大洪水を起こす．この洪水での被災人口は2億2300万人となり，死者3000人を出した．そのため，中国政府は8月11日江沢民訪日を延期すると発表したのである．

　10月7日金大中大統領が来日した．この際小渕恵三首相との間で締結された「日韓共同宣言――21世紀に向けた新たな日韓パートナーシップ――」には，小渕首相の「日韓両国関係を回顧し，我が国が過去の一時期韓国国民に対し植民地支配により多大の損害と苦痛を与えたという歴史的事実を謙虚に受け止め，これに対し，痛切な反省と心からのお詫びを申し上げた」という文言が入り，署名された．これに対して金大中大統領は，「かかる小渕総理大臣の歴

史認識の表明を真摯に受けとめ，これを評価すると同時に，両国が過去の不幸な歴史を乗り越えて和解と善隣友好協力に基づいた未来志向的な関係を発展させるためにお互いに努力することが時代の要請である」と述べたのである[48]。

このような日韓の急接近ともいえる関係改善とは逆に，この時から，否，言葉をかえるならば，このことによって日中関係はかえって冷え込んでいったということができる．1998年は日中関係の転換点となったことは確かである．

江沢民主席の訪日は11月25日になって実現された．これは，金大中訪日から1か月半以上後のこととなった．26日日中は「平和と発展のための友好協力パートナーシップ構築に関する共同宣言」を発表した．ここには，「過去の一時期中国への侵略によって中国国民に多大な災害と損害を与えた責任を痛感し，これに対して深い反省を表明する」という文言が入った．「侵略」の文字が日中間の外交文書の中に入ったのはこれが初めてであった．これは，98年始めからすすめられていた次官級交渉の中で決められたことであり，当初中国もこれに合意し，歴史認識の一定の進歩であると認めていた．

しかし，「日韓共同宣言」の内容に中国は高い関心を示していた[49]．これが公表された時，中国側の態度が硬化した．江主席は「日中共同宣言」にも同様に「お詫び」の文字を入れることを主張したのである．日本側はこれを拒否し，その交渉は江沢民訪日のギリギリまで続けられた．日本側の態度に強い不満をもった江主席は極めて厳しい態度で日本の土を踏んだのである．江主席は最後の最後までこの問題にこだわり，「日中共同声明」への署名を拒否した．これに対して小渕首相もこれを拒否した．署名なき共同声明の発表は歴史上異例のことであった．

江沢民主席は日本政府に対する態度を硬化させたままその日の夜の天皇主催の宮中晩餐会に臨んだ．天皇の歓迎の言葉は，過去の戦争に言及することはなく，過去の文化交流や未来志向の関係構築の必要性などに終始した．これに対して中山服で出席した江主席の答辞は極めて厳しいものであった．江主席は，「不幸なことに近代史上，日本軍国主義は対外拡張戦争の誤った道を歩み，中国の人民とアジアの他の国々の人民に大きな災難をもたらし，日本人民も深くその害を受けました」「我々は歴史の教訓を永遠に汲み取らなくてはならない」

と述べ、日本の歴史問題への取り組みを暗に批判したのである．宮中晩餐会においてこのように厳しい発言は異例のことであった．

このような江沢民主席の態度を日本の一部のマスコミは一斉に「無礼千万！」と批判した．しかし、当時の『人民日報』を見る限り、このような日中間の摩擦は報じられていない．『人民日報』は 11 月 23 日からのロシア訪問から連日江沢民外交の成果を報じ、国境問題の解決には高い評価を与えた．また、江沢民訪日は「新世紀に向かって」経済・貿易の協力関係を結ぶこととなると論評したのである．

江沢民訪日の様子は 26 日から連日何枚もの写真入りで報道された．そこにはにこやかに小渕首相や天皇と会談する江主席の姿が映し出されている．また、日本政府が「再度中国侵略の歴史に反省と道歉（詫び、謝るの意味）を表示した」ことが大々的に報じられている．この「道歉」という言葉は日韓共同声明を伝える記事でも使われており、中国の日韓共同声明に対するこだわりがうかがえるのである．

中国はこの時、あくまでも江沢民主席が記念すべき年にあげた外交成果を称えることに終始し、日本批判は行わず、ひたすら未来志向の関係構築の可能性を強調したのである．江側にしても中国国内における自らの指導力を考慮すると、間違っても失敗であったとはいえなかった筈であった．しかし、このような江主席を日本批判へと追い込んでいったのは、日本の報道であった．日本の報道は江主席に厳しいものであり、訪日は失敗であったと断定するものが多かったのである．

日本の自らへの厳しい報道を受けて、国内対策の意味でも江主席はそれ以上の日本批判を行わなくてはならなくなったといえる．その後江主席は機会あるごとに「歴史を鑑として、未来を拓く」必要性を強調し、「歴史問題」の解決が日中の最優先課題であることを極めて強い調子で述べるようになったのである．ここから日中関係は完全に冷え込んでいく．

それを増幅したのが小泉純一郎首相の 2001 年から毎年続けられた靖国神社参拝であることはいうまでもない．1998 年の 11 月から 2006 年 10 月の安倍首相訪中まで日中間の首脳の相互訪問は実施されなかった．このように考えてくると、1998 年の持つ意味は大きい．この時期の特徴は、日本側が中国の主張

と要請に譲歩しないという対応が見られるようになり，日本のメディアも中国への批判を増大させていったことにある．そして，このことが中国側を硬化させ，より強い対応を結果したという，まさに負の連鎖の激化がここには認められるのである．

おわりに──「戦略的互恵関係」構築と歴史認識問題（2006年～）──

　日中間に横たわる歴史認識問題は，日中両国首脳が説明している通り，情意的意識の問題としての側面が強い．しかし，その扱いは政治環境によって大きな影響を受けてきた．しかも，その現象は日中間はもとより，双方の国内においても同様に見られるのである．日本においては，歴史認識をめぐる対立が政府内及び民間にながく存在し，各勢力の拡大のカードとして使われてきた．また，中国においては歴史認識に対する共通の「了解」の維持が支配の正当性の維持に直結しているという政治環境が長く存在し続けている．さらに，日本国内の一部の歴史認識が中国を刺激し，中国からの批判が日本の一部の勢力の活動を逆に活発化させるという連鎖反応がつづいたのも歴史認識問題を複雑化してきた一つの要因である．このような中で歴史認識問題を解決していくことは容易ではない．

　2005年5月，第二次世界大戦終結60周年を記念してフランスとドイツが共通の歴史教科書を完成させた．扱う時期は1945年から現在までだが，歴史の総括には実に40頁があてられている．この作業は具体的には2003年から始められたが，構想と交渉の開始からは50年の歳月が経ったといわれる．

　共通の歴史認識を構築する作業は多大な時間と労力とを要する．それ自体は大変貴重なことであるが，この作業は真に必要であるのかどうか，必要とされるべきことは多様な歴史観の共存の尊重ではないか，このような問いかけをせずに，闇雲に「記憶の共同体」作りに邁進することには「歴史認識全体主義」の拡大を結果とするだけであるとの見方もできる．

　2006年9月小泉内閣が終わり，安倍内閣が発足した．安倍首相は就任後初めての訪問国にアメリカではなく中国を選んだ．その訪問を「氷を割る旅」と名付けた安倍首相の下で，12月日中間の歴史共同研究（中国側代表・歩平中国社

会科学院近代史研究所所長，日本側代表・北岡伸一東京大学教授）が発足した．日中歴史共同研究委員会は，4年間の共同研究の成果を 10 年 1 月 31 日『報告書』として公表した．戦前の部分は南京大虐殺の犠牲者数など，なお意見の違いは残ったが，「共通認識や相手側の主張の賛同できる点は反映」されて公開された．しかし，「戦後部分は国内世論への影響などを懸念した中国側の求めで非公表となった」のである．同委員会は，非公表の理由を「関連資料が十分には公開されていない」，「現在の日中関係に直接関係する政治問題も含んでいる」ためと説明した．[55)]

　日中間の歴史認識問題は，政治問題と完全に切り離すことは困難である．しかし，2007 年 4 月安倍訪中の返礼として実現した温家宝首相の訪日の持つ意味は大きい．4 月 12 日午後 2 時から温首相は日本の国会で演説をおこなった．その中で温首相は，「中国政府と人民は従来，未来志向を堅持し，一貫して歴史をかがみとして，未来に向かうことを主張しています．歴史をかがみとすることを強調するのは，恨みを抱え続けるのではなく，歴史の教訓を銘記して，よりよい未来を切り開いていくためであります．中日国交正常化以来，日本政府と日本の指導者は何回も歴史問題について態度を表明し，侵略を公に認め，そして被害国に対して深い反省とおわびを表明しました．これを，中国政府と人民は積極的に評価しています」と述べた．[56)] 中国の指導者が日本が「おわび」をしたと公に発言したのはこれが初めてである．この発言により，一応政府間の歴史認識問題は決着を見たが，それは，日本の首相が靖国神社を参拝しないこと，台湾問題に介入しないことが大前提となっている．しかし，温首相演説にある東シナ海を「友好の海」にしようという提案は，漁船衝突事件でもろくも崩れ去ったのである．

　日中間に必要なことは，国家間の信頼関係を再構築することにある．政治環境に影響されずに歴史認識問題を再び政治化しないためには，歴史問題の陰に隠れて棚上げにされてきた多くの問題の解決を急ぐ必要があると思われる．

注
　1）「安倍氏の言葉聞き，行動見る」，『朝日新聞』2006 年 9 月 22 日．
　2）松村高夫「歴史認識と『歴史認識問題』」，『三田学会雑誌』98 巻 4 号，2006 年 1 月，

1頁.
3）E. H. カー著，清水幾太郎訳『歴史とは何か』岩波新書，1962年，8頁.
4）松村高夫前掲論文，8頁.
5）同上，7頁.
6）岸本昌雄『歴史認識の論理』河出書房，1947年，6〜7頁.
7）同上，85頁.
8）石田雄「戦争責任論再考」，『現代史と民主主義』，年報『日本現代史』1996年第2号，東出版，3頁.
9）「日の丸・君が代訴訟　判決理由」，『朝日新聞』2006年9月22日.
10）『日本経済新聞』2011年5月31日.
11）「国旗・国歌は強制に依るのではなく，自然に定着させるのが望ましい」というものである.
12）リチャード・マイーアー著，安藤任介訳『東京裁判――勝者の裁き』，稲村出版，1972年. 原著，Richard Minear, *Victors' Justice*, New Jersey: Princeton Univ. Press, 1971.
13）朝日新聞法廷記者団『東京裁判』第二輯，ニュース社，1947年，3頁.
14）家近亮子「『東京裁判』決定の国際政治過程と日本・中国の裁判報道」（慶應義塾大学法学部編『慶應義塾大学創立一五〇年記念法学部論文集　慶應の政治学』慶應義塾大学出版会，2008年），11〜13頁.
15）加藤陽子『昭和天皇と戦争の世紀』（講談社，2011年），古川隆久『昭和天皇―「理性の君主」の孤独』（中公公論新社，2011年）など.
16）『東京朝日新聞』1937年12月等参照．一部の報道ではいわゆる「百人斬り」などが伝えられていた.
17）本書第二章41頁.
18）呉広義『解析日本的歴史認識問題』広東人民出版社，2005年，「前言」.
19）家近亮子「蔣介石の外交戦略と日本」，『近くに在りて』33号，1998年5月，12〜15頁.
20）時殷弘著，中国通信社訳『中日関係に対する戦略的新思考』日本僑報社，2004年，8頁.
21）同上，16頁.
22）高井潔司『「対日新思考」論議の批判的検討』日本僑報社，2004年，20〜21頁.
23）張憲文主編『中華民国史』第一巻〜第四巻，南京大学出版会，2005年，南京.
24）2006年1月24日に出された中国共産主義青年団中央宣伝部の「処分決定」の理由書による．――袁偉時著・武吉次朗訳『中国の歴史教科書問題』日本僑報社，2006年，8〜9頁.

25）李大同著・三潴正道監訳而立会訳『「氷点」停刊の舞台裏』日本僑報社，2006 年，16 頁．李大同は前『氷点週刊』編集長であり，掲載の責任者でもあった．
26）http://www.mofa.go.jp/mofaj/area/china/rekishi_kk.html
27）毛沢東「持久戦について」，『毛沢東選集』第二巻，外文出版社，1968 年，149 頁．
28）毛沢東「抗日遊撃戦争の戦略問題」，『毛沢東選集』第二巻，外文出版社，1968 年，101 頁．
29）この中国の「戦争責任二分論」に関しては，家近亮子「中国における『戦争責任二分論』の系譜―蒋介石・毛沢東・周恩来，日中戦争の語り方」（添谷芳秀『現代中国外交の六十年―変化と持続―』慶應義塾大学出版会，2011 年）で詳述した．
30）家近亮子『日中関係の基本構造』晃洋書房，2004 年，151 頁．
31）アジア局第二課編「対中共積極策――当面の対中共政策」，外交史料館史料・A′-0356『日本・中共関係雑件』．この文章には年が記載されていなく，9 月 27 日という日付のみが書いてある．内容から 1952～54 年のものと判断される．
32）「㈡論中日関係」，『人民日報』1953 年 10 月 30 日．
33）「日本中国友好協会結成主旨および綱領」，[社]日中友好協会編『日中友好運動五十年』東方書店，2000 年，313～314 頁．
34）『朝日新聞』1972 年 9 月 26 日．
35）アジア局中国課「田中総理・周恩来総理会談記録（1972 年 9 月 25 日～28 日）――日中国交正常化記録――」外交史料館，7 頁．
36）同上，13 頁．
37）同上，14 頁．
38）アジア局中国課「大平外務大臣・姫鵬飛外交部長会談（要録）（1972 年 9 月 26 日～27 日）――日中国交正常化交渉記録――」外交史料館，48 頁．
39）同上，50 頁．
40）同上，58 頁．
41）「中日両国人民要世世代代友好下去――熱烈祝賀中日和平友好条約簽訂」『人民日報』1978 年 8 月 14 日．
42）「歴史豈能篡改――日軍南京大屠殺実録」，『人民日報』1982 年 8 月 2 日．
43）「前事不忘，后事之師」，『人民日報』1982 年 8 月 15 日．
44）家近亮子『日中関係の基本構造』15 頁．
45）『朝日新聞』1992 年 10 月 24 日．
46）『読売新聞』1993 年 8 月 24 日．
47）「村山内閣総理大臣談話」（「戦後 50 周年の終戦記念日にあたって」），
http://www.mofa.go.jp/mofaj/press/danwa/07/dmu_0815.html
48）http://www.mofa.go.jp/mofaj/kaidan/yojin/arc_98/k_sengen.html（2012 年 1 月

20日アクセス）．
49)「日韓首脳挙行会談双方簽署聯合宣言――文件首次写明日本道歉内容――」,『人民日報』1998年10月9日．
50)「晩さん会天皇お言葉」・「江沢民国家主席の答辞」,『朝日新聞』1998年11月27日．
51)「中日経済合作走向新世紀」,『人民日報』1998年11月24日．
52)「日本政府就侵華歴史再次表示反省和道歉」,『人民日報』1998年11月27日．
53) 小島朋之「日中関係は善隣友好を脱却？」,『東亜』1999年1月号, 49頁．
54) 西園寺一晃「トゲとして残った歴史認識問題――江沢民訪日とその背景――」,『朝日総研リポート』1999年2月号．
55)『朝日新聞』2010年2月1日．
56)「温家宝首相演説全文　国会演説」, http://www.duan.jp/link/20070412.htm（2012年1月20日アクセス）．

（家近亮子）

第二章　靖国神社参拝問題

　はじめに

　小泉純一郎政権期，日中間では首脳の相互訪問が途絶え，首脳ないし外相会談も断続的に開催されたにすぎなかった．日中両国政府の対立を招いた第一の原因は，小泉首相により6年間続けられた靖国神社参拝であった．元来「靖国神社問題」とは，国家と特定宗教の関係を問う政教分離を根本とする国内問題である．しかし1985年に中国をはじめとするアジア諸国から閣僚の靖国神社参拝を問題視する声が上がった[1]．そのため「靖国神社問題」は，おもに中国から「歴史問題」への日本の対応について問い質される国際問題の側面を持つことになった．ところで国際問題としての「靖国神社参拝問題」の本質は，日中両国が過去の戦争に対しおおよそ異なる記憶を形成してきたことにある．そして端的にいうならば，日本の首相が靖国神社への慰霊，追悼行為を通して否応なく表象する過去の戦争に対する見地と，中国側が公式に認める過去の戦争に対する記憶との間に接点はないといってよい．

　そこで本章では，日中間における「靖国神社参拝問題」の形成と発展の過程をたどることによって，問題の本質をいま一度見つめなおしたいと考える．第1節でまず首相の靖国神社参拝が国内で政治問題化するに至った道程を簡略に跡づける．第2節では閣僚の靖国神社参拝が日中間の外交問題へと発展した過程を分析する．その際，1980年以降中国で徐々に形成されていった「靖国神社参拝問題」の論点と，85年の公式参拝を契機にその問題をめぐって日中間で確認された争点を検証する．第3節では，小泉政権期に首相の靖国神社参拝が再び国際問題化し，日中関係の対立要因となったことについて検討を加えたい．

1　首相靖国参拝の政治化

　靖国神社は明治天皇の発願により設立された近代の創建神社である．それゆえ戦前における靖国神社の特徴は大日本帝国憲法下の天皇統治の国家体制と深く結びついたことに見出される．すなわち靖国神社は天皇の名においてなされた「正戦」の戦闘における戦死者を「殉国」の犠牲者として合祀奉斎することに存在意義があった．さらに靖国神社を所管したのはおもに陸，海軍両省であったことから，戦前の靖国神社は軍や戦争と密接な関係を持った国営の神社であったということができる．

　1945年の敗戦後，靖国神社は連合国軍最高司令官総司令部（GHQ）によってその国家主義的かつ軍国主義的性格を指摘され，いわゆる神道指令をはじめとする一連の制度改革を経た結果，国家との結合は断たれたものの，個人の信仰を集める民間の一宗教法人として存続することになった[2]．その宗教団体としての性格と目的を靖国神社は次のように規定している[3]．[4]

　　　本法人は明治天皇の宣らせ給うた「安国」の聖旨に基き，国事に殉ぜられた人々を奉齋し，神道の祭祀を行ひ，その神徳をひろめ，本神社を信奉する祭神の遺族その他の崇敬者を教化育成し，社会の福祉に寄与し，その他本神社の目的を達成するための業務を行ふことを目的とする．

　すなわち国に殉じた戦死者を神として祀り，その功績を顕彰することが靖国神社の目的であるとした[5]．戦後における靖国神社のこの自己規定は，「国家神道」の中心施設であった同社が法的に改編され宗教法人になったにもかかわらず，明治以来の伝統的「教義」は依然として継承されることを謳ったものであるといえる．とりわけ日本の独立回復当時，200万人いたとされる未合祀者の合祀事業が継続して進められることになった．

　靖国神社の合祀事業は第一，第二復員省（のち引揚援護庁）や厚生省援護局，各都道府県世話課等の協力で進められた．1956年に出された厚生省引揚援護局の通牒「靖国神社合祀事務に対する協力について」では，如上の諸機関の合祀協力は戦死者の身上調査や遺族への合祀通知状交付にわたり，それらの事務

処理経費は国費負担とされた[6]。厚生省による特定の宗教団体に対する以上の行財政援助は、もとより憲法に示された政教分離原則に抵触する疑いがあったが、当時そのことが問題化することはなかった。また、この時期において合祀事業が進展した背景には、日本の独立回復後に始まる靖国神社国家護持論が存在していた[7]。

　靖国神社の国家護持とは、占領期に断ち切られた国家と靖国神社の関係を再び有形無形の形で結びつけようとすることであり、その運動はやがて国会や政府への圧力を通じて政治化していった[8]。そして日本遺族会を中心とする国家護持推進派が靖国神社の国営化を視野に入れて自民党に働きかけを続けた結果、1969年6月靖国神社法案が自民党議員立法で国会へ提出された。同法案では靖国神社の目的を、「戦没者及び国事に殉じた人々の英霊に対する国民の尊崇の念を表わすため、その遺徳をしのび、これを慰め、その事績をたたえる儀式行事等を行ない、もってその偉業を永遠に伝える」[9]と規定していた。しかし国会内外の反対により、73年まで5度にわたり提出された靖国神社法案はいずれも廃案となった。それを受けて靖国神社の国家護持を事実上諦めざるをえなかった推進派は、次の戦略として天皇や首相のいわゆる公式参拝を政府に求めてゆくことになる[10]。

　ところで表2-1に示すとおり、戦後首相靖国参拝は例大祭時を中心に毎年のように行なわれていた。因みに昭和天皇も1952年から75年まで7度参拝している[11]。天皇が75年11月を最後に参拝していないことについては、06年7月に報道された「昭和天皇発言メモ」をめぐって取沙汰されている[12]。しかしそれについて考慮しなければならないのは、天皇の靖国参拝を憲法上疑問視する声が上がりはじめ、75年秋に国会で日本社会党がその問題をめぐって政府を追及した結果、天皇参拝が政治問題化したことである[13]。首相の参拝も同様に70年代半ばまで政教分離の観点から政治問題化することなく続けられていた。そのような状況下で遺族会等の靖国推進派は、政府が首相の参拝に対し明確に国家を代表する資格を与えるという特別の政治的意味を持った公式参拝の実現を目標にしたのである。このように政府内外における靖国推進派が運動方針を転換するなかで、75年8月15日の敗戦の日に三木武夫首相が靖国神社へ参拝した[14]。それは首相靖国参拝を二つの意味で政治化させる契機となった。第1に

表 2-1　靖国神社へ在任中に参拝した内閣総理大臣（1）

	参拝年月日（2）および参拝回数
吉田茂（3）	① 1951.10.18, ② *52.5.5*（臨時大祭）＊, ③ 52.10.17, ④ 53.4.23, ⑤ *53.10.24*＊, ⑥ 54.4.25＊, ⑦ 54.10.20＊
岸信介	① 1957.4.25, ② 58.10.21
池田勇人	① 1960.10.18, ② *61.6.18*, ③ 61.11.15, ④ 62.11.4, ⑤ 63.9.22
佐藤栄作	① 1965.4.21, ② 66.4.21, ③ 67.4.22, ④ 68.4.23, ⑤ 69.4.22, ⑥ 69.10.18, ⑦ 70.4.22, ⑧ 70.10.17, ⑨ 71.4.22, ⑩ 71.10.18, ⑪72.4.22
田中角栄	① *1972.7.8*, ② 72.10.17, ③ 73.4.23, ④ 73.10.18, ⑤ 74.4.23, ⑥ 74.10.19
三木武夫	① 1975.4.22, ② **75.8.15**, ③ 76.10.18
福田赳夫	① 1977.4.21, ② 78.4.21, ③ **78.8.15**, ④ 78.10.18
大平正芳	① 1979.4.21, ② 79.10.18, ③ 80.4.21
鈴木善幸	① **1980.8.15**, ② 80.10.18, ③ 81.4.21, ④ **81.8.15**, ⑤ 81.10.17, ⑥ 82.4.21, ⑦ **82.8.15**, ⑧ 82.10.18
中曽根康弘	① 1983.4.21, ② **83.8.15**, ③ 83.10.18, ④ *84.1.5*, ⑤ 84.4.21, ⑥ **84.8.15**, ⑦ 84.10.18, ⑧ *85.1.21*, ⑨ 85.4.22, ⑩ **85.8.15**
橋本龍太郎	① *1996.7.29*
小泉純一郎	① 2001.8.13, ② 02.4.21, ③ *03.1.14*, ④ *04.1.1*, ⑤ 05.10.17, ⑥ **06.8.15**

注）（1）この表では宗教法人靖国神社に参拝した内閣総理大臣を掲げた．したがって，靖国神社が宗教法人令に基づく法人登記を完了させた 1946 年 9 月 7 日（靖国神社編『靖国神社百年史　資料篇　下』，靖国神社，1984 年，213 頁）以前の事柄は捨象されている．なお，51 年 4 月 3 日における宗教法人令の廃止ならびに宗教法人法の公布施行後，靖国神社が同法に基づく法人であることを公告したのは 52 年 8 月 1 日のことである（同上書，213〜215 頁）．
　　（2）例大祭期間の参拝を普通字で，敗戦の日（8 月 15 日）の参拝を太字で，それらのいずれにも当たらない日の参拝を斜字で示した．
　　（3）吉田茂首相の参拝のうち，＊を付したものは官房長官ないし国務大臣による代理参拝であることを示す．
備考）宗教法人靖国神社への在任中の参拝が公表されていない内閣総理大臣は，小泉純一郎首相以前では，片山哲，芦田均，鳩山一郎，石橋湛山，竹下登，宇野宗佑，海部俊樹，宮澤喜一，細川護煕，羽田孜，村山富市，小渕恵三，森喜朗の 13 人である．
出所）靖国神社編『靖国神社百年史　事歴年表』，靖国神社，1987 年をもとに筆者作成．

三木首相の参拝は私的であるとされたものの，それ以降の首相参拝に対しては公私の資格の区別がつねに争点となったことである．第 2 に首相による 8 月 15 日の靖国神社公式参拝が政府内外から政策ないし運動の目標とされる端緒になったことである．本章でとりわけ注目しなければならないのは第二の点である．

　靖国神社に合祀された戦死者数を示す表 2-2 から明らかなように，満州事変と日中戦争（支那事変），太平洋戦争（大東亜戦争）の合祀者数は，如上の三木首

表 2-2　靖国神社の祭神として合祀された戦死者数

戦争・戦闘別	合祀された戦死者数		1975年10月以降、2004年10月までの合祀者数
	1975年10月までの合計（1）	2004年10月までの合計（2）	
明治維新前後	7,751	7,751	0
西南戦争	6,971	6,971	0
日清戦争	13,619	13,619	0
台湾征討	1,130	1,130	0
北清事変	1,256	1,256	0
日露戦争	88,429	88,429	0
第一次世界大戦	4,850	4,850	0
済南事変	185	185	0
満洲事変	17,161	17,176	15
支那事変	188,196	191,250	3,054
大東亜戦争	2,123,651	2,133,915	10,264
合計	2,453,199	2,466,532	13,333

注）戦争、戦闘名については靖国神社による呼称をそのまま掲げた．
出所）（1）国立国会図書館調査立法考査局編『靖国神社問題資料集（調査資料76-2）』，国立国会図書館調査立法考査局，1976年，4～5頁．
（2）靖国神社ウェブサイト；
http://www.yasukuni.or.jp/annai/gaiyou.html
なお，靖国神社は現在，正確な合祀者数をウェブサイトでは公表していない．
（1），（2）をもとに筆者作成．

相参拝直後の1975年10月時点で232万9008人であり，全体の合祀者数に占めるその割合は95％に及んでいた．また，仮に2004年時点と比較すれば戦後30年の75年当時なお1万3000人余りの未合祀者が存在した．その意味で，靖国神社の祭神はその「教義」上，明治以来の「殉国」の戦死者を一座に合わせ祀ったものであるにせよ，遺族ないし有縁者の感情において靖国神社は先の戦争で斃れた個々の戦死者への慰霊や顕彰の場であったと推察される．それゆえ神社の祭祀行事と特段関わらない8月15日における首相参拝は，満州事変から太平洋戦争にわたる戦死者の慰霊ないし顕彰への特化を意味するものと考えられた．そして76年6月には遺族会や日本郷友連盟，神社本庁等民間46団体を中心に「英霊にこたえる会」が設立され，同会は首相の公式参拝を国民運動によって要求してゆく．その際彼らが主張した「英霊」の顕彰とは，先の戦争を肯定し戦後体制を否定的に評価する態度と表裏一体をなすものでもあった．

このように首相による8月15日の参拝は，先の戦争に特化した戦死者慰霊を通じて政府と靖国神社を再び結びつけるための指標として捉えられてゆくのである．

1979年4月，靖国神社による14人のA級戦犯合祀の事実が報道された[16]．そのことによって満州事変以降の戦争に対する靖国神社自身の観点が明確にされたといってよい．そして首相靖国参拝は，極東国際軍事裁判で問われた日本の戦争責任を解消するものではないかとの疑義から，現在の日本政府が過去の戦争をいかに評価するのかということと関連づけられて論じられる問題となった．「靖国神社問題」とはそれまで政教分離を軸に議論される対象であったが，A級戦犯合祀の事実が明らかになってから，過去の戦争への反省や評価をその内容とする歴史問題がそこに新たに加わったのである．

2　閣僚靖国参拝の日中間における政治化

（1）中国における「靖国神社参拝問題」の形成

1980年8月15日，鈴木善幸首相および18人の閣僚が前例のない規模で靖国神社に参拝した．いずれも私人の資格を強調したが，前月の閣議での公式参拝推進論を受けたものとみなされた[17]．その2日後，中国の『人民日報』では靖国神社について詳しく紹介する記事が掲載された[18]．中国の報道はこのとき鈴木内閣の靖国参拝それ自体には論評を加えなかったが，以下の点で同記事は興味深い．一つは，靖国神社国家護持運動から「靖国法案」，公式参拝路線への経緯を踏まえつつ，75年以降の三木武夫，福田赳夫両首相による8月15日の参拝を論じていることである．いま一つは78年に靖国神社が14人のA級戦犯を合祀した事実に言及していることである．そして彼らが「昭和殉難者」として祭祀の対象とされていることを「不審な事柄」であると述べている．要するに，79年4月にA級戦犯合祀の事実が日本で明るみに出た後，初めて8月15日に鈴木首相が靖国神社へ参拝した時点で，中国側は閣僚の靖国神社公式参拝論の行方に注意を払っていたことが同記事から知られるのである．

鈴木首相は1980年から82年までの3年間，8月15日の靖国参拝を続け，翌年以降中曽根康弘首相が同日の参拝を引きついだ．中国側はその都度『人民

第二章　靖国神社参拝問題

日報』に日本国内の世論や野党の反対論を引用しつつ，濃淡の差はあれ婉曲な批判的態度を表わすようになった[19]。その際中国側が留意した点は，日本国内における争点と同様，8月15日の閣僚靖国参拝に日本政府が公的資格を与えるか否かの動向であった．他方で，教科書問題（第三章参照）が発生した直後の82年8月15日の『人民日報』社説には次のような論調がみられた[20]．

> この30余年に日本は資本主義経済大国として再び崛起し，国際情勢の推移につれて国際政治上，より大きな役割を果たそうと望んでいる．このような状況により，侵略戦争から教訓を得ようとせず，侵略戦争の美化を企む一部の軍国主義者が時宜を得たと考え，昔日の「大東亜共栄圏」を夢想するに至ったのである．〔前略〕軍国主義者を祀る靖国神社への公式参拝〔中略〕は厳しく注目すべき動向である．（傍点は引用者付す．以下同じ）

すなわち中国側は，公式参拝路線の既成事実化により「軍国主義者を祀る靖国神社」への閣僚参拝が政治的意義を有することになれば，日本の「経済大国」化への警戒が相まって，閣僚参拝を過去の「軍国主義」の復活という文脈で批判する論理ももっていた．しかし注意すべきは，同社説では靖国神社の特質を「軍国主義者」の祭祀に求めていることである．したがって「靖国神社に祀られた軍国主義者」の定義があいまいにされているかぎり，中国はまだ閣僚靖国参拝について日本を批判するための明確な論拠を持たなかったといえる．

ところで日本政府は1980年11月以来，首相その他の閣僚が「国務大臣としての資格」で靖国神社に参拝することは，憲法第20条第3項への抵触の恐れから「違憲ではないかとの疑いをなお否定できない」との立場をとっていた[21]．しかし85年8月14日，政府は憲法解釈を変更して公式参拝を合憲とする立場をとり，藤波孝生官房長官は翌15日に中曽根首相が靖国神社へ内閣総理大臣の資格で公式参拝すると発表した[22]．その際政府が依拠したものは，官房長官の私的諮問機関「閣僚の靖国神社参拝問題に関する懇談会」が，いわゆる目的効果基準を援用しながら公式参拝を漠然と容認した報告書であった[23]．

1985年8月15日，中曽根首相は戦後の首相で初めて内閣総理大臣の資格で靖国神社に公式参拝した．如上の「報告書」を受け，宗教色を薄めるため神道の参拝方式である玉串奉奠や二拝二拍手一拝等の儀式は行なわず，また例年私

費から支出した玉串料を出さずに供花料を公費で支出する形をとった．参拝は国家の宗教的活動にあたらないとしたのである．中曽根首相は参拝後，首相としての資格で公式参拝を行なったと認め，国民の大多数によるその支持を確信すると述べた．さらに日本が戦前の軍国主義や超国家主義，国家神道に戻ることは絶対になく，外国にも趣旨を理解してもらえるよう外交手段を使って努力するとも述べた[25]．このように，中曽根首相の公式参拝は主として憲法の定める政教分離原則に一定の注意を払いながら実行に移されたものであった．他方で中国をはじめとするアジア諸国に対しては，初めて行われる公式参拝の目的を事前に充分に伝えなかったという意味で配慮に欠けていた[26]．

　中国政府は公式参拝前日の 1985 年 8 月 14 日，中曽根内閣の靖国参拝について初めて反対の意思を表明した．外交部スポークスマンは，「中曽根首相ら閣僚がもし靖国神社に公式参拝するならば，世界各国の人民，とりわけ軍国主義の被害を深く被った中日両国の人民を含むアジア各国の人民の感情を傷つけることになるであろう」と警告し，靖国神社については「東条英機ら戦犯が祀られている」と指摘した[27]．つまり中国政府は，来たる 8 月 15 日の公式参拝が戦犯の祀られた靖国神社への閣僚参拝に政治的意義を持たせるものであると認識し，正式に日本政府を批判したのである．その後中国政府は一方で批判を抑制しながら，他方で閣僚靖国参拝に対する批判の焦点を A 級戦犯に絞っていった．8 月 22 日の『人民日報』評論文[28]では，如上の「東条英機ら戦犯が祀られている」という表現を「東条英機ら A 級戦犯が祀られている」に変えて論じている．つまり「戦犯」から BC 級戦犯を取りのぞき，A 級戦犯のみを取りあげたのであった．同評論文はさらに次のように述べている．

　　戦後 40 年来，中国政府は一貫して日本の少数の軍国主義分子と広範な日本人民を厳格に区別する方針を堅持し，また広範な日本人民とともに再び戦争の悲劇が演じられることのないようにし，かつ中日友好を発展させるために，たゆまぬ努力を払ってきた．同時にわれわれもまた数多くのアジアの国家と同様，日本政府が歴史を尊重することを望み，戦争の性質と責任をあいまいにすることを決して許すものではない〔後略〕．

　そこに述べられているのは日本の人民も戦争の被害者であったとするいわゆ

る責任二分論である．それは日中国交正常化に際し中国が戦争賠償請求を放棄したとき，中国政府が国民に説得するための理路であったため，いわば「日中友好」を説明する根拠となってきたものである．したがって中国側にしてみれば，「靖国神社参拝問題」における批判の論点構成は責任二分論に照らして整合性を持つものでなければならなかった．そこでBC級戦犯には責任二分論でいう戦争の被害者としての日本人が含まれているとの想定で，それは争点から外されたと考えられる．要するに閣僚の「靖国神社参拝問題」における中国政府の批判点は，靖国神社には満州事変以降の中国侵略の責任を負うべきA級戦犯が祀られているがゆえに，そこへの閣僚の政治的意義を有する参拝行為は，日中国交正常化の原則に照らせば日本政府に過去の侵略戦争への反省が足りないことを示すことになる，と整理されたのである．

　中国政府が如上の「靖国神社参拝問題」を日本側に指摘したのは1985年8月27日における姚依林副首相の発言が最初である．彼は日本の記者に向かって，「閣僚がA級戦犯を含めて祀っている靖国神社に公式参拝することは，侵略戦争の被害を被った各国人民の感情を傷つける」[29]と，「東条英機ら」という修飾語を外して述べた．翌日胡耀邦総書記は日本社会党訪中代表団に対し，公式参拝問題については「姚依林同志が述べたとおりだ」[30]と発言し，それを中国側公式見解として再確認した．なお鄧小平は同代表団との会見の際，田辺誠書記長との個人的な会話のなかで，「われわれは抗日戦争の戦士の墓にもうでるが，そこには国民党の墓も祭られている．しかし，抗日戦争を期に反共親日の政府をつくった汪精衛の墓にはもうでない．ドイツは戦後，ヒトラーについて語らない．これは賢明なことだ」[31]と，自らの心情に即して公式参拝を間接的に非難していた．

（2）日中間における「靖国神社参拝問題」の争点形成

　中曽根首相の公式参拝の翌月18日，満州事変の記念日に北京で「反日」学生運動が発生した．北京大学，清華大学の学生ら約1000人が「中曽根内閣打倒」，「日本軍国主義打倒」のほか「歴史の書き換え反対」，「日本の経済侵略反対」といったスローガンを叫びデモ行進したのである．北京大学構内に張りだされた壁新聞には，対日批判とともに，日中関係において経済優先政策をとる[32]

自国の政府への不満も表明されていた．例えばある壁新聞には，公式参拝への批判に加え，「われわれは経済面の小さな利益のために，屈辱の苦い実を飲み込んでしまったわけではあるまい．中国の見識の浅い者が急場しのぎをして悪い結果をかえりみないで，中国経済の一時的復興と繁栄を達成しても，われわれは賛成しない」と書きつけられていたという．[33] 北京で始まり翌月にかけて西安，成都などの地方都市に拡大した「反日」学生運動は，[34] たしかに中曽根首相の靖国参拝が中国社会に対日批判の雰囲気を醸成させた結果であった．しかし学生らの心情的不満は必ずしも日中間に顕在化しつつあった「歴史問題」や日本への経済的不平に止まらず，当時の自国の対日政策と日中関係のあり方に及んでいたものと思われる．

「反日」学生運動について中国は具体的事態を報道していないが，代わりに外交部スポークスマンは1985年9月19日，以下のような談話を発表した．[35]

> 中国政府は，日本の閣僚がA級戦犯の祀られた靖国神社に公式参拝する問題について，日本政府にその立場を表明し，日本政府に慎重にことを行なうよう求めてきた．遺憾なことに日本側はわれわれの友好的な勧告を顧慮することなく公式参拝を実行し，中国人民の感情をひどく傷つけた．中日共同声明，中日平和友好条約に定められた原則に基づき，日本政府および人民とともに中日の善隣友好関係を発展させることは中国政府の既定方針である．われわれは，日本政府の指導者が，再び日本が軍国主義の道を歩まないという約束をしっかり果たし，中日友好ならびにアジアと世界の平和をゆるぎないものにするために貢献することを願っている．

中国政府の反発を表わす以上の談話は，前述したように，閣僚靖国参拝をA級戦犯合祀と日中国交正常化の原則に絡めて批判する中国側の公式見解をまとめたものでもあった．

中曽根首相はそれに対し，1985年10月17日の参議院本会議上，「中国側の御見解や学生の考え等についても，我々は先方の立場に立てば理解できる面もある」と冷静に受けとめる一方で，「我が国には我が国の事情もあり，独立国家としての我が国の考え方もある」[36] と答弁し，対話を進めて公式参拝への中国の理解を求める意向を示した．しかし政府の当面の課題であった秋季例大祭時

の公式参拝は，中曽根首相が自民党の「英霊にこたえる議員協議会」等靖国神社関係三協議会の板垣正事務局長の直接要請を受けながら，中国に配慮して見送られた[37]。同年10月29日には韓国の李源京外相が中曽根内閣の公式参拝について「慎重に対処してほしい」と述べ，婉曲的ではあったが韓国政府として初めて批判を行った[38]。それまで党内の公式参拝推進派の意向を汲んで実行されてきた中曽根内閣の靖国参拝に，中韓両国への配慮と対応の必要が生じたのである。とりわけ日本側が急な対応を迫られていると考えた争点は，中国が指摘した靖国神社のA級戦犯合祀であった。

1986年8月14日，後藤田正晴官房長官は談話を発表し，翌日に予定されていた中曽根首相による靖国神社公式参拝の中止を確認した。その要因は主として中国への配慮であった。談話の重点は以下の部分である[39]。

　　靖国神社がいわゆるA級戦犯を合祀していること等もあって，昨年実施した公式参拝は，過去における我が国の行為により多大の苦痛と損害を蒙った近隣諸国の国民の間に，そのような我が国の行為に責任を有するA級戦犯に対して礼拝したのではないかとの批判を生み，ひいては，我が国が様々な機会に表明してきた過般の戦争への反省とその上に立った平和友好への決意に対する誤解と不信さえ生まれるおそれがある。それは，諸国民との友好増進を念願する我が国の国益にも，そしてまた，戦没者の究極の願いにも副う所以ではない。

すなわち後藤田談話は中国政府の批判をあらまし受けいれ，A級戦犯合祀を「靖国神社参拝問題」上，最大の争点として取りあげたのである。そのうえで，「国際関係を重視し，近隣諸国の国民感情にも適切に配慮しなければならない」ため，「内閣総理大臣の靖国神社への公式参拝は差し控えることとした」のであった。ここで指摘すべきことは，中国側は閣僚の参拝行為を問題にしていたのに対し，後藤田談話では内閣総理大臣の公式参拝を見送るとしたことである[40]。また談話では，公式参拝を合憲とした政府見解に変更はなく，それは「制度化されたものではなく，その都度，実施すべきか否かを判断すべきものであるから，今回の措置が，公式参拝自体を否定ないし廃止しようとするものでないことは当然である」とされていた。すなわちこの談話には，今後首相靖国参拝の

当否が国内で議論されるべき政教分離原則の観点から改めて検討されるのではなく、中国その他のアジア諸国への配慮から「その都度」判断されるとする意向が含まれていたといえる。

中曽根首相は1986年9月の衆議院本会議で、「国際関係におきましては、我が国だけの考えが通用すると思ったら間違い」であるとし、「特にアジア諸国等々の国民感情も考えまして、国際的に通用する常識あるいは通念によって政策というものは行うのが正しい。それが終局的には国益を守る方途にも通ずることになる[41]」と述べ、外国への配慮による参拝の中止は国益に背反するものでないと主張した。もっとも後年彼は、「私が靖国参拝をやめたのは、胡耀邦さんが私の靖国参拝で弾劾されるという危険性があったから[42]」であると回顧し、公式参拝中止理由の個人的側面を強調した。彼は公式参拝の継続が中国の内政に影響を与える問題でもあることを知り、ひいては彼と親密な間柄であった胡耀邦総書記がその親日的姿勢によって批判されかねない状況を憂えたというわけである。

さて、1986年以降首相靖国参拝は、中国をはじめとするアジア諸国への配慮のため基本的に途絶えることになった。例外に挙げられるのは96年7月29日の橋本龍太郎首相の参拝である。その際橋本首相は公私の資格の区別を明らかにせず、当日が自身の誕生日であることを挙げ、参拝が個人的理由によることを強調した[43]。しかし橋本首相は過去に日本遺族会会長や自民党の「みんなで靖国神社に参拝する国会議員の会」会長を務めており、それらの団体に対し事前に8月15日や例大祭時以外の機会に参拝する意向を伝えていたとされる[44]。この事例は首相が自民党の強力な支持団体の要請を受ける立場にあった場合のみ、近隣諸国に配慮する慣行が破られる可能性があったことを示唆する。それゆえ宮澤喜一首相が在任中靖国神社に参拝したとされることが公表されていないのは、アジア諸国への配慮からであるといえよう。このように、1985年9月19日の中国の批判と、それを受けた翌年8月の後藤田談話は、結果として首相は靖国神社に参拝しないという政治的な慣行を作りあげたといえる。

3 小泉首相靖国参拝と日中関係

（1）首相靖国参拝の再政治問題化

　2001年4月，自民党総裁選挙の公開討論会で小泉純一郎は「私が首相になったら8月15日に必ず〔靖国神社に〕参拝する」と発言し，それを「公約」とした．しかし小泉首相が実際靖国神社に参拝したのは8月13日であった．その際小泉首相は神道の参拝方式である二拝二拍手一拝の儀式を行わず一礼するに止め，玉串料の代わりに献花料を私費で支払うなど，中曽根首相の公式参拝と同様に宗教色を薄めたが，「内閣総理大臣　小泉純一郎」と記帳しながら公私の区別を明確にしなかった．参拝目的については，「私は，二度とわが国が戦争への道を歩むことがあってはならないと考えています．私は，あの困難な時代に祖国の未来を信じて戦陣に散っていった方々の御霊の前で，今日の日本の平和と繁栄が，その尊い犠牲の上に築かれていることに改めて思いをいた」すことであると説明した．

　小泉首相が明言していた方針を変えて8月15日の参拝を避けた理由は，主として中国への配慮にあったといえる．2001年7月，江沢民国家主席は訪中していた山崎拓幹事長らとの会談で，「歴史問題については，きちんと対処しないといけない．この問題に火をつけると，大きな波風が起きる可能性がある」と指摘し，唐家璇外相は「戦争責任のあるA級戦犯が合祀されている靖国神社に国家の指導者が行くのは，受け入れられない」と警告していた．8月15日が近づくと中国側は態度を軟化させ，「参拝日を16日以降にずらせば，中国政府は問題を大きくしない」という意向が武大偉駐日大使から与党議員を通じて福田康夫官房長官の下に入っていた．さらに山崎拓幹事長，加藤紘一元幹事長らが首相に働きかけた結果，予定を2日間前倒しする政治判断が行なわれたのである．

　中国への配慮は靖国参拝にあたり発表された首相談話にも示された．小泉首相はそのなかで，「〔先の〕大戦で，日本は，わが国民を含め世界の多くの人々に対して，大きな惨禍をもたらしました．とりわけ，アジア近隣諸国に対しては，過去の一時期，誤った国策にもとづく植民地支配と侵略を行い，計り知れ

ぬ惨害と苦痛を強いたのです．それはいまだに，この地の多くの人々の間に，癒しがたい傷痕となって残ってい」るとする歴史認識を示した．その意図は，1995年の村山富市首相談話を踏まえた侵略戦争の認識を盛りこみ，従来の政府見解を再確認することによって，中国や韓国をはじめとするアジア諸国の首相靖国参拝への理解を得ようとするものであった．

それに対し中国政府は武大偉駐日大使による抗議のなかで，小泉首相が「『8月15日』という敏感な日」の参拝を回避したことと，首相談話で侵略の歴史とそれへの反省を示したことに留意するとした．しかし同時に「小泉首相が自分の意見に固執し，A級戦犯の祀られた靖国神社に参拝することは，中日関係の政治的基礎を損ない，中国人民とアジアの広範な被害国人民の感情を傷つける」と強く批判した．さらに「日本政府は実際の行動で侵略の歴史に対する反省を体現するべきである」とし，1996年7月の橋本首相参拝に際し中国外交部スポークスマンが出した談話の内容を再び取りあげていた．[51] 中国側は小泉首相の靖国参拝に一定の理解を示して問題を日中関係全般に関わらせない態度を示唆しつつ，前述したような，首相は靖国神社に参拝しないという86年以降の日中間における政治的な慣行の継続を主張したといえる．すなわち中国側はA級戦犯合祀が依然として「靖国神社参拝問題」の日中間における争点であると認識していた．その一方で小泉首相は，談話において村山首相のことばを引きつつ示した歴史認識と自身の靖国神社への参拝行為とがいかに結びつくのかを説明する見解を示さないことで，A級戦犯合祀の再争点化を避けていた．[52] 以後，小泉首相が中国側を納得させるため提議した自身の靖国参拝についての見解は，おおよそ心情的あるいは文化的側面に傾いていった．片や中国側は「A級戦犯合祀問題」に基づく批判の姿勢を保ったため，両者の意見はつねに折り合わなかったのである．

（2）小泉首相靖国参拝と日中関係の硬直化

2001年10月小泉首相は訪中し，日中全面戦争の起点となった盧溝橋を訪れて戦争犠牲者への「お詫びと追悼」を語った．それは前述した首相談話に示された歴史認識を態度で表わすものとみなされた．ただし北京で行われた非公式首脳会談において江沢民国家主席は，小泉首相の盧溝橋および中国人民抗日戦

争記念館への訪問を有意義であると語ったものの,「靖国神社には日本軍国主義の戦犯が祀られている.日本の指導者が参拝すれば由々しい問題となる」と指摘し,首相参拝の継続には強い懸念を表わした.しかし小泉首相はその後02年4月21日,03年1月14日と3年続けて靖国神社に参拝し,それを既成事実としていった.その間小泉首相の2度目の参拝後,江主席は神崎武法公明党代表との会談で,「小泉首相の靖国参拝を絶対に許すことはできない」と批判していた.小泉首相の靖国参拝の継続と中国側の反発の応酬は日中の政府間関係をしだいに悪化させることになった.

　2003年3月胡錦濤が国家主席に就任した後,同年5月31日ロシアのサンクトペテルブルクで初の日中首脳会談が開かれた.小泉首相の3度にわたる靖国参拝を経て中国では対日批判が高まっていたが,胡主席は首相靖国参拝への直接的な言及を避け,「中日両国の指導者は戦略的に高度な,かつ長期的な観点で両国関係を取りあつかい,それを発展させる大きな方向性をしっかりとつかみ,歴史的機会を捉えて,長期安定の善隣友好関係を発展させる」という日中関係に対する新たな方針を示した.従来江沢民は「歴史を鑑とし,未来へ向かう〔以史為鑑,面向未来〕」という文句を掲げて歴史問題を日中関係の基本方針としていたが,胡主席の示した新方針はそのうち「未来」の方を強調したものであった.胡主席はこのとき,首相靖国参拝を中心課題とすれば対日外交が進展しないと認め,新政権下で日中関係を建てなおす意図を有していたといえる.同年8月に李肇星外相が訪日した際の日中外相会談でも首相靖国参拝への言及はなかった.

　しかし胡錦濤政権に対日関係改善の意思が見られたとはいうものの,日中双方が相手に対するそれ以上の譲歩を見せなかったことで,日中関係は改善に向かうどころか硬直化することになった.2003年10月7日インドネシアのヌサドゥアで開催された日中首脳会談では,小泉首相が温家宝首相に早期の訪日を求めたのに対し,温首相は首脳往来を歓迎すると述べたうえで,その前提条件に「良好な雰囲気をつくる必要」を挙げた.つまり中国側は暗に首相靖国参拝の中止を求めたのであった.それに対し小泉首相は翌日記者団に靖国参拝を今後も継続する意向を示し,「〔日中間で〕お互い理解されていると思う.別に軍国主義の復活ではない.二度と戦争を起こしてはいけないということで,この

点は理解されている」と語って中国側の反対を退けた.同月11日,中国側は小泉発言に応酬し,「温家宝首相は日本側が正しく歴史に向きあうようはっきり求めた」とする外交部スポークスマン談話を発表した.そして日中関係を発展させるためには「歴史を鑑とし,未来へ向かう」という基本方針が最も重要であると強調したのである.同月20日にはタイのバンコクで胡主席との首脳会談が開かれたが,首脳相互訪問の再開に言及されることはなかった.胡主席は会談上,日中関係について「長期的観点を持ち,大局を考える〔着眼長遠,籌謀大局〕」との彼独自の方針を示しながらも,「戦争被害国の人民の感情を決して傷つけないことが重要である」と指摘し,「未来」よりも「過去」の歴史問題を強調せざるをえなくなっていた.同月末,西安の西北大学で発生した「反日」学生騒動は,胡政権の対日譲歩をより一層難しくする民意の表出であった.なお清水美和によると,03年12月に唐家璇国務委員主宰の「対日関係工作会議」が開催され,首相靖国参拝をはじめとする歴史問題を改めて対日外交の基本とすることが確認されたという.

2004年以降,小泉首相が臨んだ日中首脳会談は2回のみである.そのうち04年11月21日にチリのサンティアゴで行なわれた会談で胡主席は,「正しく歴史に向きあってこそ歴史の重荷を発展の動力に変えられる.現在の中日の政治関係に現れている困難な問題点は,日本の指導者が靖国神社に参拝していることである」と指摘し,日本側の適切な対処を求めた.胡主席が首相靖国参拝に直接言及したことで,中国側はいわば最後の「カード」を切ったといえる.その後,05年3月胡主席が召集した「対日政策検討会議」では日本国内の対中感情も勘案し立案された対日重視政策が決定されたとされるが,結果としてその新方針は翌月に発生した「反日」デモの影響を受けて実らなかった.

以上のように,中国指導部の対日政策方針には少なからず変化が見られるとともに,その変化の一因に中国国内において高潮した反日感情との相互作用が存在することが認められよう.如上の西北大学の「反日」学生騒動や2004年夏のサッカー・アジアカップにおける「反日」騒動,翌年4月の北京,上海など中国各地における「反日」デモの発生といった中国国内の民意の噴出が対日外交に与えた影響は小さくないと考えられるのである.

（3） 小泉首相靖国参拝の導因

　それでは小泉首相はなぜ，中国をはじめとする外国からの強い反対にもかかわらず，靖国神社への参拝を継続させたのであろうか．そこにはどのような世論の支持があったのであろうか．本項では小泉政権期の「靖国神社参拝問題」についての民意を探る手がかりとして，いくつかの世論調査を取りあげたい．

　表2-3は新聞社が行った世論調査から，首相靖国参拝の当否と，外国からの抗議への態度を扱った質問をとくに取りあげたものである．その際，質問と回答項目については適宜原文の表現を簡略化した．まず，首相靖国参拝への支持は小泉政権の6年間を通して内閣支持率とほぼ連動していることが知られる．そして全般的に支持が高いかあるいは支持と不支持が拮抗していた．支持理由をみると，第一に首相参拝は慰霊ならびに不戦，平和の誓いになるとする回答が最も多い．それは靖国神社に対する素朴な感情を表わすとともに，戦死者への追悼と不戦の誓いを結びつけた，参拝に際しての小泉首相独特の言い回しが人口に膾炙し，世論に一定程度反映された結果であると思われる．第二に，中国をはじめとする外国の圧力への拒否反応から首相靖国参拝をいわば迂回的に支持する態度の存在である．それは「外国からの抗議への態度」において全般的に受容よりも反発を示す回答が多いことと同様の国民的感情の表出である．その国民的感情の一端は内閣府世論調査によっても知ることができる（「中国に対する親近感調査」，序章参照）．次に首相参拝の不支持理由をみると，近隣諸国への配慮の必要性を挙げた回答が調査Eと調査Fでは最大であった．それは日中ないし日韓政府間関係の悪化を望まない意見が増加したことを示している．なお留意すべき点は，首相参拝の不支持理由に憲法問題を挙げる回答が減少していることである．すなわち近隣諸国への配慮を訴える意見の増加と考えあわせると，首相靖国参拝を国内問題ではなく国際問題として捉える国民の意識変化が世論調査に表わされたといえよう．

　以上の分析から明らかなように，小泉首相の毎年の靖国参拝を支持した世論には，内閣への高い支持を前提として，おもに首相自身の参拝目的への共感と，外国からの抗議に拒否反応を示す感情の表出があった．そのような世論の支持を背景に，小泉首相は「靖国神社参拝問題」に対処する際にも自ら得意とした相手に譲歩しないという政治手法を用いることができた．しかし「靖国神社参

56　第Ⅰ部　過去との対話

表2-3　首相の靖国神社参拝に関する日本の世論（単位：％）

調査主体	調査日と調査件数	内閣支持率（括弧内は不支持率）	首相の参拝に関する質問	支持回答	不支持回答	外国からの抗議への態度に関する質問	受容を示す回答	反発を示す回答	備考
A：朝日新聞全国世論調査（1）	1985.10.8〜9、2457件	46 (*)	中曽根首相が「公式参拝」したのはよかったか、それとも何か疑問を感じたか	支持：50	疑問：23				1985年8月15日中曽根首相が靖国神社公式参拝
B：毎日新聞全国世論調査（2）	2001.8.18、1046件	81 (11)	8月15日ではなく13日に靖国神社へ参拝した小泉首相の判断はよかったか	支持：65	不支持：28	首相の靖国参拝の中止を求めていた中韓両国をどう考えるか	理解：45	不服：49	2001年8月13日小泉首相が靖国参拝
				理由：懸念できる：29、中韓に配慮している：39、首相の柔軟な姿勢：31	理由：遠慮：32、中韓の圧力に屈した：33、首相が周囲に安協した：32				
C：朝日新聞全国世論調査（3）	2004.11.27〜28、1885件	39 (43)	小泉首相は靖国神社参拝を続けた方がよいか、やめた方がよいか	継続：38	中止：39	（継続を望む38％の回答者に）中韓両国の国民の理解を得るため、何らかの配慮が必要か	必要：22　不必要：14		04年11月21日小泉首相と胡錦濤国家主席の会談開催（サンティアゴ）
						首脳会談（右記）で中国側は関係改善のため首相靖国参拝の中止を求めた、この中国側の主張は当然か	当然：30	不当：57	
D：朝日新聞緊急全国世論調査（4）	2005.4.24、808件	43 (36)	小泉首相は今後靖国神社参拝をやめた方がよいか	継続：36	中止：48	胡主席は日本側の歴史認識に関して、「中国国側は反省を傷つけた」として反省を行動で示すよう求めた、この中国側の主張に納得できるか	納得：19	不服：71	05年4月「反日」デモ発生、同月23日小泉・胡会談開催（ジャカルタ）
E：朝日新聞緊急全国世論調査（5）	2005.10.17〜18、978件	55 (30)	小泉首相の5度目の靖国参拝はよかったか	支持：42	不支持：41	政府は中韓両国の反発を受け止めるべきか、それはどの程度ではないか	対応必要：53	対応不必要：35	05年10月17日小泉首相が就任以来5度目の靖国参拝、中国政府は異例の外交姿勢明に批判
				理由：懸霊になる：16、平和の誓いになる：7、首相の信念：8、外国の要求による中止に疑問：10	理由：軍国主義の美化：2、遺憾：4、A級戦犯合祀：5、周辺国への配慮が必要：28				
F：読売新聞緊急全国世論調査（6）	2006.8.15〜16、1104件	52.3 (37.4)	終戦記念日の8月15日に小泉首相が靖国神社に参拝したことを支持するか否か	支持：42.8、消極的支持：9.8、（計：52.6）	不支持：33.1、消極的不支持：6.0、（計：39.1）	中韓両国が反発し、強く抗議していることについて納得できるか否か	納得：23.1、消極的納得：9.8、（計：32.9）	不服：48.3、消極的不服：8.2、（計：56.5）	06年8月15日小泉首相が就任以来初めて敗戦の日に靖国参拝
				理由：懸霊・追悼は当然：35.1、首相の公約：7.2、外国の反発を理由にした中止に疑問：25.3	理由：A級戦犯合祀：27.4、第二次世界大戦の反省が曖昧：11.8、違憲：15.8、中韓両国との関係悪化：41.1				

注）（*）朝日新聞内閣動向調査での支持率（『朝日新聞』、1985年10月12日）。
出所）（1）『朝日新聞』、1985年10月21日。（2）『毎日新聞』、2001年8月20日。（3）『朝日新聞』、2004年11月30日。（4）『朝日新聞』、2005年4月25日。（5）『朝日新聞』、2005年10月19日。（6）『読売新聞』、2006年8月17日。以上をもとに筆者作成。

拝問題」が日中政府間で紛糾したとき，外交問題は容易に世論に反映された．片や中国では前述したような反日感情が高潮していたため，ともに一方が他方に対し不寛容になった日中両国の国民感情が，逆に政府の対立を深刻なものにしたとさえいえるのである．

おわりに

　本章で明らかになったように，「靖国神社参拝問題」が日中間で外交問題化した遠因は鈴木善幸内閣による 1980 年 8 月 15 日の靖国参拝に求められる．すなわち 70 年代半ば以降の日本における靖国神社公式参拝論の生成と A 級戦犯合祀の事実によって，少なくとも 80 年から中国側は閣僚靖国参拝に婉曲な批判的態度を表わしていた．中国が日本への正式批判を開始したのは中曽根康弘内閣によって公式参拝が行なわれた 85 年 8 月のことであり，その後中国は問題の争点を A 級戦犯合祀に限定していったのである．

　1985 年 9 月，「反日」学生運動の発生を受けて中国が改めて日本に疑義を質したとき，「靖国神社参拝問題」は日中間の歴史問題に昇華した．なぜなら中国はそのとき初めて自国の内政問題に関わらせて閣僚靖国参拝を批判したといえるからであり，その批判は結果として 85 年例大祭時以降の公式参拝を中止に導く政治的効果を生んだからである．したがって中国は対日外交上，図らずも新しい「カード」を手にしたということもできる．ただし，当時日中両国が「靖国神社参拝問題」をその実質内容から切なるものとして捉えようとしていたことは確認しておかねばならない．それというのは，一方で中国にとり閣僚靖国参拝は日中国交正常化の原則に照らせばその隘路となったからである．他方で日本にとり「A 級戦犯の祀られた靖国神社」への公式参拝は，中国への侵略戦争の責任を認定した極東国際軍事裁判に日本政府が疑義を持っているかのごとく他国に映ることによって，政府が当の裁判を受諾したサンフランシスコ平和条約への態度を鮮明にする必要に迫られたからである．[64]

　以上のような経過をたどると，われわれが現在「靖国神社問題」に認める論点は，1980 年代までにすべて出来ていたことがわかる．それは政教分離原則に関わる憲法問題のほか，中国をはじめとするアジアの戦争被害国からの批

判と，戦争責任問題を含む歴史認識の3点であった．そこでわれわれが日中関係に現在も介在する「靖国神社参拝問題」の原理的解決を図ろうとするならば，第2，第3の点について改めて検討し，それを国内問題としての「靖国神社問題」のうえに捉えなおさざるをえない．

　中国政府の批判は，既述したように，問題解決のためA級戦犯に焦点が絞られている．王毅駐日大使はかつてその理路を，「A級戦犯は対外侵略を引き起こした象徴的存在で，ほとんどが対中侵略に加担した．その取り扱いは，日本の戦後処理，国際社会への復帰，中日国交正常化の原点にかかわる問題で，一国の文化を超える」と説明した．そして中国側が提示する政治決着の方策はA級戦犯が祀られた靖国神社への首相および官房長官，外相の参拝を控えることであった．[65] 以上のような中国政府の立場は，国内世論にみられる靖国神社のイメージと表裏一体をなしている．すなわち中国では広く社会において靖国神社は軍国主義の象徴であると捉えられている．[66] そのため首相靖国参拝は侵略を否定し被害国の感情を無視する国家的行為であるとみなされ，社会に強い拒否反応を起こす．他方で，日本の世論には靖国神社を戦争犠牲者追悼の場と考える傾向が強くみられる．[67] 小泉政権期，「靖国神社参拝問題」について日中両国政府が互いに相手に譲歩しなかった一因は，両国社会における靖国神社への一定の感覚的表象に双方とも支えられていたことに求められよう．そして日中間で異なる靖国神社への感覚的表象は，過去の戦争に対する認識操作の違いが両国間に明らかに存在することを示してもいる．

　それでは「靖国神社参拝問題」を国内問題として捉えなおすとき，われわれはまず何を考慮すべきなのであろうか．第1節で述べたように，靖国神社とは「英霊」の功績を顕彰する場であった．「英霊」とは子安宣邦のことばを借りれば，「国家国民の栄光と結びつけて祀られる戦争犠牲者」であり，「国家によって認知された，いわば公的な戦争犠牲者」である．[68] 公的な戦争犠牲者とは表2-2で示したような数字で表わされる戦死者を指す．つまり，靖国神社は必ずしも戦争の犠牲者一般に対する追悼の場としてあるのではない．なぜならそこでは，靖国神社に祀られていない，戦争により落命した民間日本人の存在が見すごされていると同時に，おおよそ戦争相手国，戦闘相手地域の戦争犠牲者が記憶の対象とされることはないからである．したがって首相靖国参拝は，それ

が靖国神社に祀られた特定の戦死者慰霊ないし追悼行為を意味するために，アジアの戦争被害国に止まらずわれわれの眼にも，近代以来の歴史的産物としての日本の戦争を，「殉国」の犠牲のみ語る対象として捉える行為とみなされるのである．それゆえ首相靖国参拝は，日本が過去において直接関わった歴史的産物としてのアジアの戦争の複雑かつ多面的な実態を喚起させる行為とはいえないのである．その意味で，靖国神社における首相の慰霊ないし追悼行為は，中国をはじめとするアジアの戦争被害国との間に歴史問題を提起する可能性を含み持つのである．

注

1) 「靖国神社参拝問題」についてのアジア諸国からの批判には国，地域によって強弱があり，なかでも中国が最も強い反応を示してきた．
2) 正しくは「国家神道，神社神道ニ対スル政府ノ保證，支援，保全，監督竝ニ弘布ノ廃止ニ関スル件」(昭和二十年十二月十五日聯合国軍最高司令官総司令部参謀副官発第三号日本政府ニ対スル覚書)，国立国会図書館調査立法考査局編『靖国神社問題資料集（調査資料76-2）』国立国会図書館調査立法考査局，1976年，194～197頁．
3) 靖国神社の戦後改革については，赤澤史朗『靖国神社』岩波書店，2005年，三土修平『靖国問題の原点』日本評論社，2005年，田中伸尚『靖国の戦後史』岩波新書，2002年，大江志乃夫『靖国神社』岩波新書，1984年等に詳しい．
4) 宗教法人「靖国神社」規則（1952年9月30日）第三條，靖国神社編『靖国神社百年史 資料篇 下』靖国神社，1984年，251頁．
5) 湯澤貞靖国神社前宮司はNHKのインタビューのなかで同神社の務めについて，「国のためにという一語に尽きるのではないか．未来永劫にわたって国のために亡くなった方をまつらなければ，日本の民族として方向が違ってくるのではないかという感じがいたします」と述べている（NHKテレビドキュメンタリー『戦後60年靖国問題を考える』2005年8月14日放送）．また同氏は別のところで，慰霊と顕彰の関係について，「慰霊の部分は御神前で，顕彰の部分は遊就館で，と考えますと，遊就館は大事な場所です〔中略〕いい悪いは別としまして，神社のほうとしては，慰霊をすると同時に，戦没者がいかに活躍したかという展示をしているわけなんです」と述べ，神社施設における遊就館の重要性を強調した（「靖国神社前宮司・湯澤貞氏に聞く」国際宗教研究所編『現代宗教2006』東京堂出版，2006年6月，119頁）．なお，遊就館についての論考として木下直之「遊就館」『現代思想』2005年8月号，青土社，E・シャッツナイダー著，高橋原訳「複製技術時代における奉納品」，同上書を挙げておく．

6）「靖国神社合祀事務に対する協力について」（援発3025号，昭和31年4月19日，厚生省引揚援護局長）前掲『靖国神社問題資料集』231〜232頁．なお，合祀基準と手続き，合祀対象等については同書，3〜5頁を参照．

7）赤澤史朗，前掲書，第3章．

8）靖国神社国家護持運動の政治化過程については，前掲『靖国神社問題資料集』のほか『ジュリスト臨時増刊』No. 848，有斐閣，1985年11月等を参照．

9）「靖国神社法案（根本案）」前掲『靖国神社問題資料集』146頁．

10）自民党内で靖国神社公式参拝を政策目標として取りあげたものに，いわゆる表敬法案がある．そこでは最終目標である靖国神社法案の立法化は段階を踏んで実現されるべきであるとされ，当面の目標は天皇および国家機関員等の公式参拝や外国使節の公式表敬にあるとされたが，国会には提出されていない（「表敬法案（藤尾私案）」，1975年2月，前掲『ジュリスト臨時増刊』No. 848，153頁）．

11）靖国神社編『靖国神社百年史　資料篇　中』靖国神社，1983年，7〜8頁．

12）報道は「A級戦犯靖国合祀　昭和天皇が不快感」『日本経済新聞』2006年7月20日．富田朝彦元宮内庁長官のメモの詳細については，半藤一利・秦郁彦・保阪正康「昭和天皇『靖国メモ』未公開部分の核心」『文藝春秋』2006年9月特別号を参照．

13）前掲『靖国神社問題資料集』106〜112頁．

14）波田永実は三木首相が8月15日を参拝の日に選んだ理由について，党内基盤の弱かった三木にとり，遺族会に対する国家護持頓挫の代償と，その他旧軍人関係団体の支持取りつけの意味合いがあったとしている（「小泉首相靖国参拝の政治過程」『季刊戦争責任研究』第36号，2002年6月，11頁）．

15）靖国神社編『靖国神社百年史　事歴年表』，靖国神社，1987年，679頁．「英霊にこたえる会」に対応する形で，国会議員のなかでは「英霊にこたえる議員協議会」（1978年），「みんなで靖国神社に参拝する国会議員の会」（81年）が結成された．

16）14人のA級戦犯が「昭和殉難者」として合祀されたのは1978年10月17日である（新聞報道は「靖国神社にA級戦犯合祀」『朝日新聞』1979年4月19日）．A級戦犯合祀の経緯については，秦郁彦「靖国神社『鎮霊社』のミステリー」『現代史の対決』文春文庫，2005年，松平永芳「『靖国』奉仕十四年の無念」『諸君！』1992年12月号，文藝春秋を参照．因みに合祀された14人は以下のとおり――東条英機元首相，板垣征四郎元陸軍大将，土肥原賢二元陸軍大将，松井石根元陸軍大将，木村兵太郎元陸軍大将，武藤章元陸軍中将，広田弘毅元首相，白鳥敏夫元駐伊大使，東郷茂徳元外相，小磯国昭元首相，平沼騏一郎元首相，梅津美治郎元陸軍大将，松岡洋右元外相，永野修身元海軍元帥．

17）「閣僚相次ぎ靖国参拝」『朝日新聞』1980年8月15日夕刊．

18）「鈴木内閣成員大挙参拝"靖国神社"」『人民日報』1980年8月17日．

19) 例えば「日本政府為在侵略戦争中戦死的人開追悼会」1982 年 8 月 17 日，「日官員参拝靖国神社　在野党和輿論表示反対」1983 年 8 月 16 日，「東京報紙指出日本出現"逆流中的八月十五日"」同年 8 月 19 日，「日本在野党和群衆団体集会呼吁維護和平」1984 年 8 月 18 日等の『人民日報』記事を参照．
20) 社説「前事不忘，後事之師」『人民日報』1982 年 8 月 15 日．
21) 「政府統一見解」宮澤喜一官房長官説明，1980 年 11 月 17 日，首相官邸ウェブサイト：http://www.kantei.go.jp/jp/singi/tuitou/dai2/siryo1_5.html
22) 「政府，統一見解を変更」『朝日新聞』1985 年 8 月 15 日．
23) 「閣僚の靖国神社参拝問題に関する懇談会報告書」(1985 年 8 月 9 日) では，公式参拝の「目的及び効果の面で種々配慮することにより，政教分離原則に抵触しない何らかの方式による公式参拝の途があり得る」とした (前掲『ジュリスト臨時増刊』No. 848, 112 頁)．
24) 「賛否の中公式参拝」『朝日新聞』1985 年 8 月 15 日夕刊．
25) 「閣僚たちは公人集団で」『朝日新聞』1985 年 8 月 16 日．
26) 参拝前日の藤波孝生官房長官談話では近隣諸国への一定の配慮が示された．──「我が国は，過去において，アジアの国々を中心とする多数の人々に多大の苦痛と損害を与えたことを深く自覚し，このようなことを二度と繰り返してはならないとの反省と決意」を持ち，公式参拝後もその姿勢に変化はないとした (「内閣総理大臣その他の国務大臣の靖国神社公式参拝について」藤波孝生内閣官房長官談話，1985 年 8 月 14 日，首相官邸ウェブサイト：http://www.kantei.go.jp/jp/singi/tuitou/dai2/siryo1_7.html)．
27) 外交部スポークスマン談話「中曽根首相等参拝靖国神社会損害世界各国人民的感情」『人民日報』1985 年 8 月 15 日．
28) 評論文「侵略戦争的性質不容模糊」『人民日報』1985 年 8 月 22 日．
29) 「姚依林答日本記者問」『人民日報』1985 年 8 月 28 日．
30) 「『日中惨禍の歴史忘れてはならぬ』　社党訪中団に胡耀邦総書記」『朝日新聞』1985 年 8 月 29 日．
31) 「『日本の軍国主義分子の動き心配』　鄧氏『靖国』などにクギ」『朝日新聞』1985 年 8 月 30 日．
32) 「北京で反中曽根デモ」『朝日新聞』1985 年 9 月 19 日．
33) 「北京大の壁新聞　日中関係にもホコ先」『読売新聞』1985 年 9 月 20 日．
34) 「経済侵略論は誤り」『朝日新聞』1985 年 10 月 27 日．
35) 外交部スポークスマン談話「日本内閣成員正式参拝靖国神社厳重傷害中国人民感情希望日本政府領導人厳格履行諾言鞏固発展中日友好」『人民日報』1985 年 9 月 20 日．
36) 第 103 国会参議院本会議，日本社会党久保亘議員に対する答弁，1985 年 10 月 17 日，国立国会図書館ウェブサイト：国会会議録検索システム；http://kokkai.ndl.go.jp/

SENTAKU/sangiin/103/0010/main.html
37)「首相参拝は見送り　靖国神社の秋の例大祭」『朝日新聞』1985 年 10 月 19 日．
38)「韓国初の『靖国』批判」『朝日新聞』1985 年 10 月 29 日夕刊．
39)「本年 8 月 15 日の内閣総理大臣その他の国務大臣による靖国神社公式参拝について」後藤田正晴内閣官房長官談話，1986 年 8 月 14 日，首相官邸ウェブサイト：http://www.kantei.go.jp/jp/singi/tuitou/dai2/siryo1_9.html
40) 2005 年 4 月王毅駐日大使は，政府の顔である首相，外相，官房長官の 3 人は靖国神社に参拝しないという紳士協定が，86 年頃中国側の求めに日本政府が応じて結ばれたとリークした（『朝日新聞』2005 年 4 月 27 日）．それに対し中曽根康弘元首相は紳士協定の存在を否定している（『産経新聞』2005 年 4 月 28 日）．
41) 第 107 国会衆議院本会議代表質問，日本社会党土井たか子議員に対する答弁，1986 年 9 月 16 日，国立国会図書館ウェブサイト：国会会議録検索システム；http://kokkai.ndl.go.jp/SENTAKU/syugiin/107/0001/main.html
42) 中曽根康弘『天地有情　五十年の戦後政治を語る』文藝春秋，1996 年，463 頁．また，稲山嘉寛経団連会長が訪中した際，谷牧，万里両党書記との会談で彼らは次のような話をしたとされる．――中国の若者の多くは日本軍国主義復活の疑いを抱いており，党はこれまで彼らを説得してきたが，事態が進むともう説得できなくなる．首相の参拝が続くと内政上，「胡耀邦総書記といえども何もいうことはできず，私たちも困った立場に立たされる」（同上書，463 頁，および稲山嘉寛「靖国神社問題に関する訪中報告」世界平和研究所編『中曽根内閣史資料篇（続）』世界平和研究所，1997 年，240～242 頁）．
43) このとき中国外交部スポークスマンは首相参拝を「きわめて遺憾である」とし，「日本は過去の侵略の歴史を真剣に反省し，実際の行動でアジアの人民の信頼を得，平和の道を歩むべきだ」との談話を発表した（「橋本参拝靖国神社　中国政府深表遺憾」『人民日報』1996 年 7 月 29 日）．
44)「危うさ内包　首相靖国参拝」『朝日新聞』1996 年 7 月 30 日．
45)「基本路線クッキリ　具体策あいまい」『読売新聞』2001 年 4 月 19 日．
46)「首相　靖国を前倒し参拝」『朝日新聞』2001 年 8 月 14 日．なお昇殿時の宗教儀式であるお祓いについて，神社側は「陰祓い」をしている（『朝日新聞』2001 年 8 月 17 日）．
47)「小泉内閣総理大臣の談話」，2001 年 8 月 13 日，首相官邸ウェブサイト：http://www.kantei.go.jp/jp/koizumispeech/2001/0813danwa.html
48)「首相の靖国参拝・歴史教科書　江主席強い不満」『読売新聞』2001 年 7 月 11 日．
49)「検証　靖国参拝『15 日』回避」『毎日新聞』2001 年 8 月 19 日．因みに加藤紘一は，「私は，中国の対日関係者から，8 月 15 日を外せば抗議はあるにしてもそんなに強くはならないかなという感触を受けていたので，少なくとも 15 日は外すべきだとも言いま

した」と述べている（加藤紘一「どうしても参拝反対はゆずれない〔インタビュー〕」『SIGHT』第28号，ロッキング・オン，2006年6月，44頁）．

50) 前掲「小泉内閣総理大臣の談話」2001年8月13日．
51) 「我駐日大使提出厳正交渉」『人民日報』2001年8月14日．橋本首相参拝に際しての談話については注43を参照．
52) 2001年7月山崎拓幹事長は唐家璇外相との会談で，「個人的見解としてA級戦犯は分祀すべきだ」（『読売新聞』，2001年7月11日）と述べ，A級戦犯分祀論を持ちだしていた．それに対し小泉首相は，「日本人の国民感情として，亡くなるとすべて仏様になる．A級戦犯の方々も死刑という刑罰を受けている（注：実際には執行に至らず，獄死，病死した戦犯もいた）．そして心ならずも戦争に行かねばならなかった人が圧倒的多数だ．そういう人への慰霊を，一握りのA級戦犯が合祀されているということでおろそかにしていいのか．それほど選別しなきゃならないのだろうか」（『毎日新聞』2001年7月12日）と述べ，A級戦犯合祀を問題視する見解に強く反対した．
53) 「江沢民主席会見日本首相小泉純一郎」『人民日報』2001年10月9日．
54) 「江主席，小泉首相を批判」『朝日新聞』2002年4月30日．
55) 「胡錦濤会見日本首相小泉純一郎」『人民日報』2003年6月1日．
56) 「『核』平和解決を確認　首相，中国外相と会談」『朝日新聞』2003年8月12日．
57) 「中国，歴史問題対処求める」『朝日新聞』2003年10月8日．
58) 「首相　靖国参拝『続ける』」『朝日新聞』2003年10月9日．
59) 外交部スポークスマン談話「発展中日関係須堅持"以史為鑑，面向未来"」『人民日報』2003年10月12日．
60) 「胡錦濤会見日本首相小泉純一郎」『人民日報』2003年10月21日．
61) 清水美和『中国が「反日」を捨てる日』講談社＋α新書，2006年，47頁．
62) 「胡錦濤会見日本首相小泉純一郎　提出実現両国関係健康穏定発展指導性意見」『人民日報』2004年11月23日．胡主席の指摘に対し小泉首相は記者会見で，「お互い都合の悪い問題，摩擦のある問題が起こったとしても〔中略〕日中関係全体の発展の支障にならないような関係にしていきたいと，そのために率直な意見交換〔中略〕が必要である」とした（「アジア太平洋経済協力会議首脳会談後の内外記者会見」，2004年11月22日，首相官邸ウェブサイト：http://www.kantei.go.jp/jp/koizumispeech/2004/11/22press.html）．
63) 朱建栄『胡錦濤対日戦略の本音——ナショナリズムの苦悩』角川書店，2005年，99頁．
64) 1986年8月，衆議院内閣委員会において後藤田正晴官房長官は，「サンフランシスコ平和条約のたしか十一条であったと思いますが，国と国との関係においては日本政府はこの極東裁判を受諾しておるという事実がある」と再確認し，「この極東裁判の結果と

いうものについても受諾をいたしておる」と述べたうえで，それを内閣の統一見解であるとした（第106国会衆議院内閣委員会，柴田睦夫委員に対する答弁，1986年8月19日，国立国会図書館ウェブサイト：国会会議録検索システム；http://kokkai.ndl.go.jp/SENTAKU/syugiin/106/0020/main.html）．

65)「王毅・駐日中国大使に聞く」『朝日新聞』2005年11月16日．

66) 中国社会科学院と朝日新聞社の共同世論調査によると，中国では靖国神社を「軍国主義の象徴」と位置づける回答が59％であった（『朝日新聞』2005年4月27日）．

67) 同上調査によると，日本では靖国神社を「戦死者を追悼する所」と位置づける回答が66％であった．

68) 子安宣邦「戦わない国家と祀らない国家——靖国と憲法問題——」『教化研究』第133号，真宗大谷派宗務所，2004年10月，40頁．

(一谷和郎)

第三章　教科書問題

はじめに

　教科書問題とは，日本の中学・高校の社会科教科書における近代以降の侵略および植民地支配に関する歴史をいかに記述するかをめぐる問題で，中国と韓国などがこの問題に関して日本政府に対し批判・抗議などを行ったことによって外交問題となった．今日に至っても，教科書問題は日中間の歴史問題の主な争点の一つである．

　1982年の教科書問題が発生してから今日に至るまで，すでにいくつかの研究成果が出されている[1]．それらの研究のほとんどは教科書問題そのものにのみ焦点をあてて，その背景となっている日中両国の国内の政治状況との関連性については必ずしも十分に分析したとはいえない．そのような状況に鑑み，筆者は本章において1982年，1986年，2001年，2005年の4回にわたる教科書問題を日中両国の国内政治との関連から分析していく．そのような作業を通して，教科書問題の全体像が浮き彫りになると思われる．それは日中間の歴史問題への理解を深めるためにも有益なことであると考えられる．

1　「55年体制」の成立と日本国内における教科書問題の発生

　日中間の教科書問題は，日本国内における教科書問題の延長線上で発生したといえる．1955年8月から11月にかけて，日本民主党は『うれうべき教科書の問題』第1～3集を発行して，教育界と教科書界における「偏向」を批判した[2]．それは戦後日本における教科書問題の発端になった．その第1集では，日本の教科書には4つの「偏向タイプ」があると指摘した．第1は，教員組合運動や日本教職員組合（以下「日教組」と略す）の政治活動を推進するタイプ．

第2は,「急進的な,破壊的な労働運動を推進する」タイプ. 第3は,ソ連・中国共産党(以下「中共」と略す)を讃美し,「日本をこきおろす」タイプ. 第4は,マルクス・レーニンの思想,つまり共産主義思想を,そのまま「児童に植えつけようとしている」タイプ,である.

一方,日本の政界に目を転じると,1955年10月13日に社会党の左右両派が統一した. 11月15日に保守勢力の自由党と日本民主党が統一し,自由民主党(以下「自民党」と略す)を結成した. いわゆる保守合同である. それを契機に「55年体制」が誕生した. 保守合同の背景にはイギリスのような二大政党制をつくる目的があったが,社会党の統一とその有力な支持母体である日教組によって日本の教育が支配されているということに対する危機意識もあったといわれている[3]. そのため,保守合同以降,政党による教育介入が本格化した. その意味で,日本における教科書問題は「55年体制」の所産でもあるといえる.

以来,日本国内では教科書論争が一貫して続いてきた. それに伴って,教科書問題をめぐる対立の構図が形成された. つまり,政党においては与党自民党とりわけ文教関係議員対社会党などの野党,教育行政においては文部省・教育委員会対日教組という構造が出来上がったのである. 対立の争点は,社会科教科書(歴史・公民)において,過去の侵略と植民地支配について,どのように記述するかに集中しているといえる. 東京教育大学教授(当時)家永三郎が1965年に起こした教科書訴訟(家永教科書裁判)はその典型的な例である.

筆者は1982年以降外交問題になった教科書問題も基本的に日本国内の論争の延長線上で発生したものと認識している. その過程において注目すべきは,日本政府(内閣・文部省・外務省)と政治家(とりわけ自民党)の立場である. 多くの国会議員が教科書の作成・検定・採択などに積極的にかかわってきた. それは日本国内における教科書問題をいっそう複雑化させ,また外交問題化した教科書問題の解決をより困難にした原因にもなっている. そこからは「55年体制」以降の日本における教科書問題の連続性が見出されるのである. 日中間の教科書問題を理解するためのキーポイントはここにあるのである.

2　1982年の教科書問題

　1982年の教科書問題は，日中国交正常化以降日中間の歴史認識問題が最初に表面化した出来事であった．同年6月26日に『朝日新聞』，『読売新聞』，『毎日新聞』，『日本経済新聞』などは，文部省が83年度に高校で使用される歴史教科書に対する検定の結果について報道した．そこでは，日中関係に関する記述について，文部省教科書調査官が「日本軍が華北を侵略する」を「華北に進出する」に，「中国への全面侵略」を「全面侵攻」に書き換えさせたと報道された[4]．また，南京大虐殺に関しては，調査官は「虐殺者の数は"おびただしい"としたらどうか．暴行，略奪という言葉を何度も使わないように」などと注文したという[5]．ある教科書出版社は原稿本（検定申請用白表紙本）[6]段階で「南京占領の際，日本軍は中国軍民多数を殺害，暴行，略奪，放火を行い，南京大虐殺として国際的非難を浴びた．中国人の犠牲者は二十万人以上に上るといわれる」と書いていた．しかし，完成した見本本では「暴行，略奪，放火を行い」の部分と犠牲者の数は消えた．逆に「事件の発端は中国軍の激しい抵抗で損害の多く出た日本軍が激こうしたため」との文意が加わり，日本軍の正当性を強調する形になったと報道されている[7]．

　それらの報道は，後に「誤報」であったといわれている．確かに，上述報道自体はある教科書出版社の取材を担当した記者のミスによって生じたものである．しかし，文部省教科書調査官の検定意見によって，教科書執筆者が記述を修正した事実がまったくなかったわけではない．事実，1982年7月27日文部省初等中等教育局長鈴木勲が朝日新聞記者のインタビューに対して，「侵略」について10点の日本史教科書のうち2点が「改善意見」に基づいて表現を修正したことを認めている[8]．さらに言うならば，「文部省がすでに1960年代から，『侵略』を他の表現に改めさせるべく，執筆者・出版社側を『指導』してきた」[9]のである．

　日本の新聞報道を受けて，中国の新華社通信は1982年6月26日に「文部省の検定は，日本の中国侵略を粉飾するため歴史を歪曲したという声が強い」と報道した．6月30日の『人民日報』は，日本の新聞の批判内容を引用して，

「日本文部省が検定した教科書は歴史を歪曲し侵略を美化する」という記事を掲載した．それと前後して，韓国・台湾をはじめ，東南アジアの多くの国と地域においても日本に対する抗議が相次いで行われた．ここに至って，教科書問題は単なる日本国内の問題だけでなく，中国・韓国などの国と地域に波及する国際問題になったのである．

（1） 82年教科書問題の背景

では，なぜ1982年に教科書問題が発生したのであろうか．その背景は日本の内政に密接に関連している．70年7月17日，東京地裁が家永教科書裁判で杉本判決を下した．杉本判決は教科書検定について，憲法で保障される「学問的見解発表の自由を侵害し」，検閲に当たると判決した[10]．それ以降，教科書検定が緩やかになっていった．しかし，80年6月22日の衆参同日ダブル選挙において自民党が大勝したため，それまでの「保革伯仲」の事態が一変して，保守回帰の状況が生まれた．同年7月22日の閣議で奥野誠亮法務大臣は戦後日本の教育や教科書には「国を愛する気持ちを養う面が欠けている」と批判した[11]．81年6月5日に自民党の教科書問題小委員会がまとめた改革案が了承された[12]．その主な内容は，学習指導要領の再検討，教科書法の制定の検討，教科用図書検定調査官の増員などである．そのような状況の中で，教科書の記述に関する検定が強化されるようになった．

（2） 中国政府の抗議と日本政府の対応

1982年7月26日に中国外交部第一アジア司長・肖向前は，中国駐在日本大使館の渡辺幸治公使に会い，文部省の検定した教科書の誤りを是正するよう正式に求めた．肖が指摘した「誤り」とは上述した日本の新聞が報道した内容と同じである．そこでは，肖は過去の戦争に関する中国政府の立場を述べた．つまり，日本の中国への侵略は軍国主義者によって発動されたもので，その戦争は中国人民に多大な災難をもたらしただけでなく，広範な日本人民もその被害者である．肖は文部省の教科書検定が「中日共同声明」と「中日平和友好条約」の精神に背き，中国人民の感情を傷つけたため，両国の平和友好関係の強化と発展には不利であると主張したのである．

それを受けて，7月29日に文部省初等中等教育局長鈴木勲は，王暁雲駐日公使に日本の教科書検定制度などについて説明を行ったが，王公使は教科書を改訂する責任は日本政府にあり，それを教科書の執筆者と出版社といった民間側に転嫁することができないと反論した[13]。その間，日本の松野幸泰国土庁長官などの閣僚および一部の自民党議員からは，教科書問題はあくまでも国内問題であり，中韓などの批判は「内政干渉」であるという批判が出ていた。

それに対して，鄧小平は7月29日に胡喬木（中共中央書記処書記），廖承志（中共中央政治局委員・国務院僑務弁公室主任），姫鵬飛（国務委員・元外交部長），黄華（外交部長），鄧力群（中共中央宣伝部長）とともに，日本文部省による歴史教科書の検定をめぐって会議を行った[14]。そこでは，鄧小平は日本側の教科書検定は内政問題で，他国が干渉すべきではないという主張を徹底的に批判するよう指示した。なぜなら，鄧は日本側のそのような主張の目的は，過去の活動を侵略ではなかったといおうとしていると認識したためである。そのほかに，鄧小平は8月15日に『人民日報』で記念社説を掲載するよう指示した。その内容に関しては，日中友好の歴史が長く，日本の中国への侵略がその中の短い期間に過ぎなかったこと，戦争の歴史に対して正しく認識し，対処することが重要で，歪曲してはいけないことを強調するよう指示した。つまり，中国政府は日本が中国との戦争の歴史を「侵略」として認めるかどうかを日中関係を発展させるための重要な原則として再認識したのである。

1982年は日中国交正常化10周年にあたり，その記念行事として9月には鈴木善幸首相が訪中する予定であった。そのため，鈴木首相は教科書問題が外交問題に発展することを憂慮していたのである。8月26日に，日本政府は教科書問題に関する政府見解を，宮澤喜一官房長官談話として発表し，「政府の責任において是正する」ことを表明した。同日，小川平二文部大臣は記者会見を行い，文部省が今後実行する記述修正の具体的方法や時期などについて明らかにした[15]。具体的には以下4点が挙げられている。①検定基準の改定について，すみやかに教科用図書検定調査審議会に諮問し，1，2カ月後に答申をうる。②1982年度の検定から新しい検定基準を適用する。③問題となった83年度使用教科書の「改定検討」を一年繰り上げ，85年度から改訂版を使用する。④記述未修正のまま使用されることになる83・84両年度の経過措置として，

審議会の答申内容を文部省の「文部広報」で全国の各学校に周知徹底する，ということである．

　9月6日に鹿取泰衛大使が呉学謙外交副部長に日本政府の前述した方針を伝えた．[16] 8日に呉学謙副部長は鹿取泰衛大使と会見し，日本側が9月6日に出した解決策について「まだいくらか曖昧な点があり，満足できないところもあるが，これまでの説明に比べて一歩前進している」と評価した．9月10日に，[17]『人民日報』では「日本政府に約束の履行を望む」という評論員の文章が掲載され，「教科書問題はこれで一段落した」と表明された．9月26日，鈴木首相は予定通り中国を訪問した．

　11月24日に，小川文部大臣は談話を発表し，歴史教科書の検定規準に「近隣諸国条項」，つまり「近隣のアジア諸国との間の近現代の歴史的事象の扱いに国際理解と国際協調の見地から必要な配慮がなされていること」を追加することになった．[18]「近隣諸国条項」は中国・韓国などが日本政府から勝ち取った最大の成果といえる．その後教科書問題が発生するたびに，中国などは常にそれを日本政府に対する抗議の理論的根拠とした．それは結果的に日本の教科書における加害事実の記述の増加につながった．しかし，そのような状況に対して，日本国内では「近隣諸国条項」に対する反発が強くなったのも事実である．それは後の教科書問題が発生した遠因の一つにもなったといえる．

（3）中国の内政と教科書問題

　そもそも，なぜ中国政府が6月26日の報道から1カ月経過した後，はじめて正式に日本政府に是正要求を出したのであろうか．第1に挙げるべきは中国政府が日中関係を悪化させたくなかったということである．1982年5月31日から6月5日にかけて，趙紫陽総理が訪日し，今後の日中関係のあり方として，「平和友好・平等互恵・長期安定」という3原則を提唱した．教科書問題はその直後に発生したため，中国政府がその対応に苦慮したと考えられる．

　第2の要因は，中国政府が日本の対中円借款を必要としていたことである．趙紫陽が訪日した際，日本政府に914億円の供与を要請したが，日本側が難色を示した．教科書問題が発生した当時，対中円借款の供与額がまだ決まっておらず，8月23日にようやく決定されたのである．その意味で，中国側が7月

26日まで日本政府に教科書の是正を正式に求めなかったのは，中国の希望通りの額の円借款供与を引き出すための配慮があったからと考えられる．日中間の教科書問題は，単に歴史だけの問題ではなく，経済協力といった現実的な問題にも密接に関連していると考えられる．

　第3は，韓国および東南アジア諸国の批判，とりわけ日本国内世論の影響である．前述した鄧小平の指示を受けてから，中国では日本の教科書批判キャンペーンが本格化した．しかし，それらの記事の大半は，日本をはじめとする外国の批判に基づくものである．その中，日本の野党，民間団体などが中国側の批判・抗議が当然のことであると評価している記事も多数あった．そこからは，当時日本における政府批判勢力と中国との連帯関係が見てとれるのである．

　1982年の教科書問題が発生した後，鄧小平は日本人と会見する時，必ずこの問題に言及するようになったが，彼がそこで強調したのは下記の2点に集約できる．一つは，教科書問題は単なる記述の書き換えをめぐる問題だけでなく，両国の次世代をどのように教育していくかという問題である．同年8月10日に鄧小平が中国系アメリカ人鄧昌黎などと会談した時，教科書問題が中国の若者に対して歴史教育を行う良いきっかけを作り出したと語った．[19] もう一つは戦後日本において軍国主義の復活を願う一部の勢力があり，それに警戒しなければならないという問題である．しかし，彼はその勢力とは日本政府や与党ではないと明言している．このように，1982年の教科書問題は日中の歴史認識問題の政治化の発端になったばかりでなく，中国が若者に対する歴史教育を重視する契機にもなったのである．

3　1986年の教科書問題

　1986年の教科書問題は「日本を守る国民会議」[20]（議長・加瀬俊一元国連大使，以下「国民会議」と略す）が編集した高校教科書『新編日本史』（原書房）が5月27日に文部省教科用図書検定調査審議会の「内閲本審査」[21]で合格したことに対する中国，韓国および東南アジア諸国の抗議活動によるものである．

　1982年の教科書問題は文部省の検定が終了した後，そして検定のあり方に対する不満から発生したのに対して，86年の教科書問題は民間団体が作った

教科書に対して，文部省の検定作業がまだ終了していない段階でその記述に関する批判から発生したことで特徴づけられる．

（1）「国民会議」と教科書問題の背景

「国民会議」は，1981年10月27日に元号法制化実現国民会議の運動を引き継いで発足した民間団体である．主に①憲法の改正，②国を守る国民意識の高揚，③教育の正常化をテーマに運動に取り組んでいた．

では，なぜ「国民会議」が教科書を編集することになったのであろうか．「国民会議」は，従来の日本の教科書が階級史観および東京裁判史観に基づいて日本の歴史を「自虐的に描く傾向が強い」と認識し，「日本人としての自覚に立った，誇りを持てるような教科書」を編纂しようとしたのである[22]．1982年10月30日に，「国民会議」が東京で教科書問題懇談会を開催した．そこでは，「不平を述べなくても済む様な教科書を自分達の手で作り出す」ことが提言された[23]．84年3月に「国民会議」は元文部省教科書調査官村尾次郎に教科書の監修責任者の就任を要請し，4月に編集委員会を作ったのである．

一方，1985年10月25日に自民党衆議院議員の森山欽司，海部俊樹（同年12月より文部大臣）や参議院議員・林健太郎などが「教科書問題を考える議員連盟」を結成した[24]．その結成趣意書には「社会や国語の教科書は，わが国の歴史や伝統を否定的に記述し，国家の一員としての誇りを失わせ」ていると指摘し，「現在の教科書の問題点を早急に是正し，一日も早く正しい教科書を青少年に供給できる体制を整えることは，今日の教育を正常化するための緊急の課題」であると強調した．与党議員によるそのような活動が，「国民会議」の教科書づくりに呼応したものとみられた[25]．それは1986年教科書問題が発生した遠因になったと考えられる．

（2）中国政府の抗議と教科書問題の再燃

『新編日本史』に対する批判の火蓋はまず韓国から切られた．1986年5月30日に韓国有力紙が同教科書を批判する社説を掲載した[26]．6月4日に，日教組はこの教科書が「過去の侵略戦争への反省もなく，戦争や天皇制を美化する記述が見出される」との見解を発表した[27]．同日，中国外交部馬毓真報道局長は定例

第三章　教科書問題　73

記者会見で,「歴史事実をわいきょくし, 侵略戦争を美化するいかなる言論, 行動についても, 過去, 現在, 未来を問わず断固反対する」と述べ, 強い不満の意を表明した[28]. 外国政府が公式に『新編日本史』を批判したのはこれが初めてであった.

　6月7日に中国外交部アジア司長楊振亜は中国駐在臨時代理大使股野景親と会い, 外交部の覚書を手渡した[29]. 中国側は日本政府に「日中共同声明」の精神と82年宮澤談話に基づき, 教科書の誤った内容を是正するよう求めたのである.

　中国や韓国からの抗議を受け, 日本政府は4年前の教科書問題が再燃しかねないと憂慮した. そのため, 中曽根康弘首相は後藤田正晴官房長官をはじめ, 安倍晋太郎外務大臣, 海部俊樹文部大臣に対して, 1982年の宮澤談話の精神に基づいて対応するよう指示した[30]. それを受けて, 文部省は4回にわたって『新編日本史』の執筆側に対して「南京事件」,「日中戦争」,「日中共同声明」などの内容について修正を求めた. その間, 中曽根首相は自ら「国民会議」議長加瀬に電話をし, 善処を求めた[31]. また, 86年6月22日に外務省の藤田アジア局長が『新編日本史』出版元の原書房に当該教科書の出版の取り止めを要請した[32]. 6月24日の閣議で後藤田官房長官, 安倍外務大臣が海部文部大臣に対して, 検定申請の取り下げの打診を行った. それらは極めて異例なことであったが, 日本政府がいかに中国などとの外交関係を重視したかを表しているのである.

　7月7日, 文部省は『新編日本史』の検定合格を正式に決めた[33]. 4回の追加修正を経て, 同教科書の記述は,「内閣本審査」終了時に比べると, かなり変わった. 例えば,「満州国建国」の記述で,「王道楽土 (理想的国家)」の字句が削除され,「南京事件」について「南京大虐殺」の字句が挿入された[34].

　同日に中江要介大使が, 外交部の劉述卿副部長と会い,「南京事件」など問題の記述内容の修正について中国側に説明した[35]. それに対して, 中国側は「なお検討の要あり」という留保の姿勢を示した. しかし, その後中国側の批判が見られなくなり, 86年の教科書問題は一応解決された.

　1986年の教科書問題への対応において, 中曽根首相をはじめ文部省と外務省が積極的に対応した. では, なぜ中曽根首相らが積極的に対応したのであろ

うか．第 1 は，中曽根首相が中国・韓国との関係を重視したからである．中国に関していえば，中曽根首相と胡耀邦総書記との個人的信頼関係があったことは特筆すべきである．日中首脳同士にそのような信頼関係があったからこそ，86 年の教科書問題が短期間で決着が付いたといえよう．第 2 は日本国内の要因であり，86 年 7 月 6 日の衆参同日ダブル選挙である．教科書問題が外交問題に拡大したら，選挙のゆくえにマイナス影響を与えるに違いない．そのような事態を避けるために，一日も早く教科書問題を決着させる必要があったと考えられる．内政と外交との関係はここから見てとれるのである．

（3）中国の対日批判の緩和とその背景

1982 年に比べると，86 年の中国のメディアの対日批判は明らかにトーンダウンした．アレン，S.ホワイティングによると，それは中国のメディアの編集者たちが大々的な報道を禁止する通達を非公式に受けたからである．[37]

では，なぜ中国は 1982 年のような批判キャンペーンを行わなかったのであろうか．その要因として以下 2 点が挙げられる．

第 1 は胡耀邦総書記の親日姿勢である．胡耀邦と中曽根との信頼関係については前述したとおりである．それだけでなく，1983 年 11 月，胡耀邦が訪日した際，日本の青年 3000 人を中国に招待することを提案し，翌年 10 月の国慶節にそれを実現させた．当時日本の鹿取泰衛大使が一週間に数度も胡耀邦と会う機会をもったという．[38] 日本から政財界人が訪中する際，日本大使館側が面会を要請するたびに胡耀邦は常に応じた．それは他国大使館では考えられないことであった．そのような背景から，胡耀邦が厳しい対日批判を抑制したと考えられる．

第 2 の要因は対中円借款である．1984 年 3 月中曽根首相が訪中した際，第 2 次対中円借款（84 年度～89 年度）として 4700 億円を供与する考えを示した．[39] 86 年 5 月 2 日，日本外務省は中国の第 7 次 5 カ年計画に協力するため，総額 806 億円を限度とする円借款（86 年度）を供与する用意があることを中国政府に伝達したと発表した．この時期，鄧小平は日本の政財界人と会談する時，常に日本からの中国への投資と技術移転を求めていた．そのような状況下で，中国政府は日本に対して激しい批判を展開することができなくなったと考えられ

る．

　とはいえ，1980年代の2回にわたる教科書問題を経て，日本の歴史教科書における植民地支配と侵略に関する記述が詳しくなり，文部省の検定も大幅に緩和された．1989年3月に学習指導要領が，4月に検定制度が改訂された．それに基づいて編集された中学と高校のすべての歴史教科書において，南京大虐殺についてとりあげるようになった．また，94年度用すべての高校日本史教科書には「従軍慰安婦」が登場した．さらに，「焼きつくし，殺しつくし，奪いつくし」という「三光作戦」および731部隊についても多くの高校歴史教科書に記述されるようになった．97年4月から使用される中学歴史教科書にも「従軍慰安婦」の記述が登場した．その意味で，中国側の抗議が結実したといえる．しかし，そのような状況に対して，日本国内においては激しい教科書批判が起こり，つい2001年の教科書問題にまで発展していく．

4　2001年の教科書問題

　2001年の教科書問題は「新しい歴史教科書をつくる会」（以下「つくる会」と略す）が編集した『新しい歴史教科書』と『新しい公民教科書』（いずれも扶桑社）が文部科学省（以下「文科省」と略す）の検定に合格したことに対して，中国・韓国などが抗議し，修正を求めたことをさす．

（1）「55年体制」の崩壊と教科書批判の噴出

　2001年の教科書問題の発生は「55年体制」の崩壊と密接に関連している．1993年8月6日に非自民連立政権の細川護熙内閣が成立し，「55年体制」が崩壊した．8月10日に細川首相は記者会見で，日中戦争に始まる先の戦争について，「私自身は侵略戦争であった，間違った戦争であったと認識している」と明言した．そのため，細川首相は日本国内のさまざまな勢力から批判を受けるようになった．8月23日，自民党の靖国関係三協議会（「英霊にこたえる議員協議会」，「遺家族議員協議会」，「みんなで靖国神社に参拝する国会議員の会」）は「歴史・検討委員会」を発足させた．その趣旨は，「細川首相の『侵略戦争』発言や，連立政権の『戦争責任の謝罪表明』の意図等に見る如く，戦争に対する反

省の名のもとに，一方的な，自虐的な史観の横行は見過できない」ことであった．95年8月15日終戦50周年の日に同委員会による『大東亜戦争の総括』が刊行された．そこでは，南京大虐殺が「全くの作り話」であると主張されている．

　1994年6月30日，社会党委員長村山富市を首相とする連立内閣が成立した．95年8月15日に，村山首相が談話を発表した．それに対して，96年6月4日，自民党有志議員が「自虐的な歴史認識や卑屈な謝罪外交の見直し」を目的として，「明るい日本・国会議員連盟」を発足させた．同年12月20日，同連盟は教科書検定基準にある「近隣諸国条項」の削除を働きかける方針を決定した[43]。[44]

　また，1997年2月27日に，中学校歴史教科書に「従軍慰安婦」の記述が載ることに疑問をもつ戦後世代を中心とした若手議員が「日本の前途と歴史教育を考える若手議員の会」を発足させた[45]．同年6月18日に同会は「文部省や教科書会社に元慰安婦の記述削除を申し入れる方針を決めた[46]」．

　一方，民間における教科書批判も現れた．1995年1月に，東京大学教授（当時）藤岡信勝は自由主義史観研究会を発足させ，96年7月20日に「従軍慰安婦」の記述を中学歴史教科書から削除するよう文部大臣に求めることを決定した[47]．その理由は主に以下2点に集約される．一つは，「従軍慰安婦」という言葉は戦前には存在しておらず，それは商行為であったという考えである．もう一つは，中学歴史教科書で性のことをとりあげるのは不適切であるという意見である[48]．96年12月に西尾幹二などは，その自由主義史観に立って，歴史教科書は自虐史観に陥っているとして，新たな教科書作りを目指す「つくる会」を発足させた．

　1998年6月8日町村信孝文部大臣は，参議院特別委員会で，「現在の日本の歴史教科書の多くは自虐的記述が目立ちバランスに欠けているとの見解を示した[49]」．それを受けて，99年1月に文部省幹部が教科書会社経営者に対して，「もっとバランスの取れた内容にせよ」と申し入れたといわれている[50]．2001年の教科書問題は，まさにそのような状況の中で発生したのである．

（2）中国政府の修正要求と日本政府の対応

　扶桑社の原稿本が検定終了前に外部に流出したため，2000年秋から日本国

内外で批判がなされた．中国政府はさまざまなルートを通じて，日本政府に「責任をもって適切に対応する」よう求めた．

　2001年4月3日に「つくる会」が編集した『新しい歴史教科書』と『新しい公民教科書』が文科省の検定に正式に合格した．同日に日教組の戸田恒美書記長は談話を発表し，「一部団体が主導して編集した歴史教科書は，日本の植民地支配と戦争がアジアの人々に被害と苦痛を与えた事実認識が不十分であり，『皇国史観』につながる考え方が教科書に登場したと言わざるを得ない．他社の教科書でも侵略戦争の史実が自主規制によって削除される事態も起こり，史実と真実を伝える教育の実現に大きな弊害となることを危ぐする」と述べた．[51]

　2001年の検定で合格した中学社会科（歴史）教科書は8社である．その中で，「慰安婦」，「南京事件」などに関する記述が全般的に減少した．[52] 従来の7社の教科書はすべて「慰安婦」にふれていたが，検定後は3社だけとなった．前回検定時に4社が使っていた「従軍慰安婦」との表現はいずれも姿を消し，「慰安婦」「慰安施設」などの表現を用いた．「南京事件」については，日本軍に殺害された中国人の人数を「十数万人」「約二十万人」などと具体的に記述していたのは従来の6社から2社になり，ほかは「多数」などと変更した．

　4月3日午後，中国の陳健駐日大使は記者会見を行い，「つくる会」の教科書が検定に合格したことについて談話を発表した．[53] 陳大使は「皇国史観を宣揚し」，「侵略の歴史を美化する」「教科書が検定を通ったことに対して，大きな驚きと深い遺憾の意を感じている」と述べた．

　4月4日唐家璇外交部長は阿南惟茂大使と会見し，日本政府に対して厳重な申し入れを行った．[54] 唐部長は，今回の教科書問題は「日本国内に侵略の歴史を否定，美化する極右勢力が今なお存在することが明らかになった」との認識を示し，「今回の問題を引き起こしたのはこうした勢力ではあるが，日本政府もその責任を免れない」と述べた．「つくる会」の教科書が検定に合格したことによって，「中国政府や中国人民は，歴史問題に関する日本政府の立場に疑問を感じざるを得ず，我々は，日本側が歴史問題に関してこれまでに表明した厳粛な態度や公約が信頼できるものかどうか疑わざるを得なくなった」のである．唐部長は「日本軍国主義による侵略の歴史を正確に認識し，正面から向き合うことは，中日関係における重要な政治的基盤である」と指摘し，「今回の教科

書問題が中国人民の感情を著しく傷つけ，両国関係の正常な発展を妨げた」と述べたうえ，「日本側が言動を一致させ，即刻有効な措置を講じて，今回の教科書問題により生じた悪影響を解消し，実際の行動を持って中日関係の大局を守るよう強く求め」た．

それと同時に，中国国内では歴史学者らのシンポジウムが頻繁に開かれ，歴史教科書への修正を要求すべきだとの声が高まった．メディアの批判報道も続き，インターネット上では，激しい日本批判とともに，中国政府の「弱腰」を批判する書き込みが相次いだ．

では，中国側の抗議に対して，日本政府はどのように対応したのであろうか．日本政府は最初から対外的な配慮からの政治介入をしない方針で臨んだ．それは過去2回の教科書問題と異なる最大の特徴である．4月3日，福田康夫内閣官房長官が談話を発表し，「教科書の歴史認識や歴史観が政府の考え方と一致するものと解されるべきものではない」と強調し，中国や韓国に理解を求めた．[55][56]

しかし，5月16日に中国の外交部アジア司副司長程永華が，日本の野本佳夫公使を呼び出し，「つくる会」の教科書に主な誤りと判断した8項目の記述についての意見と修正要求をまとめた覚書を手渡した．[57] 具体的には，① 中国の排日運動，② 満州国，③ 盧溝橋事件，④ 南京大虐殺，⑤ 日中戦争の長期化，⑥ 大東亜会議，⑦ アジアでの行為，⑧ 東京裁判についての記述に関するものである．その中で，とりわけ注目すべきは，盧溝橋事件，南京大虐殺と東京裁判などについての記述に対する批判である．

「盧溝橋事件」について，「つくる会」の教科書は，事件の偶発性を強調しているのに対して，中国側は「日本は30年代初頭より全面的な軍事侵略を計画的に準備し始めていた．全面戦争開始の契機を偶発的事件だと記述する意図は，その事実を隠すことにある」と指摘している．

また，「南京大虐殺」に関しては，「つくる会」の教科書では，事件の実態に関する資料の不確実性を強調しているのに対して，中国政府は「日本軍が一般人と捕虜に対して計画的に大規模な虐殺を行った事実を隠している．極めて少数の異論を普遍性をもった議論として誇張，『南京大虐殺』の真実性や極東国際軍事法廷（東京裁判）の結論を疑うように誘導をする意図がある」と批判している．

さらに，「東京裁判」については，「つくる会」の教科書では，裁判の不当性および「大東亜戦争」の自衛性を強調している．それに対して，中国政府は「日本の戦犯を扱う国際裁判は，欧州国際軍事法廷憲章，極東国際軍事法廷憲章などに準拠して原則を定めた．日本はサンフランシスコ平和条約で判決を受諾することを認めた．史実をわい曲するやり方で戦犯の無実を訴え，判決の合法性や公正さを疑うよう誘導している」と指摘している．

中国に先立って，韓国政府はすでに5月8日に日本政府に検定に合格した日本の中学歴史教科書すべてを対象に計35カ所を修正するよう求めた．その意味で，中国政府の修正要求は韓国政府に歩調を合わせるように出されたものといえるかもしれない．

中国側の修正要求に対して，小泉純一郎首相は5月17日に明白な事実関係の誤り以外，再修正に応じないことを明言した[58]．一方，文科省は韓国と中国の修正要求を受けて，教科書検定調査審議会の委員に加え，中国史など「18人の専門家から延べ22日間にわたり意見を聴き，専門的・学問的見地」から精査を行った[59]．それは中韓両国への配慮であり，また異例の対応といえるかもしれない．

7月9日，遠山敦子文科大臣が談話を発表し，韓中両国政府からの修正要求項目のうち，朝鮮古代史に係る2カ所については明白に誤りであることを認めた．しかし，その他の箇所については，日本の教科書検定制度上，検定済教科書の訂正を求める対象とはならないものであると説明した．同日に，北京の日本大使館の隈丸優次公使が，中国外交部を訪れ，文科省の検討結果を孫国祥・アジア司副司長に伝え，理解を求めた[60]．それに対して，孫副司長は「強い遺憾と不満」を表明し，受け入れ不可能との立場を表明した．しかし，それ以降，中国政府の抗議が見られなくなり，主要メディアは日本政府を批判する記事を控えるようになった．7月10日に日本の自民，公明，保守の与党3党の幹事長が訪中し，江沢民国家主席などの要人と相次いで会談をした．2001年の教科書問題はこれで一応終息した．

(3) 日中関係における教科書問題の重要性の低下

2001年の教科書問題に対する中国の対応は従来に比べると，抑制的であっ

た．では，なぜ中国は強硬な姿勢を示さなかったのであろうか．主に以下3点の要因が考えられる．第1は，中国の指導層は対日関係を重視していたことである．1998年江沢民主席が訪日した際，歴史問題を繰り返し強調したことによって，日本の強い反発を買った．2000年10月に朱鎔基総理が訪日したことによって，日中関係がようやく改善されるようになった．そのような背景から，中国政府が教科書問題で日中関係を再度悪化させたくなかったと考えられる．第2は米中関係の影響である．2001年4月1日に，米軍の偵察機と中国の戦闘機が接触した事件が発生したため，米中関係が緊張していた．第3は，李登輝前総統の訪日との関係である．2001年4月20日，日本政府が李登輝の訪日受け入れを決定した．それに対して，中国外交部の副部長が日本の大使に抗議を申し入れていた．また，4月25日に中国側は5月末に予定されていた李鵬全人代常務委員会委員長の訪日延期を日本側に伝えた．中国がいかに李登輝の訪日を重大に受け止めているかがうかがい知れる．中国政府は教科書問題よりも，上述した諸問題への対応に重点をおいたのである．

　結果的に，日本政府は中国の教科書修正要求を受け入れなかった．それは主に以下3つの要因によるものだと考えられる．第1，森喜朗首相は任期満了間近で，十分にリーダーシップを発揮できなかった．後任の小泉首相は「向米一辺倒」政策をとったため，中韓両国に譲歩しない姿勢を貫いた．第2，外務省は当時機密費横領事件への対応に追われていたため，教科書問題に介入することができなくなった．第3は，一部の自民党議員によるプレッシャーである．2001年3月8日，自民党文部科学部会のメンバーらは森首相を訪ね，政治が対外的な配慮から検定に口出しすることを強く戒める決議文を手渡したと報道されている[61]．

　2001年9月11日に，文科省は2002年度から使用する中学校歴史教科書の需要数を発表した[62]．「つくる会」の教科書の採択率は，8社の中で0.039％に過ぎなかった．そのような状況に対して，中国当局関係者は「日本では良識をもっている方が多いことを示した．日本人の多数が問題点を分かっていたということだ」[63]と述べた．その採択率の低さに，中国側が安堵したと考えられる．

5 2005年の教科書問題

　2005年の教科書問題も文科省の検定に合格した「つくる会」の歴史・公民教科書（扶桑社）に対して，韓国・中国などが批判・抗議したことによって発生した．2001年と同様に検定期間中，扶桑社の教科書申請本（白表紙本）が外部に流出した[64]．そのため，検定終了前に，すでに韓国と中国において批判がなされていた．

　2005年4月5日に扶桑社の歴史と公民教科書が文科省の検定に正式に合格した．それを受けて，同日に中国外交部の喬宗准副部長は阿南惟茂大使を呼び，日本政府が同「教科書の発行を許可したことに対して，中国政府は憤慨の意を表す」と述べた[65]．喬副部長は，「教科書問題の本質は，日本が軍国主義による侵略の歴史に対し正しく認識や対処できるか，正しい歴史観で若い世代を教育できるかということだ．日本の右翼勢力がねつ造した歴史教科書は，日本の軍国主義のために犯罪行為の責任を言い逃れ，侵略を美化し，侵略の功労を公然と吹聴することに力を尽くしたものだ．これは人類の正義と良知への挑発であり，すべての被害国の国民の感情を著しく傷つけ，日本の青少年の思想を毒するものだ」と述べた．喬副部長はさらに，「われわれは日本政府に対して，侵略の歴史を反省するという約束を誠実に実行し，直ちに効果的な措置を取り，歴史教科書による悪影響を取り除くよう強く求める」と強調した．喬副部長の主張は基本的に2001年の唐家璇外交部長のそれを踏襲したといえる．

　同じ日に，王毅駐日大使は外務省の谷内正太郎外務事務次官と会い，扶桑社の教科書が合格したことについて，緊急の申し入れを行った．また，翌6日に中国外交部アジア司崔天凱司長は，日本大使館の堀之内秀久公使と会見し，教科書問題について，中国側の立場を述べた．しかし，両者の発言の主旨は基本的に5日の喬副部長の発言と同じものであった．それ以降，中国外交部の報道官が記者会見で幾度か教科書問題に言及したが，それ以外の中国政府の反応は見られなくなった．

　2005年の中国政府の抗議は口頭に止まった．では，なぜ中国は再修正要求を出さなかったのであろうか．第1の要因は，胡錦濤政権が日中関係を重視し，

歴史問題を政治的基礎にしない方針をとっていたことである. 第2の要因は,
扶桑社の教科書の採択率が低かったからである. 2005年の扶桑社の採択率は,
歴史教科書は0.4％で, 公民は0.2％であった[67]. 第3の要因は, 2005年の扶
桑社の歴史教科書において, 中国側が2001年に提起した修正要求が若干反映
されたことである[68]. 例えば, 太平洋戦争中の「アジア諸国と日本」の部分にお
いて,「中国の兵士や民衆には, 日本軍の侵攻により多数の犠牲者が出た」と
いう文言が追加されたことが注目されるべきであろう.

　しかし, 結果的に2005年に日中間にはさまざまな問題が起きた. 小泉首相
の靖国参拝問題, ODAの「卒業」問題, 日本の国連安保理常任理事国入り問
題, 東シナ海(中国名・東海)油田開発問題, およびそれらの延長線として中国
各地で発生した「反日」デモの問題などによって, 日中関係が最悪の状態に陥
った. そのような状況の中で, 日中関係における教科書問題の重要性はいっそ
う低下したのである.

おわりに

　日中間の教科書問題は両国の内政に非常に密接に関連していた. 日本側につ
いていえば, 政府 (内閣, 外務省と文部省) および自民党の文教関係議員が教科
書問題に積極的にかかわってきた. 1982年, 86年の教科書問題への対応にお
いて, 鈴木首相, 中曽根首相などは, 日中関係への配慮から積極的に対応した.
しかし, 2001年, 2005年の教科書問題に関しては, 日本政府は中国に対して
「ノー」といった. それは日本政府 (とりわけ小泉首相) の対中政策および一部の
自民党議員の圧力に起因している. そのほかに, 冷戦の終結およびそれに伴う
東アジアにおける日中関係の構造的変容にも関係があると考えられる.

　一方, 中国についていえば, 教科書問題が発生するたびに, 中国政府は日本
政府に「日中共同声明」, 宮澤談話 (「近隣諸国条項」), 村山談話などの遵守を求
め, 原則論に終始してきた. 中国政府は戦前の軍国主義による行為を批判する
が, 日本国民が中国人民とともに被害者であるという「責任二分論」を一貫し
て主張してきた. ここからは教科書問題における中国政府の対日政策の一貫性
が見てとれるのである. もちろん, 教科書問題への対応にあたって, 中国国内

第三章　教科書問題　　*83*

の要因にも制限された．教科書問題は日中両国にとって外交問題ではあるが，国内問題でもある．

　しかし，教科書問題が日中関係に与えた影響は必ずしもマイナス面ばかりではない．日本側からみると，教科書問題が発生するたびに，日本国内では強烈な批判が起きていた．それは結果的に日本国民の過去の戦争と植民地支配への関心を高めたと考えられる．「国民会議」の『新編日本史』と，「つくる会」の『新しい歴史教科書』は，いずれも採択率が低かった[69]．それはそれらの教科書が教育委員会委員をはじめとする大多数の日本国民に受け入れられていないことを表しているといえよう[70]．もちろん，それらの教科書の歴史観を支持する勢力は今後も存続していくものと考えられる．中国側はそのような状況を認識すべきであろう．

　一方，中国側にとっては，教科書問題を通じて，日本の教科書検定制度，そして教科書の歴史観が日本政府のそのものの代弁ではないということに対する理解が次第に深まったのではと考えられる．また，中国側の批判および抗議によって，日本の歴史教科書における過去の戦争と植民地支配に関する記述が徐々に改善されたことも事実であろう．

　2005年8月に，日本の外務省は検定に合格した8社の中学歴史教科書の近代の部分を中国語などに翻訳し，公開した．それは中国側にとっては日本の歴史教科書の内容を理解するために有益であろう．一方，『氷点週刊』事件が象徴しているように，中国の一部の知識人が自国の歴史教育に関してすでに自己批判を始めている[71]．それは将来的に日中の歴史認識の深化に寄与するものと考えられる．

　筆者はかねてから歴史問題を越える日中関係の構築を唱えてきた．その場合，自省と寛容の精神，そして「他者意識」が最も必要であろう．2005年5月26日に日中韓3国の学者が共同で編集した『未来をひらく歴史』が刊行された[72]．日中韓に共通した歴史認識を模索するという意味においては，有意義な試みであるといえよう．2006年10月，安倍晋三首相が中国を訪問した際，日中有識者による歴史共同研究を行うことで合意した．同年12月26日に日中歴史共同研究の初会合が北京で開催された[73]．その後，2007年から2009年にかけて，毎年1回ずつ全体会合が開かれた．その結果として，2010年1月31日に，日中

歴史共同研究の報告書が，戦後史部分を除いて，公表された．今後，そのような共同研究の成果が教科書の中に取り入れられることが望まれるのであろう．

注

1) 田中明彦「『教科書問題』をめぐる中国の政策決定」，岡部達味編『中国外交』日本国際問題研究所，1983 年，第 6 章．波多野澄雄「日中戦争の遺産と負債」，増田弘・波多野澄雄編『アジアのなかの日本と中国』山川出版社，1995 年，第 3 章．アレン，S. ホワイティング著／岡部達味訳『中国人の日本観』岩波書店，2000 年，第 3 章．別枝行夫「日本の歴史認識と東アジア外交」，島根県立大学北東アジア地域研究センター『北東アジア研究』第 3 号，2002 年 3 月 29 日．江藤名保子「中国の対日政策における歴史認識問題の源泉――1982 年歴史教科書問題の分析を中心に――」，慶應義塾大学大学院法学研究科『法学政治学論究』第 80 号，2009 年 3 月．
2) 日本民主党『うれうべき教科書の問題』（教科書問題報告第 1～3 集），それぞれ，1955 年 8 月 13 日，10 月 7 日，11 月 13 日発行．なお，ここでの日本民主党とは 1954 年 11 月に成立したものをさす．
3) 山崎政人『自民党と教育政策』岩波書店，1986 年，3～4 頁．
4)「教科書さらに『戦前』復権へ」，「押し寄せる『国定化』」，「こう変わった高校教科書」，いずれも『朝日新聞』．「高校教科書　厳しい検定」，「教科書会社苦境にじむ"書き換え"」，いずれも『読売新聞』．「教科書統制，一段と強化」，「"戦時"におう復古調」，いずれも『毎日新聞』．「天皇・自衛隊…細かく修正」『日本経済新聞』，いずれも 1982 年 6 月 26 日朝刊．
5)「"戦時"におう復古調」『毎日新聞』1982 年 6 月 26 日．
6) 文部省の教科書検定は，「原稿本審査」「内閲本審査」「見本本審査」という 3 つの段階に分けて行われる．
7)「"戦時"におう復古調」『毎日新聞』1982 年 6 月 26 日．「教科書検定前の原稿本公開せよ」『読売新聞』1982 年 6 月 26 日．
8)「鈴木初中局長に聞く」『朝日新聞』1982 年 7 月 28 日．
9) 古川万太郎『日中戦後関係史』原書房，1988 年，453 頁．
10) 家永教科書訴訟弁護団編『家永教科書裁判』日本評論社，1998 年，127 頁．
11)「法相の教科書批判　日教組は反発」『朝日新聞』1980 年 7 月 23 日．
12)「教科書法の制定確認」『朝日新聞』1981 年 6 月 6 日．
13)「王暁雲公使駁斥日本文部省官員」『人民日報』1982 年 7 月 30 日．
14) 中共中央文献研究室編『鄧小平年譜 1975-1997』下，中央文献出版社，北京，2004 年，833～834 頁．

15)「二ヶ月内に答申　文相会見」『朝日新聞』1982 年 8 月 27 日．
16)「日本駐華大使鹿取泰衛約見呉学謙副外長表示」『人民日報』1982 年 9 月 10 日．
17)「呉学謙副外長就教科書問題答復鹿取泰衛大使」『人民日報』1982 年 9 月 10 日．
18)「談話の全文」『朝日新聞』1982 年 11 月 24 日夕刊．
19)　前掲，『鄧小平年譜 1975-1997』下，838 頁．
20)「日本を守る国民会議」は，1981 年 10 月 27 日に結成されたが，97 年 5 月 30 日に「日本を守る会」と統合し，「日本会議」となっている．
21)「『守る会議』の歴史教科書，『合格』後に異例の修正」『朝日新聞』1986 年 6 月 18 日．
22)　村尾次郎監修『新編日本史のすべて』原書房，1987 年，134 頁．
23)「『日本を守る国民会議』教科書の軌跡」『朝日新聞』1986 年 7 月 10 日夕刊．
24)「教科書問題議員連盟が発足」，「『日本を守る国民会議』教科書の軌跡」，それぞれ『朝日新聞』，1985 年 10 月 26 日，1986 年 7 月 10 日夕刊．
25)　荒井信一『歴史和解は可能か』岩波書店，2006 年，60 頁．
26)「『日本を守る国民会議』教科書の軌跡」『朝日新聞』1986 年 7 月 10 日夕刊．
27)「批判の見解を日教組も発表」『朝日新聞』1986 年 6 月 5 日．
28)「復古調教科書『侵略戦争を美化』」『朝日新聞』1986 年 6 月 5 日．
29)「守る会議の歴史教科書中国政府が是正を要請」『朝日新聞』1986 年 6 月 10 日．
30)「中韓反発に配慮」『読売新聞』1986 年 6 月 19 日．「復古調教科書手直し自ら指示」，「日本史教科書修正，首相の指示」，それぞれ『朝日新聞』，1986 年 6 月 19 日，24 日夕刊．
31)　前掲，村尾次郎監修『新編日本史のすべて』122 頁．
32)　村上義雄編『天皇の教科書　「新編日本史」の狙い』晩聲社，1986 年，23〜24 頁．
33)「修正教科書が合格」『読売新聞』1986 年 7 月 8 日．
34)　前掲，村尾次郎監修『新編日本史のすべて』261〜262 頁，265 頁．しかし，同教科書において「侵略」という言葉はいずれの国の行動についても，用いられなかったという．同前，51 頁．
35)「中国『さらに検討』の姿勢　『守る会議』編集の日本史教科書」『朝日新聞』1986 年 7 月 10 日．
36)　中曽根康弘『天地有情』文藝春秋，1996 年，462〜465 頁参照．
37)　アレン，S. ホワイティング，前掲書，90 頁．
38)　杉本信行『大地の咆哮　元上海総領事が見た中国』PHP 研究所，2006 年，90〜91 頁．
39)「第二次円借款，4700 億円」『読売新聞』1984 年 3 月 24 日．
40)　俵義文・石山久男『中学教科書はどう変えられたか』学習の友社，1992 年，同『高校教科書検定と今日の教科書問題の焦点』学習の友社，1995 年参照．
41)　2001 年 1 月 6 日に省庁再編により，文部省と科学技術庁が文部科学省に統合された．

42)　歴史・検討委員会編『大東亜戦争の総括』展転社，1995 年，443〜444 頁．
43)　「自民党有志議員が『明るい日本議連』」『産経新聞』1996 年 6 月 5 日．
44)　「教科書問題　『近隣諸国条項』削除を」『産経新聞』1996 年 12 月 21 日．
45)　日本の前途と歴史教育を考える若手議員の会編『歴史教科書への疑問』展転社，1997 年．
46)　「自民党『元慰安婦』の削除要請へ」『産経新聞』1997 年 6 月 19 日．
47)　「従軍慰安婦『教科書から削除を』」『産経新聞』1996 年 7 月 21 日．
48)　藤岡信勝「『従軍慰安婦』を中学生に教えるな」『諸君』1996 年 10 月号参照．
49)　「『現在の歴史教科書はバランスに欠ける』文相が見解」『産経新聞』1998 年 6 月 9 日．
50)　『教科書レポート 2001』No. 45，出版労連，2001 年，17 頁．
51)　「次の狙い『採択 10 ％』『つくる会』教科書誕生まで」『朝日新聞』2001 年 4 月 4 日．
52)　「中学歴史教科書検定　扶桑社など 8 社合格」『産経新聞』2001 年 4 月 4 日．
53)　「中国駐日大使　『つくる会教科書』検定合格について談話発表」，「陳健駐日大使，『つくる会』教科書の問題点を指摘」，『人民網日本語版』2001 年 4 月 3 日， 4 日．
54)　「唐外交部長，日本の駐中国大使に教科書問題で申し入れ」『人民網日本語版』2001 年 4 月 5 日．
55)　「政府『政治介入せず』　中韓懸念の『つくる会』教科書」，『朝日新聞』2001 年 2 月 21 日．とはいえ，外務省は中韓両国への配慮から，教科書検定結果公表前の 3 月 30 日に，両国大使館に検定の資料を手渡しした．「江主席『中韓共同で対応を』金大統領，同調せず」『朝日新聞』2001 年 4 月 5 日．
56)　「政府認識は教科書と別　官房長官談話」『朝日新聞』2001 年 4 月 4 日．「平成 14 年度より使用される中学校の歴史教科書について」外務省 HP，2006 年 8 月 12 日アクセス．http://www.mofa.go.jp/mofaj/press/danwa/13/dfu_0403.html
57)　「外交部，日本公使に歴史教科書の修正を要求」『人民網日本語版』2001 年 5 月 17 日．「歴史教科書中国修正要求」『産経新聞』2001 年 5 月 17 日大阪夕刊．「中学歴史教科書への中国修正要求」『朝日新聞』2001 年 5 月 18 日．
58)　「歴史教科書中国修正要求」『産経新聞』2001 年 5 月 17 日大阪夕刊．
59)　「韓中の修正要求，大半退ける」『朝日新聞』2001 年 7 月 9 日夕刊．「中学歴史教科書修正要求に係る検討結果等に関する文部科学大臣コメント」文部科学省 HP，2006 年 8 月 12 日アクセス．http://www.mext.go.jp/b_menu/houdou/13/07/010799.htm
60)　「歴史教科書問題への政府回答」『読売新聞』2001 年 7 月 9 日．「韓中の修正要求，大半退ける」『朝日新聞』2001 年 7 月 9 日夕刊．
61)　「与党内の反応，モザイク模様　『つくる会』教科書問題」『朝日新聞』2001 年 3 月 9 日．
62)　「つくる会教科書，来年度のシェア 0.039 ％」『朝日新聞』2001 年 9 月 12 日．なお，

2005年文科省のまとめによると，2002年度扶桑社歴史教科書の採択率は0.047％であった。「扶桑社歴史教科書シェア0.4％」『朝日新聞』2005年10月6日．

63）「低い採択率に中韓両国安ど」『朝日新聞』2001年8月16日．
64）流出した原因は扶桑社が教員の意見を聞くため白表紙本を貸したからである．そのため，文科省は扶桑社を3回指導した．「文科省，扶桑社を3回指導」『朝日新聞』2005年4月7日．
65）「歴史教科書検定結果で日本に厳重な申し入れ　外交部」『人民網日本語版』2005年4月6日．
66）朱建栄『胡錦濤対日戦略の本音』角川書店，2005年．清水美和『中国が「反日」を捨てる日』講談社，2006年．
67）「扶桑社歴史教科書シェア0.4％」『朝日新聞』2005年10月6日．
68）西尾幹二ほか『〔市販本〕新しい歴史教科書』扶桑社，2001年．藤岡信勝ほか『〔市販本〕新しい歴史教科書　改訂版』，扶桑社，2005年．
69）『新編日本史』は1993年度に発刊中止になった．その改訂版として，『最新日本史』が95年度より国書刊行会から発行されたが，初年度の採択数は3900冊であった．
70）なお，「つくる会」の教科書が外交問題にまで発展したため，教育委員会をはじめとする教科書採択関係者がそのような紛糾に巻き込まれたくないことも扶桑社の教科書の採択率が低かった原因の一つにもなったと考えられる．
71）李大同著／三潴正道監訳『「氷点」停刊の舞台裏』，袁偉時著／武吉次朗訳『中国の歴史教科書問題』，いずれも日本僑報社，2006年参照．
72）日中韓3国共通歴史教材委員会『日本・中国・韓国＝共同編集　未来をひらく歴史　第2版』高文研，2006年．齋藤一晴『中国歴史教科書と東アジア歴史対話』花伝社，2008年参照．
73）「埋まるか日中歴史認識」『朝日新聞』2006年12月19日．
74）「日中，二つの歴史　共同研究報告書の見解を比較」『朝日新聞』2010年2月1日．「(社説)日中歴史研究　政治との距離が大切だ」『朝日新聞』2010年2月2日．なお，報告書の日本語版，中国語版，英語版（日本側近現代史部分）は，日本外務省ホームページ（http://www.mofa.go.jp/mofaj/area/china/rekishi_kk.html）（2012年1月25日アクセス）で見ることができる．また，報告書に関する分析としては，笠原十九司編『戦争を知らない国民のための日中歴史認識──「日中歴史共同研究〈近現代史〉」を読む』勉誠出版，2010年を参照されたい．

（段　瑞聡）

第四章　日本の戦後賠償・補償問題

はじめに

　戦後の賠償・補償の問題への対応は，日本が戦争責任をどのようにとらえているかに直結する問題である．したがって，その不十分さはすなわち，被害を被った国にとっては日本の戦争責任に対する認識の曖昧さを意味する．このことは，中国をはじめとするアジア諸国の日本の「歴史問題」に対する不満と摩擦の原因の一つともなっている．

　これまで，中国に対する戦後賠償・補償問題をとりあげた研究には，法学者や弁護士が，国際法や裁判実務の視点から日本の戦後賠償・補償のあり方について論じたものが多い[1]．本稿の目的は，これらの論点に加えて，現在の日中関係における対立の要因の一つとしての戦後賠償・補償問題という視点を意識し，日中間において戦後補償問題が浮上し政治化した過程について分析することにある．

　まず初めに，ここで賠償と補償の概念について明確にしておくこととする．日本政府による賠償・補償問題は，国家間賠償と個人に対する補償に分けて扱わねばならない．賠償（reparation）は，国家間の条約で処理される．他方，補償（compensation）は「国家間の賠償では解決されない，肉体的，精神的被害を受けた個人に対して，敗戦国の政府或いは自国の政府が，過ちの償いとして行う行為」とされる[2]．裁判の場では，「戦後補償」は「戦争賠償」と同様に「賠償」を求めて争われる[3]．しかし，鈴木健一によると，国家間で処理される「戦争賠償」とは異なり，「戦後補償」には戦争加害国から被害者個人への「償い」の性質があり，人権的救済の側面が強い[4]．この点で，「戦後補償」は幾分価値判断を伴って意図的に生み出された言葉であることに留意する必要がある．

　本章ではまず，第１節第１項で国家間賠償をとりあげ，日本による国家間賠

償の実情，当初の予定よりも賠償の規模が縮小された経緯とその過程における米国の影響と日本の受け止め方について述べる．次に第1節第2項では日中間の賠償について，中華民国による賠償請求権放棄決定の過程と中華人民共和国による賠償請求放棄決定の過程について述べ，前者においてはサンフランシスコ平和条約発効と米国の影響が大きく，後者においては台湾及び日華平和条約の影響があることを指摘する．また，賠償請求放棄について，中国側と日本側の認識のずれがあり，これが後に日中間の歴史認識問題の一因となることを指摘する．次に，第2節では，個人に対する補償について，これが日中間で政治化した過程と裁判における主な争点および日本政府の対応について述べる．

1 国家間賠償について

(1) 日本による国家間賠償

①日本による国家間賠償と米国

戦後に日本が支払った戦後処理に関わる金額は，おおよそ1兆円強である[5]．他方で，日本国籍を持つ戦傷病者・戦没者，未帰還者，引揚者，被爆者などを対象とする国内の戦争犠牲者援護関連の法律による支出総額が約33兆円に達することを鑑みれば[6]，戦後処理に関わる対外支出は少ないといわざるを得ない．その理由として，冷戦下においてアジアでの安全保障を重視し，日本の経済復興を速めることにより米国の対日経済援助と占領経費の軽減を図ろうとした米国の意図が挙げられる．

1945年9月に米国政府より連合国賠償委員会米国代表として派遣されたポーレー（Edwin W. Pauley）は同年12月8日に中間報告として，①日本が再び脅威とならないよう，非武装化を行う．②日本が再び近隣諸国を支配したり優越させるような経済生活の回復は許さない[7]，との対日賠償方針を発表した．この直前に，日本側はポーレーと接触し，「勿論日本国民は全体として戦争の責任を負ひ相当の罰を甘受する覚悟を有するも，去りとて生活水準が想像外の奈落に落ち込むこととならば日本再建の希望も自然失はるるに至るべし」として，国家再建のための余力を残した賠償を考慮するよう求めたが，ポーレーは日本に占領された地域の住民よりも日本人の生活水準が高くなることについ

ては否定的な回答をよせている[8]．そして，翌1946年11月にポーレーより発表された対日賠償最終報告において，その方針は従来と変わりないが，賠償の対象と範囲が一段と拡大されたのである[9]．このポーレー案の最終報告に対して，米国国内では論議が起こったが，それは日本経済の自立再建を危惧するよりもむしろ「米国の納税者に不必要な負担がかかることを避ける」点を重視すべきであるとするものであった[10]．当時の米国にとって，ファシズムなど平和への脅威を脅かすような日本国内の不安増大を防止することと占領経費を軽減し米国民を納得させることが非常に重要であった．また，この時期の中・東欧における親ソ政権の樹立などを契機とする冷戦の進行により，米国にとっての日本の位置づけはより重要なものに変化していた．

そのため，1947年から1948年にかけて，米国は対日賠償政策の再検討を行った[11]．1947年1月に来日したストライク (Clifford B. Strike) 委員団は同年9月1日に「ポーレー計画廃止」を提唱し，翌1948年3月に米陸軍省は，日本の1930〜34年当時の生活水準を基準として賠償問題を考察した「ストライク報告」を発表したが，これに対して日本側はこの基準の妥当性を疑問視した[12]．同年4月にドレーバー米陸軍次官 (Drever) 使節団が公式声明を発表し，同年5月にジョンストン (Percy H. Johnston) 報告が発表された．ストライク報告もジョンストン報告も共に，①日本の平和的需要を超過する工業施設は賠償の対象とすることとなっているが，これが過大に見積もられていること，②日本経済がひどい赤字状態であること，③(賠償を満たすために)日本経済に追加的な負担を課することは，結果として米国の納税者に膨大な負担を強いることになることを指摘した[13]．そして，最終的に1949年5月に極東委員会の米国代表マッコイ (Frank R. McCoy) は，日本を見捨てることは戦争の勝利を無駄にする，更なる賠償の取立てのための作業工程が却って米国の財政負担になる，などを理由に中間賠償の撤去中止声明を出した[14]．この米国の国際的・国内的事情を優先させた中間賠償の中止に対して，中国代表は日本の経済復興にとって重要な役割を果たすアジア諸国の態度と感情を傷つけるもので，安全保障の面からも日本の再軍備を懸念するアジア諸国を納得させることは出来ず，「極東における正義と平和維持とを妨げ」，「長い間には結局日本にとってさえ利益とはならない」と抗議した[15]．しかし，中国やフィリピンの抗議は受け入れられなか

②サンフランシスコ平和条約

　1949年の中華人民共和国の成立と翌50年の朝鮮戦争により，米国は日本を自陣に引き入れる必要性を感じ，この文脈の中で対日講和計画が策定されたと山極晃は指摘している[16]。1950年9月に発表された「アメリカの対日平和条約に関する7原則」[17]の第6項は「すべての当事国は，1945年9月2日以前の戦争行為から生じた請求権を放棄する」とし，日本の賠償を軽減する方針を打ち出した。朝鮮戦争というアジアの冷戦が日本の賠償支払いに有利に働いたといえる[18]。また，サンフランシスコ平和条約の内容をめぐる日米間の交渉と日米安全保障条約の起草が並行して行われていたことが示すように，平和条約における対日賠償請求権放棄は，米国への軍事基地提供との抱き合わせとなっていた。これに対し，周恩来は台湾の帰属に関する領土問題と日本の再軍備に対する米国の支援を主に問題視し，「中国人民の抗日奮戦の基本利益を抹殺し，日本人民の将来の希望を無視したものである」と米国の態度を非難した[19]。

　1951年9月8日に締結されたサンフランシスコ平和条約は，第14条（a）において「日本国は，戦争中に生じさせた損害および苦痛に対して，連合国に賠償を支払うべきことが承認される」と規定した。しかし，同時に第14条（a）の但し書きにより「存続可能な経済を維持すべきものとすれば，日本の資源は，日本国がすべての損害および苦痛に対して完全な賠償を行い，かつ同時に他の責務を履行するためには現在十分ではないことが承認」された。さらに第14条（b）は「連合国のすべての賠償請求権」を放棄することを規定し，これにより，日本の国家間賠償は日本政府当局が当初覚悟していたものよりも大幅に軽減された[20]。アジアにおける米国の安全保障の基地として日本を重視する米国の強いイニシアティブによって，日本の無賠償原則が提起されたわけだが，これは日本による戦争被害を受けたアジア諸国にとって容易に受け入れられるものではなかった。

　対日講和条約案の作成にあたったダレス（John Foster Dulles）米国国務省顧問は，「対日講和七原則」を各国に手交したが，フィリピン・中国（中華民国政府）・インドネシアはすべて賠償を要求した[21]。結局フィリピンと日本の交渉は1952年1月に開始されたが，現金賠償を極力避けようとする日本側の主張が

通った形で日本の生産物供与と経済協力による日比賠償協定が締結されたのは1956年5月のことであった．日本のフィリピンへの賠償が終了したのは1976年であり，日本は高度成長期にフィリピンへの賠償を行ったことになる．

インドネシアとの交渉は1957年11月に岸首相とスカルノ大統領の間で賠償4億ドル12年払い，経済借款4億ドル20年で合意したが，交渉中に日本側は特に賠償交渉の妥結を急ぐ必要は無いとの態度をとったこともあった．

③日本国内の反応

日本国政府及び国民一般がこの賠償軽減をどのように受け止めたのかは，日本の歴史認識にも大きな影響を与えている．

原朗は，賠償負担が日本国民にとって軽微なものとなったことと支払い時期が日本の高度経済成長期と重なったことが支払い義務者としての日本人の意識に対して少なからぬ影響を持ったと指摘している．原はこの日本人の意識を「加害者としての贖罪意識を持って賠償を支払うことにより国際社会への復帰を図るよりも，賠償をむしろ一つの経済的機会ととらえてそれを現地への経済的進出の契機とする意識の方が強く働いていた」[22]としている．

賠償と借款の内容として，日本人の役務と日本の生産物を充てることが約束されたことは，賠償受領国側をかえって従属的な立場におくことになった．その一方で，高度経済成長の結果，経済力を急速に発展させた日本は，賠償を主として経済的な利益をもたらすものとして認識しており，これは賠償受領国の国民の側から見れば納得し得ない感情を残すものであった[23]．

対日賠償政策が米国の主導により進められたこと[24]が，日本の戦争責任の取り方を対米志向型にする理由となったと筆者は考える．すなわち，戦場となり，直接の被害を及ぼした中国および東南アジア諸国の意向よりも，米国の意向を最重視する形で日本の戦後賠償への対応は形成されていったのである．米国が無賠償原則をもって各国との交渉にあたり，日本が直接的に矢面に立つことなく賠償が軽減されたことにより，日本は贖罪意識を持つ契機を逃すこととなった．

日本が自らの手で賠償問題を解決せず，米国の手に委ねたため賠償受領国への贖罪意識が希薄であったことと，日本が賠償を主として経済的な得失の観点から評価したことが，日本の歴史認識における責任の所在を曖昧にしていると言えるのではないか．

(2) 日中間の国家間賠償

①中華民国による賠償請求権放棄

　1952年4月28日に調印された日華平和条約議定書第1条(b)において中華民国は、サンフランシスコ平和条約第14条(a)1に基づき日本に対する賠償請求権を自発的に放棄した。この中華民国及び蔣介石による賠償請求権放棄の理由としてはしばしば所謂「以徳報怨」演説が挙げられてきたが、1945年の終戦に際して蔣介石が示した寛大政策は対日賠償放棄とは別の次元の問題であって、「以徳報怨」による賠償放棄との考えは妥当ではないと川島真は指摘している。[25]

　川島によれば、中華民国は当初から対日賠償請求を想定していたが、これを感情に基づくものではなく、戦後の中華民国の地位を保障するためにも国際基準に則った形で行うことを強く意識していた。中華民国にとっては対日賠償請求問題は、中華民国の国際的地位の保全にかかわる事項としての側面が強かったのである。淺田正彦は中華民国の対日賠償請求放棄の過程を詳細に検討した論文「日華平和条約と国際法」において、当初、中華民国が巨額の個人補償を要求する意思を持ち、戦中より対日賠償請求準備に取り掛かっていたにもかかわらず、戦後の国共内戦を経て中華民国の国際的地位が弱体化していく中で日華平和条約締結交渉を行わねばならず、更にはサンフランシスコ平和条約の発効期日が迫ったため、対日賠償請求権放棄という妥協をせざるを得なかったと論じている。[26]

　国共内戦の敗北と中華人民共和国の成立により、中華民国の中国における代表性と国際的な地位は大きく変化した。ソ連は中華人民共和国を承認したが、米国は中華民国政府が唯一の合法政府であるとの声明を発し、中国をめぐる対立が米ソに生じることとなった。のみならず、英国が中華人民共和国政府を「中国の法律上の政府」として承認したことから、対日講和においていずれの政府を招聘すべきかという問題が生じた。[27] 米英両国は協議の結果、講和会議には中国からいずれの政府も招聘しないこと、日本と中国の将来の関係は日本の自主的な決定に委ねられる、という決定に至り、中国からはいずれの政府も代表として招請されることなく対日講和が行われた。[28] ダレスは顧維鈞駐米中華民国大使との会談で、日本が中華民国と条約を締結する意思を持っていることを

米国も了解している旨を伝えており，このある程度の確約を以て，中華民国は対日平和条約の有効性を否認せず，対日平和条約を前提として日華間の二国間条約の締結に取り組むこととなった．[29]

日華平和条約締結の交渉過程においても，米国の後ろ盾を受けた日本の強気の引き延ばし交渉が中華民国からの賠償請求権放棄の提起に繋がっている．ダレスの確約にも関わらず，日本政府は，北京政府か台湾政府かという選択権の行使についてはなるべく先に引き伸ばしたいとの態度をとり続けた．しかし，ダレスは吉田に対して日本のこのような態度により米国上院による対日平和条約批准が楽観を許さない情勢となっている旨を説明し，1951年12月に日本政府は中華民国との二国間条約を締結する用意があるとする「吉田書簡」が出された．[30] これをもとに1952年2月より，日華間での正式な条約交渉が開始した．日華間の交渉の争点は①賠償問題，②連合国並み受益条項，③適用地域に関する規定の三点にほぼ絞られた．[31] 日本側が賠償問題を重視していたのに対して，中華民国側が最重要視していたのは連合国並み受益事項であったため，ここに両者の妥協が可能となった．[32] 交渉妥結への大きな転換点となる役務賠償請求放棄を中華民国側が提起した理由として，淺田は米国上院における対日平和条約の批准承認が確実な情勢となったことを指摘している．[33] 対日平和条約が発効すれば日本の態度が更に強硬になると考えた中華民国側は，米国上院による対日平和条約承認（1952年3月20日）の前日に役務賠償を放棄する案を初めて示唆したと考えられる．他方日本は外務省から現地に対して対日平和条約の発効が遅れそうなので，日華平和条約の妥結を急がないよう連絡する指令が出されたといわれ，早期妥結を積極的に推進する立場には無かった．[34] 結局，1952年4月28日午後10時30分（日本時間）にサンフランシスコ対日平和条約が発効する数時間前の，同日午後3時に日華平和条約の署名は完了したのである．

②中華人民共和国による賠償請求放棄

中華人民共和国は，1972年の「日中共同声明」で「日本国に対する戦争賠償の請求を放棄することを宣言する」（第5項）として，日本に対する賠償請求を放棄した．しかし，中華民国と同様に，中華人民共和国も建国以降から1950年代初頭には賠償請求権を有することを強く主張していた．[35] これは日本の戦争責任を追及する意図に加えて，米国の対日政策に対する非難も含んでい

た．朱建栄の研究によれば，中国が日中関係の「格上げ」に照準をあわせて賠償請求放棄を正式に決定したのは1964年のことである．賠償請求放棄の根拠としては，以下の4点が挙げられている．①台湾も米国も日本に賠償を求めなかった．②日本から得た賠償金が必ずしも東南アジアの経済を成長させなかった．社会主義中国が賠償金を頼りに経済建設をするわけにはいかない．③国民への賠償請求は，国民と軍国主義者を区別するという毛沢東の思想に相反する．④賠償請求は小額では意味がなく，高額では交渉過程が長引く．このことからも分かるように，賠償請求放棄は，決して日本の戦争責任を許す性質のものではなく，外交的・政治的判断によるものであった．

1972年の日中国交正常化交渉では，中国側はまず竹入公明党委員長と周恩来総理の会談において，日本国民に負担をかけることを避けるべきとの理由から賠償請求権放棄を提起した．しかし，日本側が日華平和条約において既に対日賠償請求権は放棄されているものとの解釈を行ったことについては，非常に強い反発を示した．この反応には，日中国交正常化と台湾問題という外交と政治の側面から賠償問題を処理しようとする中国と一旦政府の結んだ条約を無効なものには出来ないという法律的手続きの側面から問題のないよう賠償問題を処理せねばならない日本のすれ違いが現れている．

1972年の時点では，日中両国は共に国交正常化を至上命題として，戦争状態の終結や尖閣諸島の領有権，賠償問題などに関して多少の食い違いを棚上げする形で「日中共同声明」の署名に漕ぎ着けた．しかし，賠償請求放棄に関する日中の受けとめ方の相違点は，1990年代に入り，個人による補償請求の問題とも関連する日中間の問題の一つとなる．この受けとめ方の相違点とは，中国側にとって賠償請求放棄が日本の歴史に対する反省と一対になっているのに対して，日本側にとっては中国の経済成長への協力と一対になっていたことである．

朱建栄は中国側にとっては，日本の歴史に対する反省は当然伴われているものという前提があると指摘し，楊志輝も同様の指摘を行っている．即ち，中国側の賠償請求放棄という決断は，歴史への責任ある反省・日中の末永い友好のためということを前提としており，中国側が日本側に求めたのは，戦争に対する反省という精神的なものであって，必ずしも物質的・金銭的な要求ではなか

った。[41]

　これに対して日本の受けとめ方は，より物質的補償に重点を置いている．例えば，国交正常化交渉後に帰国した大平正芳外相に対する記者の反応には，賠償請求放棄は今後の中国建設への経済協力とのトレードオフとの考えが看取できる．[42] また田中角栄首相は，賠償請求放棄は経済協力とのトレードオフではないとしつつも，賠償請求放棄により過去のことが一旦リセットされたとの感覚を示している．[43] 大平は，賠償請求放棄が日本の歴史に対する反省を伴うべきものであることを認識した上で，経済交流は当然のことであって，第5項（賠償請求放棄）とは直接の関連は無い，との見方を示している．大平の解釈は中国側の望んだ態度と非常に近いが，その大平も1979年の対中円借款供与決定に際して，経済協力を歴史的反省と関連づけることを否定している．[45] 勿論，当時の中国は自国の経済成長への切実な必要性に基づき，日本からの円借款の供与を受け，これが歴史的反省を伴うものか否かをさして問題としなかった．しかし，歴史への反省と中国への感謝を持ちつつも，現実にはそれとは切り離した経済協力という形の物質的な償いをとるしかないとする姿勢や条約という法的手続きを通過したことを以て良しとする日本側の感覚が，[46] 歴史への反省を前提とする中国と大きくすれ違っていたことが，後々の日中関係に大きく影響を及ぼすと考えられる．

2　個人に対する補償

(1) 個人による補償請求の意味

　対日賠償請求放棄について，周恩来は1972年7月後半に国民に対する宣伝教育と説明準備に着手し，①台湾は既に賠償の要求を放棄しており，共産党はこれよりも度量を広く持たねばならない，②寛大な気持ちを示すことにより，台湾との国交断絶について，日本側を中国側の原則に歩み寄らせる，③賠償金支払いの負担は日本国民にかかり，これは日本との友好関係の障害となる，との3点を理由に宣伝教育キャンペーンを展開した．[47] しかし，当時は毛沢東の威信によって賠償請求放棄を批判できなくとも，戦争被害者の中にはその被害について，日本から何らかの補償を得たいという気持ちが残ったことは当

然と言えよう．

そこで戦争被害者がその被害について国を相手取って司法の領域において補償を求めようとすれば，国際法に基づくアプローチと国際私法に基づくアプローチと日本国民法に基づくアプローチのいずれかをとり得る[48]．国際法に基づくアプローチは，国際人道法のもとにおいては個人請求権があるという点に絞って訴訟を争うのが主流であるが，国際法は国家と国家の間の関係を規定するものであり，国際法においては個人の法主体性は認められないことを根拠に，敗訴の連続となっている．国際私法に基づくアプローチは，複数の法域に関係する事件については当然に日本法の適用を前提とするわけにはいかない，として戦後補償裁判における日本法の適用の妥当性について争うものである[49]．現在最も重点的に行われているのが日本国民法に基づくアプローチである．これは，賠償を請求する中国人の戦争被害者が個人の資格により日本政府に対して起こすことが可能で，普通の民事の事件と同様に，被害の状況，被害についての救済の必要性，各要件について事実を中心にしながら主張，立証するという方針で行われている[50]．

（2）戦後補償訴訟とその判決

中国人による戦後補償訴訟は，1995年6月以降2012年1月まで計26件あり，内容による内訳は，強制連行14件，「慰安婦」4件[51]，七三一部隊・南京大虐殺等損害賠償3件，虐殺損害賠償・毒ガス遺棄・徴用・被爆損害賠償などが計5件である[52]．本節では，企業を被告とする「強制連行」関連訴訟と国を被告とする「慰安婦」関連訴訟について，概要と争点，判決について紹介する．

①「強制連行」訴訟について——企業を被告とするもの

中国人強制連行事件は，鹿島建設を被告とする花岡事件と西松建設を被告とする西松広島事件を除いては，全て国と企業を被告とするものである．花岡事件は，1997年に東京高裁において原告敗訴が確定したが，2000年11月に和解が成立し，和解による基金創設が決定された．また，西松広島事件は，2002年7月に広島地裁が原告の訴えを棄却したが，2004年7月に広島高裁の判決により原告側が勝訴した．しかし，西松側は上告し，2007年4月に最高裁は原告敗訴の終審判決を下した．2009年10月に，西松建設と本件被害者との間

に正式に和解が成立した．

　ここでは，中国人である原告らが西松建設株式会社を被告として起こした中国人強制連行損害賠償請求事件広島訴訟（西松建設事件）を例にとりあげ，その概要・争点などを検討する．[53] 原告らは 1944 年に中国の華北から日本に強制連行され，終戦の頃まで広島県において強制労働に従事させられたとして，被告に対し，国際法違反，不法行為または債務不履行（安全配慮義務違反）に基づき，[54] 損害賠償を請求した．この訴訟は 2002 年 7 月 9 日の第一審判決（広島地裁）では，原告らの請求が棄却されたが，2004 年 7 月 9 日の控訴審判決広島高裁では，第一審判決が取り消され，控訴人らの請求が認容された．中国人強制連行訴訟において高裁での原告勝訴は初めてのことであった．

　判決は，①国際法違反と②日本民法に準拠する不法行為または債務不履行（安全配慮義務違反）をめぐるもので，控訴審は，①については第一審同様，国際法は国家間の権利義務を規律するもので私人間の権利義務を規律する裁判規範にはならないとした．②については，被控訴人（西松建設）の行為を不法行為と認めた上で，不法行為の時から 20 年以上が経過しているため除斥期間の適用によりその賠償請求権は消滅したとして，不法行為については賠償責任を否定した．また，被控訴人の行為は安全配慮義務違反として債務不履行に当たるとした．安全配慮義務の問題は除斥期間ではなくて時効の問題として扱われる．[55] よって安全配慮義務の不履行に基づく損害賠償請求権は，10 年の時効により消滅したとして，消滅時効の成立を認めた．しかし，原告らが帰国後に情報収集の困難さから請求権を行使することが著しく困難だったこと，「西松建設が態度を明確にせず交渉を続け，結果的に原告らの提訴を遅らせた」のであって「損害賠償義務を免れることは著しく正義に反する」ことを理由に，時効の主張は権利の濫用として許されないとして時効を適用せず，原告の請求どおり，一人当たり 550 万円の損害賠償の支払いを命じた．本節第 3 項でも述べるが，除斥期間と時効の適用は，中国人による戦後補償裁判において大きな壁となっており，これにより仮に被告の責任が認められても除斥期間の適用で責任がなくなってしまう，或いは実体的な審理を行わず所謂門前払いで済ませることも可能となっている．安全配慮義務違反に基づく損害賠償請求権についての加害者による消滅時効援用を権利の濫用にあたるとして斥けたのは，この判

決が初めてのもので，中国人の強制連行・労働をめぐる戦後補償裁判での一つの突破口となるかと期待された．しかし，2007年4月の最高裁判決で，「日中共同声明」第5項により，原告の賠償請求権は「裁判を訴求する機能を失ったというべき」とされ，原告敗訴が確定した．

②「慰安婦」訴訟について——国を被告とするもの

所謂中国人「慰安婦」訴訟は，（a）中国人「慰安婦」損害賠償請求第一次訴訟，（b）中国人「慰安婦」損害賠償請求第2次訴訟，（c）中国人性暴力被害者謝罪損害賠償請求訴訟，（d）中国・海南島戦時性暴力被害者名誉回復等請求訴訟の4件がある．本項では最初に最高裁での敗訴が確定した（c）の第一審判決を中心に取り上げ，その概要と争点，判決について紹介する．

この訴訟は日中戦争当時，旧日本軍の兵士らに性暴力被害を受けたとして，中華民国山西省に居住していた複数の女性被害者本人ないしその相続人が国に対して起こしたものである．原告は被害に対する① 国際法上の責任，② 当時の中華民国法上の責任，③ 日本国法上の責任，④ 日本の国家機関が当該被害の救済を行っていることに対する責任を請求の根拠として，その被害にかかる慰謝料の支払い及び総理大臣の謝罪文の交付を求めた．判決は，被害の有無とその内容について，ほぼ原告らの主張通りに認定し，これが国際法上適法とされる余地のないものであることを認めたが，原告の請求については以下の根拠により全てこれを棄却した．① 国際法上の責任については，国際法における個人の法主体性は認定されないとしてこれを斥けた．② 中華民国法上の責任については，加害行為につき，日本兵個人の加害性ばかりでなく旧日本軍の加害性を認め，この行為についてはわが国の法制度の下で規律されるべき事柄であって，中華民国法を適用してわが国の責任を検討する余地はないとしている．③ 日本国法上の責任としては，国家無答責を理由にこれを斥けている．④ については，立法府の裁量と行政府の職責を踏まえて，立法不作為，行政不作為の責任は認めることができないとして原告らの請求を棄却した．本判決の特徴は，②と③において加害行為について，従来は国家権力的作用に付随する行為としてとらえ，法例11条1項や国家無答責の法理の適用の有無が問題とされてきたが，本件では日本兵個人ではなくその上司ないし軍隊上層部の加害性の問題ととらえている点である．また，判決は最後に所謂戦後補償問題について，

司法的な解決とは別に被害者らに何らかの慰謝をもたらす方向で解決されることが望まれる旨を付言しており，この点も特徴的である．

（3）個人による補償請求の争点と日本政府の対応

前項で述べたとおり，戦後補償裁判において訴訟を退ける要素となるのは主に，①国際法における個人の法主体性の否定，②国家無答責，③除斥期間，④「日華平和条約」あるいは「日中共同声明」および「日中平和友好条約」による損害賠償請求権の放棄の四点である．本項では，これらの争点について「慰安婦」訴訟を中心に被告としての日本政府の主張を紹介し，日本政府の戦後補償問題への姿勢を検討する[61]．

①国際法における個人の法主体性の否定

「慰安婦」訴訟においては「ハーグ陸戦条約」「婦女売買禁止条約」など国際法ないし国際慣習法に基づく損害賠償請求権などの有無が争われる．これに対する国の主張は，国際法は「国家と国家の関係を規律する法である」から「これによって個人が直接に国際法上で何らかの請求の主体となることが認められるものでもない」[62]というものである．この主張は全ての訴訟において認められている．

②国家無答責

原告らが法例11条を根拠に中華民国民法上の損害賠償を請求した場合には，国は案件における加害行為がそもそも国際私法の規律の対象ではない，或いは対象であったとしても法例11条1項の「不法行為」に該当しないため，中国国内法が準拠法となることはないとし，日本法が適用されると主張する．日本法が適用される場合に，特に戦後補償裁判において原告にとって最大の障害となるのが「国家無答責」の法理と「時効・除斥期間」論である．

いずれの裁判においても国は「大日本帝国憲法下においては，国又は公共団体の権力作用については，私法たる民法の適用がなく，損害賠償責任は否定されていた」とする国家無答責の法理を主張している．ちなみに中国人「慰安婦」第2次訴訟では，一審判決は国家無答責を適用して原告の請求を斥けたが，控訴審では「被害は旧日本兵による加害行為が原因で，軍の命令による組織的な性暴力ではなく，国の公権力行使が原因ではない」として国家無答責を適用

しなかった[63]．これまで被告にとって国家無答責の法理は磐石と考えられてきたが，国家無答責が適用されない新たな流れも起こっている[64]．

③除斥期間[65]

国家無答責が適用されない場合にも，被告の国にとって非常に有利な論点となるのが「時の壁」ともいえる「除斥期間」である．これは民法724条「不法行為による損害賠償の請求権は，被害者又はその法定代理人が損害及び加害者を知った時から三年間行使しないときは，時効によって消滅する．不法行為の時から二十年を経過したときも，同様とする」の特に後段部分によるもので，最高裁1989年判決はこれを除斥期間とするとした[66]．

国は「慰安婦」関連訴訟においていずれも除斥期間の起算点を「本件加害行為が行われた時点を基準とすべき」と主張している．中国人による戦後賠償訴訟は，全て1995年以降に始まっており，起算点を加害行為が行われた時点として除斥期間を認めるならば，全ての案件において原告の損害賠償請求権は消滅していることになる．

このような時の経過による一律的解決が，かえって正義に反して法的安定を損なう場合もあるとする学説の批判もあり，これを反映して一定の場合に除斥期間の適用制限がなされうるとする最高裁1998年判決が出た[67]．同様の考えから，除斥期間の適用について，「正義，衡平の理念に著しく反するといわざるを得ず」との理由から除斥期間の適用を斥ける案件が出るなど[68]，除斥期間の適用についても加害者を免責し被害を放置するための制度としての適用には疑義を唱える潮流も生じている．

④「日華平和条約」あるいは「日中共同声明」および「日中平和友好条約」による損害賠償請求権の放棄

国家無答責の法理と除斥期間の適用が斥けられる案件も現れている近年，法的というよりはむしろ政治的な主張として展開されるのが，サンフランシスコ平和条約，日華平和条約，日中共同声明，日中平和友好条約により原告らの損害賠償請求権が放棄されている，という主張である．サンフランシスコ平和条約第14条（b）は「この条約に別段の定がある場合を除き，連合国は，連合国の全ての賠償請求権，戦争の遂行中に日本国及びその国民がとった行動から生じた連合国及びその国民の他の請求権（傍点は筆者による）並びに占領の直接

軍事費に関する連合国の請求権を放棄する」としている．上記の条文により，これに沿って締結された日華平和条約において，中華民国国民個人の請求権も放棄されたと解され，更に日中共同声明においても国民の個人請求権は放棄されたと解されるべきであるとの主張である．ここで注意しておきたいのは，サンフランシスコ平和条約は，第19条(a)[69]において連合国だけではなく，日本国も同様に国民の請求権を放棄することを規定していることである．

　一般的に国家による個人の請求権放棄については二つの考え方がある．一つは，連合国及び日本国は戦争賠償に関する国家間の請求権だけではなく，国民個人の請求権をも相互に放棄したものである[70]，とするものである．もう一つはサンフランシスコ平和条約における請求権放棄条項によって放棄されたのは，国家が被害国民に代って加害国相手に行使できる国際法上の権利としての外交保護権でしかない．よって，条約締結国の国民個人が条約相手国に対して損害賠償などの請求権を行使することはなんら妨げられない[71]というものである．

　国が後者の考えを主張した訴訟としては，米国による原爆投下の被害者が日本国に対して賠償ないし補償を求めた所謂原爆訴訟がある[72]．この裁判では国はサンフランシスコ平和条約において放棄されたのはあくまで外交保護権であって国民個人の請求権ではないと主張し続けた．他方で，国は1990年代以降の外国人を原告とする戦後補償裁判においては，個人請求権放棄説を主張している．原告が自国民か外国人かによって，国家による個人の請求権放棄に関する立場を国は変えていることからも分かるように，この主張もまた訴訟においては磐石とは言えず国家による個人請求権放棄説を斥け，原告の請求を認容した判決も出るようになっている[73]．しかし，2007年4月27日に最高裁は第2小法廷において，1972年の日中共同声明によって賠償請求権は放棄されたとの判断を示し，原告敗訴が確定した．この最高裁判決は他の裁判の判決にも波及するため，他の補償・賠償請求訴訟の敗訴が予想される．このため，今後は和解を探るのが訴訟の主な目的となると考えられる．

（4）個人補償が政治問題化した過程

　中華人民共和国国民による個人に対する損害賠償請求訴訟が始まったのは，戦後50年を経過した1995年のことである．本項では，この時期になり，個人

第四章　日本の戦後賠償・補償問題　　103

補償問題が浮上した理由とこれが政治問題化していく過程について検討する．先に結論を述べれば，日中間における個人の戦後補償問題・訴訟は，中国人被害者本人の意思が基礎にあることは勿論だが，それだけでは現実に訴訟の形をとり更には政治問題化することは困難であり，中国における問題提起と中国政府のある程度の容認と日本人弁護士による戦後補償問題の掘り起こし及び訴訟への援助など日本国内の左派の協力があればこそ成立したものである．

　1980年代末より，対日賠償問題について個人補償を求める全人代代表宛の書簡や働きかけが起きる．その最も有名なものに，童増による「中国の日本に対する損害賠償は一刻の猶予もならない」（1991年）がある[74]．その内容は，国際法の観点から，国家間の「戦争賠償」と国家から人民に対する「損害賠償」を区別し，「日中共同声明」において中国が放棄したのは，前者の1200億ドル分であって，後者の1800億ドルの賠償請求については放棄していないとして中国政府に日本政府との交渉を求めるものである．童増の目指したのは，金銭的な賠償を得るということもさることながら，賠償を得ることにより日本政府に贖罪をさせることにある．童増への反響は大きく，戦争中の被害を訴える一万通あまりの手紙が寄せられ[75]，翌1992年には全人代安徽省代表・王工が童増の意見を盛り込んだ議案を正式に全人代に提案した[76]．これに対する中国政府の反応は，国内の戦争被害者の感情に配慮してはいるが，国家としてこれを具体的に支援するというものでは無かった．1992年，銭其琛外相は日本が個人に対する戦後補償を行うことを期待する一方で，国家として損害賠償請求を放棄した点を再度確認している[77]．中国政府の全面的な支持が得られなかったことと日本の裁判制度に関する知識に欠けていたことにより，童増らの対日賠償請求活動は1994年ごろまでは行き詰っていた．しかし，1994年5月に日本民主法律家協会により組織された「中国司法制度調査団」が訪中し，損害賠償請求活動への協力を決定したことにより，日本での訴訟への動きが始まった[78]．

　1994年から1995年にかけて，日本では歴史認識をめぐる閣僚の問題発言が相次ぎ，中国は強い反発を示した．また1995年の抗日戦争勝利50周年記念キャンペーンにより中国社会の中で戦争時の旧日本軍による加害行為への関心が高まった時期でもあった．同年3月に銭其琛外相が再び「中国国民が賠償請求するのは個人の利益だ．政府としては，阻止も干渉もしない」との発言を行

った. この発言は個人による対日賠償請求を認める発言として注目されたが,童増の要求とあわせて考えれば,対日賠償請求はあくまでも個人を単位として行うべきもので,国家として日本と交渉することは否定したものと考えられる.即ち,日中関係に配慮し,戦後賠償請求は国家間賠償の問題については解決済みであるとの原則を堅持する一方で,戦争被害者及び国民感情を踏まえつつ,あくまでも個人に対する賠償請求の形をとるべし,というのが中国政府の考えとなったといえよう. この銭其琛の発言は個人による損害賠償請求活動にお墨付きを与える役割を果たし,1995年8月以降,「中国人戦争被害賠償請求事件弁護団」により,東京地方裁判所への提訴が行われた[80].

日本に対する個人の損害賠償請求活動は,戦争被害者からの提起及び中国側支援者の民族・愛国意識と日本側の左派系弁護士集団による援助活動が結びつき,これを中国政府が容認あるいは後押しすることにより初めて展開が可能になる. そして,1995年の例から,中国政府は日中関係が悪化した際には若干この容認の度合いを高めると考えられる. 同様のことが小泉首相の靖国神社参拝問題などにより日中関係が悪化している2000年代にも,①対日賠償請求を援助する基金の設置(2005年7月)[81],②童増が会長をつとめる「中国民間対日損害賠償連合会」による在中国日本企業を対象とした強制連行に関する中国国内での損害賠償請求訴訟の検討(2006年2月)[82]という形で起こっている. 今後の政権が如何なる日中関係を築くかが,損害賠償請求活動に大きく影響すると考えられる. 逆に言えば,戦後補償問題は日中関係を規定するというよりもむしろ,日中関係により規定される従属変数として存在するものと言える.

おわりに

戦後補償問題は,中国にとっては単に金銭的・物質的補償の問題ではなく,日本の歴史認識を問う問題となっている. 中国に対する何らかの賠償・補償を行う機会は,サンフランシスコ平和条約締結と日中国交正常化交渉,そして1995年以降の戦後補償関連訴訟の3回が主にあったが,日本はこれらを米国との関係や経済協力,法的問題として対応し,自国の歴史と向き合う機会とはしなかった.

現在の日本政府の対応は訴訟の場で法的に処理し，勝訴を以て国の対応の正当性が認められたとするものである．このまま原告が高齢化すれば，戦後補償をめぐる訴訟自体はなくなると考えられるが，それを以て戦後補償問題が消滅すると考えるのは妥当ではないだろう．むしろこれに関心を抱く中国国民の中に戦後補償問題が適切に処理されなかったという感情が広がれば，原告という具体的な補償の対象を失い抽象化した戦後補償問題の解決はさらに困難なものとなる．

　現在，日本における損害賠償請求訴訟はほとんど全てが原告敗訴に終わっており，司法による問題解決は困難な状況にある．しかし，日中関係に対する悪影響と道義的観点から，これを救済せず放置するのは問題があるとして司法の場からも提案されるのが和解と立法による解決である[83]．2000年より「戦時性的強制被害者問題解決促進法案」が野党により参議院に提出されては廃案になっているが，戦後補償問題が単に被害者及び原告のみの問題ではなく，中国国民の感情を対象とする問題に拡大する可能性があることを考慮に入れ，立法措置による政治的解決も検討されてしかるべきであろう．

注

1) 奥田安弘・川島真ほかによる『共同研究中国戦後補償』（明石書店，2000年）は，行政法・国際法・国際私法・中国法などの視点から書かれたもので，特に法学的に「如何なる解釈がなされるか」のみならず，補償を行うためには，「如何なる法解釈がなされて然るべきか」という提案が行われている点が特徴的である．楊志輝は「戦争賠償問題から戦後補償問題へ」（劉傑・三谷博・楊大慶編『国境を越える歴史認識──日中対話の試み』東京大学出版会，2006年）において，日華平和条約締結時と日中共同声明採択時における交渉を分析し，法解釈の相違と歴史認識の相違，被害者に対する抑圧が問題として残されている点を指摘し，その解決を求めている．田中宏は『戦後60年を考える──補償裁判・国籍差別・歴史認識』（創史社，2005年）や『戦争責任・戦後責任──日本とドイツはどう違うか』（朝日新聞社，1994年）において，多くの国籍差別や戦後補償裁判に関わった経験から，裁判の過程や判決の問題点及び日本の歴史認識について批判的に論じている．弁護士としては，内田雅敏と高木健一が，それぞれ『「戦後補償」を考える』（講談社，1994年），『今なぜ戦後補償か』（講談社，2001年）において，戦争においてアジア諸国が日本から受けた被害や他国の戦後賠償・補償の例を紹介し，日本の戦後補償及び戦後補償裁判の過程を批判的に論じている．

2) 内海愛子『戦後補償から考える日本とアジア』山川出版社, 2002年, 7頁.
3) 芝池義一「戦後補償訴訟と公権力無責任原則」『法律時報』76巻1号, 2004年, 24頁.
4) 鈴木健一『今なぜ戦後補償か』講談社, 2001年, 34～35頁.
5) 内海, 前掲書, 24～26頁. 朝日新聞戦後補償問題取材班『戦後補償とは何か』朝日新聞社, 1999年, 19～24頁.
6) 粟屋憲太郎・田中宏ほか『戦争責任・戦後責任――日本とドイツはどう違うか』朝日新聞社, 1994年, 28・41頁.
7) 山極晃「現代史における賠償問題――日中賠償問題を中心に」『季刊中国研究』第21号, 1991年, 16頁.
8) 朝海浩一郎（終戦連絡中央事務局総務部総務課長）「賠償問題に関しポーレー大使との会談の件（昭和二十, 一一, 二九）」, 外務省外交史料館MF, A'-0107-575.
9) 外務省調査局第三課「ポーレー対日賠償最終計画案の日本経済に及ぼす影響」外務省外交史料館MF, B'-0002-445～450.
10) 同上.
11) 夫々の使節団の日程については, 以下の図を参照.「賠償問題経緯一覧図」外務省外交史料館MF, B'-0002-9.
12)「海外調査団報告書理解の手引き」外務省外交史料館MF, B'-0002-505～511.
13) 賠償調査課「日本の賠償及び工業水準に関する極東委員会米国代表マッコイ少尉の声明全訳」（昭和24年5月24日改訂）外務省外交史料館MF, B'-0003-10～15.
14) 同上.
15) 賠償庁調査課「5月26日極東委員会における李中国代表の日本の賠償及び産業水準に関する声明全訳――マツコイ声明の反響　その三」（昭和26年6月）外務省外交史料館MF, B'-0003-64～70.
16) 山極, 前掲論文, 17頁.
17)「対日講和七原則」は1950年9月に米国が関係各国に手交し, 同年11月24日に全文が公表された.
18) 内海, 前掲書, 16頁.
19)「対日平和条約問題に関する周恩来外交部長の声明」（1950年12月4日），『日中関係基本資料集　1949年～1997年』霞山会, 1998年, 12～13頁.
20) 内田雅敏『「戦後補償」を考える』講談社, 1994年, 121～122頁.
21) 東南アジア諸国への賠償については, 主に原朗「戦争賠償問題とアジア」, 大江志乃夫ほか編『アジアの冷戦と脱植民地化――岩波講座近代日本と植民地8』岩波書店, 1993年, 274～283頁を参照.
22) 同上, 270頁.

23) 同上，288頁．
24) 日本管理の政策，原則及び基準を作成したのは，米英ソ中仏蘭カナダ・豪・ニュージーランド・印比の11ヵ国により構成される極東委員会であるが，米英ソ中には拒否権があり，米国政府は緊急事項については連合国最高司令官に「中間指令」を発することができ，委員会が取り消し決定を行わない限り有効であるため，米の主導権が確保された．
25) 奥田安弘・川島真ほか『共同研究　日中戦後補償』明石書店，2000年，30頁．以下，中華民国の戦後処理の方針と具体的な活動については，同書26～33頁を参照．
26) 淺田正彦「日華平和条約と国際法（一）～（五）」『法学論叢』147巻4号，151巻5号，152巻2号，152巻4号，156巻2号，京都大学法学会．本論文は，国際法学の観点から「日華平和条約」を論じたものであるが，特に（一）（二）は法学上の問題点を論じる前提として交渉過程を詳細に検討している．よってここでは，（一）（二）を中心に参照する．
27) 淺田正彦「日華平和条約と国際法（一）」『法学論叢』147巻4号，6～7頁．
28) 同上，7～8頁．
29) 同上，9～10頁．
30) 同上，14～15頁．
31) 同上，21頁．
32) 同上，23頁．
33) 淺田正彦「日華平和条約と国際法（二）」『法学論叢』151巻5号，12頁．
34) 同上，5～6頁．
35) 「対日平和条約米英草案とサンフランシスコ会議に関する周恩来外交部長の声明」（1951年8月15日）で，周恩来は「日本に占領されて大損害をこうむり，そして自力で再建することが困難である諸国は，賠償を請求する権利を留保すべきである」と述べている．霞山会編『日中関係基本資料集　1949—1997年』霞山会，1998年，23頁．
36) 以下，1964年前後の中国の賠償放棄決定の過程に関しては，朱建栄「中国はなぜ賠償を放棄したか――政策決定過程と国民への説得」『外交フォーラム』1992年10月号，1992年，30～32頁を参照．
37) 石井明・添谷芳秀・朱建栄・林暁光編『記録と考証　日中国交正常化・日中平和友好条約締結交渉』岩波書店，2003年，14頁．
38) 同上，110～114頁．
39) 同上，56～57頁．
40) 朱，前掲論文，37頁．
41) 楊，前掲書，340～341頁．
42) 「大平外務大臣記者会見詳録」（1972年9月29日），「田中総理大臣記者会見詳録」

(1972年9月30日)の中で，賠償放棄に関して記者から，中国側の賠償放棄にこたえて日本側が中国の国内建設に今後協力するような意図はあるのかという趣旨の質問が出されている．

43)「田中総理大臣記者会見詳録」(1972年9月30日)．

44)「大平外務大臣記者会見詳録」(1972年9月29日)．

45)『第87回国会衆議院商工委員会議録』第9号（昭和54年4月11日），25〜26頁．ここで，板川正吾（社会党）は円借款が賠償のしるしではないと承知した上で，「日本国民として，戦時中中国で犯した非人道的行為に対して何らかの反省のしるしとして，中国に対し特別な経済協力を行うべきではないか」との質問を行っている．この板川の質問に対して，大平は「心情的な気持ちは板川さんのおっしゃることは分からぬわけではございません」としつつも「そういうものではない」との答弁を行っている．

46)『第70回国会衆議院本会議録』第2号（昭和47年10月28日），5〜6頁．大平は日中国交正常化についての報告を行い，賠償放棄について「過去における中国大陸での戦争がもたらした惨禍がいかに大きなものであったかを考えまするならば，わが国としては，ここに示された中国側の態度に深く感謝すべきであると考えます．」と述べている．

47) 朱，前掲論文，38〜39頁．

48) 三つのアプローチの概要と結果については，以下を参照．これら三つのアプローチは一つの案件においていずれかを主軸として組み合わせて使われる場合もある．高木喜孝・南典男・松本克美・水島朝穂「戦後補償裁判の現在と未来を考える」『法律時報』76巻1号，日本評論社，2004年，5〜23頁．

49) 国際私法からのアプローチについては，以下を参照．奥田安弘・川島真，前掲書，126〜185頁．

50) 高木・南・松本・水島，前掲文，『法律時報』76巻1号，7頁．

51) 裁判によって，「慰安婦」或いは「性的強制被害者」と名称は異なる．

52) 田中，前掲書（2005），216〜222頁．これらに加えて，金沢地裁平成17（ワ）382がある．

53) 本項については，以下の文献を参照．松井芳郎編『判例国際法（第2版）』東信堂，2006年，651〜655頁．「中国新聞」2004年7月10日．『判例時報』1865号（2004年10月11日号），判例時報社，62〜91頁．判例集第61巻3号1188頁．

54) 債務不履行とは，定められたとき，場所において，債務者が定められた内容の債務を履行しないこと．債務不履行があると，債権者は債務者に対して損害賠償を請求することもできる（民法415条）．

55) 高木・南・松本・水島，前掲文，『法律時報』76巻1号，9頁．

56)（a）は1995年8月7日提訴，2001年5月30日東京地裁により第一審棄却，2004年12月15日東京高裁により控訴審棄却，2007年4月27日最高裁により敗訴確定．（b）

は 1996 年 2 月 23 日提訴，2002 年 3 月 29 日東京地裁により第一審棄却，2005 年 3 月 18 日東京高裁により控訴審棄却，2007 年 4 月 27 日最高裁により敗訴確定．（c）は 1998 年 10 月 30 日提訴，2003 年 4 月 24 日東京地裁により第一審棄却，2005 年 3 月 31 日東京高裁により控訴審棄却，2005 年 11 月 18 日最高裁により敗訴確定．（d）は 2001 年 7 月 16 日提訴，2006 年 8 月 30 日東京地裁により棄却，2010 年 3 月 2 日最高裁により敗訴確定．

57) 本項については以下の文献を参照．『判例時報』1823 号（2003 年 8 月 21 日号），判例時報社，61〜82 頁．
58) 法例 11 条 1 項「事務管理，不当利得又ハ不法行為ニ因リテ生スル債権ノ成立及ヒ効力ハ其原因タル事実ノ発生シタル地ノ法律ニ依ル」
59) 『判例時報』1804 号（2003 年 2 月 11 日号），判例時報社，50〜85 頁．「中国人「慰安婦」第 2 次訴訟」では，判決は加害行為の主体を国とし，これにより，法例 11 条 1 項の適用を斥けている．
60) 高木・南・松本・水島，前掲文，『法律時報』76 巻 1 号，8〜18 頁．
61) 本項は主に以下の文献を参照．高木・南・松本・水島，前掲文，『法律時報』76 巻 1 号，8〜18 頁．山田勝彦「中国人戦争被害賠償請求事件訴訟において明らかとなった日本政府の基本戦略とこれを支える法理」『法と民主主義』328 号，1998 年，32〜36 頁．笹本潤「戦後補償先行訴訟判決の基本特徴と法理」『法と民主主義』328 号，1998 年，37〜42 頁．松井芳郎編，前掲書，651〜655 頁．『判例時報』1804 号，50〜85 頁．『判例時報』1865 号，62〜91 頁．『判例時報』1823 号，61〜82 頁．
62) 『判例時報』1823 号（2003 年 8 月 21 日号），判例時報社，66 頁．「（1）国家責任法理に基づく請求について①国際法違反」に関する被告の主張．
63) 『北海道新聞』2005 年 3 月 18 日夕刊．
64) 高木・南・松本・水島，前掲文，『法律時報』76 巻 1 号，10〜11 頁．
65) 本項については主に以下の文献を参照．松本克美「時効・除斥期間論の現状と課題」『法律時報』76 巻 1 号，日本評論社，2004 年，37〜41 頁．松本克美「戦後補償訴訟の新展開——安全配慮義務及び時効・除斥期間問題を中心に」『立命館法学』283 号，立命館法学会，2002 年，48〜91 頁．
66) 最高裁判決 1989・12・21 民集 43・12・2209．
67) 最高裁判決 1998・6・12 民集 52・4・1087．
68) 松本，前掲論文，『立命館法学』283 号，76 頁．なお，「福岡裁判」については，『判例タイムズ』1098 号 267 頁．
69) サンフランシスコ平和条約第 19 条（a）「日本国は，戦争から生じ，又は戦争状態が存在したためにとられた行動から生じた連合国及びその国民に対する日本国及びその国民の全ての請求権を放棄し，且つ，この条約の効力発生の前に日本国領域におけるいず

れかの連合国の軍隊又は当局の存在,職務遂行又は行動から生じた全ての請求権を放棄する」
70) 泉澤章「条約による個人請求権の放棄について——サンフランシスコ平和条約と日中共同声明を題材に」『法律時報』76巻1号,日本評論社,2004年,32頁.
71) 同上,33頁.
72) 同上,32〜33頁.
73) それぞれの訴訟に関する資料は以下のとおり.中国人性暴力被害者謝罪損害賠償請求訴訟第一審判決(東京地裁平15・4・24)『判例時報』1823号61頁.中国人強制連行東京訴訟第一審判決(東京地裁平13・7・12)『判例タイムズ』1067号119頁,中国人強制連行福岡訴訟第一審判決(福岡地裁平15・4・26)『判例タイムズ』1098号267頁.
74) 『毎日新聞』,1995年6月25日.「資料「日本に対する中国の損害賠償請求」についての建議」『季刊中国研究』第21号,1991年,89〜106頁.
75) 「中国対日索賠第一人童増」『中国貿易報』,2005年7月29日.
76) 田中宏『戦後60年を考える』創史社,2005年,196頁.
77) 『北京週報』1992年4月7日号.
78) 童増と弁護士小野寺利孝らとの接触及び活動については,以下を参照.「中国対日索賠第一人童増」『中国貿易報』,2005年7月29日.『法と民主主義』328号,1998年5月号,12〜15頁.
79) 『毎日新聞』1995年6月24日.
80) 『法と民主主義』328号,1998年5月号,13〜14頁.
81) 「民間対日賠償請求法律援助基金,正式にスタート」『新華社』(2005年7月29日) http://www.fmprc.gov.cn/ce/cejp/jpn/xwdt/t205664.htm (2006.10.09)
82) 「中国民間人による対日損害賠償,中国国内で訴訟へ」『新華網』2006年4月3日.「第二次大戦の中国人労働者,国内で初の対日訴訟へ」『人民網日本語版』2006年2月17日.
83) 『判例時報』1823号,75頁.

(中岡まり)

第五章　中国の愛国主義教育

はじめに

　2004年サッカー・アジアカップ及び2005年の反日デモを契機に，中国の「愛国主義教育」[1]に注目が集まるようになった．日本では，これらの背景にある反日感情の広がりと愛国主義教育とを，見解に幅はあるものの結び付けて考えている[2]．一方で中国では政府から知識人にいたるまで，愛国主義教育が反日感情をもたらしたとする日本の論調にほぼ口をそろえて反論している[3]．反論の主な内容は，愛国主義教育は昔からあり，反日を目的としたものではない，抗日戦争は中国の近代史の重要な問題であり歴史として教えることは当然であるといったものである．

　このような日中間の意見の対立，また日本国内での愛国主義教育への見解の相違は，実は「愛国主義教育」という言葉が極めて曖昧で恣意的に用いられていることに起因している．また，実際の愛国主義教育そのものが多面性を持ち，時期によって変化しているという側面が考慮されていない．愛国主義教育を，単に反日感情の強烈な表出へのショックや嫌悪感からくる批判のためにとり上げるにとどまらず，内容や意義について具体的に資料に基づいて分析した議論は少ない[4]．本章の目的は，中国の愛国主義教育を中国政治の流れの中で客観的に捉えなおし，その目的，内容，変遷を把握することにある．

　愛国主義教育の対象と手段は極めて広い．対象は青少年を中心とした全国民であり，手段は学校教育のみならず，新聞・テレビ・映画といったマス・メディアの活用，記念館訪問など多岐に渡っている．本章ではまず第2節において，中国の政策文書や教科書の記述に基づいて愛国主義の内容・特徴を明らかにする．続いて第3節では，政治キャンペーンとしての側面と学校教育としての側面から，それぞれ愛国主義教育の展開を検討する．

1　愛国主義とは何か

(1) 愛国主義の論理

　愛国主義教育において，教育されることになっている愛国主義とは一体どのようなものであろうか．表現の差異はありながら，おおよそ全ての説明は，愛国主義が祖国を愛し，祖国に報いようとする感情，意志，行動の統一体であるとしている[5]．行動が強調されるのが特徴で，愛国主義は個人と社会や国家との関係を調整するものであり，個人の利益を国家の利益に従わせるものであるとされる[6]．また愛国主義は中華民族の優良な伝統であり，いかなる時代においても社会の歴史を前進させる精神的力であるとし，愛国主義を遙か昔から連綿として受け継がれてきたものとして描く[7]．一方で愛国主義は歴史的範疇に属するもので，時代的，階級的な差異を有するとされ，新時期の愛国主義は本質的に社会主義と一致し，愛国とはすなわち中国共産党指導下の社会主義中国を愛することであると論断される[8]．この点においてしばしば鄧小平の「社会主義を愛さないのは国を愛さないのと同じではないと言う者がいる．祖国とは抽象的なものであるというのか？　共産党指導の社会主義の新中国を愛さないなら，一体何を愛するというのか？」という発言が引用される[9]．このようにして愛国主義は社会主義，中国共産党の正当性と論理上結びつけられている．

　愛国主義を教育するに当たって，実際に教えられる内容の中心は中国の近現代史と国情教育である．いずれも社会主義，中国共産党の支配をいかに正当化するかが主眼であるが，次節で詳述するように，90年代の愛国主義には近現代に帝国主義から受けた屈辱の歴史を強調することによる感情の喚起が加えられた．1997年の「愛国主義学術検討会」において，ある中国人学者は「愛国主義教育を強化する核心的内容は『中華を振興し，国辱を忘れるな』であると発言したという[10]．この言葉は愛国主義を支えている感情的基礎を的確に表現しているといえる．「中華」として表現される過去の繁栄・栄光から来る誇りと，「国辱」として表現される過去の屈辱への怒り，反発を同時に感じさせることが愛国主義教育を可能にするのであり，中国にはその素地がある．そしてこれらの感情を共有し，感情から来る欲求を満たしてくれる，満たしうるのが中国

共産党であると感じさせることによって愛国主義教育の目的が達成されるのである．

（２）『思想道徳修養』における愛国主義の具体例

愛国主義において行動が重視されることはすでに述べたが，それではどのような行動が求められているのであろうか．ここでは，それを考え，また愛国主義についてさらに理解を深めるために，主に大学生（その他の高等教育機関を含む）を対象にした『思想道徳修養』の教科書や教師用手引書に愛国主義を考えるために掲載されている事例を検討していくことにする．学生にとっても理論的な説明よりも具体的な事例のほうが記憶に残るものであるし，事例の中には教える側が本当に伝えたいと考えている要素が込められていると考えられるからである．

筆者が入手した事例は全部で24例ある．事例を大まかに分類して表5-1にまとめた．まず分類の①であるが，これらは留学による人材流出，「東部」など条件の良い地への人材の集中といった改革開放政策の下で生み出された問題を反映しており，教える側が明確にこれらの事例のような行動を推奨していることがわかる．日本では反日デモや愛国主義教育を話題にするとき，ナショナリズム一色の中国人をイメージしやすいが，一方で自己の利益を国など省みずに追求して行動する中国人が多くいることも念頭に置いていなければ理解を誤ることになろう．愛国主義教育はある意味現実への必死の歯止めという側面がある．

次に分類の②であるが，それらは全て抗日戦争についての日本の歴史認識・戦後処理にかかわるものである．また外国について触れられているものでは日本関係の事例数は突出して多い．当然日中関係に深くかかわるので，それぞれを表5-2に簡単にまとめた．

事例（1）～（4）までは，基本的に同じ構図であり，「歴史を歪曲し反省しない日本」に対し，自らの犠牲を省みずにそれをただすために闘う中国人を描いている．これらの例によって印象づけられるのは日本が侵略の歴史を歪曲し，認めようとしていないということと，それに対する闘いの自己犠牲と激しさである．自己犠牲については日本にかかわるもの以外の事例にも共通する愛国主

114　第Ⅰ部　過去との対話

表 5-1　愛国主義の具体的事例

分類	①国のために活躍 (12例)	②日本に関するもの (6例)	③アメリカに関するもの (2例)	④台湾に関するもの (2例)	⑤その他 (3例)
概要	留学生が帰国して国のために働く。(7例) 国際的に活躍しつつも、国を愛する心を忘れない。(姚明、張瑞敏など、3例) 「西部」や辺境地域で厳しい案件の中、国のために働く。(2例)	「抗日戦争」についての日本の歴史認識・戦後処理に関わるもの。 (詳細は表5-2参照)	アメリカによる中国への主権侵害事例。(銀河号事件) 米国留学中の中国人女子学生が、教授による中国への中傷に激しく抗議し授業を放棄し、代わりの3科目に好成績で合格。その教授が同りの学生からの賞賛を得る。	台湾の教育者による、中国人としての愛国講演。 スペインでの合唱国際大会において、少女合唱団が「台湾」掲場に抗議に1曲歌った後理由を説明して舞台を降り、観客の賞賛を得る。	インドの愛国詩人の紹介。 国旗や国歌への子どもや大人のいい加減な態度を批判。 「抗日戦争」や中国文明についての青年への社会調査をめぐる論評。

出所) 以下の教科書等に掲載の事例等をもとに筆者作成。①龍世明編『当代中学生新知識百科　哲学・社会巻』学林出版社、上海、2003年、②鄔勇青・柳道宣・裴秀萍主編『思想道徳修養』経済日報社、北京、2004年、③邵龍宝主編『思想道徳修養』同済大学出版社、上海、2004年、④王濱有・韓憲洲主編『思想道徳修養（教師用書）』北京郵電大学出版社、北京、2003年、⑤書林主編『思想道徳修養　教学案例』中国人民大学出版社、北京、2004年。⑥黄蓉主編『思想道徳修養』中国人民大学出版社、北京、2003年、⑥鄭書林主編『思想道徳修養　教学案例』中国人民大学出版社、北京、2004年、⑦大連理工大学組編、劉広徳・廉清主編、の大連理工大学出版社、北京、2002年。

表 5-2　日本に関する事例

事例 (1)	事例 (2)	事例 (3)	事例 (4)	事例 (5)	事例 (6)
日本人大学生による盧溝橋観光。引率の教授が配布した資料に盧溝橋事件はでっちあげである。中国人ガイドが、中国人民抗日記念館」へ連れて行く。教や学生たちが涙を流して自らの非を認める。会社に古情を言い立てられることを忘れず抗議したガイドを賞賛。	日本のゲーム会社コーエーによる太平洋戦争を舞台としたゲーム。史実をねじ曲げたゲームで中国軍を貶め、日本軍史上げてある。中国人従業員数名が抗議、辞職、それをきっかけに抗日戦争をテーマとした国産ゲームソフトが開発され、国内で大歓迎。	日本に留学、就職した女性生残。故郷での日本軍の市民団体として日本軍細菌戦についての調査を行い、日本政府への訴訟に対する支援の申し出を受けて、8年間に渡って訴訟を闘う。多くの学ばない戦争犯罪の事実を知らしめた。(『大衆日報』2003年9月26日より要約)	54歳の労働者が、就職したな年大阪での南京大虐殺をなど定する集会に憤り、「九一八愛国網」というホームページを作成、民間「保釣」活動に参加ての魚釣島に上陸、チチハルの遺棄化学兵器の毒ガス漏れ事件の賠償と毒ガス兵器の撤去を求める署名運動により100万人の署名を集めた。(『労働報』2003年9月19日より要約)	福建省のアモイで青年が、日本の靖国書参拝を擁する小泉首相の靖国神社参拝問題に抗議して、日本人の入場を禁止。個人の自由もない、中央政府の風もない、このような行為は外的な狡猾な民族主義の疑いがあり、愛国の「義挙」とは考えられない。(『南方都市』2002年5月22日の報道を参照)

出所) 表5-1 と同じく筆者作成。

義の柱の一つである．激しい対決姿勢については，比較的まともな第3例でさえ，「王選——一人の八年抗日」というタイトルがついており，またアメリカの歴史学者の言葉として「もしふたりの王選がいれば，日本は沈黙するだろう」という言葉が紹介され，それが「討論題」としてとりあげられているように対決姿勢が強調されている．また，第1例で日本人がみな涙を流して非を認め，第3・4例でこれらの活動が中日友好につながるとされていること，第4例では「討論題」で「われわれ大学生は中日友好のためにいかなる努力をすべきか？」という質問までなされているように，このような激しい対決姿勢が日中友好につながると考えられている．第6例だけが，例外的に感情的な激しい対決姿勢を戒めるものとなっている．

　このような激しい対決姿勢の称揚をどのように理解すべきであろうか．これまで愛国主義について論じてきたことから考えても，おそらくこれは実際にこのような行動をとらせることを目的としているというよりも，激しい対決姿勢を見せるこれらの人物を英雄的に描き出し，日本をテコとして愛国的感情をかきたてることを目的としているように思われる．これは実は分類③の2例にも共通して見られるものである．このように扱われている国は日本とアメリカの2国だけであり，日本とアメリカが愛国主義を浸透させる敵役としてとりあげられていることがわかる．また逆に，事例としてとりあげるのにふさわしいぐらい中国人にとっては共感できるものでもあるのだろう．

　愛国主義の英雄を描くのとは逆に，愛国主義の欠如を批判するための例として挙げられているのが日本についての事例（5）や，国旗・国歌についての事例である．これらは個人の自由を掲げて国のことを考えない態度を最も恥ずべき態度として強調している．

　分類④の事例では，台湾人もまた中国人として愛国主義を共有するものであること，外国で「2つの中国」を認めるような行為があったときには断固抗議すべきこと，またそれは多くの人々の賞賛を得るものであることなどを印象づける内容となっている．

　以上のような愛国主義の事例分析から，愛国主義教育が特に強調して伝えようとしている内容について次のようなことを指摘できる．第1に祖国の利益のために個人の利益を犠牲にすべきであるということである．第2にその犠牲の

精神によって，国家のために条件の良くない場所でも懸命に働き，貢献すべきであるということである．第3に，日本やアメリカが愛国的感情をかきたてるための敵役として用いられており，日本についてはそれは歴史認識・戦後処理の問題に集中していることである．また，日本の歴史認識などの問題に厳しい姿勢で対決していくことが日中友好につながるという認識が明確にみられるが，この点は日本人の認識との深い溝を感じさせられる．第4に，自己にどのような不利益があっても，自国の主権を守ることを優先すべきであるということである．第5に，愛国主義は普遍的な価値であり，愛国主義に基づく行動は多くの外国人によって賞賛されるものであるということである．

　加えて，愛国主義教育の内容に関連して指摘しておきたいのは，英雄主義である．ここで検討した多くの事例にも共通しているが，歴史上の人物をも含めて人物の英雄的行動を題材にして教育されることが圧倒的に多い．そのような人物が活躍する場は多くの場合戦争などの非常事態である．しかし現在の中国において愛国主義を発揮しうるのはほとんどの場合むしろ恵まれない環境で自分を犠牲にして一生懸命に地道に働くという場面でしかない．若者はこのような場面よりももっと華々しく過激なものに魅かれる可能性が高い．簡単にそのような欲求を満足させられるのは外国，特に敵役としての日本やアメリカへの抗議活動であろう．政府の目的・意図とは違うころで，そのような方向へ一部の若者の感情が向かう危険性（すでに現実のものとなっているともいえる）が，愛国主義教育のもつ英雄主義的側面に常につきまとっていることは指摘しておかなければならない．

2　愛国主義教育の展開

（1）政治キャンペーンとしての愛国主義教育

　図5-1からわかるように，近年の中国における愛国主義キャンペーンは改革開放以後の現象である．それ以前のいわゆる「毛沢東時代」には，朝鮮戦争時期を除いて，愛国主義的言説はほとんど姿を消していた．中華人民共和国においては，愛国主義的言説の台頭は改革開放以後出現した現象なのである．[11]

　それでは一体どういう理由で，80年代前半に愛国主義的言説が持ち出され

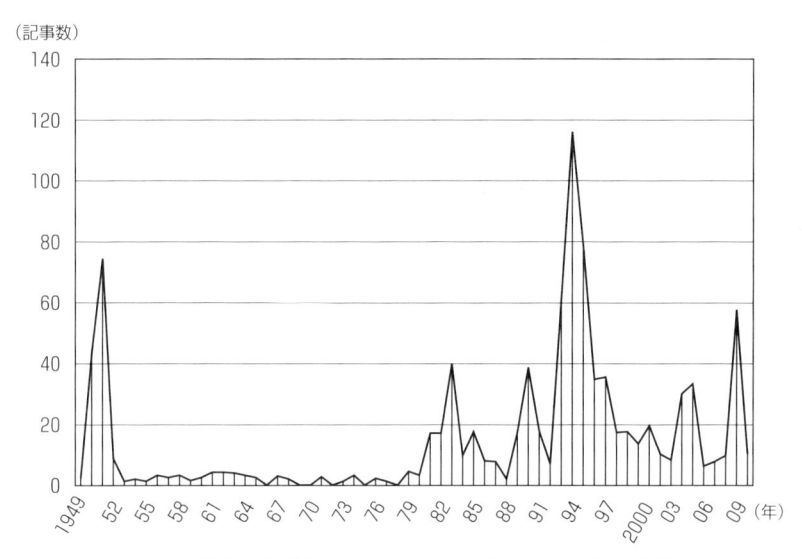

図 5-1 「愛国主義」を見出しに含む『人民日報』記事数

注）このグラフは愛国主義キャンペーンの激しさの傾向を示しているのみで，数値がそのまま激しさを数量として表すものではない．
出所）『人民日報』データベース 1949～2010 年より見出し検索にて筆者作成．

たのであろうか．『人民日報』の特約評論員論文「愛国主義は社会主義建設の巨大な精神力量である」[12]は，文化大革命の中で，林彪や四人組が党・国家・中華民族の光栄ある歴史を否定し，盲目的排外主義や閉鎖主義を愛国主義として称揚したと批判し，またここ数年間の対外接触において避けることのできない「腐朽した思想文化の侵食」によって，「自民族卑下の心理」が広がっていることを指摘している．続いて，中国の素晴らしさ，偉大さ，愛国主義の伝統，その継承者としての中国共産党について説明した上で，次のような問いや意見を取り上げ，それぞれ反論を加えている．「社会主義はまだ中国を救えるのか？」，「遅れた祖国のどこを愛すべきなのか？」，「外国に学ばなければならないのに，まだ民族自尊心が必要なのか？」，「私が祖国を愛さないのではない，祖国が私を愛さないのだ」といったものである．この論文からは，文革の混乱と開放政策への転換によって，民衆の中に国家・党・社会主義への不信や西側諸国への憧憬が広がっており，それへの対応として愛国主義が提起されていることがはっきりと伝わってくる．実際に，78，79 年には，「北京の春」と呼ば

れた民主化運動が発生していた．

　愛国主義教育の全国的実施の呼びかけは1982年7月10日に『人民日報』に掲載された記事である．ここで中共中央は全国軍民に「建軍節」における愛国主義教育の実施を呼びかけている[13]．もっとも愛国主義教育という語は，わずかではあるが80年以前にも使われており，祖国を愛する教育は存在した．これが政治的に強調され始めるのが81年からであり，『人民日報』に各地方の取り組みなどの紹介が急増した．そして82年に全国的な呼びかけがなされたのである．この時期の愛国主義に関する中心的文書は，中共中央宣伝部の「愛国主義宣伝教育を強化することについての意見」である[14]．この文書でも基本的には前述した論文と同じ認識が示されており，特にこの10年間に成長してきた青年たちが系統だった教育を受けていないことに憂慮を示している．また，香港・マカオ・台湾や世界に散らばる華僑が愛国主義のもと連携できるとも呼びかけており，これは台湾への統一の呼びかけや，改革開放への全世界の華僑の協力を呼びかけていた当時の中国政府の立場を反映している．

　このように80年代前半に愛国主義キャンペーンが展開された理由は，文革から改革開放へと大転換をおこなった中国において，中国共産党，社会主義への不信，西側諸国への憧憬，民主化運動の発生などに見られるような国内の動揺を収拾し，台湾へ愛国主義の基礎のもとで統一を呼びかけ，また海外の華僑に改革開放への協力を呼びかけるためであった．

　この時期は，日本の歴史教科書問題（82年，86年），中曽根内閣の靖国神社参拝問題（85年）が重なり，日本の歴史認識を問題視する報道が繰り返され，85年には中国のいくつかの都市で反日デモが展開された[15]．しかし，抗日戦争戦勝40周年記念を用いて愛国主義教育を進めよといった指示は共産主義青年団中央から出されたのみで，それも日本の侵略を強調するよりも，革命に身をささげた先人の英雄主義を称える内容であった[16]．またこの時期の愛国主義の説明も，国土の素晴らしさ，文化の先進性，近代史における中国愛国主義の伝統とその最大の継承者である中国共産党など，基本的に中国と中国共産党の優れた部分を強調するものであった[17]．日本の教科書を問題視する過程で，例えば82年には日本軍によって受けた被害を強調した記事が盛んに『人民日報』に掲載されたが，これは純粋に日本が過去の侵略の事実にかかわる表現を緩和しようとし

ていたことへの反論を目的としていた．この時期に過去の日本の侵略や日本の歴史認識を愛国主義教育と結びつけようという政権の意図は確認できない[18]．しかし，ここで日本への反論のためにさかんになされた過去の被害の事実の「発掘」が後述する愛国主義教育の転換に影響を与えた可能性は考えられる．

1990年前後のキャンペーンの目的は激化した民主化運動と第2次天安門事件後の対応であった．鄧小平は89年6月9日に「この十年間で最大の失敗は教育であった．私は主にここで思想政治教育について語っているのであり，単に学校や青少年についてだけではなく，広く人民への教育についてのことである[19]」と語り，7月1日には鄧小平によって抜擢された江沢民総書記が国家教育委員会の指導者に小学校から大学まで徳育を強化すべきだとする重要指示を出した[20]．7月20日には国家教育委員会は「三熱愛教育活動」（「中国共産党を熱愛し，社会主義祖国を熱愛し，中国人民解放軍を熱愛する」）の展開を通知し[21]，愛国主義キャンペーンが開始された．愛国主義の内容は基本的に80年代前半のものを踏襲しているものの，その強調の仕方に重要な変化がみられた．それは「和平演変」を企む敵対勢力の存在が前提とされ，89年の運動の指導者を「売国主義の立場」として位置づける点に見られるように，闘争状況の中での愛国主義を強調することである[22]．それゆえ近代史を回顧する中でも「アヘン戦争以後，中国は帝国主義列強の陵辱を受け，人民は甚大な災難を蒙った．これは近代中国が貧しく衰弱した重要な原因の一つである[23]」と述べ，栄光の歴史だけではなく，恥辱の歴史をも強調するようになった．90年3月20日に国家教育委員会から「アヘン戦争150周年をテーマとして小中高生に愛国主義教育をおこなうことについての通知」が出されたことはこの変化によるものといえる[24]．また91年3月9日には江沢民から当時の国家教育委員会の李鉄映主任と何東昌副主任に宛てた手紙の中で[25]，「この2年間に教育界の座談会で，小学生（さらには幼稚園の子ども），中高生から大学生までに対して，段階に応じて，たゆまず中国近代史，現代史および国情教育をおこなわなければならないと2度語ってきた」と記した上で，「封建統治者の腐敗のために，アヘン戦争以来の100年余りに，中国人民が列強から受けた陵辱について，主要な史実を列挙して説明する」ことなどを要求したことにも同じ変化を読み取れる．

90年代半ばのキャンペーンは基本的に天安門事件後の延長線上にある．92

年に一時キャンペーンが弱まったのは，鄧小平のいわゆる「南巡講話」を受けて改革開放を加速させることに力が注がれたからであると思われる．国際的孤立からの脱却を図っていた時期でもあり，天皇の訪中もあった．ただし前の延長線上にあるといっても，1994年8月23日に中共中央から「愛国主義教育実施綱要」が出されたことに象徴されるように，改革開放路線を推し進めても愛国主義教育は揺るがないということを示した点で，この3回目のキャンペーンは重要であった．

　この3回目の愛国主義キャンペーンの政治的背景を現時点で実証的に明らかにすることは難しい．一般的には，鄧小平から権力継承した江沢民が弱い自己の権力を確立するために強硬姿勢を内外に示す必要があったことが推測されている[26]．しかし，実際に対外的に強硬姿勢をとったのではなく，単に愛国主義キャンペーンを国内で展開したに過ぎない．むしろ党内の権力基盤が弱いために，自分が鄧小平の路線を引き継ぐものであるということを示そうとしたと考えたほうが妥当である．このことはそれまで中国の権力継承において何度か繰り返されて来たことである．鄧小平が江沢民を抜擢したのは，上海での江沢民の実績を見て，政治的には引き締め，経済的には改革開放推進という鄧の考えにふさわしいと考えられたからであった．愛国主義教育は鄧小平が主導したものであり，江沢民は後継者としてそれを引き継いだと見ることができる．

　反日デモの後には，江沢民の日本に対する個人的な感情が政策を左右しているというような議論まであったが，キャンペーンが権力の基盤が弱い段階で始まっていることを考えても，江沢民の個人的な感情が主要な理由だとは考えられない．「綱要」発表時に，中央宣伝部副部長の劉雲山はこの「綱要」が93年3月から中央宣伝部を中心に準備され始めたこと，「綱要」が党中央の直接的指導と関心のもと起草され，同時に国家の指導者と老同志の関心と指導を得たものであることを表明している[27]．これは単なる「独裁者の個人的な政策」ではなく，党の合意の下に進められた政策だと考えられ，この「綱要」が80年代の「最大の失敗」を繰り返さないという決意と，継続的な愛国主義教育のメカニズムを構築しようという意図を表していたことは間違いない．

　このキャンペーンは95年の「抗日戦争と世界反ファシズム戦争勝利50周年」，97年の「香港に対する主権行使回復」を機に積極的に展開された後[28]，下

火になった．特にこの95年のキャンペーンが，日本において愛国主義教育が「反日教育」であると受けとめられる主要な原因となっている．政治キャンペーンとしての愛国主義教育は，97年を過ぎて少なくとも一旦は収束することとなったのである．

2000年代に入り，2004，5年と2009年にキャンペーンの盛り上がりが確認できる．前者のキャンペーンは2004年2月「中共中央国務院関于進一歩加強和改進未成年人思想道徳建設的若干意見」を受けて，『人民日報』紙上では7月から開始された[29]．これは「中国人民抗日戦争および世界反ファシズム戦争勝利60周年」となる2005年終わりまで続いた．2009年のキャンペーンは中華人民共和国建国60周年と関連付けられたものである．それぞれのキャンペーン中に第三次愛国主義教育モデル基地，第四次愛国主義教育モデル基地の発表がなされている[30]．

この2回のキャンペーンは90年代のキャンペーンと強調点が異なっている．帝国主義から受けた被害の強調，西側諸国に対する警戒感がほとんどなくなり，中国共産党の革命の事績を強調し，その精神に学ぶことが前面に出されている．それを象徴的に示すのが，2004年以降大々的に宣伝されている「紅色旅遊」（革命史跡をめぐるツアー）である[31]．このような変化の背景には，国内で高まる排外主義的ナショナリズムの存在や，それに対する海外の反応，また中国の国際社会における地位が90年代初頭とは大きく変わったことなどが推測される．中国の愛国主義教育は2000年代に入り，80年代に回帰したのである．

(2) 学校教育としての愛国主義教育

学校教育としての愛国主義教育は，政治主導の中国においては当然政治キャンペーンとしての愛国主義教育と不可分な関係を持っている．しかし政治キャンペーンは短期集中型である一方で，学校教育への導入は時間がかかるものの，比較的長期にわたる，また全国的な効果を有している．ここでは学校教育へ愛国主義教育がどのように導入され，制度化されていったかについて検討する．

愛国主義教育は，学校教育においては思想政治教育や徳育という範疇に入り，「思想品徳」，「思想政治」などといった科目に主に属している[32]．文革によって崩壊状態にあった教育システムを再建し，改革開放への転換という政策の大転

換に見合った新たな教育システムと内容を構築することが1980年代の課題であった．具体的には改革開放政策推進のための人材育成，初等教育の普及，そして大学生を中心として断続的に広がった民主化運動に対する対策としての思想政治教育の実施である．

　思想政治教育の中に愛国主義教育が導入されるのは，前述の「愛国主義宣伝教育を強化することについての意見」が出された後である．それ以前は中高生には「愛国主義と国際主義精神をともにもつ」や「共産主義教育をおこなう」，小学生には「祖国を熱愛し，社会主義を熱愛し，共産党を熱愛し，革命の伝統を学習し継承する」といった表現はあっても[33]，愛国主義よりも社会主義，共産主義がイデオロギー教育の前面に押し出されていた．小学生には祖国や現体制への「愛」を，中学生以上には社会主義，共産主義教育をおこなうことが基本的内容であったといえる．

　愛国主義教育強化についての中央宣伝部の意見を受けて，教育部は「中学高校の歴史と地理科目の教学を改善・強化することについての通知」[34]，「『愛国主義宣伝教育を強化することについての意見』を学習し徹底的に実施することについての通知」[35]を出した．

　歴史・地理についての通知は，この2科目の知識の多寡が「思想政治覚悟の向上と今後の革命的人生観，共産主義の信念の確立に重大な影響を与える」ことを指摘し，趙紫陽の言葉を引用して歴史・地理教育の強化が愛国主義教育の重要な内容のひとつであると位置づけている．さらに指摘しておくべきことは，ここで歴史として教育されるべき内容のなかには中華民族五千年の歴史・文化の素晴らしさや，中国共産党の偉大さはあっても，外国から受けた被害は挙げられていないことである．

　続いての「『意見』を学習し徹底的に実施することについての通知」は，幼稚園を含む各種学校において全面的に学校で愛国主義教育を進めることが述べられている．国旗掲揚や国歌斉唱から，歴史，地理，語文，音楽，美術，自然科学などあらゆる科目において，また課外活動，クラス会など利用できる全ての機会を通じてである．ただこの通知によって一斉に各学校でこのような教育が進められたとは考えられない．国家規模で教育内容に大幅な変更を加えていくには時間をかけた手順が欠かせないからである．

思想政治教育，徳育の面で明確な指針を示したのは1985年8月1日の中共中央「学校の思想品徳と政治理論課程教学を改革することについての通知」[36]であった。この中では、小学生については『五愛』(祖国を愛し、人民を愛し、労働を愛し、科学を愛し、社会主義を愛する)とされる初歩的な社会公徳の教育を、中高生については社会のあり方や社会主義についての知識をもとに、中国の社会主義に対する信念、建設への貢献の理想を涵養する教育を、大学生(各種高等教育機関を含む)には「中国革命史を中心とする歴史教育を行うことによって、学生に悠久の歴史・文化・伝統をもつ中国を理解させ、いかにして歴史の必然に基づき共産党を指導力量とする社会主義の道を歩むようになったかを理解させる」ことや、マルクス主義教育を行うことを求めている。ここでは愛国主義教育は前面に打ち出されてはいない。最も関係が認められるのは小学生に対しての教育であり、中学生以上に対しては、愛国主義よりむしろ社会主義やマルクス主義教育が重視されているように見える。大学生に対する歴史教育の強調が目を引くが、それは直線的に社会主義の選択の正しさ、中国共産党の正統性へと向かうものであり、受けた屈辱を強調し、感情をかきたてて祖国愛へ向かわせるというものではなかった。

小学生に対する愛国主義教育の内容については、中共中央の通知をもとに1986年4月23日に発布された「全日制小学思想品徳課教学大綱」[37]に具体的に記されている。簡単にまとめれば、国歌、国旗、国章への尊敬、国家の歴代指導者を初めとした民族の歴史上の英雄についての知識と尊敬、民族に対する自尊心・自信、中国共産党への愛、社会主義に対する信念、台湾・香港・マカオを含む祖国の領土と統一への希望などを教育することが愛国主義との関連で求められている。ただしこれも近現代史の歴史教育の徹底に基づいて進めるというものではなかった。1988年に配布された「義務教育全日制小学、中学教学計画」(試行草案)[38]は、従来の「歴史」、「地理」に変わる科目として設置された小学校の「社会」について、「よくみられる社会事物と現象を初歩的に認識させ、故郷、祖国、世界の社会常識を初歩的に理解させる」ことを求めているのみで、本格的な歴史教育は要求していない。徳育科目以外で愛国主義教育を意識するように記されている科目も、小学校の「社会」、中学校の「語文」、「歴史」、「地理」のみである。この「教学計画」は91年または92年の秋から実施さ

れる予定であったが，後述する教育の転換によって全面実施されずに終わった．

このように，1980年代には思想政治教育，徳育に関する教育が整備されていく過程で，愛国主義教育もその中に取り入れられていったが，それは主に小学生を中心とし，国家や現体制に親近感をもたせるための一般的な教育とそれほど異なるものではなかった．中高生や大学生にたいしては，愛国主義教育よりもむしろ社会主義・共産主義教育が中心であった．歴史教育も，中国が社会主義の道を歩むことによって成功してきたと強調することを通じて，中国にとって社会主義こそが唯一の道であると教えることに主眼があり，歴史の中で外国から受けた被害を強調し，それによって，祖国，さらには中国共産党に対する肯定的な感情をかきたてることを目的としたものではなかった．1980年代前半の政治キャンペーンの学校教育への影響は限定的なものにとどまった．それは，なによりこの時期の教育は改革開放政策の実施に伴って，外の世界に目を向け，改革開放政策のためになる人材を育成することを優先していたからであると思われる．

愛国主義教育の大きな転換点は88年末から89年にかけてである．86年末から87年初頭の民主化運動（「学潮」）にみられたような民主化を求める意識の高まりは，鄧小平をはじめ共産党の指導者に深刻に受け止められるようになった．88年12月25日には中共中央「小中高の徳育工作を改革・強化することについての通知」がだされ，前述したように鄧小平は89年3月，6月に「最大の失敗は教育面にある」と語り，民主化運動と天安門事件といった激震を経て，教育のあり方も大きく転換したのである．

88年12月25日の中共中央の通知は，85年の通知と異なり，愛国主義教育についてまとまったスペースを割いている[39]．「徳育工作において，愛国主義教育を突出した位置に置き，学生に小さいころから中華民族の光り輝く歴史と革命の伝統を理解させ，百余年にわたる中華民族の深刻な災難と共産党が人民を指導しておこなった反封建の英雄的な闘争を理解させ，我々が現在従事している社会主義現代化建設が中国史上最も偉大な事業であることを理解させることによって，彼らの民族自尊心，自信，誇らしさと絶えず向上を求める奮闘精神を育て，祖国の利益を最優先する観念を確立し，すべての国家の尊厳を失わせる行為を憎悪させる」．このように愛国主義教育について説明した後，様々な

活動を通じて愛国主義教育をおこない、「重要な記念日前後に愛国主義教育を集中的におこなう」とし、「愛国主義教育を、中国共産党を熱愛する教育、社会主義を熱愛する教育と連携させる」と規定している．こうして，主に小学校を中心としていた学校教育における愛国主義教育は、中学・高校にまでわたって前面に押し出されることとなった．

　天安門事件後の新たな愛国主義キャンペーンの展開に呼応して、国家教育委員会は「小中高校語文，歴史，地理などの学科教学の中で思想政治教育と国情教育を強化することについての意見」を発表した．83年にも愛国主義キャンペーンに呼応した文書が発表されたが、今回の「意見」のトーンは全く異なっている．

　歴史教育の強化について、「意見」は「特に中国と世界の近現代史の教学を強化して、学生に歴史の経験をしっかりと心に刻み付けさせ、帝国主義の中国侵略と中国人民が勇気を奮い起こして反抗した歴史を永遠に忘れさせないようにする．学生に社会主義事業を理解させること、すなわち外国の敵対勢力が我が国を孤立させ、封鎖し、挑発するのを打ち破っていく過程で強固なものとし発展してきたものであり、中国人民はこれまでも、今後もいかなる外来圧力にも決して屈しないとうことを理解させる」と述べ、過去の侵略による被害と現在の政権の危機、国際的孤立を結びつけ、愛国主義の感情をかきたてるために歴史教育を用いることが明確化されている．

　さらに、カリキュラムにまで踏み込み、1990年より中学2年時あるいは中学進学試験に「地理」と「歴史」の試験を課すことを要求した．また全体的なカリキュラム見直し前の臨時措置として、中学高校では、「語文」の授業において思想政治教育と国情教育のために90年春季より各学年学期ごとに補充教材を1冊増やすことや、これまで高校1年時のみに「歴史」の授業が週3回あったものを、1990年秋季より高1，高2の2年間に週2回授業を行うことを決定し、同時に中国近現代史の教学内容を増加させた．

　こうして徳育工作は、「国内外の反社会主義勢力」との闘争の中に位置づけられ、またこれまでを振り返って、徳育工作の不十分さ、進学率偏重、理系偏重などが指摘され、勝手にカリキュラムの授業時間を変更することを厳禁する警告が出されたりした．さらにこれから数年間、小中高校に毎年教育工作監督

指導検査を組織することが決定され，90年には89年の「五項目監督指導検査」(「五査」)の報告を踏まえて，徳育を重点として再検査がおこなわれることとなった．[42]「国旗法」が制定され，さらに国家教育委員会が小中高校に「国旗法」を厳格に守って，国旗の昇降制度を実施するよう通知したのもこの時期である．[43]これまで何度も徳育工作のなかで触れられてきたことであったが，ここに法制化され，厳格に実施されることとなった．

　1991年4月25日国家教育委員会は「小中高校で愛国主義教育活動をさらに展開することについての意見」の中で，[44]90年のアヘン戦争150周年に続いて，中国共産党建党70周年，辛亥革命80周年，義和団事件賠償90周年，満州事変60周年などの重要記念日を機に愛国主義教育を展開することを各地の教育行政部門と学校に通知した．その中では，教育するべき内容が4点にまとめられている．第1に4つの重要な歴史事件の主要な史実，第2に共産党の指導と社会主義は中国に不可欠であること，第3に中華民族歴代の愛国志士や革命の先駆者たちの民族精神や気概を学び受け継ぐこと，第4に帝国主義による中国侵略の罪深き歴史と中国人民が中国共産党の指導の下勇敢に抵抗したことである．第4の点については，「国際的敵対勢力が今も中国を滅ぼそうという心を抱いていることを知らせ，和平演変に反対する観念を小さいころから打ち立てる」としている．

　このような愛国主義教育のための努力は，「小中高校で中国近代，現代史及び国情教育を強化するための総体綱要」(初稿)の公布 (1991年8月27日) や，中央宣伝部，国家教育委員会，文化部，民政部，共産主義青年団中央，国家文物局による「文物を充分に運用して愛国主義と革命伝統教育をおこなうことについての通知」(1991年8月28日)，さらに国家教育委員会弁公庁による「幼稚園で故郷を愛し，祖国を愛する教育を強化する意見」(1992年5月5日) とたゆまず続けられた．[45]

　そして，政治キャンペーンとしての愛国主義キャンペーンが小休止していた1992年に，教育界ではこれまでの愛国主義教育推進の到達点として，新カリキュラムが発表された．8月6日に配布された「九年義務教育全日制小学，中学課程計画(試行)」[46]は89年以来の愛国主義教育の強調を反映した内容である．88年に公布されたものと比べると，まず小学校の「社会」については，「故郷，

祖国，世界の歴史・地理と社会生活などの方面の常識を初歩的に理解する」とされ，単なる「社会常識」となっていたものに「歴史・地理」が加えられた．愛国主義を意識すべき科目として 88 年のカリキュラムで挙げられている科目に小学校の「自然」，小中学校の「音楽」，「美術」が加えられ，朝会（夕会）での国旗掲揚儀式も愛国主義との関連で規定された．このカリキュラムは 1993 年の秋季から実施されることになった．

同じく 93 年秋季から施行された「小学徳育綱要」[47]の中では，小学生に教えるべき歴史常識の内容を次のように定めている．「中国古代の科学技術，文化芸術面での重大な成果と人類への傑出した貢献．近代史上の帝国主義列強による我が国への野蛮な侵略の主要な罪行および中国人民が陵辱を受けた主要な史実．中国人民による外国からの侮辱への抵抗，中華防衛の重大な闘争と仁人・志士・革命烈士の事跡．中国人民が中国共産党の指導の下，新中国を樹立するために勇気を持って奮闘した主要な史実と社会主義建設の重大な成果．」また愛国主義教育のための 100 篇の推薦映画・テレビ番組の選定について，「帝国主義の侵略への反抗を題材としているものを主とし」とその基準が記されている．[48]

こうして，学校教育における愛国主義教育の体制が基本的に完成し，「抗日戦争と世界反ファシズム戦争勝利 50 周年」，「香港に対する主権行使回復」等の政治キャンペーンと組み合わされて愛国主義教育が進められたのである．

おわりに

自国の歴史，特に現在に直接かかわる近現代史とどう向き合うかは，どの国にとっても現在の姿を映し出す鏡である．その意味で，中国の愛国主義教育の内容は中国による過去との対話であり，中国の現在の姿を浮き彫りにしている．

本章では愛国主義教育とは何かを明らかにしてきた．確かに愛国主義教育は昔からあった．抗日戦争に関する歴史教育も当然あったし，教育するのは当然である．しかし愛国主義教育は変わってきたのである．まず 80 年代に入ってその重要性はそれ以前とは比べ物にならなくなり，国家は積極的に政治キャンペーンによりこれを推進した．1988, 89 年には愛国主義教育の重要な転換点

があった。それは被害の歴史の強調であり、国民の感情を喚起することによって国家への忠誠と党・政府の正当性を確保しようとしたのである。これはある程度意図的であったし、またある程度は自然だったのかもしれない。それほど中国の近代史は確かに被害の事実に満ちている。また、学校教育においても愛国主義教育の体制が構築され、本格的に実施されるようになった。

　この転換を導き、その目的を少なくとも一時的に成功させたのは「経済制裁」であった。情報に対する圧倒的コントロール力を政権が握っている国家に対する「経済制裁」は、それが政権に向けられた圧力であっても、むしろ国家と国民全体に対する敵意であると変換されて受け止められてしまい、その政権の正当性を高める結果に陥りやすい。ここには「経済制裁」という手段に内在する危険性がある。

　被害の事実の強調は単に対日に限定されたものではなかった。その意味で愛国主義教育は反日を目的としたものではなかった。しかし歴史的事実としての被害の歴史における日本の占める重さと、さらに1980年代に歴史認識問題をめぐって中国で確認され蓄積されてきた日本による被害の事実は、愛国主義教育における日本の比重を高めさせた。

　また日本は共産党政権が正当性を高めるためのテコとして用いるのに最も効果のある存在であった。中華人民共和国という国家の根本に抗日戦争があることは明らかで、国歌はそれを象徴している。中華人民共和国にとっての抗日戦争はフランスにとってのフランス革命や日本にとっての天皇制と同じような重さを持っているのである。そして中国においてはこれが容易に政治的に利用されてしまう現状がある。愛国主義教育において、日本に対する悪感情を利用しようとする政権の意図を否定することはできない。さらに本書の他の章で検討される90年代の日中のさまざまな国益をめぐる問題はこの効果を高めた。

　それゆえ愛国主義教育は日本への悪感情を固定化、拡散させ、反日を社会のイデオロギーとして定着させてしまったといえる。ここでイデオロギーというのは、ある社会における価値を方向付ける一般的な基準という意味である。つまりある人が深く日本に関心を持っていない場合には日本に批判的になりやすいということであり、深くこのイデオロギーに参与して激しく反日である人もいるし、逆に反日でない人もありうるが、その人が公にその立場を表明するに

は強い意志が必要な社会が常態化してしまったということである[49]。このように考えると，90年代以降の愛国主義教育は反日感情を利用する意図を内在させつつ展開され，結果として反日教育となった側面を持っていたということができよう。

　愛国主義教育を通して自己の正当性を確保するという政権の目的はある程度達成されたが，それは副産物として排外主義的傾向をもつナショナリズムを生み出してしまった。そのナショナリズムはある場面では政府の外交政策にも重要な影響を与えるまでになってきている[50]。近現代史に被害の事実が多くあるからといって，被害の歴史の中に閉じこもっていることは結局中国自身にも害を及ぼすことになるであろう。

　このような状況のもと愛国主義教育にある程度変化の兆しも見られる。政治キャンペーンの面ではすでに2000年代以降，被害の強調という90年代的特徴は影を潜めている。学校教育の面でも，2001年から一部で試験的に実施されてきた新カリキュラムが2005年秋から全国的に実施され，小学生から大量の内容を詰め込むことが批判されていた歴史教育にも変化が起こっている。教科書の内容にも変化が見られ，扇情的な言葉を若干抑えようという傾向がある。2006年9月にはジョセフ・カーンが『ニューヨーク・タイムズ』紙上で上海市独自採用の歴史教科書において従来の革命イデオロギー色が薄められていることをセンセーショナルに取り上げ話題になった[51]。この教科書は注目を集めすぎたがゆえに，使用中止を余儀なくされた[52]。教育のあり方を変えていこうという動きがあることと，その成否が中国を取り巻く今後の状況次第であることは認識しておく必要がある。日本自身の過去との対話をめぐる国内の議論に，中国が下手に介入してきたことによって必ずしも良い状況が生まれてこなかった経験を持つ国民として，同じ愚を繰り返すことは避けるべきであろう。

注

1) 以降，特に断らない限り愛国主義，愛国主義教育の語は，現代中国で用いられている意味内容を指すこととし，一般的に日本語で用いられる愛国心や，patriotismの訳語としての愛国主義と区別して用いる。
2) 例えば日本の新聞各紙（なお筆者は読売，朝日，毎日，産経各紙の関連記事に目を通

した）の論調を見ても，愛国主義教育の目的は別にあるが，副産物として反日感情を助長したという見方から，「反日愛国主義教育」と名づけ，政権維持のために反日感情を植えつけることを目的としているという見方まで幅がある。また新聞の特性上ままあることだが，1990年代から関連記事を見直すと，それぞれの新聞社の見方も状況によって揺れ動いている。

3）中国政府の公式見解はもちろん，例えば日本の新聞各紙で中国人研究者はいずれも口をそろえて反論している。時殷弘（『朝日新聞』2004年8月31日），董炳月（『朝日新聞』2004年12月4日），金熙徳（『毎日新聞』2004年9月11日），馬俊威（『毎日新聞』2005年5月1日），林暁光（『産経新聞』2005年4月15日）。

4）反日デモ以前に発表された文献として，清水美和『中国はなぜ「反日」になったか』文藝春秋（文春新書），2003年，鳥居民『「反日」で生きのびる中国　江沢民の戦争』草思社，2004年，部分的にではあるが「反日的な」教育をとりあげたものとして，古森義久『日中再考』産経新聞社，2001年がある。反日デモ以降に発表された類書は多数にのぼる。目を引くものとしては，主としてルポルタージュであるが，水谷尚子『「反日」解剖　歪んだ中国の「愛国」』文藝春秋，2005年がある。

5）例えば，鄔勁青，柳建営，裴秀萍主編『思想道徳修養』経済日報社，北京，2004年，241頁。

6）王濱有，韓憲洲主編『思想道徳修養』北京郵電大学出版社，北京，2003年，210頁。

7）同上書，210～214頁。

8）同上書，219，220頁。

9）鄧小平「関於思想戦線上的問題的談話」『鄧小平文選』第2巻（第2版），人民出版社，北京，1994年，392頁。

10）章仲華「愛国主義学術研討会簡介」『人民日報』1997年6月14日。

11）ここで愛国主義キャンペーンというのは，マス・メディアや学校教育を通じて，民衆の愛国主義を繰り返し喚起しようとする活動を指す。

12）特約評論「愛国主義是建設社会主義的巨大精神力量」『人民日報』1981年3月19日。

13）「熱愛中国共産党，熱愛社会主義祖国，熱愛人民軍隊　党中央号召対全国軍民進行愛国主義教育」『人民日報』1982年7月10日。

14）中共中央宣伝部「関於加強愛国主義宣伝教育的意見」『人民日報』1983年7月2日。

15）この時期の中国の状況については，アレン・S・ホワイティング著，岡部達味訳『中国人の日本観』岩波書店，1993年が詳しい。

16）「共青団中央関於不時機地対青少年進行愛国主義和革命伝統教育的通知」（1985年6月15日），何東昌主編『中華人民共和国重要教育文献1976～1990』海南出版社，海口，1998年，2290，2291頁。

17）前掲，中共中央宣伝部「関於加強愛国主義宣伝教育的意見」。

18) この時期『人民日報』に掲載された教科書問題関連の記事と愛国主義教育関連の記事は多数に上るが、両者が結び付けられた記事はひとつも存在しない。
19) 鄧小平「在接見首都戒厳部隊軍以上幹部時的講話」、中共中央文献編集委員会『鄧小平文選』第3巻、人民出版社、北京、1993年、306頁。なお、同趣旨の発言を鄧は3月4日にもおこなっている。
20)「国家教委弁公庁関於印発江沢民総書記7月1日重要批示的通知」(1989年7月8日)、前掲、何東昌主編『中華人民共和国重要教育文献 1976〜1990』2872頁。
21) 同上書、2873、2874頁。
22) 江沢民「愛国主義和我国知識分子的使命──首都青年紀念五四報告会上的講話」『人民日報』1990年5月4日。
23) 同上。
24)「国家教委弁公庁関於以鴉片戦争150周年為題対中小学生進行愛国主義教育的通知」(1990年3月20日)、前掲、何東昌主編『中華人民共和国重要教育文献 1976〜1990』2956、2957頁。
25)「江沢民就堅持対青少年進行近現代史和国情教育問題致李鉄映、何東昌的信」(1991年3月9日)、何東昌主編『中華人民共和国重要教育文献 1991〜1997』海南出版社、海口、1998年、3126、3127頁。
26) 前掲、清水美和『中国はなぜ「反日」になったか』163頁、前掲、鳥居民『「反日」で生きのびる中国江沢民の戦争』147頁。
27)「把《愛国主義教育実施綱要》落到実処──中宣部副部長劉雲山答記者問」『人民日報』1994年9月7日。
28)「国家教委関於以抗日戦争和前掲、世界反法西斯戦争勝利50周年為題深入進行愛国主義教育的通知」(1995年3月27日)、前掲、何東昌主編『中華人民共和国重要教育文献 1991〜1997』3796、3797頁、「国家教委弁公庁関於以1997年我国政府恢復対香港行使主権為題対中小学生生進行愛国主義教育的通知」(1996年1月11日)、同上書、3929頁。
29)『人民日報』2004年3月23日。
30) 同上、2005年11月21日、2009年5月22日。
31) 2004年以降、「紅色旅遊」に言及する記事は『人民日報』紙上でも大幅に増加している。また、第三次愛国主義教育モデル基地発表に伴うインタビューで中央宣伝部の責任者は「紅色旅遊」による愛国主義教育について強調している。『人民日報』2005年11月22日。
32) ただし、後に指摘するように、他の学科においても愛国主義教育を意識して教学を進めるように定められている。
33)「教育部関於試行全日制中学暫行工作条例（試行草案）、全日制小学暫行工作条例（試行草案）的通知」(1978年9月22日)、前掲、何東昌主編『中華人民共和国重要教育文

献 1976～1990』1632, 1637 頁

34)「教育部関於改進加強中学歴史和地理課教学的通知」(1983 年 8 月 1 日),同上書, 2111, 2112 頁.
35)「教育部関於学習貫徹《関於加強愛国主義宣伝教育的意見》的通知」(1983 年 8 月 24 日),同上書, 2122 頁.
36)「中共中央関於改革学校思想品徳和政治理論課程教学的通知」(1985 年 8 月 1 日),同上書, 2302, 2303 頁.
37)「国家教委関於領発《全日制小学思想品徳課教学大綱》的通知」(1986 年 4 月 23 日),同上書, 2424～2426 頁.
38)「国家教委関於印発《義務教育全日制小学,初級中学教学計画(試行草案)》和二十四個学科教学大綱(初審稿)的通知」(1988 年 9 月 20 日),同上書, 2799～2801 頁.
39)「中共中央関於改革和加強中小学徳育工作的通知」(1988 年 12 月 25 日),同上書, 2821～2824 頁.
40)「国家教委関於在中小学語文,歴史,地理等学科教学中加強思想政治教育和国情教育的意見」(1989 年 11 月 8 日),同上書, 2897～2899 頁.
41)「国家教委関於在中小学語文,歴史,地理等学科教学中加強思想政治教育和国情教育的意見」(1989 年 11 月 8 日),同上書, 2897～2899 頁,「国家教委関於進一歩加強中小学徳育工作的幾点意見」(1990 年 4 月 13 日),同上書, 2965～2967 頁.
42)「国家教委関於在中小学語文,歴史,地理等学科教学中加強思想政治教育和国情教育的意見」,同上書, 2965 頁,「国家教委転発《関於中小学教育工作五項督導検査的報告》的通知」(1990 年 6 月 11 日),同上書, 2988 頁.
43)「中華人民共和国国旗法」(1990 年 6 月 28 日公布),同上書, 2998, 2999 頁,「国家教委関於施行《中華人民共和国国旗法》厳格中小学昇降国旗昇降制度的通知」(1990 年 8 月 24 日),同上書, 3023 頁.
44)「国家教委弁公庁関於中小学進一歩開展愛国主義教育活動的意見」(1991 年 4 月 25 日)前掲,何東昌主編『中華人民共和国重要教育文献 1991～1997』3149, 3150 頁.
45)「国家教委関於領発《中小学加強中国近代,現代史及国情教育的総体綱要》(初稿)的通知」(1991 年 8 月 27 日),「中央宣伝部,国家教委,文化部,民政部,共青団中央,国家文物局関於充分運用文物進行愛国主義和革命伝統教育的通知」(1991 年 8 月 28 日),「国家教委弁公庁関於在幼児園加強愛家郷,愛祖国教育的意見」(1992 年 5 月 5 日),同上書, 3201～3203 頁, 3325 頁.
46)「国家教委関於印発《九年義務教育全日制小学,初級中学課程計画(試行)》』和 24 個学科教学大綱(試用)的通知」(1992 年 8 月 6 日),同上書, 3362～3364 頁.
47)「国家教委関於領発《小学徳育綱要》的通知」(1993 年 3 月 26 日),同上書, 3488～3492 頁.

48)「中央宣伝部，国家教委，広播電影電視部，文化部関於運用優秀影視片在全国中小学開展愛国主義教育的通知」(1993年9月13日)，同上書，3560頁．この他に「百曲の愛国主義歌曲」，「百冊の愛国主義教育図書」，「百の全国愛国主義教育モデル基地」が選定されている．2001年に全国愛国主義教育モデル基地は新たに100ヵ所が加えられたが，その選定基準は「党の輝かしい歴史を反映していることを主要な内容としている」(「中央宣伝部公布第二批全国愛国主義教育示範基地」『人民日報』2001年6月12日)ことと明らかにされている．さらに各地方が独自に選定している愛国主義教育基地が多数存在する．また2005年11月20日に中央宣伝部はさらに66ヵ所を全国愛国主義教育モデル基地として公布した．

49) 反日感情に対する反論として，日本の漫画，アニメ，流行音楽などのサブ・カルチャーや日本製品の浸透を挙げる議論がある．例えば，王敏『ほんとうは日本に憧れる中国人 「反日感情」の深層分析』PHP研究所 (PHP選書)，2005年．しかし，日本の漫画やアニメを愛好しながら，日本という国や日本人を嫌うことは可能であるし，全く矛盾しない．日本人が生み出した物質文化は日本人そのものではないからである．ここで問題としているのは日本国や日本人に対する感情である．

50) Peter Hays Gries, *China's New Nationalism Pride, Politics, and Diplomacy*, Berkeley, University of California Press, 2004 は特に第7章でこの問題を詳細に論じている．

51) Joseph Kahn, "Where's Mao? Chinese Revise History Books", *New York Times*, September 1, 2006.

52) 佐藤公彦『上海版歴史教科書の「扼殺」 中国のイデオロギー的言論統制・抑圧』日本僑報社，2008年．

(木下恵二)

第Ⅱ部

――未来への模索――

第六章　安全保障関係の展開

はじめに

　日本と中国の政治関係は1989年6月の天安門事件以降段階的に悪化し，21世紀に入ると，日中間の対立を強調したセンセーショナルな報道が双方で増加した．経済的にも軍事的にも台頭しつつある中国と，東アジア地域における最大の現状維持国であり，国際安全保障上の役割を拡大しつつある日本との間で，衝突の可能性があるという懸念を表明する論者も出始めた．
　例えば，日本と米国が「中台の衝突に巻き込まれる」可能性が高く，それが日中間の安全保障上の深刻な問題になると指摘する論者は日本に多いし，他方で「米日の介入」によって台湾問題が解決不能になっていると考える論者は中国に多い．[1]ラインハルト・ドリフテは，ポスト冷戦期の日本が，中国に対する政策として勢力均衡（balance of power）か関与（engagement）かで揺れていることを明らかにした．[2]安全保障面での関与政策には，防衛交流や安全保障対話など（広義には軍事交流と表現される）があるが，後述するように中国は過去の戦争の歴史から自衛隊に対して特殊な感情を抱いており，必ずしも積極的ではなかった．他方で，日本にもバランスのとれない形で交流を進め，こちらの防衛力のみが相手に知られることを戒めるべきだという意見がある．[3]中国は自国の透明性向上を遅々として進めようとしないし，必ずしも日本の防衛政策への理解を深めているとは思えない状況にあるためである．
　ケント・E・カルダーは，東アジア主要国のエネルギー供給能力の限界と，中国のエネルギー需要の増大が世界のエネルギー需給を逼迫させ，エネルギー確保をめぐってアジアの軍拡競争を招く可能性を指摘した．[4]それは東シナ海におけるガス田開発をめぐり，現実に日中間で偶発的衝突をもたらすリスクとして考えられるようになった（第8章参照）．「日中友好」の旗印の下に多くの矛盾

を覆い隠していた時代は終わり，今や日中関係を安全保障の観点から再検討することは不可欠の作業となっている．

本章は，日本と中国の安全保障関係にはどのような問題があるか，その問題の特徴が何か，日中間の防衛交流および安保対話がどのような役割を果たしているか，および今後日中安全保障関係の課題が何であるかを明らかにすることを目的にしている．

1 冷戦期の日中安全保障関係
――敵対関係の終結と防衛協力の欠如――

(1)「敵から友へ」

日本と中国はかつて「戦争をした敵国同士」の関係にあった．しかも国共内戦と朝鮮戦争を経て冷戦がアジアに波及した結果，両国は東西両陣営にそれぞれ分かれ，早期の歴史的和解は絶望的となった．中国は1950年2月に「中ソ友好同盟相互援助条約」を結んで「向ソ一辺倒」路線を推進した．同条約の仮想敵は「日本軍国主義者およびその同盟者」であった．1950年に朝鮮戦争が勃発してから米軍を主体とする国連軍が介入し，10月に中国人民解放軍（以下，解放軍）が「中国人民志願軍」の名義で参戦して以来，米中両軍は，国際法上間接的であるものの，直接戦闘する敵同士となった．このとき，日本の海上保安庁の掃海艇21隻からなる特別掃海隊が，占領軍の命令に基づき掃海作戦に従事した事実は有名である．[5]

日本は，1951年に，中華人民共和国の敵であり，台湾に撤退した蔣介石率いる中華民国政府（以下，中華民国政府と台湾に関する表記は第9章と同じ）と「日本国と中華民国との間の平和条約」（日華平和条約）を結んだ．さらに，日本人軍事顧問団「白団（パイだん）」による台湾への軍事支援は，1949年から69年まで20年近く続いた．「白団」は蔣介石に恩義を感じる公職追放処分中の元日本軍人たちによるボランティアであり，日本政府としての行為ではなかったものの，「蔣介石への恩義」と「反共の信念」に基づき国府に協力した旧日本軍人の存在は中国にとって苦々しいものであった．[6]

戦後の一時期，台湾の海軍は日本から艦船を購入していたし，[7] 米国の対台湾援助の中止に伴い，1965年以降日本から台湾への経済協力が行われ（後年技術

協のみ）日中国交正常化（日華断交）を超えて 2002 年まで続けられた．1960 年代には日中双方の当局が国交を模索していたし，また民間主導の貿易や野党による日中政党交流などもなされたが，基本的に日中両国は「敵同士」であり，国交のない不安定な関係であった．

「敵から友へ」と日中関係を変えたのは，米中接近の衝撃である．米中が接近し，将来的な国交正常化が確実となったものの，台湾問題が障害となったため正常化プロセスが停滞していた時期は，日中接近の好機となった．新たに登場した田中角栄内閣は，毛沢東主席・周恩来総理と協力して 1972 年に国交正常化を実現し，1978 年に日中両国は「日中平和友好条約」を締結するにいたった．こうして，日中両国は「敵対関係」から「不戦の関係」および「友好関係」へと転化した．

（2）戦略的接近と防衛協力の欠如

ところが，米中の接近にはベトナム戦争終結と対ソ連合形成を目的とする地政学的戦略が見られたが，日本側にはそのような地政学的発想が弱かった．日中防衛交流は，1974 年 8 月に，大使館付の駐在武官（中国）と防衛駐在官（日本）を相互に配置することから始まった[8]．中国は，国交正常化当初，日中間の歴史的経緯に基づき，国内に日本の「軍国主義批判」があることから，日本との防衛交流に積極的な姿勢を見せなかったと言われる[9]．

しかも，米国のような武器輸出大国とは異なり，日本は 1967 年に武器輸出を制限する「武器輸出三原則」を，1976 年にさらにそれを厳しく定義し直した「武器輸出三原則等」を定めたため，米国を例外として外国への軍事技術協力や武器移転を原則として禁止するようになった．

したがって「平和国家」を標榜する日本の防衛交流には，軍事顧問団派遣，軍事技術協力，武器移転，日本製武器の市場開拓努力等が含まれていない[10]．つまり日本には中国が軍事交流によって獲得したいと考える「国防の近代化」に対する支援の提供が不可能であった．しかも，1980 年代まで日本は「アメリカ以外の国と防衛上緊密な関係を持つことは慎まなければならない」という立場を持っていた[11]．これに加え，日本側はまた中国との防衛交流に消極的であったが，それはソ連をいたずらに刺激することを避けるため，また米中軍事交流

の帰趨を見極めることが当時としては困難であったためであると考えられている[12]。

ところが中国は，ソ連への対抗のため，1970年代末に日本に対ソ戦略上の軍事的役割を期待するようになった[13]。1978年9月に，張才千副総参謀長が，翌79年5月には粟裕国防部副部長が訪日し，当時の山下元利防衛庁長官を表敬した。当時訪日した中国首脳は，ソ連との対立関係を念頭に日本の軍事的役割の拡大を期待する発言を繰り返した。1978年10月に訪日した鄧小平，80年5月に訪日した華国鋒総理は，ともに日本の自衛権や日米安保体制を肯定的に評価した。そして伍修権副総参謀長に至っては，中曽根康弘衆議院議員に対し，非公式ながら「防衛予算対GNP比2％容認」発言をした。すなわち中国は当時日本が防衛予算を倍増しても良いと考えていたことになる。日本の防衛政策は専守防衛であり，たとえ防衛予算が増大しても，それはソ連を牽制するような機能を拡大することを必ずしも意味しない。したがって，当時の解放軍指導者は日本の防衛政策の基礎的知識を，正しく理解していなかった可能性がある。

ところが，1982年の第12回中国共産党全国代表大会で，中国が米ソ等距離外交を志向する「独立自主外交」を掲げるに至り，日本への戦略的接近も積極さを失っていった。日中の経済関係が不断に上昇する中で，安全保障面では不安定で脆弱な関係しか持てないというパターンは国交正常化以降，何度も繰り返されることとなる。

とはいえ，中ソ和解が模索段階であったこともあり，当時中国は，日本への戦略的接近を完全に中断してしまうことはなかった。1984年7月に張愛萍国防部長が，86年5月に楊得志総参謀長が訪米からの帰国途中で日本を訪問し，日本重視の姿勢を保った。しかし，1985年7月の中曽根首相による靖国神社公式参拝問題で対日関係が悪化し，日本に理解の深かった胡耀邦総書記が87年1月に失脚した。このため，1987年5月に栗原祐幸防衛庁長官が訪中した際，最高指導者である鄧小平および趙紫陽総書記等との会見が実現しなかったし，会見した張愛萍国防部長が日本の防衛力には一定の限度があるべきであるとして日本の防衛力増強を批判した。そして鄧小平は，栗原長官訪中直後に公明党の矢野絢也書記長と会談した際に「防衛費対GNP比1％枠」の突破問題を厳しく批判した[14]。

このように、冷戦時期の後半になって、日中防衛交流はハイレベル交流を中心として展開した。主に中国側の対ソ戦略の思惑によって交流は主導され、日本側がそれに慎重に対応している内に、中国の対外政策・内政上の変化、そして日本内部の動きに対応して、中国側も消極姿勢へと転換するにいたった。冷戦後期の日中安全保障関係とは、中国側の戦略的接近の期待が一方的に増大し、日本から積極的な反応を得られないまま一方的に縮小しただけであり、実際には敵対関係を終結させただけの関係に過ぎなかった。日中間の防衛交流は、米中軍事交流とは異なり、戦略的観点からの連携強化は、その「機運」が存在しただけに過ぎなかったのである。

2 ポスト冷戦時期——防衛交流の進展と限界——

(1) 同床異夢の日中防衛交流

冷戦終焉前後における、日中安全保障関係に影響をもたらした東アジアでの主要な政治的変動は、中ソ和解、天安門事件、冷戦の終結、ソ連崩壊、そして台湾の民主化等である。ソ連という「共通の脅威」が消失したことで、接近をもたらした米中や日中共通の戦略的利益も消失した。中国の戦略的価値および開放的イメージは天安門事件により急速に下降・悪化し、他方で台湾は平和裏に民主化したことで無視できない存在になってしまった。

1989年の天安門事件後の数年間、日中関係全体が低迷し、日中防衛交流も実質上中断してしまった。ところが中国は日本を対西側外交の「突破口」として対日接近を図り、1992年に天皇訪中を実現させた。そして翌1993年5月に、銭其琛外交部長が訪日した際、日中外相会談において両国の安全保障対話の再開が合意され、1994年3月を第1回として、両国の外交・防衛当局間の局長級対話が定期的に実施されるようになった。対話の場においては、アジア・太平洋地域に対する認識、両国の防衛政策、防衛交流のあり方などの問題が取り上げられた。そして1995年2月には、日本の西元徹也統合幕僚会議議長が訪中するに至ったのである。

中国にとって、対日軍事交流の目的は、①日本における自衛隊と米軍の情報収集、②自衛隊による米国との同盟関係に基づく支援を徐々に弱体化、③

第六章　安全保障関係の展開　　141

日本の防衛に関する計画や思考を理解，④中国以外のアジアの国家がいかにして軍事を運営しているかを学習，そして⑤東アジア地域においてもっとも重要な二国間関係である日中関係全体に貢献すること等が指摘されている[15]．1990年代末になると，中国は「軍事外交」と呼ばれる軍事安全保障を主目的とした外交・交流を積極的に推進し，各国と軍事代表団の相互訪問，武器売買，軍事技術移転，合同軍事演習などを増大させ，日本にも積極的な交流を呼びかけ始めた[16]．

ところが，日本は，専守防衛，非核三原則，武器輸出三原則等，集団的自衛権の制限などに見られるように，安全保障政策に多くの制限を一方的に課している国であるため，米国とは異なり，中国を戦略的な「関与」の相手として交流する能力が極めて限られている．

日本からみると，ポスト冷戦時期に日中防衛交流が進展したのは，米国が中国を敵にしないための「関与」を目的とした軍事交流を始めたことに歩調を合わせたことが大きなきっかけとなっている．1996年4月に発表された「日米安全保障共同宣言」および1997年9月に公表された「日米防衛協力のための指針（ガイドライン）」の見直し作業により，日本が周辺諸国に対して自国の安全保障政策を説明する責任は増大した．特に，日中両国は相手国の国防政策と軍事力の透明性向上を目指し，様々なレベルでの防衛交流を活発化させるようになった．このように，日本側の対中防衛交流は米国に触発されて進展し，それは「信頼醸成と政策対話」を主として行われるようになった．

「ガイドライン」問題は日中間の議題の焦点となった．中国は台湾を自国領土の一部であるという立場に立っており，もしも日米が台湾有事を日米同盟に基づく軍事行動の対象であるならば，「台湾独立」を促すことになると考えた．1996年8月には村田直昭防衛事務次官が訪中し，中国側からは，1997年11月に熊光楷解放軍副総参謀長が来日した．この間中国側は，「ガイドライン」で記された「周辺事態」の範囲に台湾が入るかどうかについて執拗に対日批判を繰り返した．当時の対日軍事交流は，中国が日米同盟の強化を阻止するための手段として位置づけられていたものと考えられる[17]．

かつて1980年代に日米安保を歓迎し，日本の防衛力整備を歓迎していたが，国際政治構造の変化により，中国は日米同盟への懸念を強く表明するようにな

表6-1　日中間のハイレベル防衛交流実績（2010年12月現在）

	訪中	訪日
大臣級	1987.5　栗原祐幸防衛庁長官 1998.5　久間章生防衛庁長官 2003.9　石破茂防衛庁長官 2009.3　浜田靖一防衛大臣	1984.7　張愛萍国防部長 1998.2　遅浩田国防部長 2007.8　曹剛川国防部長 2009.11-12　梁光烈国防部長
次官級	1985.5　夏目晴雄防衛事務次官 1996.8　村田直昭防衛事務次官 1999.11　江間清二防衛事務次官 2000.11　佐藤謙防衛事務次官 2004.1　守屋武昌防衛事務次官 2005.3　守屋武昌防衛事務次官 2008.3　増田好平防衛事務次官	1978.9　張才千副総参謀長 1986.6　徐信副総参謀長 1997.12　熊光楷副総参謀長 2000.11　熊光楷副総参謀長 2004.10　熊光楷副総参謀長 2006.11　章沁生総参謀長助理 2009.2　葛振峰副総参謀長
幕僚長・参謀長級	1995.2　西元徹也統幕議長 1998.3　藤縄祐爾陸幕長 2000.6　藤縄祐爾統幕議長 2000.10　竹河内捷次空幕長 2004.4　津曲義光空幕長 2008.2　斉藤隆統幕長 2009.7　赤星慶治海幕長 2009.11　外薗健一朗空幕長 2010.2　火箱芳文陸幕長	1986.5　楊得志総参謀長 2000.4　傅全有総参謀長 2001.2　劉順堯空軍司令員 2002.10　周伯栄海軍副参謀長（海軍司令員の代理として会議出席） 2008.9　許其亮空軍司令員 2008.10　呉勝利海軍司令員

注）統幕議長（統幕長），陸幕長，空幕長は，それぞれは統合幕僚会議議長（2006年3月以降は統合幕僚長），陸上幕僚長，航空幕僚長の略称．
出所）防衛庁編『日本の防衛』各年度版の二国間防衛交流関連資料，「日中安全保障・防衛交流年表（1979〜2009）」，秋山昌廣・朱鋒編著『日中安全保障・防衛交流の歴史・現状・展望』亜紀書房，2011年および外務省ホームページ〈http://www.mofa.go.jp/mofaj/〉を参照し，各種報道で氏名などを確認してまとめた．

表6-2　日中間の実務者レベル防衛交流実績（2010年12月現在）

	訪中	訪日
日中安保対話	1993.12　第1回（北京，外交当局のみ） 1994.3　第1回（北京，防衛当局のみ） 1996.1　第3回（北京） 1997.12　第5回（北京） 2000.6　第7回（北京） 2006.7　第10回（北京）	1995.1　第2回（東京） 1997.3　第4回（東京） 1999.10　第6回（東京） 2002.3　第8回（東京） 2004.2　第9回（東京） 2009.3　第11回（東京）
海上連絡メカニズム設置のための共同作業グループ	2008.4　第1回（北京）	2010.7　第2回（東京）
艦艇相互訪問	2008.6　護衛艦さざなみ（湛江）	2007.11　駆逐艦深圳号（東京） 2009.11　練習艦鄭和号（江田島・呉）

注）安保対話とは外務・防衛の局長級協議であり，第2回目から両方がそろった．実務者レベル交流は必ずしも手厚いわけではなく，2010年現在，GGトークス（GGとは陸上自衛隊・陸軍間の協議）以外の軍種間協議は行われたことがなく，共同訓練，演習等事前通報制度，ホットライン設置などの交流も，実施されていない．
出所）表6-1に同じ．

第六章　安全保障関係の展開　　143

った。特に 1996 年の台湾海峡危機の後，中国は米国に対して日本が「信用できない国」であることを説いたり，米国が「ガイドラインから台湾を外すと明言した」などと日本に伝えたりするなど，あらゆる方法で日米同盟にくさびを打ち込もうとした。[18] しかし日米同盟が再確認され，日本国内でも 1999 年 5 月に「周辺事態法」などのガイドライン関連法が成立し，日米同盟強化阻止という目的が現実味を失うにつれ，中国側も一種の「限界」を認識するようになり，必ずしも常に強烈な批判を日本側に浴びせることはなくなった。[19]

　むしろ，日米安保体制の強化は，中国に日本の戦略的重要性を再認識させることになった。1997 年から 98 年にかけて，中国の外交政策は「対日重視」に転換した。1998 年 2 月には遅浩田中国国防部長が訪日し，1998 年 5 月には久間章生防衛庁長官が訪中し，その際日中防衛交流を積極的に推進することで合意がなされた。ハイレベルのみならず，実務者レベルでの日中防衛交流は，1998 年以降活発化の兆しを見せるようになった。

（2）シンボリズム中心の日中防衛交流

　しかし，1998 年に合意され，2002 年 4 月から 5 月にかけて予定されていた，中谷元防衛庁長官の訪中と，中国海軍艦艇の日本寄港は，小泉純一郎首相の靖国神社参拝に中国が反発したため，一方的に中止された。後任の石破茂防衛庁長官の訪中は 2003 年 3 月に実現したものの，海軍・海上自衛隊艦艇の相互寄港訪問は 2007 年になってようやく実施する運びになった。このように，1980 年代と 1990 年代で，異なった文脈であるものの，中国は日本への戦略的接近を図った。そしてその対日接近は，ともにいわゆる「歴史認識問題」を契機に後退する，というパターンをたどったのである。

　日中関係全体における日中防衛交流の特徴は，経済交流と比べるとよくわかるが，その象徴性の高さである。言い換えるならば，特にハイレベルの防衛交流とは経済交流に比して「実利」の少ない交流であるため，中国が抗議の意を表明しつつ，関係全体を守るために，最も容易に犠牲にし易い交流であるということさえできる。米中軍事交流にも同様な傾向があるが，日中防衛交流とは二国間関係全体にとっての「安全弁」[20]としての役割が否定できないのである。このほか，日中防衛交流には，武器売買や軍事顧問団の派遣などの伝統的な項

目のみならず，安全保障関係に関する包括的な取り決め・協定や，海上安全協議協定といった強制力を伴う協議枠組みがないことも，安定性を失わせている一因であるとも考えられる．

　冷戦期の欧州では，たとえ二国間関係が悪化しても，ヘルシンキ最終合意書において規定された信頼醸成措置が中断されることはなかったという．それは欧州諸国にとって信頼醸成措置が重要な安全保障上の意義を有していたからにほかならない．ところが，中国は二国間関係が悪化すると，米国や日本との軍事交流を真っ先に中断してきた．これは，日米両国との軍事交流が，「国防の近代化」という中国の目的に沿っていないためであると考えることができる．言い換えるならば，中国にとっても日米両国との軍事・防衛交流は，「日米を敵にしないための交流」にとどまっているか，「日米を離間・牽制するための交流」であったという側面がある．

　ただし，象徴性の高いハイレベル交流（特に大臣級）とは異なり，日中安保対話のような実務者レベルの交流は政治的対立の影響を受けにくく，継続的に行われていることを忘れてはならない．実務者レベルの交流は中国側として日本の情報収集に役立つという「実利」があることが継続の理由であると考えられる．また，このほかにも各機関・学校同士の交流や，国際会議参加など多くの往来があり，これらも比較的中止されにくい．当局同士の交流以外に，民間機関が推進し，政府関係者が公式な立場から離れて個人として参加できるトラックⅡ交流（政府間組織のチャネルがトラックⅠ，非政府間組織のそれがトラックⅡと言われる）は，政治的影響を受けても中止されることが少ない[21]．

3　相互不信・懸念の増大

（1）日本の「対中懸念」

　1990年代後半から，日中の安全保障関係は新たな段階に入った．それは，まず日本が米国と共に，中国に対する関与政策を継続しつつも，中国の不確実性に対して日米同盟によるヘッジ戦略を持ちつつあることである．1996年3月の台湾海峡危機は，日中安全保障関係を根本的に変えてしまった．天安門事件は「中国の崩壊」や「弱い中国」の懸念を日本人に意識させたが，台湾海峡

危機は，「中国による対台湾武力行使」や「強い中国」の懸念を意識させるようになったのである．

　中国の急速な成長は，環境問題，政治的不安定性，経済的不安定性を抱えているが，他方でそうした中国が民主化することなく，対日強硬姿勢を保持したまま経済大国・軍事大国へと成長することに，日本人は懸念を感じるようになった．2004年11月に中国の原潜が潜没したまま日本の領海を航行して大問題となったが，このことは，米空母が中国沿岸に接近するのを中国の潜水艦が太平洋上で阻止するための訓練が頻繁になされていた結果であったと考えられ，日本国民に懸念や悪印象を与えた．さらに翌2005年春に北京や上海で「反日デモ」が発生し，中国人民による赤裸々な反日的言動がメディアで報道された．[22]

　読売新聞社とギャラップ社が2005年11月に行った世論調査によると，被調査者の72％が「中国を信用できない」と回答し，76％が中国に「脅威を感じる」と答え，日米安保条約が「役立っている」という回答は62％に達した．[23]安倍晋三首相の訪中で日中関係が改善した翌2006年の同様な調査でも，中国が「脅威になる」との回答は54.4％，日米安保が「役立っている」との回答は65.6％の高率を維持した．[24]北朝鮮の脅威が大きく影響しているとはいえ，中国への懸念の高まりと，日米同盟の強化を受け入れは正比例の関係にある．つまり，日本は中国の台頭に対して，勢力均衡政策を受け入れる心理的傾向を持ちつつある．日本国内の一部マス・メディアは「中国脅威論」を主張する言説を多く発表するようになり，一部政治家の発言にもそのような議論が見られるようになった．

　日本政府当局の中国に対する認識も微妙な変化を見せるようになった．2005年度の『防衛白書』が中国軍について「客観的に評価して，軍の近代化の目標が，中国の防衛に必要な範囲を超えるものではないのか慎重に判断されるべきであり，このような近代化の動向については今後とも注目していく必要がある」と表記したことからわかるように，政府レベルでも中国の不透明性や不確実性に対する懸念は高まっている．そしてこのような表現が白書でなされることに，中国は反発を強めるようになった．ただし，日本が政策上中国を「脅威」であると表現することは決してない．[25]

　日本国政府は，国会で「中国は脅威か」という質問に対して，2006年1月

31日に内閣として答弁を行っている. それによると「脅威は, 侵略し得る能力と侵略しようとする意図が結びついて顕在化する」という言い方をしており, 日本と「平和友好条約」を結んだため, 中国に日本侵略の意図はなく, 「政府として中国を脅威と認識しているわけではない」と明言した. ただし, 中国が「潜在的な脅威」であるかないかに関して, 日本政府は何も言っていない. 「意図というものは変化するもの」であり, したがって「潜在的脅威」という表現は, 「侵略し得る軍事能力に着目し, その時々の国際情勢等をも含め, 総合的に判断して使用する」という. すなわち日本は中国が軍事能力を増強していることを事実と認めるが, その性質に関してまだ公式に判断を下していない段階にある.

2004年5月, 日本の共同通信社は, 中台間で軍事紛争が起きた場合, 解放軍が日米両国の台湾支援阻止をねらい, 宮古島や石垣島など先島諸島に侵攻することがあり得るとして, 陸上幕僚監部が部隊を事前配置するなどとした「台湾有事」の対処方針を定めていると報道した. この報道は中国では大々的に転電・報道され, 日本では「中国脅威論」が主流となっているかのような認識が広まった.

石破防衛庁長官は「いろんな可能性は議論としてある」としつつ「特定の国を脅威として防衛力をつくっていない」と述べ, この報道が正しかったかどうかは, いまだに確認されていない段階にある. ただし, たとえこの報道が正しかったと仮定しても, 緊急事態に対する自国領土への警戒は主権国家として当然であるし, その計画があることと平時において当該国に対して関与政策で臨むことは全く矛盾しない. 上記のように, 日本は安全保障上中国を「脅威」ではなく, あくまで「不確実性」,「不透明性」の文脈でとらえて懸念していることには変わりがないのである.

欧州連合(EU)の対中武器禁輸解除問題への対応も, 「不確実性」や「不透明性」に基づいている. EUは1989年の天安門事件を機に対中武器禁輸措置をとっているが, 2003年12月の欧州理事会(EU首脳会議)で, 同措置の再検討が決定されたため, 禁輸解除に向けてEU内部で検討作業が進められた. EUは, 禁輸措置より後の1998年にこれとは別に作成した「行動規範」があることを理由に対中武器禁輸措置の解除は政治的な意味合いをもつに過ぎない

と強調しているが，これに対しては，日本は，東アジア地域の安全保障に禁輸解除がもたらしうる影響について懸念を伝え，このような懸念は払拭されなければならないとして反対している．日本は，同様の認識を共有する米国とも緊密に連携しつつ，EU には「責任ある対応」を求めている[29]．2005 年 3 月に，中国が台湾に対する「非平和的手段」の行使を明記した「反国家分裂法」を成立させたことによって欧州も日本と同じ懸念を共有するようになり，対中武器禁輸措置の解除は棚上げされた[30]．

(2) 中国の「対日本懸念」

中国の「対日懸念」も「脅威」という用語を直接使用していないが，日本の公式見解に比べ，強い表現を使用している．例えば，2000 年の『国防白書』[31]では，「アジア太平洋地域の安全に影響を及ぼすマイナス要因が新たに増えてきている．アメリカはこの地域における軍事的存在と二国間軍事同盟を一段と強化し，東アジア地域での TMD システム配備の研究を進めるとともに，これを計画し，日本は『周辺事態法』を確定し，時代の流れに逆行している．(中略) 日本とアメリカの改正した新しい防衛協力のための指針（ガイドライン）は台湾を，その軍事介入をするための『周辺安全事態』の範囲に入れないことを終始明確に約束しようとはしない．これらは台湾における分裂勢力の気炎を助長し，中国の主権と安全をひどく損ない，アジア太平洋地域の平和と安定に危害をもたらしている」として，日米同盟の強化とその台湾問題への関与と日本の「再軍備」への懸念を示している．

中国が戦域弾道ミサイル防衛構想（TMD，後に米国で MD，日本では BMD と呼称する）に反対する理由はいくつかある．中国が保有する日本を射程に収めた周辺諸国向けの中距離弾道ミサイル（IRBM/MRBM）は約 70 基程度あると見られているが，もしも MD が現実に機能するようになると，日米両国は自国を防衛する能力を持ったまま中国と対峙することができるようになり，中国の「最小限抑止」戦略を根本的に覆す可能性がある．また，台湾が MD の能力を持ってしまうと，武力による威嚇が大幅に効力を失ってしまう．もしも中国が米国の MD を無力化するために核軍拡を推し進めると，それはかつてのソ連と同様，軍事偏重となり，また米国との敵対関係が固定化してしまう．ゆえに，

中国は軍拡競争ではなく政治的圧力によって日本が MD を開発・導入することを阻止しようとしたのである．

帝国主義に蹂躙され，社会主義国として封じ込められた経験を持つ中国には根深い被害者意識があり，それは日米両国こそがこの地域の不安定要因であるという認識につながり，そうした認識はいまだに払拭されていない．中国の安全保障環境への評価は，ベオグラードの中国大使館誤爆事件（中国は意図的爆撃と主張）が発生したり，中国が批判し続けた「周辺事態法」が日本で成立したり，台湾の李登輝総統が中台の関係を「特殊な国と国との関係」（「二国論」）であると発言したりしたことなどを受けて，2000 年の段階では厳しい対外認識の記述になったと考えられる．

ただし，こうした懸念表明は緩和の方向にある．2004 年の『国防白書』は[32]同じ部分で「アジア・太平洋地域の安全情勢の複雑な要素も増えている．アメリカはアジア・太平洋地域における軍事的プレゼンスを再編，強化し，軍事同盟関係を強化し，ミサイル防御システムの配置を加速している．日本は憲法改正のテンポを速め，軍事安全政策を調整し，ミサイル防御システムを開発し，その配備を決定し，対外軍事活動は明らかに増加している」に表現を変化させた．2006 年度版の『国防白書』では日本と米国の「軍事的一体化」が進む一方で，日本が「平和憲法の改正と集団的自衛権行使」を追求し，「軍事力の対外的展開の趨勢は明白である」という懸念を表している．[33]

「憲法改正」と「集団的自衛権行使」の記述に見られるように，中国が日本の内政状況に関する記述はステレオタイプであり，どこまで正確に理解しているか不明な点が多い．ただし，中国が懸念を見せる日本の安保政策の変化は，かつて存在した制約を，国民の理解が得られれば必要に応じて外していく，というパターンの繰り返しである．こうした変化を外部から観察すると，必要さえあればとめどなく変化するのではないかと中国が懸念をもつのも当然であり，日本は自国の政策に関する説明を強める必要性が出てくるであろう．

ただし，中国の『国防白書』は，国民への説明を主目的とした日本の『防衛白書』に比べて，当局の対外宣伝手段としての性質が強く，従来中国がどのような対外脅威認識を有しているかを明確に説明したことはない．したがって，中国内部の対日懸念が果たしてどの程度であるかは，正確には不明な点が多い．

しかも，日本に対する懸念が強いとはいえ，中国外交は全方位協調を追求するようになっている．また胡錦濤主席が，安倍首相訪中の時に述べたように，中国では戦後日本の「平和国家」としての歩みを評価する場面が増えており，厳しい対日懸念がそのまま厳しい対日政策につながらない傾向が出ている．

4　地域安全保障への関与と危機管理

（1）台湾有事――日米による中台リスク管理――

　日本政府は，日中間に「領土問題」は存在しないという立場をとっている．他方中国は「領土問題」の「平和的解決」を謳っている．その方針が本心であり，将来においても変化がないのであれば，日中間で同問題は政治問題化することはあっても，軍事紛争にはなりにくい．つまり，後述するように，東シナ海等で偶発的に衝突するリスクを除けば，日中間には顕在化する直接の紛争要因はほぼないと言ってよい状態にある．

　ところが，直接衝突の可能性は極めて低いとはいえ，日中両国が東アジアの地域紛争にどう関わるかにより，特に米国がその地域紛争に介入する場合，日中間で大きな問題が発生しうる．最大の問題はやはり中台紛争である．中国は台湾に対する主権の主張を根拠に，長年「武力行使の権利」を堅持してきた．2005年以降，「反国家分裂法」で「非平和的手段」に表現が変わったものの，中国の台湾に対する主権の主張に本質的な変化はない．中国は自衛権の行使以外，すなわち自国が台湾から攻撃を受けてもいないにもかかわらず，台湾に対して武力を行使する権利の主張を堅持しているのである．

　日本が安全保障の対象として対中国政策を進める際，単独ではありえず，当然同盟国である米国との政策協調を行う．2005年2月の日米安全保障協議委員会（2プラス2）共同発表は，「中国が地域及び世界において責任ある建設的な役割を果たすことを歓迎し，中国との協力関係を発展させる．台湾海峡を巡る問題の対話を通じた平和的解決を促す．中国が軍事分野における透明性を高めるよう促す」という日米両国の「共通の戦略目標」を含んでいた[34]．これらは，長年の呼びかけにもかかわらず，中国から積極的な対応を得られなかったため，日米両国が従来個別に呼びかけてきた内容を改めて述べたものである．

中国が台湾に対して武力を行使する場合，日本にとっては深刻な安全保障問題となる．中国が，台湾に対して軍事的な手段を使うとすると，たとえそれが海上封鎖や象徴的攻撃であったとしても，その後の軍事的なエスカレーションの可能性を考えると，日本は第1に大規模かつ迅速な邦人救出の実施（台湾および中国東南部）を迫られる可能性がある．台湾の登録上の在留邦人は2011年1月現在で1万4173名であり，中国の在留邦人は2008年末現在で65万5377名である[35]．台湾の反撃能力が上海を中心とした中国南部に限られることを考慮に入れても中台併せて20～30万名程度の安全を確保する必要がある．しかもこれらは登録上の数字に過ぎず，未登録者や一時滞在者を含めると実数はもっと多くなる[36]．

　もしも，危機の展開が長い時間・プロセスを経たものであれば，まず日本外務省による危険情報の提供，退避勧告の発表などを通じて，民間航空機・船舶により自力での退避を呼びかける必要がある．実際に戦闘が始まれば，台湾周辺における日本および諸外国の航空機・商船の航路変更指導も必要となる．情況によっては，自衛隊艦船・輸送機による邦人救出が必要とされる場合も出てくる．「自衛隊法」8章雑則100条の8では，「外国における災害，騒乱その他の緊急事態に際して生命又は身体の保護を要する邦人の輸送」が任務として明記されているが，「当該輸送の安全について外務大臣と協議し，これが確保されていると認めるとき」に限られている．もしも，中国が台湾全土を攻撃対象とすると，台湾への自衛隊機・艦船派遣は，当該地域における安全確保が課題となる可能性がある．

　中国は自衛隊の海外派遣に対して非常に敏感な反応を見せる．戦前においても，過去の日本軍の対外行動に「邦人救出」を名目とした侵略行為があったことは否めない．中国は日本が「邦人救出」を目的として自衛隊の出動をしたとしても，それを軍国主義時代のアナロジーにより「邦人救出を名目とした台湾海峡への軍事介入」であるとして，猛反発を見せる可能性が高い．ところが，逆に派遣しなかったとしたら，時の日本政府は国内世論の批判を浴び，政治的に極めて困難な状況に陥る可能性が高い．

　第2に，米国に在日米軍基地の使用許与をするかどうかという問題がある．中国が軍事的手段を使用すると，米軍が出動する可能性があり，その場合在日

米軍が出動する可能性は高い。「日米安保条約」第6条には「日本国の安全に寄与し、並びに極東における国際の平和及び安全に寄与するため、アメリカ合衆国は、その陸軍、空軍および海軍が日本国において施設及び区域を利用することを許される」と明記されており、同盟国としての日本は、米国に基地使用を許与している。台湾海峡有事はいわゆるこの「6条事態」に相当する。在日米軍が台湾海峡有事に対応するために出動するとなると、基地使用を許与する立場にある日本が、中国から「敵対行為である」という非難を浴びたり、逆に台湾から「支援に感謝する」という声明を受け、結果として中国をさらに刺激したりする可能性もある。

こうしたリスクを避けるために米軍の基地使用を許与しないという選択肢も、理論上は存在する。ただし、台湾海峡有事は、日本有事に発展しかねない近接地域における有事、すなわち米国から見れば日本こそが積極的に対処すべき事態なのであり、この事態に対して米軍に基地使用を許与しないという選択肢は、日米同盟関係に深刻な悪影響を与える可能性がある。したがって中国は日米離間をねらって、脆弱な一方である日本に対して圧力を加える可能性がある。特に沖縄で日米同盟による「紛争巻き込まれ」の懸念が強いことを考慮に入れると、在沖米軍は最も脆弱なポイントになりうる。いずれにせよ、台湾海峡有事に米軍が出動するという事態は、そのまま日本が紛争に巻き込まれることを意味する。

第3に、「周辺事態」として認定し、対応するか、という問題がある。台湾海峡有事に米軍が出動した場合、日本が直面する課題は基地使用の許与にはとどまらない。台湾有事がもしも「日米防衛協力のための指針」(ガイドライン)に書かれている「日本周辺地域における事態で日本の平和と安全に重要な影響を与える場合」(周辺事態)と両国から見なされるならば、対米防衛協力を行う場面があり得る[37]。この「後方地域支援」は、「非戦闘地域」において行われ、武器・弾薬などは除外され、米軍の武力行使とは一体化しないと解釈される。

日本外務省が発表している「周辺事態における協力の対象となる機能及び分野並びに協力項目例」の表にあるように、日米協力には「非戦闘員を退避させるための活動」がある。台湾には推計で5～9万の米国市民が在住しているとされるが、周辺事態の場合は、日本がこうした米国市民を退避させるための活

動が期待されることになる.[38]

　ただし,こうした対米協力,特に米軍の活動に対する後方地域支援は,日本の法律上の解釈とは別の次元で,中国に米日が一体化した軍事作戦を行っていると見なされる可能性がある.したがって,周辺事態としての認定・対応の段階に進むと,それが如何に当該地域を安定化させるための努力の一環であったとしても,中国が日本を事実上の敵国であると認識する可能性を高めるというリスクを日本が負うことになる.

　台湾が日本に隣接する地域であることに加え,中国が対米協力をする日本を敵視する可能性が高いことは,台湾有事が日本有事に発展する可能性を有していることを意味する.中台紛争とは,台湾にとって存在をかけた死活的問題であり,日米にとっては周辺の安定を維持するための安全保障問題であり,中国にとってはメンツをかけた主権問題なのであり,どの一方も妥協しにくいし,感情的になると誤った判断をしがちになる.したがって,台湾問題への対処が,日中直接紛争をもたらしかねない最大のリスクであると言うことができる.こうしたリスクが現実化しないため,日米両国は中台双方に関与と抑止を強めている.

(2) 非伝統的脅威と北朝鮮の核開発――日米中共通のリスク管理――

　台湾問題を極端な事例とすると,それ以外の地域安全保障問題で,日中両国は協力して対処するべき問題が増えてきている.例えばカンボジアPKOに象徴されるように,日本の自衛隊と中国人民解放軍は,隣接地域に宿営し,協力して任務を遂行したと言われる.こうした戦後復興・秩序構築や危機管理の措置においては,今後日中間での協力がありうるという見方が中国でも出ている.[39] それ以外にも,非伝統的な脅威への対策である環境,テロ対策,海賊対策といったイシューでも,実際に日中が協力する領域は増えている.第三国・地域,あるいはグローバルな安全保障面での協力関係の増大は,日中が関係の成熟化を促進する契機となりうる.[40]

　伝統的な紛争対処に関しても,日中間に戦略的協力の機運が起こっている.それは東アジアのもう一つのホットスポットである北朝鮮への対応である.北朝鮮は長年中国が支援を与えてきた社会主義の隣国である.ところが,北朝鮮

の核開発が発覚して以来，日米両国と中国は共通の利害を有するようになった．例えば，中国は，2003年以降，北朝鮮をめぐる「三者協議」や「六者協議」を主催し，中国としては極めて稀な調停外交を推進している．中国は「朝鮮半島の非核化」という日中共通の安全保障上の利益を多国間協議の場で調整し，解決を図っている．1994年の核危機の際，中国が積極的な調停をしなかったことと比較すれば，大きな変化である．2006年10月に行われた北朝鮮の核実験に対して中国は「横暴にも」(「悍然」) という異例の厳しい表現で非難を加えたし，2006年度の『国防白書』では，北朝鮮の「ミサイル試射」と核実験により「朝鮮半島と北東アジア情勢は複雑さ，深刻さを増している」という表現で北朝鮮への懸念を表明した．[41]

ただし，日中両国は北朝鮮の核開発問題で，完全に利害が一致している訳ではない．中国の政策上の優先順位は朝鮮半島の安定確保であり，その次に非核化が来る．日本の主な関心事には非核化に加え拉致問題解決と弾道ミサイル撤廃が入るし，日本は核兵器・弾道ミサイルおよび拉致問題が解決されることを願うあまり，北朝鮮に圧力をかけて孤立させ，追いつめても構わないと考える傾向にある．北朝鮮と長い国境線を接しており，有事の際には大量の難民が東北地方に流入することが想定される中国と日本が北朝鮮に対する戦略上の優先順位に違いがあるのは当然である．

また，中国は自らの北朝鮮に対する影響力について，矛盾した言説操作を繰り返してきた．それは米国の対東アジア外交面での対中依存を引き出すための「中国は影響力がある」という言説と，北朝鮮核開発問題解決に関する責任を回避し，米朝関係に問題を還元することを目的とした「中国の影響力は限られている」という言説である．こうした中国の北朝鮮に対する影響力に関する言説の矛盾は，「安定重視」と「非核化」の政策目標の矛盾と関連している．言い換えるならば，隣国の崩壊と自国への悪影響を最も心配する中国の足下を見ているからこそ，金正日政権は「瀬戸際外交」を進めることができるのである．

2003年以降，中国は「安定重視」を最優先とする立場を変えずに，北朝鮮に対して非核化の目標を達成するため，多国間協議の場に出てくるよう圧力をかけ始めた．特に2006年7月から10月にかけて，北朝鮮が弾道ミサイル試射と核実験を行った際，中国は北朝鮮に六者協議に復帰するよう圧力をかけ，説

得した．こうした動きからみて，北朝鮮問題への対処について，日米韓などと中国は協調・協力の可能性を高める趨勢にある．

(3) 危機管理体制の模索

　2000年代になってから，日中の安全保障関係は，危機管理体制構築を模索する段階に入りつつある．特に東シナ海の資源開発をめぐって，中国には海軍のプレゼンスを問題解決に利用しようとする動きがある．日中間では，危機を回避し，関係悪化を回避するコンセンサスが双方に存在しているものの，日中両国政府による具体的な制度構築の試みはまだ始まったばかりである．

　例えば中国は排他的経済水域の線引き交渉を引き延ばしたまま一方的にガス田開発を行った．日本は長くこの状態を事実上放置してきたが，小泉内閣になってから急に中国に対して対抗的な対応をとるようになった．しかも，2008年6月に共同開発の合意が政府間で達成されたにもかかわらず，中国側は一方的に開発を継続しているとも伝えられる（第八章参照）．中国海軍が「海洋権益の保護」を任務の一つとしていることもあり，最悪の場合，中国海軍と日本の海上保安庁や海上自衛隊の艦船が同じ海域で対峙する可能性もある．2004年11月に中国の潜没航行中の潜水艦が日本の領海に侵入した事件でも，緊急の際に両国の防衛当局が緊密な連絡を取り合えない現実が露呈した．

　不穏な情勢は継続している．2010年4月には東シナ海において中国艦艇部隊を警戒監視中の護衛艦「すずなみ」に対して，沖縄本島南方では護衛艦「あさゆき」に対して，それぞれ中国艦艇搭載ヘリコプターが近接飛行を行う事案が発生した[42]．2011年9月の尖閣諸島沖の中国漁船と海上保安庁の巡視船が衝突した事件以降，中国は政府公船をほぼ定期的に尖閣諸島付近の海域に派遣するようになった[43]．日本周辺に近づいてきた中国機に対する航空自衛隊の緊急発進（スクランブル）の回数が，2011年4-12月の9カ月間だけで143回に達し，すでに年間の最多記録となっている[44]．このように，不測の事態が発生する可能性は以前よりも高まっているのである．

　問題を紛争のレベルにまで悪化させないための予防措置や，危機管理のメカニズムが日中間でも必要になる可能性が出てきた．日本の一部有力政治家が，日中間の危機管理メカニズムの構築を提案するようになったのはこうした背景

があるためである。そして、2007年4月に温家宝首相が訪日した際に、日中共同プレス発表で、「両国の防衛当局間の連絡メカニズムを整備し、海上における不測の事態の発生を防止する」ことが明記された[46]。このことにより、両国に海上連絡メカニズム設置のための共同作業グループが設置され、2008年から協議が始まった。

米中間では、度重なる危機や関係の緊張を逆にテコにして、危機管理の共同研究や安全保障協議の実施を制度化した事例がある[47]。危機を利用して安定的な関係構築を目指した両国の試みは示唆的である。今後は、日中間で1998年に約束された両政府間のホットラインの設置を実施したり[48]、米中間ですでに実現している「海上安全協議協定」(Maritime Security Consultation Agreement)を検討したりすることもあり得るであろう[49]。

ただし、危機管理は単に制度を作ればよいというものではない。二国間の危機管理の際に大切なのは、相手の誤算を避けるために自らの政策決定の透明性を上げて明確なシグナルを発し、相手を安心させることである。相手への不信感が強かったりすると、ホットラインを使うことでかえって危機が増幅されることさえあり得る。日中両国は自国の政策決定を透明にし、危機に際して早い段階で明確なシグナルを相手に送ることで、誤算による危機の増幅を回避する必要性がある[50]。

お わ り に

本章の考察により、以下の諸点を明らかにすることができた。

第1点は、日中安全保障関係が、基本的に国際政治上の大きな枠組みの変化によって規定されていることである。冷戦前期の敵対関係、国交正常化による敵対状況の終結、ポスト冷戦期における敵対回避の関係は、基本的に大きな枠組みの変化によって形成されたのであり、逆に日中安全保障関係が米国の行動に影響を与えるようなことは、これまで発生したことがない。

第2点は、日中安全保障関係が、「歴史認識問題」という非理性的な要因の影響を受けて、容易に後退する脆弱性を持っていることである。これは、防衛交流には「良好な二国間関係のシンボル」としての役割があるためである。中

国は防衛交流や首脳会談，防衛首脳会談等に関係全体を活かす一方で，不快感を表明するために切る「安全弁」としての役割があり，また交流の中断が日本への圧力になると考えている．

　第3点は，日中安全保障関係において，中国が戦略的，能動的に日本にアプローチすることが多い一方で，日本がほぼ受け身であることである．対ソ包囲網形勢のための対日接近や，日米離間のための日米安保批判や日本の台湾関与批判などは，中国が主動的に行った．これに対して，日本側は，対中関与政策がクリントン政権によって打ち出され，日本がそれに触発されて対中防衛交流のレベルアップを働きかけたことから分かるように，受け身であることが多い．防衛交流と安保対話は，日本の防衛政策に対する中国側の理解を促進させ，「疑念」を払拭させ，他方で中国の軍事力や国防政策の透明性が向上するよう促進するための必要不可欠のツールであるはずであり，日本が能動的な役割を果たすかどうかが今後注目される．安倍首相が，2006年10月の訪中で，「戦略的互恵関係」の構築を呼びかけるなど，日本側でもようやく積極的な動きが見られるようになった．

　第4点は，地域安全保障に関して，日中両国が牽制と協力の矛盾した関係にあることである．台湾有事の対応においては，それは日米両国が中台紛争という不測の事態に対応することが，日中の外交上の大きな問題となっている．他方で北朝鮮問題に関して言えば，日米両国と中国は共通の利害を抱えており，協力関係にある．中国の北朝鮮問題に対する最大の政策上のプライオリティは「安定確保」であり，「非核化」のそれは低いままであるが，日米両国との協力は次第に強まっている．日中共通の非伝統的な脅威に対しても協力の機運が高まりつつある．

　第5点は，日中安全保障関係が，中国の台頭に伴い，単なるシンボルから，危機管理を含めたオペレーショナルな実務関係の発展を必要とする段階に突入していることである．東シナ海や台湾問題で潜在化している危機を如何に回避し，管理するかについて，日中両国は胸襟を開いて対話を再開する必要があるが，複雑な利害が絡まり，非理性的な要因が存在するため，それは容易ではない．現在，日中両国は対話を通じて共に危機管理メカニズムの構築を模索する段階に入りつつある．

日本は，中国が安定した「協調的大国」あるいは米国で言われているような「責任あるステークホルダー」に向かうよう促すことを目標とした一種の関与政策をとってきた．中国もまたこじれた日本との戦略関係を全方位外交の枠内に引き戻そうとしている．ただし，日中両国とも勢力均衡を念頭におき，相手へのヘッジを忘れていない．中国は軍事力の近代化に邁進し，上海協力機構（SCO）のような米国排除型の多国間安全保障枠組みを強化してきた．日本は，2000年代以降防衛予算が減少またはほぼ横ばいであったことからわかるように，軍拡競争の道を選択することはなかったものの，他方で日米同盟を堅持し，強化してきた．日中両国は近い将来においても，相手国に対して勢力均衡あるいは軍拡に基づく戦略的ヘッジと，経済を中心とした包括的な関与，そして危機管理・北朝鮮問題および非伝統的脅威に対する共同対処という，様々な領域で牽制と協力を続けるであろう．

注

1）例えば以下を参照のこと．平松茂雄『中国の軍事力』文藝春秋（文春新書），1999年，192頁．江畑謙介『安全保障とは何か』講談社（講談社新書），1999年，194〜196頁．郭震遠「日台関係正在発生重要変化」，郭偉峰主編『中国與日本的敵対危険』中国評論学術出版社，香港，2005年，198〜199頁．

2）Reinhard Drifte, *Japan's Security Relations with China since 1989: From Balancing to Bandwagoning?*, London and New York: RoutledgeCurzon, 2003（ラインハルト・ドリフテ著，坂井定雄訳『冷戦後の日中安全保障――関与政策のダイナミクス――』ミネルヴァ書房，2004年）．

3）森本敏「ロシア，中国との安保対話はこう進めよ――無原則に拡大すればデメリットもある――」『世界週報』第75巻13号，1994年4月5日，28〜29頁．

4）Kent E. Calder, *Pacific Defense: Arms, Energy, and Americas's Future in Asia*, New York: William Morro and Company, Inc., 1996, p. 5（ケント・E・カルダー『アジア危機の構図――エネルギー・安全保障問題の死角――』日本経済新聞社，1996年，35〜36頁）．

5）海上保安庁は，元山上陸作戦にともなう掃海作戦で「戦死者」1名を出している．NHK報道局特別取材班『海上自衛隊はこうして生まれた』NHK出版，2003年，250〜255頁．

6）張耀武『中日関係中的台湾問題』新華出版社，北京，2004年，38〜41頁．白団に関しては以下を参照のこと．中村祐悦『白団――台湾軍をつくった日本軍将校たち――』

芙蓉書房出版，1995年．

7）例えば，劉広凱海軍副司令（当時）は，1956年に訪日して三菱重工業で快速艇の建造を交渉し，海上自衛隊幕僚長と防衛庁長官から公式な歓迎宴会を受けたと回想している．ただし日本が台湾にどれほどの武器を売却したかは不明である．劉広凱『劉広凱将軍報国憶往』中央研究院近代史研究所，台北，1994年，114〜118頁．

8）平松茂雄『中国人民解放軍』岩波書店，1987年，184頁．

9）解放軍が自衛隊との交流に消極的なのは，自衛隊を「正当な軍隊」として認めたくないという心理が働いているためであるとの指摘もある．Kenneth W. Allen, and Eric A. McVadon, *China's Foreign Military Relations,* Report No. 32, The Henry L. Stimson Center, October 1999, pp. 64-65.

10）長尾雄一郎・立川京一・塚本勝也「冷戦終結後の軍事交流に関する研究」『防衛研究所紀要』4巻3号，2002年2月，9頁．これに加え，日本は米国と同盟関係にあり，日本は高度な武器・技術を受け入れることができる「非NATO加盟同盟国」（"Non-NATO Ally Status"）の国であるため，先端武器や関連技術を獲得するために他国と防衛交流を行う切迫した必要性が少ない．

11）廣瀬行成「第3章 日本の安全保障・防衛交流の歴史」，秋山昌廣・朱鋒編著『日中安全保障・防衛交流の歴史・現状・展望』亜紀書房，2011年，117頁．

12）平松前掲『中国人民解放軍』184〜185頁．阿部純一「軍事交流から見た米中関係」『米中関係と日本』財団法人日本国際問題研究所，2002年，37頁．

13）阿部前掲「軍事交流から見た米中関係」37頁．

14）平松前掲『中国人民解放軍』185〜186頁．

15）Allen and McVadon, op. cit., p. 65.

16）中国の軍事外交の展開に関しては以下を参照のこと．松田康博「中国の軍事外交試論——対外戦略における意図の解明——」『防衛研究所紀要』第8巻第1号，2005年10月．

17）平松前掲『中国の軍事力』192〜193頁．

18）船橋洋一『同盟漂流』岩波書店，1997年，472〜482頁．

19）田中均外務省北米局審議官が訪中して，ガイドラインの説明をした際，王毅アジア局長は静かに説明を聞いていたという．田中によると，中国の強い日米安保批判は，日本国内で「台湾を地理的範囲に含めるかどうか」を明確にしようという議論が起こったことによって喚起されたものであるという．田中均・田原総一郎『国家と外交』，講談社，2005年，160〜162頁．

20）柳沢協二「防研所長の訪中記——（上）政治に左右されない交流を目指して——」『朝雲』2003年8月21日．

21）日本では，笹川平和財団・笹川日中友好基金が資金を提供し，解放軍と自衛隊の幹部

同士を対象とした「日中佐官級交流」を進めているが、これらは政治的影響を受けずに順調に実施されてきた。しかし、2010年9月に尖閣諸島沖で発生した中国漁船による海上保安庁の巡視船に対する衝突事件の後、初めて一時中断した。小林義之「日中佐官級交流」、秋山昌廣・朱鋒編著『日中安全保障・防衛交流の歴史・現状・展望』亜紀書房、2011年、404頁。唯一そうした場合でも続いてきたのは、自衛隊最高幹部OBによる「中国政経懇談会」のトラック2交流があり、これは2011年にNHKの特集番組によってその存在と活動内容が明らかになった。「国境の海 日中知られざる攻防」NHKスペシャル、2011年10月16日放映。

22)平松茂雄『台湾問題――中国と米国の軍事的確執――』、勁草書房、2005年、259〜261頁。
23)「日米共同世論調査 本社・ギャラップ社」『読売新聞』2005年12月15日。
24)「日米共同世論調査 本社・ギャラップ社」『読売新聞』2006年12月16日。
25)『平成17年度版 日本の防衛』防衛庁、2005年、58頁。
26)「衆議院議員照屋寛徳君提出中国脅威論に関する質問に対する答弁書」2006年1月31日、首相官邸ホームページ。〈http://www.shugiin.go.jp/itdb-shitsumon.nsf/html/shitsumon/b164007.htm〉。
27)「宮古、石垣に中国侵攻想定――陸自が「台湾有事」対処・7200人を事前配置・再編前に"脅威"強調――」共同通信、2004年5月13日。
28)「『いろんな可能性を議論』――中国軍侵攻想定で石破長官――」共同通信、2004年5月14日。
29)外務省『外交青書(平成17年版)』太陽美術、2005年、17頁。
30)中国の制定した「反国家分裂法」に関して、詳しくは以下を参照。松田康博「台湾問題」、国分良成編『中国の統治能力――政治・経済・外交の相互連関分析――』慶應義塾大学出版会、2006年。
31)中華人民共和国国務院新聞弁公室「2000年の中国の国防」『北京週報(日本語版)』2000年第40号。日本語訳に若干の修正を加えた。
32)中華人民共和国国務院報道弁公室『2004年の中国の国防』中華人民共和国国務院報道弁公室、北京、2004年、6頁。日本語訳に若干の修正を加えた。
33)中華人民共和国国務院新聞弁公室「2006年中国的国防」『人民日報』2006年12月30日。ただし、2008年と2010年の中国の国防白書では、日本を単独で脅威の対象とする表現が消えている。
34)「共同発表――日米安全保障協議委員会――」外務省ホームページ、2005年2月19日、〈http://www.mofa.go.jp/mofaj/area/usa/hosho/2+2_05_02.html〉、2012年2月2日アクセス。この共通戦略目標は、2011年6月に表現をより柔和なものに変えたが、内容に大きな変化はない。「日米安全保障協議委員会共同発表――より深化し、拡

大する日米同盟に向けて：50年間のパートナーシップの基盤の上に――」外務省ホームページ，2011年6月21日，〈http://www.mofa.go.jp/mofaj/area/usa/hosho/pdfs/joint1106_01.pdf〉，2012年2月2日アクセス．

35)「台湾」，外務省ホームページ，〈http://www.mofa.go.jp/mofaj/area/taiwan/data.html〉，2012年2月2日アクセス．「中華人民共和国」，外務省ホームページ，〈http://www.mofa.go.jp/mofaj/area/china/index.html〉，2012年2月2日アクセス．

36) 日本は，諸外国からも自国民救出を政治的に期待される立場にある．能力の観点から言って，台湾の隣国で，迅速な外国人救出の能力を持つ大国は日本しかないからである．

37)「台湾地域」が日米安保条約における「極東地域」に含まれることは，2005年5月に町村外相もそれを裏付ける発言を行っており，従来通り条約の解釈に変化はない．ただし，1997年4月の「ガイドライン」によると，周辺事態の認定はあくまでも事態の性質による．「ガイドライン」では「周辺事態は，日本の平和と安全に重要な影響を与える事態である．周辺事態の概念は，地理的なものではなく，事態の性質に着目したものである．（中略）周辺事態に対応する際にとられる措置は，情勢に応じて異なり得るものである」こと等が定められている．

38)「日米防衛協力のための指針」外務省ホームページ．〈http://www.mofa.go.jp/mofaj/area/usa/hosho/kyoryoku.html#2〉．

39) 呉寄南・陳鴻斌『中日関係「瓶頚」論』時事出版社，2004年，138～141頁．

40) 夏立平「中日安全合作與東北亜安全合作機制」，郭偉峰主編『中国與日本的敵対危険』97～100頁．

41) 中華人民共和国国務院新聞弁公室「2006年中国的国防」『人民日報』2006年12月30日．

42) 廣瀬前掲「第3章 日本の安全保障・防衛交流の歴史」128頁．

43) 濱本良一「野田政権の対中政策を見極める中国」『東亜』第532号，2011年10月，39頁．

44)「中国機へ緊急発進　9カ月間で計143回――空自，倍増ペース――」『朝日新聞』2012年1月20日．

45) 元防衛庁長官でもある山崎拓衆議院議員は，2006年4月に訪中した際，東シナ海における日中の対立状況に鑑み，「危機管理システム」の提案を行った．「日中間に危機管理システム構築を」山崎拓ブログ．〈http://www.election.ne.jp/10008/archives/0003085.html〉．

46)「日中共同プレス発表」外務省ホームページ，2007年4月11日，〈http://www.mofa.go.jp/mofaj/area/china/visit/0704_kh.html〉，2012年2月2日アクセス．

47) 米中両国間の主要な危機管理の協議枠組みとして，定期・不定期的な外務次官級の戦略安全保障対話，多国間軍備管理協議，大量破壊兵器拡散防止に関する協議，国防次官

級防衛協議，反テロ協議，金融反テロ協議などがある．さらに米中間の「海上安全協議協定」メカニズムの下で運用される「海空安全保障ワーキング・グループ」も定期的に会議が行われるようになった．松田「中国の軍事外交試論――対外戦略における意図の解明――」33～34頁．ただしこれは緊急時に部隊間が連絡をとりあう軍事ホットラインではない．

48)「平和と発展のための友好協力パートナーシップの構築に関する日中共同宣言」，外務省ホームページ．〈http://www.mofa.go.jp/mofaj/area/china/nc-sengen.html〉2006年12月22日アクセス．

49)「米中海上安全協議協定」の全文は以下を参照のこと．〈http://www.fas.org/nuke/control/sea/text/us-china98.htm〉2006年12月22日アクセス．

50) 増田雅之は，ホットライン設置の中国側の問題点として「一方がある事態の緊急性を認識して相手に連絡を取ろうとしても，他方が事態の緊急性を認識しない場合や緊急性の文脈が異なる場合（例えば，国内政治において緊急性が認識される場合），緊急の連絡に応じない可能性がある」と指摘している．増田雅之「第5章　日本の安全保障政策と日中防衛交流――信頼醸成，危機管理，安全保障協力――」，秋山昌廣・朱鋒編著『日中安全保障・防衛交流の歴史・現状・展望』亜紀書房，2011年，169頁．

（松田康博）

第七章 「東アジア」をめぐる日中関係，1997～2005
──日中関係の枠組転換を中心に──

はじめに

「東アジア共同体」という言葉が，東アジア地域に定着しつつあると言ってよい．2005年12月には，東南アジア諸国連合（ASEAN）首脳会議，ASEAN＋3（日中韓）首脳会議に引き続き，はじめての東アジア首脳会議（東アジア・サミット）が開催された．三つの首脳会議は，ともに東アジア共同体の形成をめざすことを，議長声明および共同宣言にそれぞれ明記した．また，東アジア・サミットに関しては，東アジア共同体の形成に向けたロードマップとして位置づけられるもので，韓国の金大中大統領（当時，以下肩書きは当時）がイニシアチブをとって発足させた「東アジア・ビジョン・グループ」（EAVG）が，2001年11月のASEAN＋3首脳会議に提出した報告書に開催が提言されたものである．その後，ASEAN＋3の政府関係者からなる「東アジア・スタディ・グループ」（EASG）にその実現可能性の検討が委ねられた．2002年11月のASEAN＋3首脳会議にEASGが提出した報告書は，東アジア・サミットについて断定的な結論は出さず，「望ましい長期的目標」と位置づけ，ASEAN＋3枠組みの「快適さのレベル」の上に，ASEANを「周辺化」しないことを前提として進展させていくとした．[1)]

2004年に入ると，「望ましい長期的目標」であった東アジア・サミットの実現に向けた動きが加速した．2005年にASEANの議長国をつとめるマレーシアが，同年にクアラルンプールで東アジア・サミットを開催することを提案したからである．2004年12月にビエンチャンで開かれたASEAN＋3首脳会議では，マレーシアの提案通り翌年に初めての東アジア・サミットを開くことが決定され，2005年12月には，ASEAN＋3参加国にオーストラリア，ニュージーランド，インドを加えた16カ国によって，初めての東アジア・サミット

の正式開催がEAVGの提案のわずか4年後に実現したのである．東アジアは政治体制，経済発展のレベル，文化，宗教，民族，歴史などが多様で，多国間協調レジーム，とりわけ安全保障面におけるそれの形成は困難と見られてきた．依然としてこうした条件に根本的な変化はないものの，東アジアにおいても地域協力の必要性についての共通認識が形成されている．

こうした地域協力の進展にもかかわらず，将来における東アジア共同体の構築の可否についてなお疑義が呈された．それは一つに，東アジアの大国関係である日中関係が同時期に「政冷経熱」と形容される程，冷え込んでいたからである．シンガポールの『ビジネス・タイムズ』紙は，「いつ日中関係は本当に暖かくなるのか」と題する記事を掲載し，「東アジア共同体の核心」としての日中協力の停滞状況に不満を呈し，東アジア協力の阻害要因として日中関係の現状を指摘したのである．いま一つは，東アジアの経済発展と安全保障に決定的な影響力を有する米国と将来の東アジア共同体を如何に関係付けるのかという問題がなお整理されていないことがもたらす疑義であった．米国務省のミッチェル・リース政策企画部長はEASの開催決定について，個人的見解としながらも「米国を外した対話には懸念がある」と述べ，東アジア協力の進展にクギを刺したのである．

国際秩序の安定のためには，関係諸国による「支持と合意」が不可欠である．とりわけ，主要アクターの支持と合意が不可欠であることは言を俟たない．安定した東アジアの地域秩序形成は，地域秩序の将来像についてのアクター間の合意形成の可否にかかっていると言ってよい．こうした問題意識に基づいて，本章は1990年代後半から2000年代半ばにおける東アジア協力の進展過程を概観したうえで，東アジア協力をめぐる日中両国の政策動向，とくに東アジア協力における両国関係の位置づけについて検討するものである．

1 東アジアにおける地域協力の進展

(1) アジア通貨・金融危機とASEAN＋3の成立

1997年に成立30周年を迎えたASEANは，同年12月の首脳会議に北東アジアの日中韓3カ国の首脳を招待し，第1回ASEAN＋3首脳会議を開催した．

ASEAN と域外国との首脳会議の定例化については，橋本龍太郎首相が 97 年 1 月に東南アジアを歴訪した際に，日本と ASEAN 間の首脳対話の緊密化の必要性に言及し，首脳会議の定期開催を提案していた[5]．日本と ASEAN 間の首脳会議の定例化について，ASEAN 首脳からおおむね高い評価を得た．しかしながら，橋本提案は一部で中国にたいする牽制策として理解され，ASEAN 首脳は日本との二者による首脳会議の定例化に対して慎重な姿勢を示した[6]．3 月に訪日したマレーシアのマハティール首相は，日本と ASEAN の首脳会議の開催について賛成しながらも，「ASEAN 首脳会議後に，ASEAN と日中韓の会議を開き，その後，日本との個別の首脳会議を開きたい」と述べた[7]．ASEAN と日中韓 3 カ国による首脳会議について，日本も前向きな姿勢を示し，池田行彦外相は中国の銭其琛外交部長に対して ASEAN と日中韓 3 カ国による首脳会議の開催と会議への中国の参加を呼びかけた[8]．4 月には，タイのプラチュアップ外相から，12 月に開かれる ASEAN 首脳会議の翌日に ASEAN と日中韓 3 カ国の首脳会議を開く意向が示された[9]．

97 年 12 月に開催された第 1 回 ASEAN＋3 首脳会議では，もともと 21 世紀に向けた東アジア諸国の明るい将来展望が示されるはずであった．しかしながら，97 年 7 月のタイの通貨・バーツの急落を契機に，通貨・金融危機がアジア全体に波及した．97 年 6 月末時点を基準とした東南アジア各国通貨の下落率（危機発生後の最安値）は，タイのバーツは 55.5％，インドネシア・ルピア 85.4％，韓国・ウォン 54.9％，マレーシア・リンギが 46.4％となった．また，翌 98 年の実質経済成長率は，タイがマイナス 11％，マレーシアがマイナス 7％，インドネシアがマイナス 14％，韓国はマイナス 6％となり，地域各国の経済は混乱を極めた．そのため，第 1 回 ASEAN＋3 首脳会議では，明るい将来展望を示すことはできなかった．会議の大半が通貨・金融問題に費やされたが，危機脱却に向けた処方箋を描くことはできず，ASEAN＋3 首脳会議の定例化についても合意に達しなかった．

その後も，金融危機はおさまらず，危機は政治・社会分野にも波及した．98 年 5 月には，インドネシアにおいて 30 年以上にわたって政権の座についてきたスハルト大統領が辞任に追い込まれた．危機脱却の足がかりをつかみたい ASEAN は，危機脱却に向けた日本からの財政支援に大きな期待を寄せた．

98年9月にベトナムのグエン・マイン・カム副首相兼外相は高村正彦外相に，12月のASEAN首脳会議に日中韓3カ国首脳をあらためて招待する意向を示した[10]．ハノイで開かれた第2回ASEAN＋3首脳会議では，危機脱却に向けた日本の支援のあり方が中心的な検討課題となった．アジア通貨・金融危機に対処するため，10月の時点で，日本政府はアジア各国に300億ドルを支援するとした「新宮澤構想」を発表していた[11]．首脳会議では，ASEANから日本に対して，「アジア経済牽引にたいする強い期待」および新宮澤構想など「大規模なアジア支援策にたいする深々の謝意」が示された．小渕恵三首相は，新宮澤構想の早期具体化，3年間で6000億円の新たな特別円借款の実施を約束した．ASEAN＋3首脳会議についても，定例化することで合意し，中国の胡錦濤国家副主席は危機の発端となった国際金融問題についての財務次官や中央銀行副総裁による協議枠組みの設置を提案した[12]．ASEAN＋3メカニズムは，アジア通貨・金融危機への対応策として成立したのであり，日本の経済的役割にたいする地域諸国の「強い期待」を背景とするものであった．

（2）経済協力の先行

ASEAN＋3における協力が進展したのは，まずは金融分野であった．99年3月には，胡錦濤提案をもとにハノイで初めての財務相・中央銀行総裁代理会議が開催され，アジア通貨・金融危機の引き金となった短期資本の監視強化で合意した[13]．4月にはASEAN＋3財務相会議がマニラで開かれ，アジアの為替安定に向けた「円の国際化」を進めることで一致した[14]．加えて，宮澤喜一蔵相は「新宮澤構想」の支援対象国にベトナムを加える方針を明らかにした[15]．2000年3月にブルネイで開かれたASEAN＋3財務相・中央銀行総裁代理会議では，通貨危機の再発に備えた東アジア地域における資金協力の枠組み作りを検討することが合意され，5月にタイのチェンマイで開かれた財務相会議では，通貨スワップ協定に向けての合意が成立した（チェンマイ・イニシアチブ）．この合意によって，ASEAN主要5カ国が77年に締結したASEAN通貨スワップ協定の範囲が，ASEAN10カ国に拡大され，金額も2億ドルから5億ドルに増額されることになった．また，ASEANおよび日中韓3カ国が二国間の通貨スワップを個別に締結する方向性も示された．2003年末までに，日本は中国，

韓国，タイ，フィリピン，マレーシア，インドネシア，シンガポールとの間で二国間の通貨スワップ取極を締結し，契約総額は 365 億ドルとなった．[16)]

　日本が締結している二国間の通貨スワップ取極の中でも，2002 年 3 月に締結された日中スワップ取極は，地域協力の推進にとって政治的に意義が大きいものであった．日本が締結したそれまでの通貨スワップ取極は，日本が一方的にアジア各国に資金を米ドルで融通するものであった．一方，日中間のスワップ取極は，一定の要件で，30 億ドル相当の円または人民元を相互に融通し合うことを約したものであった．前者は，外貨流動性危機に陥った国からの要請があれば，日本が保有する米ドルを現地通貨と交換するという，いわば危機対応型の取極である．他方，日中間のスワップ取極は一方的な資金融通ではなく，相互的な取極であった．当時，外貨準備高で世界 1 位の日本と 2 位の中国が協力関係を結んだことで，東アジア地域の通貨安定に向けて両国が協調する姿勢が示されたのである．[17)]

　貿易面での協力も進展した．東アジアでは，二国間および ASEAN と域外国との自由貿易協定（FTA）を締結する動きが活発化していた．99 年 12 月には，シンガポールのゴー・チョクトン首相が日本の小渕首相に対して，FTA の締結を提案した．[18)] 2000 年 10 月の首脳会談で，日本とシンガポールは，2001 年 1 月から FTA の締結交渉を進めることで合意し，2002 年 1 月には FTA のみならず，投資や知的財産権保護など幅広い分野を含む包括的な「日本シンガポール新時代経済連携協定」が締結された．2004 年 9 月には，日本とメキシコとの FTA が締結された．小泉純一郎首相は記者会見で「これを成功例にアジア諸国との交渉を進めたい」と述べ，フィリピン，タイ，マレーシア，韓国との FTA 締結に向けた二国間協議に積極的に臨む考えを表明した．[19)] 2004 年 11 月には，フィリピンとの間で FTA を中心とする経済連携協定（EPA）の締結で大筋合意に達した．[20)] また，2005 年 12 月 26 日に開かれた経済財政諮問会議において，二階俊博・経済産業相は 2010 年までに ASEAN 全体と FTA を締結する意向を示した．すなわち，二国間交渉を中心としてきたこれまでの段階から ASEAN という地域との交渉に本格的に取り組む方針を二階経産相は示したのである．しかし，2005 年 4 月に開始された ASEAN 全体との FTA 締結交渉では，物品の「国籍」を判定する原産地規制など共通ルール作りを進

める方式で交渉を開始したが，交渉は必ずしも思惑通りに進まず，二国間でのFTA締結交渉を優先すべきとの見解も提示された．中国とのFTA締結交渉に入る意向も二階経済産業相は示したが，国内農業への配慮などから，中国とのFTA締結にたいする疑問がなお提示され，交渉は開始されなかった．[21]

シンガポールが二国間でのFTA締結に積極的に取り組む一方で，ASEAN全体としては，地域的なFTAについても積極的に取り組んできた．ASEANはASEAN自由貿易圏（AFTA）を通じて，2020年までに経済統合を完了させ，東南アジア経済共同体（AEC）を構築することに2003年10月に合意した．自由貿易圏をめざすASEANのビジョンは，通貨・金融危機の真只中にあった1997年12月にクアラルンプールで開かれたASEAN非公式首脳会議において採択された「ASEANビジョン2020」と98年12月にハノイで開かれたASEAN首脳会議で採択された「大胆な方策」において示されていた．「ASEANビジョン2020」は，経済統合を実現するスキームとして，AFTA，ASEAN投資地域（AIA）とサブリージョナルな協力を指摘していた．[22]

加えて，経済統合をめざすASEANの動きを加速させたのは，中国の素早い対応であった．2000年11月に開かれた中国とASEANの首脳会議において，朱鎔基総理はFTAの締結を提案し，2001年には「10年以内に中国とASEANの間で自由貿易圏を成立させる」ことが合意された．[23] さらに2002年11月の中国・ASEAN首脳会議では，FTAの実現に向けた具体的な手順を定めた「枠組み協定」が調印された．2003年1月からは560品目余りについて，中国とASEANとのFTAが前倒しで実施されている．中国とASEANは，二国間の高いレベルでの協定締結よりも，地域的な自由貿易圏を成立させることに重点を置いたのである．[24]

ASEAN＋3においても，政府関係者からなるEASGが2002年11月の第6回ASEAN＋3首脳会議に報告書を提出し，東アジア協力の推進に向けたロードマップの一つとして地域全体の「東アジア自由貿易圏」の設置を提案した．[25]第6回ASEAN＋3首脳会議に先立って行われた日中韓首脳会議において，中国の朱鎔基総理は「日中韓を自由貿易地域にすることには意味がある」と述べ，「東アジア自由貿易圏」を念頭に「北東アジアFTA」を提案した．[26]

(3) 東アジア協力の拡大と深化

ASEAN＋3では，経済分野での協力の進展にともない，その制度化が進展してきたのみならず，「東アジア」としての協力のあり方が模索されるようになった．98年12月の第2回ASEAN＋3首脳会議において，経済のみならず，政治・安全保障，社会，文化など幅広い分野での「東アジア協力」の可能性と方策について民間有識者で協議する「東アジア・ビジョン・グループ (EAVG)」を設置することが，韓国の金大中大統領より提案され，合意が成立した．99年の第3回首脳会議では，ASEAN＋3で初めての共同声明である「東アジアの協力に関する共同声明」が発表され，ASEAN＋3が取り組むべき協力分野を明らかにした．それは，一つに経済・社会分野であり，経済，通貨・金融，社会開発・人材育成，文化・情報，開発協力が指摘された．いま一つは，政治とその他の分野であり，政治・安全保障および国境を跨ぐ問題が指摘された．2000年11月には，EAVGに加えて，政府関係者を中心に東アジア協力のあり方を検討するEASGの設立が金大中大統領から提案され，経済面でのFTAおよびASEAN＋3首脳会議を「東アジア・サミット」に発展させることについて，EASGに検討させることが合意された．

共同声明を基礎に，ASEAN＋3の制度化が進展した．閣僚会議に関しては，財務相会議に加えて，経済閣僚会議が2000年5月にヤンゴンで開催され，2001年5月にクアラルンプールで労働大臣会議，2001年10月にメダンで農林大臣会議，2002年1月にジョグジャカルタで観光大臣会議，2002年9月に大阪でエネルギー大臣会議，2002年11月にビエンチャンで環境大臣会議がそれぞれ開催された．安全保障分野でも，2004年1月にタイ・バンコクにおいて「ASEAN＋3国境を越える犯罪に関する閣僚会議」(AMMTC＋3) が初めて開催された．ASEAN＋3枠組みに基づく協力は政治・安全保障を含む17分野に及び，2006年の時点で48の協議体が成立した．[27]

また，協力分野も拡大し，政治・安全保障分野での東アジア協力も始まった．AMMTC＋3では，テロ対策を含む国境を越える犯罪への取り組みの制度化に合意し，閣僚会議に先立って開催された高級実務者会合では，テロ，不正薬物取引，海賊，人身取引，武器密輸，国際経済犯罪，マネー・ロンダリング，サイバー犯罪の分野におけるASEAN側の推進役であるリードシェパード国

が特定され，これを日中韓が支援していくことが決定された．2005年2月の第2回AMMTC＋3では，各分野における具体的なワークプランが原則として合意され，問題解決に向けた具体的な道筋を示す段階に入ったとされた[28]．こうした非伝統的安全保障問題に加えて，伝統的な安全保障問題についても，ASEAN＋3はその存在感を徐々に増しつつある．たとえば，北朝鮮の核問題について，2002年11月に開かれた第6回ASEAN＋3首脳会議において，北朝鮮にたいして核兵器計画を放棄するとのコミットメントを目に見える形で守るよう求める議長声明が発表された[29]．また，2006年7月の北朝鮮による7発の弾道ミサイル発射についても，同月に開催されたASEAN＋3外相会議は議長声明を発表し，「北朝鮮のテポドン2号ミサイル発射実験を含め，朝鮮半島で最近起こっている状況が同地域の平和と安定に影響を及ぼすことに関心を表明」し，六者会合の早期再開への支持を明らかにしたのである[30]．

2　中国の「周辺外交」と対日関係

(1)「周辺外交」の重点化

　ASEAN＋3枠組みを中心に，東アジア協力を進展させようという機運が高まり，それが具体的に進展してきたもっとも大きな要因は中国外交の政策転換であると言ってよい．従来から中国は多国間協力に積極姿勢を示してきたわけではなかった．多国間協議は二国間のそれに比べて，自国の影響力を低下させるとの考えが中国にあったからである．1980年代半ば以降，中国は多国間協力に取り組みはじめたものの，協力分野を経済と文化面に限定することを指向していた．アジアにおける多国間協力の進展にともなって，90年代半ば以降，中国はASEAN地域フォーラム（ARF）や「上海ファイブ」（ロシアおよび中央アジア3カ国との安全保障協力）といった安全保障面での多国間対話に積極的な姿勢を示し始めた．しかし，それは95年秋から96年春にかけて中国が台湾海峡付近に向けて実施したミサイル演習によって高まった「中国脅威論」への反駁，日米同盟や北大西洋条約機構（NATO）といった米国を中心とする同盟関係の強化への反発という意図がなお強かった[31]．

　こうした中国の姿勢の転換点の一つは，2000年10月に開かれた中国共産党

15期中央委員会第5回全体会議（15期5中全会）であり，そこで設定された「新世紀の三大任務」であった．15期5中全会は「現代化建設の継続」，「祖国統一の完成」，「世界平和の擁護と共同発展の促進」を「新世紀の三大任務」に設定した．ここで注目すべきは「覇権主義への反対」との文言が現れていないことである．80年1月に党中央が召集した幹部会議において，鄧小平は80年代の「三大任務」を提示したが，それは「覇権主義に反対し，世界平和を擁護すること」，「祖国統一の実現」，「四つの現代化建設に拍車をかけること」の三つであった．[32] 80年代は米ソを念頭に置き，冷戦終結後は米国を念頭に置いてきた「覇権主義への反対」との文言が「新世紀の三大任務」において言及されていないことは，中国の対米協調志向を示すものであり，加えて「共同発展の促進」への言及によって国際社会との協調姿勢を示したものであったと見てよい．2001年3月に開かれた第9期全国人民代表大会（全人代）第4回会議に朱鎔基総理が提出した第10次五カ年計画綱領では，「中国は国際事務に積極的に参画し，世界の平和を擁護し，共同発展を実現するため」，「新たな貢献をしていく」と指摘され，[33] 唐家璇外交部長も全人代の記者会見で，新世紀の三大任務の達成に向けて「活発な外交」を展開すると述べた．[34]

「活発な外交」を目指した中国の具体的な取り組みが，周辺地域における多国間協力への積極的関与であった．2001年6月には，「上海ファイブ」にウズベキスタンを加えて，ユーラシアを跨ぐ地域協力機構として上海協力機構（SCO）を成立させた．ASEAN＋3枠組みにおける東アジア協力についても，金融面での協力のほかに，FTAの締結と早期実行をめざした中国の積極姿勢が顕著となった．また，東南アジア諸国との最大の懸案事項であるスプラトリー（南沙）諸島の領有権問題については，中国は2000年5月に「南シナ海における行動規範」に向けた多国間交渉を開始し，2002年11月にその第1段階として「南シナ海における行動宣言」に合意した．2004年9月には，胡錦涛国家主席とフィリピンのアロヨ大統領が会談し，スプラトリー諸島を含む南シナ海の海底調査を共同で行うことでも合意した．[35]

いま一つの転換点は，2002年11月の中国共産党第16回全国代表大会（16全大会）であり，16全大会の政治報告における「与隣為善，以隣為伴（隣国に善をなし，隣国をパートナーとする）」という新たな外交方針の提示であった．[36] 16全大

会および 2003 年 3 月に開かれた第 10 期全人代第 1 回会議を経て発足した胡錦濤政権は,「与隣為善,以隣為伴」に依拠して,「周辺外交」を外交路線の一つとして明確に打ち出し,「大国外交」に並ぶ高い位置づけを与えるようになった. 外交部の李肇星部長は,胡錦濤政権の中国外交について「大国がカギで,周辺が首要 (もっとも重要) である」と位置づけたのである[37]. 中国版の外交青書である『中国外交 (2004 年版)』も,当時の中国外交の「見るべき成果」の一つとして,「周辺との友好協力の全面的推進」を強調していた[38]. 事実,ロシアや中央アジア諸国とは 2001 年 6 月に成立した SCO を通じて,地域協力メカニズムの構築を進め,対テロ合同軍事演習の実施など安全保障分野や,石油パイプラインの敷設などエネルギー分野を中心に協力関係が進展した. 東アジア地域においては,ASEAN との関係強化を通じて,中国は「東アジア共同体」の形成に向けたリーダーシップの発揮に努めた. 2003 年 10 月には,「中国・ASEAN 戦略的パートナーシップ宣言」が発出され[39],それを実施するための今後 5 年間にわたる「行動計画」が 2004 年 11 月に作成された[40]. 行動計画において,中国は ASEAN の統合に向けた取り組みに支持を表明し,両者間のさまざまな協力枠組みを強化するほか,南シナ海における紛争解決に向けた具体的取り組み,信頼醸成のための軍事交流や軍事演習の相互視察を約した[41]. また,実施のために「ASEAN・中国協力基金」(ACCF) を中国が全面的に支援することとなり,2005〜2010 年に ACCF に最低 500 万ドル,必要であればそれ以上の資金を提供することを,中国は約束したのである. 戦略的パートナーシップは,従来,米国やロシアなど大国関係に中国が適用した,あるいは適用しようとしたものである. 中国・ASEAN 関係に戦略的パートナーシップという枠組みが適用されたことは,中国外交の中で ASEAN という地域の位置づけが高まっていることを示すものであった.

東アジアにおける政治・安全保障面での協力関係の強化を中国が目指した背景には,米国の覇権主義的な傾向と対中圧力強化の可能性を低減させる目的がなお背景にあったことは否定できない. 2002 年 4 月 2 日付けの中国共産党機関紙『人民日報』に掲載された論文は,地域協力には「超大国の単独行動にたいする一定の制約作用がある」との見解を示していた[42]. また,中国現代国際関係研究所のプロジェクトチームは,東アジアとりわけ ASEAN の「世界の多

極化の進展を推進する上での重要な役割」を強調していた[43]。また,台湾問題を「内政問題」と位置づける中国は,東アジア協力に台湾が関与する可能性の有無について,明確な態度表明を回避していた。しかし,東アジア諸国との政治・安全保障面での協力関係を強化し,東アジア協力における中国のイニシアチブを拡大することによって,中国は台湾の外交空間を制約することを意図していたと言ってよい。例えば,2001年10月に開かれた人民解放軍内の会議において,中央軍事委員会主席であった江沢民は,「周辺国家との善隣友好協力を全面的に発展させなければならず,それによって台湾問題解決の良好な周辺戦略態勢をつくり出す」と言及していたのである[44]。

こうした中国の観点ゆえに,中国の「周辺外交」への安易な同調はその意図に巻き込まれかねないという見方も日本国内では提示されていた。しかし,政治的な文脈で言えば,東アジア協力を進展させることへのコンセンサスの形成が可能になった要因の一つが中国の積極姿勢への政策転換であったことは間違いない。

(2) 対日関係の枠組転換——1998年「共同宣言」——

東アジア協力にかんして中国の積極姿勢への政策転換をもたらした要因は,ASEAN+3を中心とした地域協力の進展とともに,日本の役割拡大を中国が公式に認めていたことも大きかった。すなわち,1998年11月の江沢民国家主席の訪日時に発表された日中共同宣言がそれであるが,97年から中国では日本の役割拡大や日中関係の枠組転換についての議論が表面化していた。たとえば,中国社会科学院日本研究所元所長の何方研究員は,同年5月11日付け『環球時報』紙に「われわれは日本と友好でいられるか」と題する論文を発表し,「情勢の変化」に適応して,対日関係についての見方と作法を「調整」しなければならないと主張した。何方研究員によれば,「中国の現代化建設において,日本は大きな役割を発揮する」だけではなく,中国が「アジア太平洋に立脚して,周辺を安定させるためにも,中日関係を良くしなければならない」。なぜなら,「日本はわが国近隣の大国であり,中日関係はアジア太平洋地域の平和と安定にたいして決定的な役割を果たす」からである。こうした観点から,何方研究員は「21世紀とくに今後15年の中日関係の枠組み」について研究し

なければならないと主張していたのであった。外交当局からも,「中日関係の意義はすでに二国間の範囲を超えた」とする見解が提示された。例えば,銭其琛外交部長は「中日両国はお互いに重要な近隣であり,中日関係の意義はすでに二国間を超え,われわれは長期的戦略的な高みから両国関係を認識し,発展させなければならない」と述べていた。徐敦信・駐日大使も「中日関係はすでに二国間の範囲を超えて,アジア太平洋地域および世界にたいしてはかることのできない重要な影響を与えている」と言及していたのである。

98年4月に訪日した胡錦濤国家副主席は,訪日の目的をつぎのように強調した。すなわち「21世紀に向けた中日善隣友好協力関係の基本枠組みを如何に構築するか」が「双方が直面する共通の課題と責任である」。胡錦濤副主席によれば,21世紀に向けた両国関係の基本枠組みの構築が必要となるのは,日中両国が「一衣帯水の隣国である」からだけではなく,「アジアと世界の二つ重要な大国」であるからであり,「中日関係がいまの国際関係の重要な一部分をなしている」からであった。98年11月の江沢民訪日も,21世紀に向けた日中関係の基本枠組みの構築をめざすものと位置づけられていた。訪日時に発表された共同宣言は,21世紀に向かう日中関係の基本枠組みとして,「友好協力パートナーシップ」の確立を宣言し,日中間のパートナーシップを「アジア太平洋地域ひいては世界」の「平和と発展に貢献する」ものと位置づけた。両国関係の影響は,二国間に限定されることなく地域全体に及び,経済面での「発展」のみならず,安全保障面での「平和」にも及ぶことが合意された。それまでの日中関係の基本枠組は「善隣友好」であり,両国関係の影響が地域・世界に及ぶことはほとんど想定されず,安全保障面での日本の役割を積極的に認めるものでもなかった。しかし,共同宣言は「善隣友好」には言及せず,「パートナーシップ」の確立を謳ったのであった。また,首脳会談においても江沢民国家主席はつぎのように述べ,日中関係の枠組転換を高く評価するとともに,日本の役割拡大を認めた。「中国は世界最大の発展途上国であり,日本はアジア唯一の先進国であり,両国は平和を維持し,発展を促進するという重要な責任を担っている。中日両国が時代発展の潮流に適応して,両国関係について世紀を跨ぐ位置づけをうみだしたことには重要な意義がある」。

日中関係の枠組転換にたいする中国の認識は『人民日報』の報道振りからも

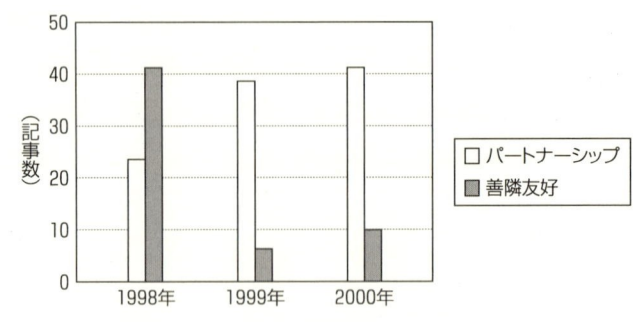

図 7-1 『人民日報』における日中関係の基本枠組みへの言及（1998〜2000）
出所）筆者作成.

確認できる．共同宣言の発出後の99年および2000年の同紙の日中関係に関連する記事のなかで，「パートナーシップ」への言及が急増し，「善隣友好」への言及は激減している（図7-1）．

日中「パートナーシップ」の中心テーマとして，中国側が「東アジア協力」について明確に言及したのは，2000年10月の朱鎔基総理による訪日の際であった．98年の共同宣言における合意に基づいて，99年7月に小渕首相が訪中したが，首脳会談では「友好協力パートナーシップ」の構築によって，「日中関係は新たな段階に入ったこと」が確認されるにとどまり，「東アジア協力」への明確な言及はなかった[54]．一方，2000年10月の朱鎔基総理訪日の際には，首脳会談のみならず，経団連等の経済6団体主催昼食会や記者会見において，朱鎔基総理は繰り返し，日中協力のテーマとして「東アジア協力」に言及した．「東アジア協力の枠組みの中で，日本との協調を強化し，東アジア協力が重点領域で実質的な歩みを踏み出し，アジアの台頭のためにあるべき貢献を果たすことを願っている」（経済6団体主催昼食会）[55]．「もちろん，二国間だけではなく国連においても，こうした問題（筆者注：安全保障分野での東アジア協力）について協議を重ね，協力して共同でアジアや世界の平和を擁護すべきであると考える」（訪日終了時の記者会見）[56]．

その後，日中「パートナーシップ」の中心テーマとして「東アジア協力」を位置づける考えは繰り返し表明されるようになった．2002年9月に北京で開かれた日中国交正常化30周年記念式典において，江沢民国家主席は「歴史を

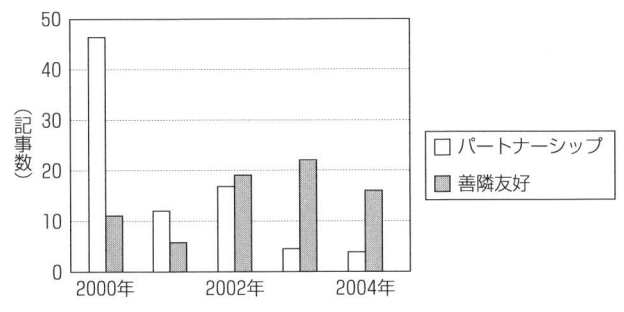

図 7-2 『人民日報』における日中関係の基本枠組みへの言及（2000〜2004）
出所）筆者作成.

鑑とする」ことに言及しながらも，「日中両国は地域の重要な国家として，アジアの振興のために，協調と協力を強化しなければならない」とも語った.中国外交部の王毅副部長も，2004年4月に外交学院が主催した東アジア共同体シンポジウムにおいて，「中日協調を通じて東アジア協力が推進されることを希望している」と指摘していたのである[58].また，2002年末から2003年にかけて中国で議論が高まった対日関係のいわゆる「新思考」論は，いずれも東アジアにおける日中関係の重要性に鑑み，両国間の冷え込んだ政治関係の打開を求めるものでもあった[59].

しかし，日中関係の枠組転換に向けた中国の試みは成功したとは言えない.2001年以降の小泉首相による靖国神社参拝問題，歴史教科書，日本の国連安全保障理事会常任理事国入り問題，排他的経済水域（EEZ）や東シナ海における資源開発問題等さまざまなイシューが日中関係において生起する過程のなかで，日中関係の枠組転換を象徴する「パートナーシップ」への中国側の言及が指導者発言や主要メディアにおいて激減し，「善隣友好」が再び強調されるようになった（図7-2）.「新思考」論についても大きな批判にさらされた.専門家による反対意見のみならず，中国の5000以上のホームページで「新思考」の是非についての議論が高まり，大多数の意見は「新思考」への反対を表明した[60].とくに，インターネット上の「掲示板」には，日本にたいする激烈な意見が飛び交い，世論レベルにおける「新思考」の難しさを印象づけたのであった.

2005年4月に北京や上海等で連鎖的に発生した反日デモ後の対日関係改善

に向けて胡錦濤政権が動きはじめた状況下で，4月28日付け『人民日報』紙は，98年の日中共同宣言の全文とともに，「中日共同宣言は新世紀の行動指針を確立した」と題する王毅駐日大使の評論を掲載した．[61] 王毅大使によれば，日中共同宣言には三つの意義があるという．第1に，日中関係が「もっとも重要な二国間関係の一つ」であることを，両国が「はじめて確認した」ことである．第2に「歴史および台湾問題に正しく向き合い処理することについて，新たな重要な共通認識に達した」ことである．最後に，「日中関係の範囲が二国間を明確に超え」，地域と世界の「平和維持と発展促進の面で重要な責任を負っている」ことが確認されたことである．また，共同宣言全文は中国外交部のホームページを除いて，これまで主要メディアで報じられてこなかった．しかし，その全文が『人民日報』紙に掲載され，また，反日デモ後に出版された日中関係の重要性を確認するための宣伝教材にも全文が掲載されたが，これらは関係改善と枠組転換の意思を中国指導部が有していることを示すものであった．しかし，2005年の『人民日報』が，日中「友好協力パートナーシップ」に言及したのは，4月28日付けの3記事のみであり，中国側における枠組転換の具体化が困難であることを示したのである．

3　日本の東アジア外交と対中国関係

(1) ASEAN中心アプローチ

一方で，日本の東アジア外交は，中国の積極姿勢に刺激されてようやく重い腰を上げたという文脈で理解されることが多い．しかし，すでに指摘したように，ASEAN＋3枠組みの成立の契機は，1997年1月の橋本首相による日本・ASEAN間の首脳会議の定期開催の提案であり，通貨・金融危機後の「アジア経済牽引にたいする（日本への）強い期待」を背景にASEAN＋3枠組みは成立したものであった．また，経済面での共同体構想を可能にしている東アジア経済の事実上の統合が，日本経済の高度成長を皮切りとしたアジア新興工業経済群（NIES：韓国，台湾，香港，シンガポール），ASEAN 4（インドネシア，マレーシア，フィリピン，タイ）そして中国の連鎖的な経済発展パターンが東アジアで生じたことであり，東アジア諸国は貿易と直接投資の相互依存的拡大によって経

第七章 「東アジア」をめぐる日中関係，1997～2005　　*177*

済成長を実現させてきた[62]．この文脈において，日本とりわけ東南アジアを中心に技術移転を行い，現地における雇用を創出してきた日本企業の生産ネットワークが果たしてきた意味は大きいものであった[63]．

　こうした日本の経済的役割にたいして，ASEAN 諸国は大きな期待感を示してきたことはすでに指摘した通りである．加えて，ASEAN 諸国が期待する日本の役割は，政治・安全保障分野にも及んだ．2003 年 12 月に開かれた日本・ASEAN 特別首脳会議開催前の記者会見で，シンガポールのゴー・チョクトン首相は，東アジア共同体の構築に向けて「日本が主導的な役割を果たすべきだ」と述べ，経済分野のみならず，政治・安全保障面での日本の積極的な政策を求めた[64]．マレーシアのアブドゥラ首相も「日本は地域の重要なプレーヤーだ」と述べていた[65]．政治・安全保障分野も含めて日本のリーダーシップ発揮に ASEAN 諸国が期待感を示すのは，東アジアにおける中国の存在感が急速に拡大する一方で，中国の将来シナリオについての不透明感を ASEAN 諸国は払拭できないからであった．ゴー・チョクトン首相は「中国は巨象だ」と言い，その存在感の大きさを認める一方で，「優しい象でも暴れたりしたら心配だ」と述べ，中国の将来像への警戒感を隠さなかった[66]．また，2004 年 8 月 16 日付け『ジャカルタ・ポスト』紙に掲載されたインドネシア外務省職員による論考は，中国による過去の内政干渉の記憶が東南アジア諸国にあるため，中国との関係の発展に東南アジア諸国は慎重であったと指摘していた[67]．中国をめぐる過去の記憶や中国の将来シナリオへの警戒感から，ASEAN は中国を牽制しつつ，東アジア共同体への潮流を本格化させるために，日本のリーダーシップに期待していたのであった．2003 年 10 月に中国は域外大国として初めて東南アジア友好協力条約（TAC）に署名したが，この文脈において，ASEAN は日本の TAC 署名を強く求めた．

　日本は，ASEAN による期待に応えるかたちで，東アジア共同体構想への積極姿勢を明確にした．小泉首相は，2002 年 1 月のシンガポールにおける政策演説で，1977 年の福田スピーチ以来続いてきた ASEAN 重視政策を継承しつつ，「率直なパートナー」として「ともに歩みともに進む」との基本理念の下，ASEAN との協力を推進していくことを表明した[68]．小泉首相は，「東アジア・コミュニティの構築を目指すべき」ことを明らかにしたうえで，それが

日・ASEAN関係を基礎として，ASEAN＋3枠組みを最大限活用すべきとの考えを示した．しかし，この政策演説が想定していた「東アジア・コミュニティ」は，ASEAN＋3に限定されるものではなく，「日本，ASEAN，中国，韓国，オーストラリア，ニュージーランドの諸国が，このようなコミュニティの中心的メンバーとなっていくことを期待する」と言及されていたのである．[69]

また，2003年12月には，東京において日本・ASEAN特別首脳会議が開催され，日本・ASEAN関係の協力指針となる「東京宣言」と「行動計画」が発表された．東京宣言において，日本はASEANの統合に向けた取り組みについて「全面的な支持」を与え，東アジア全体についても，「東アジア共同体の構築を求める」ことが明記された．[70] 首脳会談においては，東アジア共同体の構築に向けて，日本とASEANが中核として協力していくことで一致した．ASEANが日本にたいして強く求めていたTACへの加盟についても，「東南アジアにおける相互の信頼，平和及び安定を強化することになる」として日本による加盟の意思が表明され，2004年7月に署名・加盟したのである．行動宣言では，近い将来に実施する100余の具体的措置がまとめられ，EASGが2002年11月に提言した17の短期的措置を2006年までに実施することが宣言された．[71] また，2004年9月の第59回国連総会一般討論演説において，小泉首相は東アジアにおいて「共同体作りを促進する積極的取り組みが行われている」としたうえで，「ASEAN＋3の基礎の上に立って，私は『東アジア共同体』構想を提唱している」と強調した．2005年1月の施政方針演説においても，小泉首相は「『東アジア共同体』の構築に積極的な役割を果たしていきます」と述べ，日本が共同体構築に向けて積極的な役割を果たす意思があることを明確にしたのである．

(2) 具体化できない枠組転換——小泉政権期の対中国政策——

こうした日本の積極姿勢にかかわらず，日本が明確な地域秩序構想のもと，時機を捉えた戦略的な東アジア外交を展開してきたとは言いがたい．日本が東アジア共同体の構築をめざすのであれば，日本外交が採用している「ASEAN中心アプローチ」は，永続的なものではあり得ない．当時のASEAN＋3枠組みにおける協力は，問題解決に向けたASEANの取り組みを日本，中国，韓

国という北東アジア3カ国が支援するASEAN主導の政治プロセスであり，議題設定や共同声明の作成に際しても議長国とASEAN側の権限が強かった．しかし，将来の東アジア共同体においては，東アジア各国が対等なかたちで協力関係が構築されるべきであるし，その後，東アジア・サミットの開催が定例化される中で，「＋3」側やオーストラリア，ニュージーランドやインドの権限を如何に規定していくかが重要な問題となってきた．さらに言えば，「＋3」側の大国関係である日中関係には，協調・協力ではなく摩擦・対立の側面が目立ち，2005年12月のはじめての東アジア・サミット開催に向けた両国の動向には東アジアにおけるリーダーシップ争いという側面がなかったわけではない．すなわち，東アジアの地域秩序構想のなかで，如何に中国を位置づけるのかという問題への解答を日本外交は作成・提示できないままであったのである．

たしかに，1998年の日中共同宣言における日中関係の枠組転換の具体化をめざした対中政策の試みがなかったわけではない．例えば，2000〜2001年にかけて高まった中国への政府開発援助（ODA）政策の見直しの政策過程がそれである[72]．2000年5月に外務省経済協力局長の私的懇談会として設置が決定された「21世紀に向けた中国への経済協力のあり方に関する懇談会」は同年末に提言をまとめ，日中関係の枠組転換の文脈から対中ODAの重点分野の一つとして「多国間協力の推進」を指摘した．すなわち，日中両国は「二国間の『善隣友好』関係を越え，東アジア地域，さらには国際社会全体にわたる課題の解決にともに協力していくという新たなパートナーシップの確立に合意したが，その促進のためにODAを通じても具体的な実績を積み上げていくことが，極めて意義のあることと言える．すでに我が国は，シンガポールやマレーシア，タイなどとの間で，ともに他の開発途上国を支援していくといういわゆる南南協力を推進している．中国との間でも，例えば我が国が重点的に支援してきた人造り拠点（例えば，日中友好病院など）の活動成果などを基にして，アフリカなど第三国にたいする支援活動を協力して行うべきであろう」[73]．2001年10月に策定された対中国経済協力計画も懇談会の提言で指摘された「多国間協力の推進」を全面的に採用した[74]．ここで想定されていたODAのあり方は，中国への一方的な援助ではなく，日本と中国が第三国にたいして資金とノウハウを提供するという共同プロジェクトであり，中国はすでに単なる被援助国として位置

表 7-1 所信表明演説・施政方針演説における東アジア共同体構想および対中国関係への言及（小泉首相：第154回国会～第164回国会）

	演説種類	東アジア共同体への言及	対中国関係への言及
第154回国会 (2002年2月)	所信表明	「拡大した東アジアのコミュニティづくり」に向け、「日・ASEAN包括的経済連携構想を始めとする、アジア近隣諸国との関係強化の取組を着実に進めてまいります」.	「次の世代を担う若い人々を中心とした交流の輪を広げ、最も重要な二国間関係の一つである日中関係の基盤を、一層確固たるものとするよう努めます」.
第155回国会 (2002年10月)	所信表明	なし	なし
第156回国会 (2003年1月)	施政方針	なし	「両国国民の理解と信頼を基礎に、アジア地域ひいては世界の平和・安定と繁栄の実現のため、中国との幅広い分野における協力関係を一層推進します」.
第157回国会 (2003年9月)	所信表明	なし	北朝鮮問題における中国との協力.
第158回国会 (2003年11月)	首相演説なし（特別国会）		
第159回国会 (2004年1月)	施政方針	なし	「中国との関係は最も重要な二国間関係の一つであり、昨年発足した新指導部との間で、未来志向の日中関係を発展させてまいります。日中経済関係は貿易や投資の拡大により緊密化しており、これを相互に利益となる形で進展させるとともに、日中両国はアジア地域、世界全体の課題の解決に向け協力します」.
第160回国会 (2004年7月30日～8月6日)	首相演説なし（臨時国会） 小泉首相から第30回主要国首脳会議出席について報告		
第161回国会 (2004年10月)	所信表明	なし	「中国、韓国を始めとしたアジアや欧州の国々と交流を深め、友好・信頼関係を強化してまいります」.
第162回国会 (2005年1月)	施政方針	「フィリピンとの経済連携協定の大筋合意を皮切りに、韓国、タイ、マレーシアなどアジア諸国との締結交渉に弾みをつけてまいります。多様性を包み込みながら経済的繁栄を共有する、開かれた「東アジア共同体」の構築に積極的な役割を果たしていきます」.	「中国は日本にとって、今や米国と並ぶ貿易相手国となるなど両国関係は益々深まっています。先の日中首脳会談では、二国間のみならず、国際社会全体にとっても両国関係は極めて重要であるとの認識を共有し、未来志向の日中関係を構築していくことで一致しました。個々の分野で意見の相異があっても、大局的な観点から幅広い分野における協力を強化してまいります」.
第163回国会 (2005年9月)	所信表明	なし	「中国や韓国を始めとする近隣諸国とは、幅広い分野における協力を強化し、相互理解と信頼に基づいた未来志向の友好関係を構築してまいります」.
第164回国会 (2006年1月)	施政方針	「先月、開催された東アジア首脳会議では、多様性を認め合いながら、自由と民主主義を尊重し、貿易の拡大、テロの根絶、鳥インフルエンザ対策などに協力して取り組み、開かれた「東アジア共同体」を目指すことで一致しました。アセアン諸国の地域統合を支援するとともに、アジア・太平洋諸国との友好関係を増進してまいります」.	「一部の問題で意見の相違や対立があっても、中国、韓国は我が国にとって大事な隣国であり、大局的な視点から協力を強化し、相互理解と信頼に基づいた未来志向の関係を築いてまいります」.

出所）首相官邸ホームページ等から筆者作成.

づけられてはいなかった[75]．

しかし，こうした政策構想は具体化しなかった．小泉首相は東アジア共同体の形成に向けた積極的な取り組みに言及していたものの，基盤とされるのはASEANとの関係であり，中国との関係の位置づけにはほとんど言及しないままであった（表 7-1）．中国との関係については，「アジア地域ひいては世界の平和，安定と繁栄の実現のため」，「もっとも重要な二国間関係の一つ」と繰り返し言及されてきたが，そのための日中間の政策協調の具体的な提案は皆無に等しかった．たしかに，外交レベルでは，日中関係の枠組転換を踏まえた取り組みが断片的ではあるが継続してきた．2004 年 2 月に訪中した逢沢一郎・外務副大臣は王毅外交部副部長と会見し，イラクにおける人道復興支援に関連して，「イラクのみならず中東の安定と繁栄にたいする大きな貢献となる」との観点から，日中協力の可能性を検討すべきであると提案した．王毅副部長も「必要であり，良い考えである」として，「具体的に事務レベルで何ができるか，大切に扱っていきたい」と応えたのであった[76]．また，2005 年 4 月 17 日には，日中協力の体系化をめざす「日中共同作業計画」を策定することを町村信孝外相が李肇星外交部長に提案し，合意に達した[77]．日中共同作業計画には，「地域・国際社会における協力を通じて」，日中間の「共通利益を拡大する」ことも含まれることとなった．しかしながら，2005 年 4 月 17 日の日中外相会談は，同月に北京・上海等で連鎖的に発生した反日デモによって，それへの対応が中心の議題となってしまった．人道復興支援に関する合意についても，政治関係が停滞する状況下で実務レベルにおける具体的な検討は開始されず，外交レベルでの合意にとどまってしまったのである[78]．

おわりに──「72 年体制」の終焉と「東アジア」の希薄化──

東アジア共同体の構築目標にたいして積極姿勢を示しながらも，目標実現に向けた日中協力のあり方を両国間で具体的に検討する段階に入ることができない状況が長らく続いた．その結果，東南アジア諸国からは日中はともに東アジアにおいてリーダーシップを発揮できないとの悲観論も聞かれた[79]．日中関係の枠組転換の中心テーマの一つである「東アジア協力」を難しくしてきた要因は，

靖国神社参拝問題，歴史教科書，日本の国連安全保障理事会常任理事国入り問題，EEZ や東シナ海における中国の資源開発問題等さまざまであったが，枠組転換の方向性を両国が共有できていなかったことを本章の最後に指摘しておかねばならない．

はじめての東アジア・サミットの開催に関連して，日中間ではリーダーシップ争いの側面がなかったわけではないが，「東アジア協力」という文脈で言えば，両国指導部はともに日中関係をその「核心」として位置づけており，相互の積極的な役割の発揮にかんしても，両国指導部は期待を表明してきた．しかし，東アジアや国際社会での両国による役割発揮の方向性は，共有できないままであったと言えよう．1998年の日中共同宣言における「善隣友好」から「パートナーシップ」への枠組転換は，範囲（地域）と分野の両面における日中両国の役割拡大を認めるものとの見解に依拠した新たな対中政策の模索が，日本においてなされた（対中国経済協力計画など）．しかし，中国においては，こうした枠組転換の意義を強調する一方で，その後の日中関係の動向や国内政治状況のため，旧来の基本枠組みと日本が考える「善隣友好」をあらためて強調するようになった．[80]

中国社会科学院日本研究所の金熙徳研究員は，日中国交正常化30周年の2002年に出版した『中日関係——国交回復30周年の思考——』において，日中関係の新たな出発点の前提は「72年体制」の「原型と特性」を確認することにあると主張した．[81] 金研究員によれば，「72年体制」の「原型と特性」は，つぎの2点に集約される．それは一つに歴史問題であり，「日本が侵略戦争について反省し，中国は対日友好の大局から戦争賠償を放棄したということである」．[82] いま一つは，台湾問題であり，「日本は中華人民共和国を中国の唯一の合法政府と承認し，台湾は中国の一部分であり，台湾問題は中国の内政であり，日本は台湾と政府関係を発展させないということである」．[83] こうした見解は，一研究者のものではない．日中関係の基本文書が，日中共同声明，日中平和友好条約および日中共同宣言の三つであることが中国では強調され，2005年4月の反日デモ後の日中首脳会談においても胡錦濤国家主席は日中関係改善のための「五点主張」を示し，その中には日本が歴史問題で示した反省と台湾問題にかんする承諾を「行動で示す」ことが含まれていたのである．[84]

第七章 「東アジア」をめぐる日中関係，1997～2005　　183

　したがって，中国にとって日中関係の枠組転換は，「善隣友好」とよばれる「72年体制」の確認と実行を前提とするものであった．しかし，枠組転換の中心テーマの一つが「東アジア協力」である限り，「72年体制」，とくに台湾問題について中国側が求める確認の継続は困難かも知れない．なぜなら，経済分野において台湾を排除したかたちで東アジアの経済「共同体」は成立し得ず，安全保障分野においても，この地域の安全保障問題の一つである台湾問題の当事者である台湾が共同体構想に入っていないことも，安全保障「共同体」の意味を減じさせることになるからである．また，日本は東アジア共同体構築にかかる基本的立場として，民主主義，自由，人権等の「普遍的価値の尊重」を掲げている[85]．こうした観点からも，台湾の位置づけを含む共同体構想が作成されなければならないだろう．日本は，中国との関係において「72年体制」を宣言政策上，確認することになるのかも知れない．しかし，長期的には「72年体制」の脱却のうえに，「東アジア協力」を中心テーマとする日中関係の枠組転換を実行していかざるを得ない．ここに，日中関係の枠組転換の難しさがある．

　2006年10月8日に安倍晋三首相が中国を訪問し，胡錦濤国家主席，温家宝総理，呉邦国全人代常務委員長それぞれと会談した．日本の首相による中国への公式訪問は1999年の小渕首相以来で，両国首脳は日中関係が両国にとって最も重要な二国間関係であることを改めて確認し，「共通の戦略的利益に立脚した互恵関係を構築に努力する」ことで合意した[86]．首脳会談後に発表された日中共同プレス発表によれば，「戦略的互恵関係」の構築をめざして，日中両国は二国間関係の問題への共同対応とともに（歴史共同研究や東シナ海問題の協議プロセスを加速して共同開発の方向を堅持すること），朝鮮半島の非核化の実現や「東アジア一体化プロセス」の推進で合意した．東アジア協力だけではなく，包括的に「戦略的互恵関係」の構築をめざすという日中関係の方向性が確認された意義は大きく，日中間の具体的な政策協調・協力を可能にした．例えば，同年10月3日に北朝鮮が核実験実施の予告声明を発表したことに対する安保理議長声明に関して，中国の王光亜・駐国連大使は「日本の原案がもっとも良い内容だ」として協力姿勢を示し[87]，10月9日の核実験実施後の安保理決議についても中国は軍事制裁を回避すべきとの立場を堅持しながらも協調姿勢を示した

のである。[88]

　また、2008年5月に胡錦涛国家主席が訪日し、「戦略的互恵関係」を包括的に推進すべく70項目の具体的な協力案件につき日中両国首脳が合意に達した。合意された内容は、政治・安全保障から経済・文化に及ぶ包括的な内容であり、東アジア協力についても環境分野や財政金融分野における具体的な協力推進が規定された。しかし、目指される協力の範囲はすでに地理的には東アジアを超えてグローバルなものになっており、また、気候変動や軍縮等の協力イシューの増大も「東アジア」という地域性を希薄なものにしている。こうした傾向自体は必ずしも否定すべきものではないが、日中関係において如何なる地域秩序の構築を目指すのかという戦略的なコミュニケーションの進展なしに、個別イシューをめぐる日中協力の安定的発展は難しい。2009年に誕生した民主党を中心とする連立政権において、鳩山政権の発足当初は「東アジア共同体」を標榜しながらも、これを実現するための具体的な政策手段を提示できなかった。加えて2011年11月には野田政権は環太平洋パートナーシップ（TPP）協定交渉への参加を表明するなど日本外交の地域概念は明らかに「アジア太平洋」に向かいつつあるように思われる。こうした日本側の政策展開も踏まえれば、いま一度、日中関係において共有可能な「東アジア」の意味と位置付けが議論されなければならないように思われる。

注

1）*Final Report of the East Asia Study Group*, November 4, 2002. 〈http://www.aseansec.org/viewpdf.asp?file=/pdf/easg.pdf〉
2）"When Will Japan-China Relations Really Warm?" *The Business Times*, November 26, 2004.
3）『毎日新聞』2004年12月1日。
4）東アジア共同体構想と米国との関係については、拙稿「東アジア共同体に向けた日本外交——東アジア共同体、同盟関係、戦略対話——」『現代アジア学の創生——年次報告書（2004年度）——』早稲田大学COE-CASオフィス、2005年、82〜89頁を参照されたい。
5）『朝日新聞』（夕刊）1997年1月14日。
6）"Tiptoeing Past China, Japan Extends a Hand to Asia," *International Herald*

Tribune, January 15, 1997; "Japan Opens A Door to ASEAN," *The Business Times*, January 15, 1997.
7）『朝日新聞』1997年3月27日および『日本経済新聞』1997年3月28日．
8）『産経新聞』1997年3月30日．
9）『産経新聞』1997年4月30日．
10）『日本経済新聞』1998年9月24日．
11）「アジア通貨危機支援に関する新構想──新宮澤構想──」『財務省ホームページ』〈http://www.mof.go.jp/daijin/1e041.htm〉．
12) "China Pledges to Further Cooperation With ASEAN," *Xinhua*, December 16, 1998; "China Calls for International Capital Controls," *China Securities Bulletin*, December 17, 1998; "Hu: RMB Not To Be Devalued," *China Daily*, December 17, 1998.
13）『日本経済新聞』1999年3月19日．
14) "Asean Supports Bigger Role for Yen," *The Straits Times*, May 1, 1999.
15) "Japan Agrees Miyazawa Initiative Will Cover Vietnam," *Japan Economic Newswire*, April 30, 1999.
16) 2005年5月にイスタンブールで開かれたASEAN＋3財務大臣会議におけるチェンマイ・イニシアチブの強化策にかんする合意（セカンドステージ）を受け，2005年末までに同イニシアチブに基づく二国間通貨スワップ取極のネットワークは，日中韓およびASEAN 5の計8カ国の間で，計17件585億ドルとなった．
17) 日中スワップ取極は，ドルではなく円と人民元の相互融通であり，東アジアにおいて円や人民元など東アジアの通貨の利用が促進され得るものであるといえよう．
18）『日本経済新聞』1999年12月4日および "Japan, S'pore to Study Trade Pact," *The Strait Times*, December 9, 1999.
19）『日本経済新聞』（夕刊）2004年9月18日．
20) "Joint Press Statement: A Japan-Philippines Economic Partnership Agreement," November 29, 2004. 〈http://www.mofa.go.jp/region/asia-paci/philippine/joint0411.html〉
21) 2006年9月に二階俊博・経済産業相は呉儀副総理および薄熙来商務部長と会談し，アジア太平洋16カ国によるEPA締結についての検討を中国側に求めた．これにたいして薄熙来部長は「研究する」と応じた（『共同通信』2006年9月25日）．
22) "ASEAN Vision 2020," Kuala Lumpur, December 15, 1997. 〈http://www.aseansec.org/5228.htm〉
23) 中華人民共和国外交部政策研究室編『中国外交2002年』世界知識出版社，北京，2002年，509頁．

24) 世界貿易機関（WTO）は二国間のFTA締結を認めているが，それは実質的にすべての貿易品目をカバーしなくてはならない（Article XXIV of the General Agreement on Tariffs and Trade）．しかし，この規定は途上国には免除されているため，中国とASEANのFTAは双方に都合の良い品目を選択して協定を締結したものであると言ってよい．
25) *Final Report of the East Asian Study Group*, Phnom Penh, Cambodia, November 4, 2002. 〈http://www.aseansec.org/viewpdf.asp?file=/pdf/easg.pdf〉
26) 『日本経済新聞』2002年11月5日および「朱鎔基出席並主持中日韓領導人会晤」『人民日報』2002年11月5日．
27) 外務省「東アジア地域協力の拡大の現状」（2006年11月）．
28) 外務省「第2回ASEAN＋3国境を越える犯罪に関する閣僚会議（AMMTC＋3）概要と評価」2005年12月1日．
29) "Press Statement by the Chairman of the 8th ASEAN Summit, the 6th ASEAN＋3 Summit and the ASEAN-China Summit," Phnom Penh, Cambodia, November 4, 2002. 〈http://www.infojapan.org/region/asia-paci/asean/pmv0211/state.html〉
30) "Chairman's Press Statement for the Seventh ASEAN Plus Three Foreign Ministers' Meeting," Kuala Lumpur, July 26, 2006. 〈http://www.aseansec.org/18580.htm〉
31) 拙稿「中国の大国外交――戦略パートナーシップをめぐって――」『東亜』第402号（2000年12月）85～104頁．
32) 鄧小平「目前的形勢和任務」，鄧小平『鄧小平文選』第2巻，人民出版社，北京，1983年，239～273頁．
33) 朱鎔基「関於国民経済和社会発展第十個五年計劃綱領的報告」2001年3月5日，中共中央文献研究室編『十五大以来重要文献選編』中巻，人民出版社，北京，2001年，1704頁．
34) 「外交部長唐家璇答記者問」『人民日報』2001年3月7日．
35) 「中菲発表聯合新聞公報」『新華社』2004年9月4日．
36) 江沢民「全面建設小康社会，開創中国特色社会主義事業新局面」，中共中央文献研究室編『十六大以来重要文献選編』上巻，中央文献出版社，北京，2005年，1～44頁．
37) 「従大国関係看中国外交戦略」『時事資料手冊』2004年11月27日．
38) 中華人民共和国外交部政策研究室『中国外交2004年』世界知識出版社，北京，2004年，27頁．
39) "Joint Declaration of the Heads of State/Government of the Association of Southeast Asian Nations and the People's Republic of China on Strategic Partnership for Peace and Prosperity," 〈http://www.aseansec.org/15266.htm〉．

40) "Plan of Action to Implement the Joint Declaration on ASEAN-China Strategic Partnership for Peace and Prosperity," ⟨http://www.aseansec.org/16806.htm⟩ および「盛会促進合作」『人民日報』2004 年 11 月 30 日．
41) 2005 年 5 月にラオスで開かれた ASPC 第 2 回会合において中国人民解放軍の熊光楷副総参謀長は，中国と ASEAN はそれぞれの軍事演習へオブザーバーを相互派遣すること検討しているのみならず，将来的には二国間あるいは多国間での合同軍事演習を実施する可能性についてすでに討議を始めていることを明らかにした（熊光楷「国際，地区安全形勢及武装力量維持安全方面的作用」，熊光楷『国際形勢与安全戦略』清華大学出版社，北京，2006 年，135～136 頁）．
42) 古平「論国際局勢的幾個特点」『人民日報』2002 年 4 月 2 日．
43) 中国現代国際関係研究所課題組「中国対東盟政策研究報告」『現代国際関係』2002 年第 10 期，5 頁．
44) 江沢民「営造有利戦略態勢，増強国家戦略能力」(2001 年 10 月 31 日)，江沢民『江沢民文選』第 3 巻，人民出版社，北京，2006 年，353 頁．
45) 何方「我們能同日本友好下去嗎？」『環球時報』1997 年 5 月 11 日．引用元は，何方「対中日関係的一些看法和意見」，中国社会科学院科研局組織編『何方集』中国社会科学出版社，北京，2001 年，186～194 頁．
46) 「銭其琛会見日本客人」『人民日報』1997 年 2 月 27 日．
47) 「別開生面的聚会」『人民日報』1997 年 3 月 4 日．
48) 「應邀赴日本韓国進行正式友好訪問胡錦濤抵東京開始訪日」『人民日報』1998 年 4 月 22 日．
49) 「在日中友好七団体歓迎宴会上胡錦濤強調継続発展中日関係」『人民日報』1998 年 4 月 24 日．
50) 「構築面向新世紀的中日関係」『人民日報』1998 年 11 月 25 日．
51) 「平和と発展のための友好協力パートナーシップの構築に関する日中共同宣言」，外務省編『外交青書 1999』第 1 分冊，大蔵省印刷局，1999 年，350～352 頁．
52) つぎの文献を参照されたい．馮昭圭『対話――北京和東京――』新華出版社，北京，1999 年，26～29 頁．
53) 鐘之成『為了世界更美好――江沢民出訪紀実――』世界知識出版社，北京，2006 年，323 頁．しかし，そもそも中国側で日中関係の枠組転換に関して限界が設定されていたとみることもできる．なぜなら，江沢民国家主席は，98 年 8 月の在外大使等の外交当局者を集めた会議において，「日本に対して，台湾問題をとことん言い続けるとともに，歴史問題を終始強調し，しかも永遠に言い続けなければならない」と強調していたのであり，歴史問題と台湾問題についての従来の枠組みを超えることは想定されていなかったからである（江沢民「当前的国際形勢和我們的外交工作」(1998 年 8 月 28 日) 江沢

民『江沢民文選』第3巻,204頁).また,2000年以降,中国側で日中関係の枠組転換の中心テーマとされた東アジア協力についても,江沢民は「東アジアの経済協力において日本が積極的な役割を果たすように促していく」と言及しており,日本の役割拡大についても経済分野に限定する意向が中国側にはあったのかも知れない(江沢民「営造有利戦略態勢,増強国家戦略能力」354頁).

54) 外務省「日中首脳会談概要」1999年7月9日および「朱鎔基与小淵恵三会談」『人民日報』1999年7月10日.

55) 「朱鎔基発表講演」『人民日報(海外版)』2000年10月16日および「西部大開発,北京——上海高速鉄道等について朱鎔基総理と意見交換——」『経団連くりっぷ』No. 135 (2000年11月9日).

56) 「報告・供覧:朱鎔基総理の訪日(記者会見)」(起案日:2000年10月16日).なお,本文書は筆者による行政文書の開示請求(開示請求番号:2006-00424,2006年3月20日付)にたいして,外務省が2006年5月19日付で開示を決定したものである.

57) 江沢民「在紀念中日邦交正常化三十周年友好交流大会上的講話」『人民日報』2002年9月23日.

58) 「王毅副部長在外交学院『東亜共同体』研討会発言摘要」『中華人民共和国外交部ホームページ』2004年4月21日〈http://www.fmprc.gov.cn/chn/wjb/zygy/t87474.htm〉.

59) 『人民日報』評論部の馬立誠は2002年12月に出版された『戦略与管理』誌(2002年第6号)に「対日関係の新思考」と題する論考を発表し,中国は「大国としての気概」をもち,「偏狭な観念を克服」しなければならないと主張し,その理由として「中国と日本はアジアの中心であり」,アジアの「一体化の実現に向け邁進しなければならない」ことを挙げた(馬立誠「対日関係新思維——中日民間之憂——」『戦略与管理』2002年第6期,41~47頁).中国人民大学国際関係学院の時殷弘教授は,より率直に中国指導部の「最大の外交任務」として「中日接近の追及」を提案した.時教授も「東アジア国際政治と経済における中日関係を処理する」ことを提起し,「可能な限り,日本と協調」して地域の安定と経済および安全保障面での統合を図ることを求めた(時殷弘「中日接近与『外交革命』」『戦略与管理』2003年第2期,71~75頁).『戦略与管理』2003年第2期掲載の時殷弘論文では,安全保障面での地域統合に触れられていないが,同誌2003年3期掲載の時殷弘論文で「中国が周辺国とともに長期的,段階的に地域的なあるいはサブリージョナルな国際安保体制を構築することによってのみ,(中国への)懸念を拭うことができる」と指摘されている(時殷弘「中国的外部困難和新領導集体面対的挑戦——国際政治,対外政策,台湾問題——」『戦略与管理』2003年第3期,37頁).

60) 「中日関係將走向何方?」『外灘画報』2003年8月13日.

61) 王毅「『中日聯合宣言』確立新世紀行動指南」『人民日報』2005年4月28日.

62) 浦田秀次郎「貿易・直接投資依存型成長のメカニズム」, 渡辺利夫編『アジアの経済的達成』(東洋経済新報社, 2001年).
63) Dennis Tachiki, "Between Foreign Direct Investment and Regionalism: The Role of Japanese Production Network," T. J. Pempel ed., *Remapping East Asia: The Construction of a Region*, (Ithaca and London: Cornell University Press, 2005), pp. 149-169.
64) 『日本経済新聞』2003年12月2日および『読売新聞』2003年12月2日.
65) 『読売新聞』2003年12月10日.
66) 『日本経済新聞』2003年12月6日および『読売新聞』2003年12月13日.
67) "Understanding China's 'Peaceful Rise' in the Region," *The Jakarta Post*, August 16, 2004.
68) 外務省編『外交青書 平成15年版』国立印刷局, 2003年, 38頁.
69) 「小泉総理大臣のASEAN諸国訪問における政策演説」(2002年1月14日)『首相官邸ホームページ』〈http://www.kantei.go.jp/jp/koizumispeech/2002/01/14speech.html〉.
70) 「新千年期における躍動的で永続的な日本とASEANのパートナーシップのための東京宣言(仮訳)」『外務省ホームページ』〈http://www.mofa.go.jp/mofaj/kaidan/s_koi/asean_03/pdfs/tokyo_dec.pdf〉
71) 「日本ASEAN行動計画(仮訳)」『外務省ホームページ』〈http://www.mofa.go.jp/mofaj/kaidan/s_koi/asean_03/pdfs/keikaku.pdf〉.
72) この時期の中国への経済協力見直しの政策過程については, つぎの拙稿を参照されたい. Masayuki Masuda, "Japan's Changing ODA Policy towards China," *China Perspectives*, Number 47 (May-June 2003), pp. 40-49.
73) 「『21世紀に向けた対中経済協力のあり方に関する懇談会』提言」(2000年12月)『外務省ホームページ』〈http://www.mofa.go.jp/mofaj/gaiko/oda/kunibetsu/china/sei_1_13_4.html〉.
74) 「対中国経済協力計画」(2001年11月)『外務省ホームページ』〈http://www.mofa.go.jp/mofaj/gaiko/oda/kunibetsu/enjyo/china._h.html〉.
75) 拙稿「在東亜共同体方面的日中合作——日中関係的『双軌』戦略——」小沢一彦, 孫進主編『21世紀中日経済合作与展望』社会科学文献出版社, 北京, 2004年, 310頁.
76) 「逢沢副大臣の訪中(概要)」『外務省ホームページ』〈http://www.mofa.go.jp/mofaj/annai/honsho/fuku/aisawa/china_0402/gaiyo.html〉.
77) 『第162回国会参議院外交防衛委員会会議録』第10号(2005年4月26日) 1頁および『第163回国会衆議院外務委員会会議録』第1号(2005年10月7日) 4頁.
78) 中国側で人道復興支援にかんする日中協力は, 具体的には人民解放軍が立案・実施す

ることになるが、2004年2月の逢沢副大臣と王毅副部長との合意は解放軍に伝達されていなかった可能性がある（筆者による人民解放軍関係者へのインタビュー、北京：2004年3月および2005年9月）。

79) 例えば、"ASEAN Has the Potential to Lead Proposed EAEC, Says Experts," *Bernama Daily Malaysian News*, June 3, 2005.
80) 拙稿「中国──『周辺外交』の成果と課題──」、防衛庁防衛研究所編『東アジア戦略概観2006』国立印刷局、2006年、92～122頁。
81) 金熙徳『中日関係──復交30周年的思考──』世界知識出版社、北京、2002年、87頁。
82) 金熙徳、前掲書、91頁。
83) 金熙徳、前掲書、93頁。なお、日中共同声明（1972年9月29日署名）における台湾問題への言及箇所はつぎの通りである。「日本国政府は、中華人民共和国政府が中国の唯一の合法政府であることを承認する。中華人民共和国政府は、台湾が中華人民共和国の領土の不可分の一部であることを重ねて表明する。日本国政府は、この中華人民共和国政府の立場を十分理解し、尊重し、ポツダム宣言第8項に基づく立場を堅持する」。
84)「五点主張」はつぎの五つである。①日中共同声明、日中平和友好条約、日中共同宣言の三つの政治文書を厳格に遵守すること、②「歴史を鑑として、未来に目を向ける」ことであり、日本側が歴史を正しく認識して対処し、これまでに表明した「反省を行動で示す」こと、③「台湾問題を正しく処理する」ことであり「一つの中国政策を堅持し、『台湾独立』を支持しないという日本の約束を実際の行動で示す」こと、④「対話と平等な協議を通じて中日間の対立を処理する」こと、⑤「広範な領域での交流と協力をさらに強化する」こと（「胡錦濤会見日本首相」『人民日報』2005年4月24日）。
85) 外務省「東アジア共同体に係る我が国の考え方」（2005年10月）。
86)「日中共同プレス発表」2006年10月8日。⟨http://www.mofa.go.jp/mofaj/kaidan/s_abe/cn_kr_06/china_kpress.html⟩
87)『朝日新聞』2006年10月28日。
88)『日本経済新聞』（夕刊）2006年10月10日。

（増田雅之）

第八章　海洋をめぐる日中関係
―― 新たな秩序形成の模索――

はじめに

　日中両国が1996年にそれぞれ批准した「海洋法に関する国際連合条約」(国連海洋法条約)は，日中関係に新たな課題をもたらした．それまで日本と中国はどちらの主権も及ばない公海によって隔てられていたが，国連海洋法条約にもとづいて両国が自国の排他的経済水域 (EEZ) ならびに大陸棚を新たに設定し，双方の主張するEEZならびに大陸棚が東シナ海の広い範囲で重複したことにより，これまで両国を漠然と分け隔ていた海域において境界を画定することが日中の新たな課題となったのである．この新たな課題は，日中国交正常化以前からの懸案である尖閣諸島問題などが阻害要因となって，目下，解決の目処はたっていない．

　EEZ・大陸棚の境界画定に関して，日中間で合意が成立しない一方で，東シナ海では，1996年以降，漁業，海洋調査，軍艦の航行，資源開発などをめぐって新たな秩序形成の必要性が高まってきた．本章では，EEZ・大陸棚の境界画定との関連で1996年以降日中間で生じた諸問題およびそれに対する日中双方の対応を分析する．

1　排他的経済水域 (EEZ)・大陸棚の境界画定問題

(1) 国連海洋法条約における規定と日中の立場

　1994年に発効した国連海洋法条約では，領海の幅を測定するための基線から200カイリ (約370キロメートル) までの海底・地下・上部水域における生物・非生物資源を探査・開発・保存・管理するための「主権的権利」が，沿岸国に認められた (第56条)．沿岸国のこうした主権的権利の及ぶ水域を排他的

経済水域（EEZ）と呼ぶ．この水域では，沿岸国は資源に関する主権的権利のみならず，構築物の設置・利用，「海洋の科学的調査」，海洋環境の保護・保全に関しても管轄権を有することが国連海洋法条約で定められた．

国連海洋法条約を採択した国連の第3回海洋法会議では，EEZとともに大陸棚に関する新たな規定も定められた．200カイリのEEZが新たに採択された概念であったのとは対照的に，大陸棚は1945年に米国によって初めて宣言されて以降，既成概念となり，1958年に国連で「大陸棚に関する条約」が追認的に採択されたという歴史がある．そこでは，大陸棚は，「海岸に隣接しているが領海の外にある海底区域であって，水深が200メートルまでであるもの，または水深がこの限度を超えているがその天然資源の開発を可能にする限度までであるものの海底」と定められた．この規定は，各国が排他的に開発し得る海底の具体的な範囲が曖昧であるという点が問題であった．

国連海洋法条約では，大陸棚は「沿岸国の領海を超えてその領土の自然延長をたどって大陸縁辺部の外縁まで延びている海面下の区域の海底およびその下，または大陸縁辺部の外縁が領海の幅を測定するための基線から200カイリの距離まで延びていない場合には，当該基線から200カイリまでの海面下の区域海底およびその下をいう」と規定された（第76条）．この規定には，「海底の地形」と「距離」という二つの基準が導入されたが，少なくとも領海の基線から200カイリまでの海底に関しては，地形の如何にかかわらず，沿岸国は自国の大陸棚として探査・開発に関して主権的権利を有すると定められた．これによって，大陸棚の範囲は基本的にEEZの範囲と合致することになったのである．

しかし，EEZの限界が領海基線から200カイリまでであるのと比べて，大陸棚は海底の大陸縁辺部が200カイリを超えて延びている場合には，領海基線から350カイリおよび2500メートル等深線から100カイリという線を超えない範囲で拡張することができる．すなわち，海底の地形や地質が陸とつながっていること（自然延長）を科学的データにもとづき国連の「大陸棚の限界に関する委員会」に証明することができれば，大陸棚を200カイリを超える形で拡げることができるのである．この場合，沿岸国の主権的権利が及ぶのはあくまで海底と地下のみであって，上部水域に関しては沿岸国の主権的権利は領海の基線から200カイリの線を超えることはない．要するに，沿岸国に200カイリ

を超える範囲で海底・地下に対する主権的権利が認められた場合にのみ，EEZ と大陸棚との制度的な違いが現れるのである．

　国連海洋法条約の批准とともに日本政府が設定した EEZ の面積は約 405 万平方キロメール（世界第 6 位）に達する．また，日本政府は，これまで行ってきた調査にもとづいて，日本が想定する EEZ の外にある約 65 万平方キロメートルの海底が日本の大陸棚に組み込まれる可能性があるとしており，2002 年 6 月に「大陸棚調査に関する関係省庁連絡会議[2]」を内閣に設置し，2009 年までに国連の「大陸棚の限界に関する委員会」に申請するための準備を行っている．

　日本が自国の EEZ および大陸棚を設定する際，中国との関係において問題となるのが，中国大陸沿岸部と尖閣諸島を含む南西諸島との間の海域である．中国大陸沿岸と尖閣諸島との間の海域の幅は場所によっては約 330 キロメートルしかなく，この海域に EEZ・大陸棚を設定する場合，日中の EEZ・大陸棚は広い範囲で重なることとなる．

　1996 年 7 月に施行された日本の「排他的経済水域・大陸棚法」においては，日本と向かい合っている外国との間の EEZ・大陸棚の範囲は，基本的にそれぞれの国の領海の基線から等距離の線である「中間線」までとされ，その外国との間で中間線に代わる境界に関して合意が成立した場合には「合意した線」までとされた．日本政府は，この国内法にもとづいて，現在のところ尖閣を含む南西諸島周辺の日本の領海と大陸沿岸の中国の領海との間の海域を等距離で分ける中間線（等距離中間線）より東側の海底・地下・上部水域に対する主権的権利を主張している．

　これに対し，中国政府は，尖閣諸島（中国名は「釣魚島」）に対する日本の領土主権を認めておらず，日本が尖閣を起点として設定している EEZ・大陸棚の中間線を否定する見解を繰り返し表明してきた．また，中国政府は，「大陸棚自然延長論」の立場から，大陸沿岸の領海基線から 200 カイリを超えた「大陸縁辺部の外縁」までを自国の大陸棚と主張している．東シナ海の海底に関していえば，中国政府は沖縄本島のすぐ西に位置する沖縄トラフ（舟状海盆）を大陸縁辺部と認識しており，沖縄トラフより西の海底全てが中国の大陸棚であるという立場をとっている．この主張は，沖縄トラフと中国沿岸部との間に位置する尖閣諸島を日本の領土，あるいは日本の EEZ・大陸棚の基点として認め

ないことが前提になっている。

　中国政府は1992年に制定した「中華人民共和国領海法および接続水域法」（領海法）において，「釣魚島」を中国領と定めた。中国の国内法において「釣魚島」に対する領有権が明記されたのは，この時が初めてであった。また，1998年に制定された「中華人民共和国専管経済区および大陸棚法」では，中華人民共和国の大陸棚は，中華人民共和国の領海の外で，本国陸地領土からの自然延長の全てであり，大陸棚縁辺外縁の海底区域の海床・底土まで延びているという規定が示され，改めて「自然延長」の原則を重視する姿勢が明確にされた。

　中国政府が，1992年の領海法において尖閣諸島を中国領に含めたことは，国際法の観点からいえば，日本の尖閣領有に具体的な影響を及ぼすものではない。国際司法裁判所は，領土問題を付託された場合，問題が発生したとされる時点をクリティカル・デイト（決定的期日・証拠許容限界期日）と定め，原則として，この日までの行為・事実を裁判に有効な証拠と見なす。尖閣諸島問題の場合，クリティカル・デイトに関しては諸説があり，例えば，沖縄返還協定が締結された1971年6月17日，あるいは中国政府が史上初めて日本の尖閣領有に対し公式に抗議をおこなった1971年12月30日などが候補として挙げられるが，はっきりしているのはクリティカル・デイトは1971年以前に設定されるということである。即ち，1971年以前に，尖閣諸島に対する「実効的占有」がなされていたことを示す行為・事実が，国際司法裁判所によって有効な証拠と見なされることとなる。このため，1992年の領海法の制定は，尖閣諸島問題に関する中国の法的地位を何ら改善するものではなく，逆に1971年以前の段階で中国がいかなる国内法においても尖閣諸島を自国の主権の及ぶ領土として明記しなかったことは，中国が尖閣諸島に対し「実効的占有」を確立していたかどうかを判断する際に中国にとって決定的に不利な材料となるのである。

　1992年の領海法制定以前に中国政府が中国の領海に関して公式に立場を表明したのは1958年9月に発表された「中華人民共和国政府の領海に関する声明」においてであった。この声明では，当時日本の領土の一部でありながら米国の施政権下に置かれていた尖閣諸島に関する言及は一切なされなかった。このことから，当時の中国政府が尖閣諸島に対する領有権を特に意識していなか

ったことがうかがえる．ところが，1970年以降，58年の声明において中国の領土として言及がなされた「台湾およびその周囲の各島」，換言すれば「台湾の付属島嶼」に「釣魚島」が含まれていたとする説が浮上した[6]．これ以降，中国政府は，尖閣諸島が古代より一貫して「台湾の付属島嶼」であり，日本が第二次大戦終結後に台湾島とともに中国に「返還すべき領土」であったという主張を繰り返すようになった．しかし，尖閣諸島に言及しなかった1958年の「領海に関する声明」と同じ年に北京で発行された『世界地図集』では，尖閣諸島は日本の「琉球群島」に含まれ，魚釣島も中国名の「釣魚島」ではなく，日本名の「魚釣島」で表記されている[7]．また，1953年1月8日に中国共産党の機関紙『人民日報』に掲載された「琉球群島人民の米国占領反対闘争」という記事では，「琉球群島」が「尖閣諸島」を含む七つの島嶼からなると紹介されており，尖閣諸島を「台湾の付属島嶼」ではなく「琉球群島」の一部であるとする党の見解が示されている[8]．これらの政府声明・地図・記事は，当時の中国政府が，1971年以降の主張に反して，実際には尖閣諸島を「台湾の付属島嶼」と見なしておらず，逆に尖閣が「琉球群島」の一部であること，即ち日本の領土であることを認めていたことを物語っている[9]．

　いずれにせよ，現在中国政府が尖閣諸島に対する日本の領有権を否定しているため，東シナ海におけるEEZ・大陸棚の境界画定に関する日中の主張には大きな隔たりがある．東シナ海を挟む日中の場合のような「向かい合っているか，または隣接している海岸を有する国の間における」EEZ・大陸棚の境界画定に関して国連海洋法条約では，EEZについては第74条，大陸棚については第83条においてそれぞれ原則が示されており，どちらにおいても「『衡平な解決』を達成するために，国際司法裁判所規程第38条に規定する国際法に基づいて合意により行う」とだけ規定している[10]．即ち，国連海洋法条約では，日本が立脚する「等距離」原則も，中国が立脚する「自然延長」原則も境界画定の決定的な基準とは見なされておらず，あくまで当事国双方にとって衡平な結果が得られる形で境界画定を行うことを定めているのである．当事国双方にとって衡平な結果が得られる形で境界線を引く際，どのような要素を考慮に入れるべきかについて国連海洋法条約は具体的に示していない．このため，EEZ・大陸棚の境界画定をおこなう際の基準，手法，考慮すべき事情などは，

過去の様々な境界画定紛争に対して国際司法裁判所や仲裁裁判所が示した判決の中から導き出されねばならない．

(2) 判例から見た境界画定

過去に大陸棚の境界画定に関して国際司法裁判所が判決を下した事件には，北海大陸棚事件 (1969)，チュニジア・リビア大陸棚事件 (1982)，メイン湾海域境界画定事件 (1984)，リビア・マルタ大陸棚事件 (1985)，ヤン・マイエン海域境界画定事件 (1993)，カタール・バーレーン海洋境界画定事件 (2001)，カメルーン・ナイジェリア領土・海域境界画定事件 (2002) がある[11]．また，関係当事国間で設けられた仲裁裁判所によって大陸棚の境界画定がなされた代表例として，英仏海峡大陸棚事件 (1977) が挙げられる．これらの事件に関する判例で示された EEZ・大陸棚の境界画定の基準や手法は，今後の境界画定問題解決のための指針となる．

1958年に国連で採択された「大陸棚に関する条約」では，第6条において「向かい合っている海岸を有する2以上の国の領域に同一の大陸棚が隣接している場合には，それらの国の間における大陸棚の境界は，それらの国の間の合意によって決定する．合意が無い時には，特別な事情により他の境界線が正当と認められない限り，その境界は，いずれの点を取ってもそれぞれの国の領海の幅を測定するための基線上の最も近い点から等しい距離にある中間線とする」という規定が示された．しかし，その後の大陸棚の境界画定に関する国際司法裁判所や仲裁裁判所の判決では，「等距離」原則のみによる境界の画定は採用されず，上記の八つの事件全てにおいて衡平な解決が強調されたのである．

ただし，日中の場合と同じく「向かい合っている海岸を有する」国家間で大陸棚の境界画定が問題となった英仏海峡事件，リビア・マルタ事件，メイン湾事件，ヤン・マイエン事件，カタール・バーレーン事件においては，等距離中間線が衡平な結果を導き出す上で有益な基準と見なされた．例えば，英仏海峡事件では中間線が部分的にそのまま境界として採用され，それ以外の四つの事件では，まず暫定的境界線として等距離中間線が引かれ，その上で関連諸事情を考慮に入れて，中間線をずらすという手法で最終的な境界画定がなされたのである．また，「隣接している海岸を有する」国家間での大陸棚の境界画定問

題と位置づけられるカメルーン・ナイジェリア事件においても，等距離中間線を引いた上で関連事情に従って中間線をずらすという方式で境界画定がなされた．ちなみに，二国間の外交交渉による境界画定において等距離原則が採用された例は，日韓大陸棚北部境界画定協定も含め，100件を上回っている．

　国連海洋法条約が採択されて間も無く判決が出されたリビア・マルタ事件では，「向かい合っている海岸を有する」国家間の境界画定に関して，比較的明確な指針が示された．[12] 判決の中で国際司法裁判所は，国家は自国に属する大陸棚がその地質学的な特徴に関係なく200カイリにまで及ぶと主張できるとして，地質学的一体性にもとづく法的権原としての自然延長概念を距岸200カイリまでの海底について否定した．換言すれば，200カイリ内の海底に関しては（海岸が向かい合っている国家間の場合は，400カイリ内），物理的な意味での自然延長原則から大陸棚の境界画定基準を引き出すことはできないとされ，大陸棚の法的権原は距離基準によるとされたのである．これは国際司法裁判所が新たに発展したEEZ制度の大陸棚制度への影響を評価したことを示している．国際司法裁判所は，大陸棚制度が，国連海洋法条約第76条（大陸棚の定義）第1項で定められた200カイリの距離基準を媒介としてEEZ制度と連結していると解し，そのEEZ制度が距離を権原の基礎とする規則とともに国家実行によって慣習法となったという判断を下したのである．

　また，国際司法裁判所は，境界画定において等距離方式の採用は義務的ではないとしつつも，「向かい合っている海岸を有する」国家間において境界画定がなされる場合は，等距離方式の衡平な性格は特に著しいと判断し，向かい合った海岸の間に中間線を引くことが，暫定的措置として最終的に衡平な結果に達成するために最も思慮のある方法であるという見解も示したのである．このリビア・マルタ事件以降，国際司法裁判所が扱った全てのEEZ・大陸棚境界画定問題において，距離基準と等距離中間線を用いた解決方法が採用されるようになった．

　リビア・マルタ事件の判例をもとに，東シナ海における日中の境界画定の基準を判断するならば，問題となっている海底は，日中双方の領海の基線から200カイリ内にあるため，大陸棚はEEZと同一化していると見なされ，境界画定には距離基準が用いられることになる．中国政府は，前述のとおり，自然

延長原則を掲げているが，この主張はリビア・マルタ事件以降の距離基準に重きを置く国際判例の趨勢に合致しない．

国際司法裁判所の判決で唯一，自然延長原則が境界画定の基準とされたのは，北海事件である．この事件では，デンマークとオランダの主張する等距離中間線に対し，西ドイツが異議申し立てを行い，国際司法裁判所が衡平な結果を得るために「領土の自然の延長」という概念を取り入れて大陸棚の境界画定を行った．しかし，これはあくまで「隣接している海岸を有する」国家間の境界画定に該当する事件であり，国連海洋法条約の最終的な草案が確定した後に同じく「隣接している海岸を有する」国家間の境界画定を扱ったチュニジア・リビア事件やカメルーン・ナイジェリア事件では，自然延長原則は境界画定の基準として採用されなかった．また，「向かい合っている海岸を有する」国家間での大陸棚の境界画定に関していえば，国際司法裁判所が自然延長原則を境界画定の基準としたことは一度もないのである．

以上のように，中国政府の主張は，過去の国際判例から正当性を導き出すことが困難である上に，そもそも，国連海洋法条約の規定に照らしても問題がある．国連海洋法条約では，確かに自然延長原則に一定の留意がなされ，国連海洋法条約第76条第4項によれば，200カイリを超える大陸棚の境界画定に関しては，自然延長ならびに地質学的な要素が適用されると規定している．ただし，第76条第10項では，「向かい合っている海岸を有する」国家間の大陸棚の境界画定に関しては，第76条の規定は影響を及ぼさないと定めている．また，200カイリを超えて大陸棚に対する主権的権利を獲得するには，「大陸棚の限界に関する委員会」の承認が必要であるが，この委員会の設立を定めた国連海洋法条約付属書Ⅱ第9条では，「委員会の行為は，向かい合っている，または隣接している海岸を有する国の間の境界画定に関する事項に影響を及ぼすものではない」と定めている．即ち，「向かい合っている海岸を有する」国家間で大陸棚の境界画定をおこなう場合には，どちらかが一方的に自然延長原則を適用することは国連海洋法条約において認められていないのである．

一方，前述のとおり，境界画定の「衡平な解決」を図る際に，暫定的措置として等距離中間線を引くということは，英仏海峡事件，リビア・マルタ事件，メイン湾事件，ヤン・マイエン事件，カタール・バーレーン事件，カメルー

ン・ナイジェリア事件において支持されている手法である．即ち，国際司法裁判所と仲裁裁判所が過去に示したこれらの判例は，日中間の等距離中間線に暫定的な境界線としての正当性を付与するものであると捉えられる．ただし，ここで注意せねばならないのは，中間線はあくまで日中が境界画定に関する合意に達するか，国際司法裁判所に判断を仰いで決断が下されるまでの間の暫定的な境界でしかないということである．

　上記の六つの判例では，まず暫定的な境界線として等距離中間線を引いた上で，関連諸事情を考慮に入れて，中間線を調整する形で最終的な境界線が引かれた．関連事情はケース・バイ・ケースで異なってくるが，これまでの判例では，問題となる海域における沿岸国の海岸の形状，海岸の長さ，島や岩の有無，漁業資源への衡平なアクセスなどが境界画定の際に考慮に入れられた．リビア・マルタ事件では，問題となった海域に面した両国の海岸の長さがあまりに不均等であること（リビア192カイリ，マルタ24カイリ）を反映して，衡平な境界線は中間線を北へ緯度18分移動させた線（マルタ寄り）であるとされた．ヤン・マイエン事件では，デンマークの領有するグリーンランドの海岸線が，ノルウェーの領有するヤン・マイエン島の海岸線よりも圧倒的に長いことや双方の漁民の漁業資源へのアクセスが考慮され，境界線は等距離中間線とデンマークの主張する200カイリ線の間，即ち中間線よりもノルウェー寄りの地点を通る形で引かれた．

　東シナ海における日中のEEZ・大陸棚の最終的な境界画定が，仮に国際司法裁判所に付託された場合，国際司法裁判所がどのような関連事情を考慮に入れるかを的確に予想するのは困難である．しかし，少なくとも過去の判例から，日中の海岸線の長さが考慮に入れられることはほぼ間違いないといえる．このため，国際司法裁判所が尖閣諸島を日本の領海・EEZ・大陸棚の基点と見なして境界画定を行ったとしても，中国の海岸線は尖閣諸島を含む南西諸島の海岸線よりも長いため，日中間の最終的な境界線は，現在の等距離中間線よりも日本側に入り込んだ地点で引かれる可能性がある．仮にそうなった場合，日中の最終的な境界線は中国大陸沿岸の中国の領海基線から200カイリの線と等距離中間線との間の海域において，関連諸事情を考慮に入れて定められた地点を通る形で引かれると考えられる．

さらに留意せねばならないのは、島の扱いである。国際司法裁判所や仲裁裁判所が大陸棚の境界画定を行う際、「衡平な解決」という目標との関連で問題海域における島の扱いがケース・バイ・ケースで異なる[13]。島周辺の領海・EEZ・大陸棚が全面的に認められる場合（「完全効果」）もあれば、領海だけ認められ、EEZ・大陸棚は認められない場合もあり、EEZ・大陸棚に対する「半分効果」が認められる場合もある。仮に、日中間の境界画定に関して国際司法裁判所の判断を仰いだ場合、裁判所が「衡平」の観点から尖閣諸島に「完全効果」を認めない可能性もある。

日中両政府は、目下、共にこの問題を国際司法裁判所に付託する姿勢を見せていないため、東シナ海におけるEEZ・大陸棚の境界画定は、国連海洋法条約第74条と第83条にもとづいて、双方に衡平な結果をもたらすような形が外交交渉によって導き出されねばならない。日中間の最終的な境界線は、日中双方が交渉を通じて合意に達して初めて効力を有するのである。日中間には、目下、境界画定の基準と手法をめぐる見解の不一致という問題が見られるが、国連海洋法条約ならびにこれまでの国際判例から判断して、まず等距離中間線を暫定的な境界線として認めた上で、海岸線や島の扱いなどを含む関連諸事情を考慮に入れて中間線を調節するという距離基準に拠る手法を用いることが適切であると考えられる。

交渉による合意の形成への道筋を探るべく、日中は1998年以降、毎年「海洋法の問題に関する協議」を開催するなど、対話の機会を数多く設けてきた。しかし、東シナ海の境界画定に大きな影響を及ぼす尖閣諸島の法的地位に関する共通認識すら形成されていない環境の下での対話に目立った進展は見られない。その一方で、日中間では、1996年以降、漁業、海洋調査、軍艦の航行、海底資源開発などをめぐる問題が発生しており、早急に新たな秩序を形成する必要性が高まっている。次節では、これらの諸問題と、それに関する日中の取り組みを概観する。

2 境界画定から発生した諸問題

(1) 漁業

日中が 1996 年にそれぞれ国連海洋法条約を批准したことにより，東シナ海の大部分が日中双方の設定した EEZ に組み込まれることになった．この新たな状況を踏まえて，日中間で EEZ 制度に立脚して漁業資源の共同管理を行うことを目標とした漁業協定の締結交渉が始まった．この EEZ の問題が浮上するはるか以前から，日中間では，東シナ海や黄海において漁業資源の管理および漁船の操業に関する規定を整備する必要性が認識され，日中国交正常化以前にたびたび民間漁業協定（代表的なものは 1955 年，1963 年，1965 年の協定）が締結された[14]．これらの協定は，日本側の日中漁業協議会と中国側の中国漁業協会との間で締結された．上記の 3 協定の内容はほぼ同じで，黄海と東シナ海の公海上に六つの漁区を設定し，そこで操業できる日中双方の漁船の隻数や操業のルールなどが定められた．

日中間で民間漁業協定が締結されたそもそもの契機は，1950 年代における中国による日本漁船の大量拿捕であった[15]．1950 年 10 月に中国が朝鮮戦争に参戦した直後の 1950 年 12 月以降，東シナ海や黄海で日本漁船が「スパイ容疑」などで中国の武装艦船に拿捕される事件が相次いだ．1950 年 12 月から 1954 年 9 月までの間だけで，158 隻の日本漁船が中国に拿捕され，乗組員 1909 人が抑留された．当時，中国政府は，日本政府の親米・親台路線に反発しており，政府レベルでの問題解決は困難であったため，民間協定によって東シナ海および黄海での漁業に関する秩序形成が試みられたのである．

1955 年と 1965 年の漁業協定の締結交渉では，中国漁業協会から日中漁業協議会に書簡が送られ，その中で，中国政府が公海上に一方的に設定した軍事警戒区域，軍事作戦区域，底曳網漁業禁止区域の範囲が示され，日本漁船の立ち入り禁止が通告された．例えば，北緯 27 度以南の海域は，台湾を対象とした軍事作戦区域であるとされ，ここに立ち入る日本漁船の安全は保障できないとされたのである．これに対し，日中漁業協議会は一国の国内法が公海において他国を拘束することはできないという見解を示しつつも，基本的に中国側から

の注文を尊重する姿勢を見せた．

　これらの民間漁業協定では，日本の尖閣諸島領有が中国側に問題視されることは無かった．『人民日報』において「釣魚島」に対する領有権の主張が初めてなされたわずか半年前の1970年6月に中国漁業協会と日中漁業協議会が行った会談の場でも，中国側が尖閣に言及することは無かった[16]．日中の民間漁業交渉の場において尖閣の領有権が初めて問題とされたのは，1970年12月29日に『人民日報』が日・韓・台の大陸棚共同開発構想に対抗する形で日本の尖閣領有を否定する記事を掲載した2日後に行われた会談においてであった[17]．この時，中国漁業協会は「日本軍国主義が復活の兆しを見せ，米帝国主義と結託して中国の国家権益を侵害している」という見解を示し，日本の尖閣領有を批判したのである．

　その後，周知の通り，1971年12月30日に中国外交部が沖縄返還協定で定められた返還区域に尖閣諸島が含まれていたことを「中国の領土主権に対する侵犯」と批判する声明を発表し[18]，史上初めて中国当局による日本の尖閣領有に対する公式な異議申し立てがなされるという問題が発生した．尖閣諸島の日本領土への編入から76年，第二次大戦終結から26年，中華人民共和国成立から22年もの歳月が過ぎてから中国政府が突如として日本の領土主権を否定する声明を発表したことによって引き起こされた尖閣諸島問題という障害にもかかわらず，日中は1972年に国交を正常化し，1975年には政府間協定である「日本国と中華人民共和国との間の漁業に関する協定」（日中漁業協定）が締結された[19]．

　日中漁業協定では，黄海および東シナ海に協定水域が設定され，そこにおける漁業資源の管理や漁船の操業についての規定が定められた．また，協定に関する諸問題を検討する協議機関として日中漁業共同委員会が設置された．この協定では，協定水域内における相手国の漁船に対する取り締まりは認められず，相手国漁船が協定に違反した場合には，相手国政府に通知することしかできなかった．

　日中漁業協定では，民間漁業協定で問題となった北緯27度以南の海域の扱いについては明確にされず，尖閣諸島の領有権をめぐる問題も取り上げられなかった．しかし，この協定の締結交渉でも，中国側は北緯27度以南が「軍事

「作戦状態」にあることを理由に、日本漁船の立ち入りを禁じる通告を行った。日本側からすれば、北緯27度以南には、日本の領土である沖縄諸島、宮古諸島、八重山諸島、先島諸島、尖閣諸島などが存在し、そこにおける日本漁船の活動を禁止することなど全く常識外のことであったため、当然のことながら、この通告の内容を受け入れない旨を中国政府に伝えた。一方、中国政府は、協定水域以西の公海での日本漁船の操業を基本的に禁止する通告も行った。これに対して、日本政府は基本的に不承認の見解を示しつつも、漁業資源保護の必要性から日本漁船を立ち入らせないことを表明したのである。

1975年の漁業協定は、1996年に日中双方がEEZ制度を導入したことにより、見直しを余儀なくされた。日中間での漁業協定の見直しと新たな協定の締結をめぐる交渉は1996年12月に始まり、約1年間の交渉を経て、1997年11月に両国政府の代表が「漁業に関する日本国と中華人民共和国との間の協定」（新漁業協定）に署名をした[20]。しかし、その後も日中間で漁船の詳細な操業条件などに関して意見の一致が見られなかったため、日中間の交渉は続き、新漁業協定が発効したのは、2000年6月以降であった。

新漁業協定の交渉の焦点は、双方のEEZの重なり合う海域における境界画定であった。しかし、日中間ではそもそもEEZの範囲を決めるための基点に関してすら合意が形成しがたい状況であったため、結局明確な線引きは行われず、東シナ海では北緯30度40分の線と北緯27度の線に挟まれた海域で、両国の領海の基線から概ね52カイリまでを除く海域に暫定措置水域が設定された。この暫定措置水域での漁船の取り締まりは自国の漁船に限定され、漁業資源の管理に関しては新たに設置された日中漁業共同委員会を通じて日中が共同で行うことになった。暫定措置水域を除く日中両国のEEZにおいては、国連海洋法条約の規定にもとづいて、沿岸国が相手国に対する漁獲割当量その他の操業条件を決定し、相手国の漁船に対する操業許可および取締りを行うことが決められた（相互入会措置）。これにより、日本周辺の広大な海域において、日本政府が原則上「排他的経済水域における漁業等に関する主権的権利の行使等に関する法律」（EZ漁業法・1996年施行）にもとづいて中国漁船の操業を管理することとなったのであり、外国漁船による乱獲から日本近海の漁業資源を守るという日本側の取り組みは大きく前進した。

しかし，北緯27度以南の海域での漁業秩序の形成に関しては，課題が残った．北緯27度以南に暫定措置水域を拡大すると，台湾との問題が発生する上，暫定措置水域の範囲画定に影響を及ぼす尖閣諸島の取り扱いに関して日中で共通認識を形成することは不可能であったため，北緯27度以南の海域は新漁業協定の対象外となった．また，それに関連して北緯27度以南において日本が設定しているEEZの一部では，中国漁船はEZ漁業法の適用除外の対象とされた．このため，この海域での漁業に関する秩序は確立しているとはいい難い．海上保安庁によれば，日中両国が新漁業協定に署名をした1997年以降も，尖閣諸島周辺の日本の領海内において不法操業を行う中国漁船は後を絶たない[21]．

1996年における国連海洋法条約の批准を契機として始まった漁業に関する新たな秩序形成の過程において日中両国は，EEZの境界画定問題を暫定措置水域の設置という方法でとりあえず棚上げにし，北緯27度線以北に関しては一定の秩序を確立することに成功したと評価し得る．しかし，北緯27度以南に関しては，未だに秩序は確立されているとはいえず，中国漁船と日本の海上保安庁の巡視船との摩擦が続いており，今後こうした摩擦が外交問題に発展する可能性もある．故に，今後は尖閣諸島周辺海域を含めた北緯27度以南での漁業に関する明確なルール作りを進めることが日中にとって重要な課題になると考えられる．

(2) 海洋調査と軍艦の航行

①中国海洋調査船問題の浮上

1968年，国連アジア極東経済委員会 (ECAFE) は，東シナ海，特に尖閣諸島周辺海域に大量の石油資源が埋蔵されているという報告を行った．これを契機として始まった日・韓・台による東シナ海を対象とした石油鉱区の設定や共同開発構想の推進に対抗する形で，中国政府は1971年に尖閣諸島に対する領有権を主張し，1970年代半ば以降，東シナ海で本格的に海洋調査・資源探査を行うようになった．また，1980年代には石油・天然ガスの試掘が開始された．中国の海洋調査ならびに試掘は従来東シナ海における日中中間線の中国側で行われていたが，日中が国連海洋法条約を批准する前年の1995年以降，中国は中間線の日本側においても海洋調査を展開するようになり，1995年12月には

試掘も行われた。こうした中国の動向は、日本国内において、日本の主権的権利を侵害する行為として問題視されるようになった。[22]

国連海洋法条約では、沿岸国にEEZ内での海底資源の探査・開発に対する主権的権利および「海洋の科学的調査」に対する管轄権（規制・許可・実施）が認められている（第56条）。また、沿岸国の主権的権利が及ぶ大陸棚を他国が探査・開発する際には沿岸国の「明示的な同意」が必要であると定めている（第77条）。この国連海洋法条約を批准したことにより、日本は新たに設定したEEZ・大陸棚における資源の探査・開発ならびに「海洋の科学的調査」を全面的に管理する法的根拠を得たのである。

国連海洋法条約は、「海洋の科学的調査」を一般の資源探査と区別している。「海洋の科学的調査」は、「専ら平和的目的で、かつ、全ての人類の利益のために海洋環境に関する科学的知識を増進させる目的」の下で行われ、調査結果は必ず国際社会に公表されねばならないという点で一般の資源探査と性格が異なる。一般の資源探査に関していえば、沿岸国は、自国のEEZ・大陸棚での他国の活動を理由の如何を問わずに禁止することができる。これに対して、「海洋の科学的調査」に関しては、自己のEEZ・大陸棚であっても、沿岸国は原則上他国の活動を認めなければならない。即ち、他国より「海洋の科学的調査」の申請を受けた国は、その調査が上記の目的に合致している場合には、自己のEEZ・大陸棚において行われる調査に対して「通常の状況において、同意を与える」ことが求められるのである（第246条）。ただし、「海洋の科学的調査」を他国の領海・EEZ・大陸棚で行う場合には、資源探査と同様に必ずその国の同意を得ることが必要であり（第245, 246条）、調査の開始予定日の6カ月前までに、調査の目的・方法・時期・範囲などをまとめた説明書をその国に提出しなければならない（第248条）。

「海洋の科学的調査」に関しては、主として二つの問題が指摘されている。一つは、「海洋の科学的調査」の一環として行われる地殻構造調査に使われる機器は石油・天然ガスの探査にも使われるため、調査内容によっては資源探査との区別が困難であり、「海洋の科学的調査」という名目の下で他国のEEZ・大陸棚において資源探査が行われる可能性があるという問題である。もう一つは、「人類の利益のために海洋環境に関する科学的知識を増進させる目的」の

下で集められた海流や海水に関するデータは，潜水艦の航行といった軍事目的に利用される可能性があるという問題である．

資源探査にせよ，「海洋の科学的調査」にせよ，他国の領海・EEZ・大陸棚で実施する場合には，必ずその国の同意を得ることが必要不可欠な条件となる．換言すれば，いかなる目的・内容のものであっても，他国の領海・EEZ・大陸棚において無断で調査活動をすることは国連海洋法条約において禁じられているのである．しかし，1995年以降，日中中間線の日本側海域において展開されるようになった中国の海洋調査船による活動は，日本政府に対する事前通報および日本政府の同意を欠く形で展開された．事前通報および同意を欠いたまま中間線の日本側海域で活動しているのを海上保安庁に発見された中国海洋調査船の数は，1996年は15隻，97年は4隻，98年は15隻，99年は33隻，2000年は24隻であった（計91隻）．

日本政府は，中国政府との合意が成立するまでの間は等距離中間線を日中のEEZ・大陸棚の境界線とする立場をとっており，国連海洋法条約の規定に従って中間線の日本側において外国調査船が無断で海洋調査・資源探査を実施することを認めていない．このため日本政府は，1995年以来，中国の海洋調査船が中間線以東の日本側海域において同意を得ていない調査を実施する度に，海上保安庁の巡視船や航空機によって追尾監視を行い，現場海域において調査活動の中止を要求するとともに，外務省を通じて中国政府に対し抗議を行ってきた．しかし，統計が示している通り，日本側の度重なる抗議にもかかわらず，中間線の日本側海域における中国海洋調査船の活動は活発化する傾向を見せたのである．日本政府の抗議に対し，中国政府は，中間線の日本側海域での中国海洋調査船の活動が「国際法と国際慣例にもとづく科学的調査」，即ち「海洋の科学的調査」であるとして，その活動に問題は無いという立場を表明した．

本来，沿岸国にはEEZ・大陸棚における「海洋の科学的調査」をも含む他国の調査活動を管理・規制・取り締まる権利が認められている．しかし，日本政府は国連海洋法条約で認められたこうした権利を行使するための具体的な国内法を未だに整備していないため，中国の海洋調査船に対する対応は2000年まで中止要求と抗議に留まっていた．こうした状況は，2000年以降，変化することとなった．

②「海洋調査活動の相互事前通報の枠組み」の成立とその評価

2000年の5月から6月にかけて中国海軍の情報収集艦「海冰723」は，情報収集と見られる活動を行いながら対馬海峡・津軽海峡・大隅海峡を通過した。翌月には中国海軍の情報収集艦「東調232」が，やはり情報収集と見られる活動を行いながら大隅海峡を通過して，九州南部から伊豆半島南部の海域を往復した。日本政府は，こうした中国海軍の動向を日本の安全保障に関わる重大な問題と認識し，2000年8月の日中外相会談の場で，中国海軍の日本近海での活動を「日中相互の信頼関係を損うものである」と批判し，その自制を強く求め，中国海軍の日本近海での活動の目的と内容についての説明を求めた。同時に日本側は，日本のEEZ・大陸棚において事前の同意なく海洋調査活動を行うことは認められないという基本姿勢を改めて示し，事前通告を欠いた中国の海洋調査が日中関係に悪影響を及ぼすことについての懸念を伝え，海洋調査の際の事前通報と日本の同意の必要性を指摘した。こうした日本側からの強い働きかけにより，日中間で相互事前通報の枠組みを形成する取り組みが始まり，2001年2月に，相手国の「近海」で「海洋の科学的調査」を行う場合は相互に事前通報を行うことを内容とする「海洋調査活動の相互事前通報の枠組み」が日中間で合意された。

相互事前通報の枠組みに対しては，事前通報さえすれば，中国が中間線の日本側海域で海洋資源開発や海軍の行動に不可欠な情報を好きなだけ収集することができるようになったという批判が存在する。しかし，中間線の日本側海域での自国の調査活動を「海洋の科学的調査」と規定し，それに関して日本に事前通報をすることに同意した中国政府の選択にはデメリットもある。第1に，これによって中間線の日本側海域での中国の海洋調査は，「海洋の科学的調査」に関する国連海洋法条約の諸々の規定に従わなければならなくなったのである。例えば，国連海洋法条約では「海洋の科学的調査」によって得られた知識は必ず国際社会に公表されねばならないと規定しているため，中国は中間線の日本側海域で行う「海洋の科学的調査」の内容を全て国外に公表する義務を負うこととなった。第2に，中国は，結果として中間線の存在を前提とした政策を展開したという既成事実を自ら作ってしまったのである。沖縄トラフまでが中国の大陸棚であるという立場をとるのであれば，中国は沖縄トラフ以西の海域で

の調査活動に「海洋の科学的調査」という名目を付ける必要もなければ，日本政府に事前通報をする必要もないはずである．ところが，2001年以降，中国政府はそのどちらも行っているのである．中国政府は，事前通報の枠組みは日中間の境界画定問題に影響を及ぼすものではないと主張しているが，第三者的に見れば，2001年以降，中間線の日本側海域における中国の調査活動は，「他国のEEZ・大陸棚における『海洋の科学的調査』」という形をとっているのである．

2001年に日中間で成立した相互事前通報の枠組みは，中間線の日本側海域における中国の海洋調査活動に対して初めて一定のルールが導入されたという点では画期的であった．この枠組みの成立以降，中国による東シナ海での無通報調査は大幅に減少した．しかし，無通報調査は完全に無くなったわけではなく，東シナ海や沖ノ鳥島周辺海域に日本が設定しているEEZ内あるいは日本の領海内で事前通報と日本政府の同意を欠く形で，また時には海上保安庁の巡視船による中止要求を無視する形で中国の海洋調査船が調査を実施するといった事件がその後も発生した[23]．また，中国の海洋調査船が事前通報の内容とは異なる調査を実施するという事例も度々確認された．こうした相互事前通報のルール違反が相次いだことに対し，日本政府は2004年2月の日中安保対話，4月の海洋調査船に関する日中協議，同じく4月の日中外相会談において，繰り返し中国側に国際法および相互事前通報の枠組みを遵守するよう強く求めた．しかし，事前通報と同意を欠いた海洋調査はその後も毎年確認されている．

一方，2004年7月に日本政府が，中間線の日本側海域で3次元物理探査を実施した際，沖縄トラフ以西の海底全てが自国の大陸棚であるという立場をとる中国政府は「日本側が国際法を遵守し，日中双方で争議の対象となっている海域において中国の主権と利益を侵害する行為を即刻停止するよう強く要求する」として日本政府に抗議を行った[24]．この際，中国側は日本が中間線の概念にもとづく自己の主張を一方的に中国側に押し付けていると批判し，こうした行為は「挑発的」であるとした．

このように，海洋調査の問題に関しては，2001年に相互事前通報の枠組みが成立したが，依然としてトラブルが絶えない状況にある．相互事前通報の枠組みの効果が不充分ということになれば，日本国内で，EEZ・大陸棚におけ

る外国調査船の活動を具体的に取り締まるための国内法の整備に向けた動きが本格化すると予想される[25]。また，中国が「海洋の科学的調査」という名目で，中間線の日本側海域で調査活動を展開するのであれば，日本としては，「海洋の科学的調査」によって得られたデータは公表せねばならないという国連海洋法条約の原則にもとづき，「海洋の科学的調査」によって中国が入手したデータの公表を積極的に働きかけていくことが，中国の活動をチェックし，主権的権利を保全するために重要となる．

③軍艦の航行

1999年以降，日本では中国の海洋調査船と同様に日本近海での中国海軍の動向に対する関心が高まった．1999年5月には13隻，7月には10隻から成る中国海軍の艦隊が尖閣諸島近海を航行した．2000年3月には奄美諸島北西方の海上で5隻，4月には沖縄本島北西方の海上で4隻，6月には五島列島南西方の海上で3隻の中国海軍艦艇が確認された．2000年3月の5隻以外は，全て日中中間線の日本側海域にまで活動範囲が及んだ．軍艦はEEZ制度の束縛を受けないため，中国海軍の艦艇は日本のEEZ内で自由に行動する権利を保障されており，海上自衛隊の艦艇もまた中国のEEZ内で自由に活動をすることができる．このため，日本政府も当初は中国海軍の動きに対して特に目立った対応をしていなかったが，2000年5月から6月にかけて中国海軍の情報収集艦「海氷723」が対馬海峡・津軽海峡・大隅海峡を通過すると，姿勢を一変させ，先述のとおり，中国政府に抗議を行った．

「海氷723」が日本近海を航行した際に，日本側が特に問題視したのは，対馬海峡および津軽海峡において，情報収集活動と見られる活動をしつつ，反復航行をした点であった．国連海洋法条約では，国際航行に使用され，航行の際に一国の領海内を通過せねばならない海峡を「国際航行に使用される海峡」（国際海峡）と定義し，こうした海峡では沿岸国は軍艦を含む外国船舶の「継続的かつ迅速な通過」の権利を妨げてはならないとしている（第38条）．一方，国際海峡を航行する外国船舶は，海峡内で「継続的かつ迅速な通過」以外の活動（調査や測量など）を海峡沿岸国の許可なしに行ってはならない（第40条）．

対馬海峡東水道，津軽海峡，大隅海峡，宗谷海峡を航行する外国船舶は，本来ならば日本の領海を通過せねばならず，これらの海峡では国際海峡のルール

が適用されるべきである。ところが、日本政府は、1977年に定めた「領海及び接続水域に関する法律」において、日本の領海の幅を12カイリとしたものの、その例外規定として、上記の四海峡に対馬海峡西水道を加えた五つの海峡を「特定海域」とし、「特定海域」の領海の幅を3カイリに限定した[26]。即ち、この五つの海峡の中央に意図的に公海の部分を残したのである。これにより、この五海峡では、国際海峡のルールは適用されず、外国船舶は「継続的かつ迅速な通過」という条件に束縛されずに、公海と同様の航行の自由が認められることとなったのである。これはソ連の核兵器搭載船の五海峡の通過が日本の「非核3原則」に抵触することを避けるための苦肉の策であったといわれている。

この「特定海域」制度のために、「海冰723」の行動は、国連海洋法条約に背く行為とは見なされない。しかし、「海冰723」がこの「特定海域」制度の盲点をつく形で、日本の安全保障にとって極めて重要な海峡において調査活動と見られる行動を行ったことは、日本政府に少なからぬ衝撃を与えた。このため、日本政府は、2000年6月の日中安保対話、7月のバンコクでの日中外相会談、8月の北京での日中外相会談の場で、中国側に繰り返し懸念を表明したのである。

こうした日本側の強い抗議にもかかわらず、中国海軍がその姿勢を改める様子はなく、その後も日本側に問題視された「海冰723」や「東調232」をはじめとする中国海軍所属の艦艇による日本近海での活動は続いた。このことにより日本国内で中国海軍の動向に対する関心と警戒感が徐々に高まりつつあった2004年11月、中国海軍のハン級と見られる原子力潜水艦が国連海洋法条約に背く形で潜航したまま宮古島・石垣島間の日本の領海を通過する事件が発生し、日本政府の関係当局のみならず日本社会全体に大きな衝撃を与えたのである。

軍艦を含む全ての国の船舶は、他国の領海における「無害通航権」を国連海洋法条約によって認められている（第17条）。無害通航とは、「沿岸国の平和、秩序、または安全を害しない」通航を意味し、「沿岸国の防衛または安全を害する情報の収集を目的とする行為」といった沿岸国の平和・秩序・安全を害する行為は認められない（第19条）。潜水艦の場合、他国の領海においては海面上を航行し、かつ、自国の旗を掲げなければならない（第20条）。中国海軍の潜水艦はこうした「領海における無害通航」に関する国際法に違反したのであ

る（これは「領海侵犯」と呼ばれることがある）．

　日本政府による抗議ならびに謝罪・経緯の説明・再発防止の要求に対し，中国政府は，同潜水艦が自国の原子力潜水艦であることを認めた上で，この潜水艦が通常の訓練の過程で「技術的原因から日本の石垣水道に誤って入った」という説明を行った．この説明が真実であるかどうかはともかく，結果的に中国海軍はそれまで入手することができなかった宮古・石垣間の海底と海水などに関する貴重な情報を入手した可能性が極めて高い．中国の海軍戦略では，米国を標的とした戦略核ミサイルを搭載した原子力潜水艦を西太平洋に展開することが重要な課題とされており，そのためには西太平洋へと続く潜水艦の回廊を確保せねばならない．宮古・石垣間の海域は正にそうした回廊の一つになり得る．その意味で，中国原潜の事件は，日本の安全保障ならびに日米同盟の観点から見て看過できない事件であったといえる．

　以上のような，中国海軍の日本近海での活動は，1995年から1996年にかけて起きた台湾海峡危機，1995年と98年にフィリピンが領有権を主張するスプラトリー諸島のミスチーフ礁に中国が軍艦を派遣して軍事利用が可能な施設を建設した事件，2005年に発生したトンキン湾での中越銃撃戦事件などと相まって日本国内での中国海軍に対する懸念を増大させている．近年，日本の自衛隊が尖閣諸島を含む南西諸島を意識した「島嶼防衛」の重要性を強調するようになったことはこの一例であるといえよう．

(3) 海底資源開発

①東シナ海における海底資源開発をめぐる摩擦の表面化

　東シナ海における日中間の境界画定が難航している最大の原因は，石油・天然ガスなどの海底資源の存在にある[27]．1968年のECAFEの調査によれば，東シナ海において石油・天然ガスが最も豊富に埋蔵されているのは尖閣諸島周辺海域の海底である．このECAFEの報告を受けて，まず台湾が，続いて中国が尖閣諸島に対する領有権を突如として主張するようになり，その主張を今日まで堅持し続けている．

　日中間のEEZ・大陸棚の境界画定の障害となっている尖閣諸島問題の原因が海底資源にあったことはかつての中国国務院総理周恩来も認めていた．1972

年7月に行われた竹入・周会談において周恩来は尖閣諸島問題に関して「石油の問題で歴史学者が問題にした」と述べ，同年9月に行われた田中・周会談では同問題に関して「石油が出るからこれが問題になった」と述べた。これらの発言から読み取れるように，中国による日本の尖閣領有の否定は，海底資源が豊富に埋蔵されている可能性の高い海底へのアクセスの確保という目標と密接に関わっているのである。[28]

　EEZ・大陸棚の境界は，先述のとおり，国際司法裁判所に付託するのでなければ，当事国間の交渉による合意にもとづいて確定されねばならない。しかし，EEZ・大陸棚の境界画定ならびに海底資源へのアクセスに関して決定的な意味を有する尖閣諸島の領有権に関して合意が見られないため，日中間でのEEZ・大陸棚の境界確定に関する展望はほとんど開けていない。他方，2003年以降，海底資源開発をめぐる日中間の対立は深刻化の兆しを見せており，緊張緩和のためにも東シナ海での海底資源開発に関する秩序を一日も早く形成することが日中両国にとって重要な課題となっている。

　経済発展に伴う中国沿海地域のエネルギー需要の高まりに対応すべく，中国は1990年代に入ると東シナ海での海底資源開発に力を入れるようになった。その結果，日中中間線の中国側海域において中間線に沿った形で中国の海底資源採掘施設が次々と建造されるようになった。1998年4月，中間線の西方約70キロメートルの地点に位置する平湖ガス田の採掘施設が完成し，操業を開始した。日本企業が多数進出している中国沿海地域が抱えるエネルギー問題は，日本経済にとっても重要な意味を有しており，平湖ガス田の開発に対しては日本輸出入銀行から1億2000万ドルの資金提供がなされた。また，日本が最大の資金拠出国で歴代総裁を派遣しているアジア開発銀行からも1億3000万ドルの資金提供がなされた。このように，平湖ガス田に関しては，逼迫する中国のエネルギー事情の改善のために，中国の天然ガス開発事業を日本が支援するという関係が形成された。しかし，中国が2003年以降，中間線より西にわずか5キロメートル前後しか離れていない春暁油ガス田（日本名は白樺）で採掘に向けた準備に着手したことを契機として，事態は一変した。

　2003年8月，中国企業2社（中国海洋石油公司，中国石油化工集団公司）および外資2社（ロイヤルダッチシェル，ユノカル）が探鉱開発契約を締結し，これによ

り春暁油ガス田などの探鉱開発が開始され、2004年5月には春暁油ガス田において採掘施設の建設が始まった。これに対し、日本側は春暁など幾つかの油田・ガス田の鉱区およびその地下構造が中間線の日本側にまで及んでいる可能性があったため、中国側に懸念を表明し、地下構造に関する情報提供を求めるようになった。しかし、中国側は情報提供に難色を示した。このため、日本政府は中間線付近の地下構造に関する独自の情報の収集を目的として、2004年7月からノルウェーの調査船をチャーターし、3次元物理探査を開始した。この調査に対し、先述のとおり、中国政府は強く抗議し、調査の現場海域では中国の船舶が拡声器で大音量を流して音波調査を繰り返し妨げ、中国国家海洋局の調査船が、日本の調査船の前方を至近距離で横切る危険な航行を行った。

こうして春暁油ガス田の開発をめぐって日中の摩擦が表面化する中、2004年9月、ロイヤルダッチシェルとユノカルは、「商業上の理由から」中国との探鉱開発プロジェクトへの参加を打ち切ると発表した。このユノカルに対し、中国海洋石油公司は2005年から買収工作を展開し、ユノカルがアジア地域に保有する油田・ガス田の獲得を試みたが、米国議会の反発によって実現しなかった。

②「東シナ海等に関する日中協議」の展開

春暁など地下構造が中間線の日本側にまで及んでいる可能性のある油田・ガス田の開発や東シナ海における境界画定などに関する諸問題を話し合うため、2004年10月、「東シナ海等に関する日中協議」（日中ガス田協議）の第1回目の会議が北京で開催された。この会議で日本側は、「春暁構造」などの問題について懸念を表明し、情報提供を求めた。これに対し、中国側より、地質などについて一般的な説明があり、「春暁構造における採掘は、中間線の日本側水域の資源に影響しない」旨の説明があったが、それ以上の具体的な情報の提示はなく、日本側によれば情報提供は不十分であった。

「東シナ海等に関する日中協議」を通じて海底資源開発に関する日中間の対話が始まった翌月、日本領海内を違法航行していた中国原潜を海上自衛隊の艦艇および哨戒機が追尾するという事件が発生し、日中間の緊張が高まった。日本側は厳重な抗議を行い、中国側は遺憾の意を表明したが、この事件の余韻が残る2005年1月、中国海軍は、日中間の対話の焦点となっていた春暁油ガス

田にロシアから購入したソブレメンヌイ級駆逐艦を派遣した．中国海軍のこの行為は国際法上何ら問題はないが，この時期に敢えて日中間の懸案となっている海域に軍艦を派遣したことは，少なくとも日中間の緊張緩和と対話の推進には全く寄与しない行為であったと評価できるであろう．一方，中国側は日本が海上自衛隊のP—3C哨戒機などを使って春暁油ガス田付近を監視している行為を批判している．

　中国政府が春暁油ガス田の地下構造の情報を日本側に十分に提供しなかったため，日本側は2004年7月以降独自に進めていた3次元物理探査の結果を待った．探査に関する中間報告は，2005年2月および4月に行われ，日本政府の懸念どおり，春暁油ガス田ならびに断橋ガス田（日本名は楠）の地下構造が中間線の日本側まで続いていること，天外天ガス田（日本名は樫）の地下構造も中間線の日本側まで続いている可能性があることが公表された．春暁油ガス田の地下構造が中間線の日本側まで続いているということは，中国が春暁で採掘を始めれば，中間線の日本側にある資源まで吸い取られる可能性が極めて高いことを意味する．このため，2005年5月に開催された2回目の日中ガス田協議において，日本側は中国による開発の中止と関連情報の提供を強く求めた．これに対し，中国側は日本の要求を拒否する一方で，共同開発に関する提案を行った．

　日本の主権的権利を侵害する可能性のある海底資源開発の中止と情報提供を中国側が拒否したことにより，日本政府は試掘に関する従来の方針の見直しに着手した．その第一歩として，日本政府は，2005年7月，中間線の日本側における日本企業の試掘権の設定を許可した．日本政府は尖閣諸島問題が浮上した1971年から2005年に至るまでの30余年の間，中国との衝突・摩擦を回避するために，日中間で問題となっている海域での日本企業による試掘・開発を許可しないという配慮を示してきた．これとは対照的に，中国は，日中間でまだ境界画定もなされていない海域で資源探査や試掘を繰り返した上で，本格的な採掘に乗り出し，日本側が再三懸念を表明したのにもかかわらず，日本が問題視する春暁などでの採掘に向けた準備を進めた．こうした中国側の協調性を欠く姿勢に直面して，日本政府は遂に長年維持してきた慎重な姿勢を改めて，2005年7月に帝国石油株式会社に日中中間線の日本側での試掘権を認めたの

である．

　2005年9月，中国は日本が問題視している天外天ガス田での生産を開始し，中国海軍の軍艦5隻を春暁油ガス田付近に派遣した．日本国内では，中国海軍による春暁への軍艦派遣を日本に対する「示威」・「威嚇」と捉える閣僚の発言やメディアの報道が相次いだ．一方，同じく9月に日本の陸上自衛隊がその「防衛警備計画」において，「日中関係悪化や尖閣諸島周辺の資源問題が深刻化し，中国軍が同諸島周辺の権益確保を目的に同諸島などに上陸・侵攻」することを想定し，その対処法を検討していたことが報道され，日中が安全保障面での対峙の度合いを深めている傾向が改めて浮き彫りとなった．こうした中，9月末から10月にかけて3回目の日中ガス田協議が東京で開かれた．

　3回目のガス田協議において，日本側は，中国海軍が春暁油ガス田に軍艦を派遣したことについて，日中双方が東シナ海を「協力の海」としようとしていることと整合的でないと懸念を表明し，共同開発ならびに中国による開発作業の中止などに関する提案を行った．新聞報道などによれば，日本政府は，地下構造が中間線の日本側につながっている春暁・断橋および地下構造が中間線の日本側につながっている可能性の高い天外天・龍井（日本名は翌檜）を対象として共同開発を行うことを提案し，日中間で共同開発に関する最終的な合意が得られるまでの間，中国が春暁，天外天などの開発作業を中止することを要求したとされる．

　この日本側の提案に対し，中国政府は2006年3月における4回目のガス田協議の場で代替案を示した．中国側が示した案では，東シナ海の南北に一つずつ共同開発区域が設定された．南の区域は，春暁・断橋・天外天・龍井を外した中間線の中国側海域と尖閣諸島周辺の日本の領海すれすれの海域を含み，北の区域は日韓大陸棚協定にもとづく日韓共同開発区域付近に達している．この中国の提案に関して，日本のマス・メディアでは，中国は共同開発区域にあえて尖閣諸島周辺海域を組み込むことによって，交渉の複雑化・長期化を図り，春暁などでの開発を既成事実とするための時間稼ぎを目論んでいるのではないかという指摘がなされた．また，中国側が春暁・断橋・天外天・龍井の共同開発を拒否し，逆に尖閣諸島周辺海域の共同開発を要求したことは，日本の政府・与党内の強い反発を招き，日本政府は中国の提案を受け入れないことを決

めた。[32)]

　日中は，その後，2006年5月に5回目の協議，7月に6回目の協議を行ったが，共同開発に関する双方の提案の溝は埋まらなかった．6回目の協議では，7月に中国の海洋調査船が再び相互事前通報の枠組みに違反したことに対し，日本側から「協議の環境に大変マイナス」という抗議がなされた．また，こうした海洋調査などをめぐる「不測の事態」を回避するため，日本の海上保安庁と中国国家海洋局の連絡態勢を強化することに関して合意が見られた．しかし，共同開発の具体的な内容に関する協議に進展は見られず，海底資源開発をめぐる秩序形成に向けた実務レベルでの取り組みは暗礁に乗り上げた感があった．

　③共同開発に関する日中の合意

　東シナ海における海底資源開発をめぐる問題は，2006年10月に誕生した安倍政権が中国との戦略的互恵関係の構築という外交方針を掲げたことを契機として，日中の首脳会談の重要案件として扱われるようになった．2006年10月の安倍総理訪中，2007年4月の温家宝総理来日，2007年12月の福田総理訪中，2008年5月の胡錦涛国家主席来日の際に行われた一連の首脳会談では，共同開発により東シナ海における日中の緊張緩和と協力促進を図るという方針が確認された．

　このような首脳外交を踏まえて，日中両政府は，2008年6月に「東シナ海における日中間の協力について」と題する共同プレス発表を行い，東シナ海における共同開発に関する日中の「了解」事項をあきらかにした．[33)] それによれば，日中両政府は，「日中間で境界がいまだ画定されていない東シナ海を平和・協力・友好の海とする」という目標を共有し，「境界画定が実現するまでの過渡的期間において双方の法的立場を損なうことなく協力する」ことで「一致した」．また，そのような協力を実現するための共同開発の「第一歩」として，日中等距離中間線をまたぐ形で共同開発区域を設定するとともに，中間線の中国側にある春暁油ガス田の開発に日本企業の参加を認めるという方針もあきらかにされた．

　この共同プレス発表は，2003年以降顕在化した海底資源開発をめぐる日中間の摩擦を緩和するうえで重要な措置であったといえる．ところが，その後，共同開発を実現するために必要となる具体的な「国際的約束」を締結すること

に対する中国側の消極姿勢が顕在化したため，共同開発は，事実上凍結状態に陥った．その間，2008年12月に中国国家海洋局麾下の中国海監総隊の艦船が尖閣諸島周辺の日本の領海を数時間徘徊するという事件が発生するなど，東シナ海では依然として予断を許さない情勢が続いている．

おわりに

1996年以来の海洋をめぐる日中関係は，EEZ・大陸棚の境界画定や海底資源開発などに関する様々な問題の顕在化を見た．これらの問題は，両国の主権，経済的利益，安全保障にかかわるため，とかく主観や感情にもとづいて論じられる傾向が強く，問題解決の糸口となる双方の妥協を導き出すことは容易ではない．新たな秩序形成に向けた取り組みがなかなか進展せず，両国の主張の距離が縮まらないため，海洋をめぐる日中関係は確執の側面が強調されがちである．

しかし，日中はこうした応酬を繰り広げながらも，問題解決のための環境を着実に整えてきたのである．この10年間，日中間で形成された海洋をめぐる新たな対話の枠組み（例えば，東シナ海等に関する日中協議）やルール（例えば，新漁業協定や相互事前通報の枠組み）は，不備な点もあるものの，海洋における安定した秩序を構築する上での重要な基礎となる．これらの成果は，将来への懸念を完全に払拭するものではないが，今後の交渉に一定の希望を持たせるものである．とはいえ，海洋をめぐる問題だけが日中関係の大局から独り歩きをして劇的に改善に向かうことは考えにくい．当事国間の妥協が極めて困難な境界画定や共同開発案の策定といった難問を解決するには，まず両国の世論が共存関係の形成に前向きになることが大切であり，そのためにも，近年大きく動揺した日中間の信頼関係の再建が求められるのである．

注

1) 国連海洋法条約は，1973年に始まった国連の第三回海洋法会議において1982年12月に採択された条約であり，1994年11月に発効した．国連海洋法条約に関しては，主として小田滋『注解国連海洋法条約　上巻』有斐閣，1985年．小田滋，石本泰雄編『解説条約集』三省堂，1989年．山本草二『海洋法』三省堂，1992年．栗林忠男『注解

国連海洋法条約　下巻』有斐閣，1994 年．および海上保安白書（海上保安ノート）を参考とした．
2）2004 年 8 月，内閣官房副長官を議長とする「大陸棚調査・海洋資源等に関する関係省庁連絡会議」に改組．
3）尖閣問題を含む領土問題に関する国際法の解釈に関しては，主として波多野里望，筒井若水編『国際判例研究　領土・国境紛争』東京大学出版会，1979 年．芹田健太郎『島の領有と経済水域の境界画定』有信堂高文社，1999 年．金子利喜男『世界の領土・境界紛争と国際裁判』明石書店，2001 年．松井芳郎他編『判例国際法（第 2 版）』東信堂，2006 年を参考とした．
4）1953 年に国際司法裁判所が判決を出したマンキエ・エクレオ事件では，クリティカル・デイト以後の行為も，関係当事国の法的地位を改善する目的でなされたものでない限り，裁判所によって考慮されるべきであるという見解が示された．松井，前掲書，134 頁．
5）「中華人民共和国政府関于領海的声明」（1958 年 9 月 8 日），中共中央文献研究室編『建国以来重要文献選編』（第 11 冊），中央文献出版社，1995 年．
6）「『人民日報』評論員文章　決不容許美日反動派掠奪我国海底資源」（1970 年 12 月 29 日），田桓主編『戦後中日関係文献集 1945—1970』，中国社会科学院出版社，1996 年．
7）「中国北京市地図出版社発行『世界地図集』1958 年版日本図」『季刊沖縄』第 63 号，1972 年 12 月．
8）「資料琉球群島人民反対美国占領的闘争」『人民日報』1953 年 1 月 8 日．
9）これ以外にも，尖閣問題を扱った以下の文献には，明朝・清朝・中華民国・中華人民共和国が 1970 年以前に尖閣諸島を「台湾の付属島嶼」あるいは中国の一部と見なしていなかったことを示す中国側の公的文書，要人の発言，地図，教科書などが数多く紹介されている．尾崎重義「尖閣諸島の帰属について」『レファレンス』259，261，262，263，1972 年 8 月〜12 月．尖閣列島研究会「尖閣列島と日本の領有権」『季刊沖縄』第 63 号，1972 年 12 月．緑間栄『尖閣諸島』ひるぎ社，1984 年．『外務省委託研究報告書 尖閣諸島の国際法上の論点等』(財)日本国際フォーラム，2001 年．浦野起央『尖閣諸島・琉球・中国：日中国際関係史：分析・資料・文献（増補版）』三和書籍，2005 年．
10）国際司法裁判所規程第 38 条：1．裁判所は，付託される紛争を国際法に従って裁判することを任務とし，次のものを適用する．a．一般又は特別の国際条約で係争国が明らかに認めた規則を確立しているもの　b．法として認められた一般慣行の証拠としての国際慣習　c．文明国が認めた法の一般原則　d．法則決定の補助手段としての裁判上の判決及び諸国の最も優秀な国際法学者の学説．ただし，第 59 条の規定に従うことを条件とする．2．この規定は，当事者の合意があるときは，裁判所が衡平及び善に基いて裁判をする権限を害するものではない．「国連 on line」国際連合広報センター

〈http://www.unic.or.jp/know/court.htm〉
11) これらの事件の解釈は，主として小田滋・石本泰雄編，前掲『解説条約集』．三好正弘「大陸棚境界画定準則に関する一考察」，林久茂他編『海洋法の新秩序』東信堂，1993年．三好正弘「海洋の境界画定」，国際法学会『日本と国際法の100年（3）海』三省堂，2001年．松葉真美「大陸棚と排他的経済水域の境界画定――判例紹介――」『レファレンス』654号，2005年7月．西村弓「日中大陸棚の境界確定問題とその処理方策」『ジュリスト』1321号，2006年10月を参考とした．
12) 松井，前掲書，184頁〜188頁．
13) 芹田，前掲書，33頁〜71頁．
14) 「中華人民共和国中国漁業協会和日本国日中漁業協議会関于黄海，東海漁業的協定」(1955.4.15)，(1963.11.9)，(1965.12.17)，前掲『戦後中日関係文献1945—1970』．
15) 村山佐太郎『中国に使して』(1953年12月)，外交史料館史料．日中漁業懇談会『日中漁業問題について』(1954年9月)，外交史料館史料．
16) 「中国漁業協会代表団和日中漁業協議会代表団会談公報」(1970.6.20)，前掲『戦後中日関係文献集1945-1970』．
17) 「中国漁業協会代表団和日中漁業協議会代表団会談公報及関于灯光囲網捕魚的規定」(1970.12.31)，前掲『戦後中日関係文献集1945-1970』．
18) 「関于釣魚島所有権問題中華人民共和国外交部声明」(1971.12.30)，田桓主編『戦後中日関係文献集1971-1995』中国社会科学出版社，1997年．
19) 「中華人民共和国和日本国漁業協定」(1975.8.15)，前掲『戦後中日関係文献集1971-1995』．
20) 新漁業協定に関しては，主として以下の文献を参考とした．芹田，前掲書．深町公信「新日韓・日中漁業協定における執行に関する問題点」『海上保安国際紛争事例の研究』第2号，保安協会，2001年．海上保安白書（海上保安レポート）．
21) 海上保安庁によれば，日中両国が新漁業協定に署名をした翌年の1998年，および1999年に尖閣諸島の領海内において「不法操業を行いまたは漂泊・徘徊等の不審な行動をとった」ことを確認された中国漁船はそれぞれ1500隻以上に達し，海上保安庁の巡視船が厳重に警告をした上で，これらを領海外に退去させた．尖閣諸島周辺の日本の領海内で「特異な行動」をとる中国・台湾漁船の数は，近年は減少傾向にあり，2003年にはその数は中台合わせて423隻に留まった．
22) 平松茂雄『続中国の海洋戦略』勁草書房，1997年．平松茂雄『中国の戦略的海洋進出』勁草書房，2002年．
23) 中国政府は，沖ノ鳥島がEEZ・大陸棚を持ち得る「島」ではなく，国連海洋法条約第121条第3項においてEEZ・大陸棚を設定できないとされている「人間の居住または独自の経済的生活を維持することができない岩」であるという立場をとっており，

2004年頃から沖ノ鳥島周辺海域において日本側への事前通報を欠く海洋調査を実施するようになった。

24)　中国外交部ホームページ「中方就日方在東海進行海洋資源調査提出厳正交渉」(2004.7.8.)〈http://www.fmprc.gov.cn/chn/wjb/zzjg/yzs/gjlb/1281/1302/t142352.htm〉

25)　自民党は2006年の通常国会に「海洋構築物に関する安全水域設置法案」を提出し，民主党は同年の臨時国会に「天然資源探査・海洋調査に関する権利行使法案」を提出した。どちらの法案もEEZ内での天然資源探査に関し，禁止・制限を加え，罰則も設けている。また，自民党は2007年1月の通常国会で「海洋基本法案」を提出する予定であり，最大野党の民主党もこの法案に賛成していることから，同法案は成立する見通しである。「〔海洋基本法〕『なかったことの方が不思議だ』」『読売新聞』社説，2006年12月31日。「『海洋基本法』に民主も賛成　海洋政策を総合管理へ」『産経新聞』2007年1月7日。

26)　「国際海峡」の問題に関する日本政府の姿勢に関しては，主として深町公信「国際海峡と群島水域の新通航制度」，前掲『日本と国際法の100年(3)海』。日本海運振興会，国際海運問題研究会編『海洋法と船舶の通航』成山堂書店，2002年を参考とした。

27)　日中間における海底資源開発の問題に関しては主として後藤康浩「アジアのエネルギー開発と日本」『国際問題』541号，2005年4月。田中則夫「国際法からみた春暁ガス田開発問題」『世界』742号，2005年8月。濱川今日子「東シナ海における日中境界画定問題──国際法から見たガス田開発問題──」『調査と情報──ISSUE BRIEF──』第547号，国立国会図書館，2006年6月および経済産業省『エネルギー白書』。『外交青書』。外務省ホームページ「東シナ海等に関する日中協議」〈http://www.mofa.go.jp/mofaj/area/china/higashi_shina/index.html〉，読売新聞・朝日新聞・産経新聞・日本経済新聞・毎日新聞・東京新聞などの関連記事を参考とした。

28)　「『竹入・周会談』(第一回～第三回)等一件」(1972年7月)，「田中総理・周恩来総理会談記録」(1972年9月)，外交史料館史料。

29)　「『中国の侵攻』も想定陸自計画判明，北方重視から転換」『朝日新聞』2005年9月26日。

30)　例えば，「大海に五星紅旗東シナ海ガス田，中国の生産態勢整う」『産経新聞』2006年1月1日。

31)　例えば，「ガス田協議熱くならずに粘り強く」『毎日新聞』社説，2006年3月9日。「中国，作業海域を修正東シナ海のガス田開発」『朝日新聞』2006年4月18日。

32)　「『中国の外交姿勢象徴』共同開発提案に政府・与党反発」『読売新聞』2006年3月8日。

33)　「東シナ海における日中間の協力について（日中共同プレス発表）」2008年6月18日〈http://www.mofa.go.jp/mofaj/area/china/higashi_shina/press.html〉

(阿南友亮)

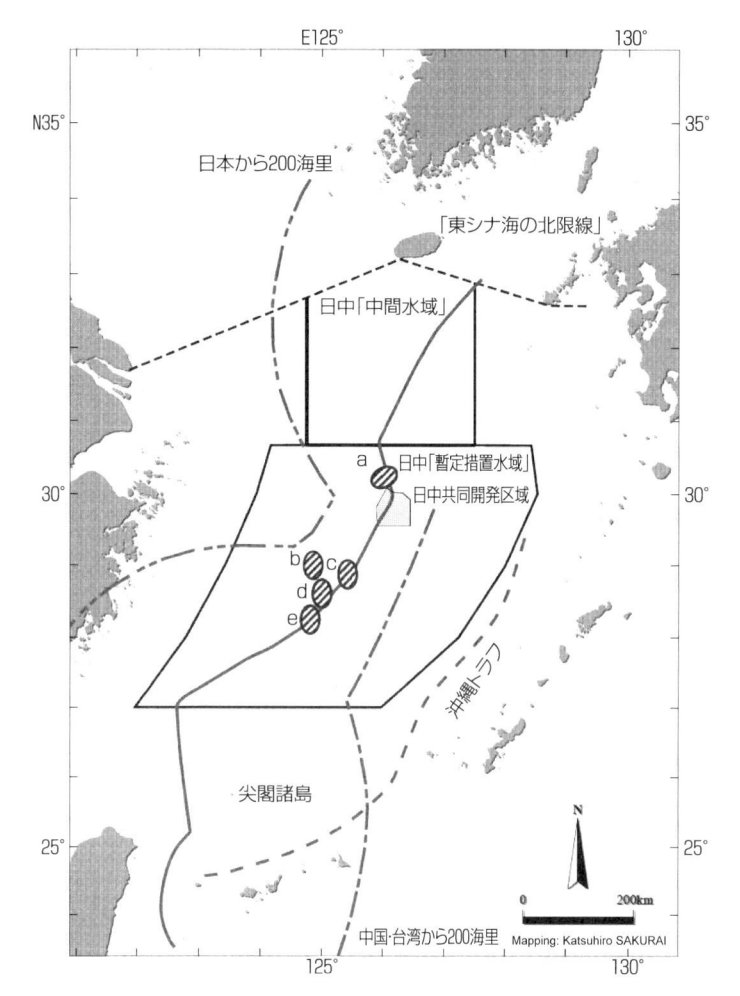

図 8-1 東シナ海における日中双方の主張と合意に関する図

①海域，陸域データについては米国国家地球空間情報局（National Geospatial-Intelligence Agency）の世界測地系（WGS 84）ベクター地図（vMap）を使用．
②直線で結ぶ線によって囲まれる日中「暫定措置水域」については「漁業に関する日本国と中華人民共和国との間の協定（日中漁業協定，2000 年発効）」（小田滋，石本泰雄編集代表，解説「条約集（第 9 版）」（三省堂，2001））の定める座標値及び海上保安庁海洋情報部海図（No.FW 1009, FW 210）を参照．「中間水域」では日中両国の漁船が各々相手国の許可証を取得せずに操業可能．水域情報については水産庁公表資料（2000 年 2 月），水上千之編「現代の海洋法」（有信堂，2003 年）を参照．
③5 点（a〜b）の海上構造物に関しては海洋情報部公表座標（一次関係，二次関係）及び経済産業省公開「東シナ海概念図」を参照し位置情報を抽出して反映．
a. 翌桧（あすなろ）（中国名「龍井」）ガス田　　b. 平湖（中国名）油ガス田
c. 楠（くすのき）（中国名「断橋」）ガス田　　d. 樫（かし）（中国名「天外天」）ガス田
e. 白樺（しらかば）（中国名「春暁」）油ガス田
④沖縄トラフ，日中台距岸 200 海里線は同省同図より抽出して反映．
⑤日中共同開発区域は外務省記事「日中間の東シナ海における共同開発についての了解」（2008 年 6 月 18 日発表）の座標値に基づく．

URL：① http://www.nga.mil/portal/site/nga 01/
　　　② http://www.jfa.maff.go.jp/rerys/12.02.27.1.html
　　　③④ http://www 1.kaiho.mlit.go.jp/TUHO/tuho_db/tuhoserch.html
　　　http://www.meti.go.jp/committee/materials/downloadfiles/g 51111 a 07 j.pdf
　　　⑤ http://www.mofa.go.jp/mofaj/area/china/higashi_shina/press.html

出所）家近・松田・段「岐路に立つ日中関係——過去との対話・未来への模索」（晃洋書房，2007 年）の図 8-1 p. 222（羽田哲作成）を基に櫻井一宏（立正大学）作成．

第九章　台湾問題の新展開

　は じ め に

　日中関係における「台湾問題」は，時代により，また日中の立場の違いによりその意味が異なる．1949年に国共内戦の勝敗が定まって中華人民共和国政府が成立し，その一方で敗北した中華民国政府は台湾に撤退した[1]．この時から1972年の日中国交正常化（日華断交）までの間，日本にとって台湾問題とは，何らかの形で「二つの中国」を実現し，双方との関係を維持するのか，あるいは国府から中華人民共和国政府へと承認を切り換えるのかという問題であった．中国にとって台湾問題とは，いかにして日本を含む世界の主要国に自国政府に承認を切り換えさせて台湾を孤立に追い込み，国家統一を促進するかという問題であった．

　日本にとってみれば，1972年の日中国交正常化を境に台湾問題はおおむね解決されたはずであった．日本は「日中共同声明」で中華人民共和国政府を「唯一の合法政府であること承認」し，「台湾が中華人民共和国の領土の不可分の一部である」という中国の立場を「十分に理解し，尊重し，ポツダム宣言第8項に基づく立場を堅持する」と表明し，台湾とは経済・文化を中心とする非公式な関係を維持することが合意された．断交に伴い双方の大使館が閉鎖されたため，1972年12月に，政府の支援体制の下で「民間機構」として交流協会（日本側）と亜東関係協会（台湾側）が設立され，相互にその「事務所」を台北と東京に開設した[2]．こうして日中国交正常化の際に日中で合意された日台の「実務関係」は，後年「72年体制」と呼ばれるようになった．

　1970年代には，中国が日華関係の残滓を消し去るための外交を強化し，国府もそれに正面から対抗したため，日中関係も日台関係も不安定であった．1972年に日台航空路が断絶され，その回復に1年4カ月もかかった問題がそ

の好例である[3]．日本外交は中台関係を巡って綱渡りを続けた．1980年代には「歴史認識問題」が発生したものの，基本的に日中関係は安定し，また劣勢の現実を受け入れた台湾も中国とのトラブルを避け，対日関係を安定化させるようになった．

ところが，1990年代に入ると，日中関係をめぐる台湾問題は新たな展開を見せるようになった．民主化過程にあった台湾は自己主張を始め，外交攻勢をかけ始めたのである．他方で中国は旧来の「中国側の解釈による72年体制」の枠組みで，日本に対して台湾側の要求を全て退けるよう政治的圧力をかけ続けた[4]．上記のように日本は台湾を中国の一部であると「当然に認められたものではなく」（外務省見解），「72年体制」を中国よりも曖昧かつ緩やかに解釈する傾向にある．このため，民主化した台湾側の変化に対応した日本は，中国の批判を浴びるようになっていく．1990年代に日中関係において台湾問題は新たな展開を見せ，日中関係は台湾をめぐって不安定化するようになったのである．

日中関係における台湾問題はどのような新展開を見せたのか，アクター間の認識とのギャップはどうなっており，どのような作用があるのか．本章では，先行研究の多い1970年代以前の日中台関係ではなく，むしろ台湾をめぐる日中政治関係が悪化した1990年代以降を中心として，日中関係において台湾問題がどう展開し，アクター間の認識ギャップがどう作用してきたのかを明らかにしたい．

1　ポスト冷戦期における台湾問題の政治化過程

（1）東アジアの構造的変動と日台の接近

日中関係における台湾問題は，何よりも東アジアの国際関係と各国・地域の内政が変化したことに影響を受けて新たに展開し始めた．冷戦終焉前後における，台湾での最大の政治的変化は，政治的民主化と政治社会の台湾化（本土化）である．台湾では民意に背く形で現状変更を行うことができなくなり，台湾が中国と統一する見込みは遠のいた．この変化は単に台湾内部にとどまらず，1980年代の末から90年代初頭にかけて，中ソ和解，天安門事件，冷戦の終結，そしてソ連崩壊等国際政治の大変動と連動したことで，国際社会に大きなイン

パクトを持つようになった．

　台湾の民主化は，言論の自由を伴い，それは従来タブーであった「台湾独立」の主張を解禁することになった．1989年末に，野党民主進歩党（民進党）が「台湾独立」の言論を始めたが，当時の李登輝政権はこれを事実上容認した．これに対し，中国の楊尚昆国家主席は，「台湾当局」の「ある者」が「独立を考えている」との認識を示し，同時に「もしも台湾に独立の状況が出現したら，中国政府は座視し得ない」と武力行使を示唆して警告した[5]．これは中国が1979年に「平和統一」政策を打ち出して以来初めての警告であった．それ以降台湾で選挙が行われたり，指導者が中国の意に沿わない発言をしたりするたびに武力を背景として警告や威嚇がなされた．しかも，中国はソ連（後にロシア）との関係を改善したことで先進兵器を購入することができるようになり，日米両国および地域諸国の中国への懸念は増大していった．

　東アジアの構造的変動は，日台関係において，以下のような変化をもたらした．第1に，ソ連への対抗の点における中国の戦略的価値の低下（チャイナ・カードの消失）と，台湾の民主化により，日台にとって戦略的なレベルで利害の一致を図る空間が生まれた．第2に，民主化・台湾化により，李登輝総統に代表される日本時代に教育を受けた本省人が政権の主流となり，もともと日本との深い関係と日本への好意を有した人々が，当局においてより大きな影響力をもつようになった．第3に，中国が経済的・軍事的に台頭したことに加え，結果として反日的要素を帯びたナショナリズムが昂揚して，日本人の嫌中感情が強まった．その一方で，日本人は民主化し，日本への親近感を露わにするようになった台湾に対して心情的に接近した．こうした背景の下，日台関係を制限してきた「72年体制」の枠組みは，挑戦を受けるようになった．

　特に注目すべき点は，日中台関係の大きな転換点が，台湾の民主化よりも，むしろそれ以前の1989年6月の天安門事件によって，中国が国際的に孤立したことにある．日本は中国に対して政府開発援助（ODA）の凍結などの制裁を行った．中国の地位が急落したことにより，日本では台湾問題に関しても，中国の懸念や反発を気にしなくてもよい状態が突然出現したのである．天安門事件は，台湾にとって国際空間を開拓するための千載一遇のチャンスであり，また断交以来台湾への「負い目」を感じていた日本人は，台湾との交流増大を進

めた．日本は 1990 年 7 月に劉松藩立法院長を団長とする「立法院訪日団」を受け入れ，1991 年に財団法人交流協会台北事務所に外務省課長級幹部を総務部長として派遣し，1993 年 2 月には銭復外交部長の訪日を認めた[6]．

また，好調な台湾経済や人的交流の増大に着目し，日本政府は，技術支援を目的とした政府公式ミッションを 1992 年 2 月に台湾に派遣したりした[7]．また，当時の江丙坤経済部政務次長によると，1991 年 11 月にソウルで開催されたアジア太平洋経済協力会議（APEC）総会で，中国と台湾，香港が同時加盟したことにより，「本省の課長以上の接触禁止，国立大学の教授は公務の訪台禁止」という日本外務省の内規が緩和されたという[8]．中国が国際社会における弱い立場にあるという現実を受け入れて，台湾の APEC 加盟を認めたことが，日本の対台湾政策の調整につながった．

（2）「政治化パターン」の確立

台湾当局は 1989 年 1 月にパナマ共和国と外交関係を樹立し，同年 3 月には李登輝のシンガポール訪問（同国とは外交関係がない）を実現させた．郝柏村行政院長（首相に相当）は 1990 年 12 月にシンガポールを訪問した．台湾は李登輝政権下でその国際的活動空間を拡大するための「弾力外交」あるいは「実用主義外交」（「務実外交」）を全面的に展開し始めた．

蔣経国の急死によって総統職を継承した李登輝は，日本との関係強化を図ってアジア・オープン・フォーラム（表 9-2 参照）を日本の各界要人とのチャネルとして設立させた．李登輝の回想によると，日本と実質的関係を作り上げたのは 1991 年であったという[9]．1991 年夏には，経世会（竹下派）最高幹部であり，日華関係議員懇談会（略称，日華懇）のメンバーでもある金丸信元副総理が李登輝を招待した[10]．結局海部俊樹首相訪中を控えていた日本に対し，中国は圧力をかけて訪日を阻止した．李登輝は副総統時代の 1985 年に外遊の帰途に，日本でトランジットしたことがあり，台湾要人の非公式な日本「訪問」はすでに前例があった．1985 年になされたトランジットが，政治問題化しなかったことは，当時の台湾外交が中国にとって脅威ではなかったことを示唆している．

1991 年以降も，李登輝の訪日は事前に計画が外に漏れ，中国の反発を生んで結局実現しないというパターンを繰り返した．李登輝の新外交は，台湾住民

に自信を回復させ,台湾アイデンティティを強化するために不可欠な政策であった.当然,中国の外交当局にとっては経済発展と民主化による良好なイメージの下で活発化しつつあった台湾外交を抑え込む必要があったのである.

台湾外交のブレークスルーが進む一方で,天安門事件後の国際的孤立を打破するために,中国は日本を西側諸国の「突破口」としてとらえ,接近を図った[11].日本との関係改善は欧米諸国との関係改善の呼び水になると考えられていた.日本は中国の孤立を長年の懸案であった天皇訪中のチャンスであるととらえ,それを実現させた.

こうして天安門事件で急速に悪化した日中関係は,1992年10月に国交正常化20周年を記念して天皇訪中を実現させることで,いったん関係改善を果たした.天皇訪中当時,対日工作に長年携わった孫平化中日友好協会会長は非公式に「これで日中は過去を乗り越え,完全な友好国になった」と発言したほどである[12].ところが,中国は1993年くらいになると国際的孤立を脱出し,中国を取り巻く国際環境は改善され,中国の対日配慮は低下していった.

中台関係も,1993年に画期的な動きを見せた.海峡交流基金会(以下,海基会)とそのカウンターパートとして設立された海峡両岸関係協会(以下,海協会)のトップ会談である「汪辜会談」が1993年4月にシンガポールで実現した.「汪辜会談」が実現した1993年は,また台湾の李登輝政権が5月に初めて国連加盟への意欲を表明するなど,「実用主義外交」が新たな段階を迎えたタイミングでもあった[13].これに対し中国はいわゆる『台湾白書』を発表するなどして各国に圧力をかけ,台湾の国連加盟運動を失敗に追い込んだ.次に台湾は同年11月に米国で開催予定のAPEC首脳会議での李登輝の出席を実現させようと努力したが,中国の圧力により実現しなかった.

日本における対中台政策が変化の兆候を見せたのもまた1993年であった.1993年8月に,自民党一党優位の「55年体制」を打破して,非自民8党会派による連立政権として細川護熙内閣が成立し,国民は「改革」や「変化」を期待した.連立政権の「影の実力者」と言われた小沢一郎新生党代表幹事は,代表作の『日本改造計画』の中で,かつて「台湾との関係は,中国の姿勢に配慮しつつも,今後は何らかの公的関係を模索する必要に迫られるかもしれない」と書いた[14].それまでタブーであった台湾問題について,与党の実力者が触れた

ことは，台湾や中国で注目された．小沢は，1993 年 8 月に閣僚の訪台について「堅苦しく考える必要はない」とし，李登輝訪日について「その立場の方がおいでになれば歓迎するのは当然」として，ともに容認する発言をした．中国の主張する「一つの中国」原則に相反する発言を繰り返したことで，中国は小沢に強く反発した．

　台湾当局が期待する政治関係，あるいは政治や経済との区別がつきにくい分野での関係発展が図れるかどうか，他方でそのような関係発展が中国にとって受け入れられるかどうかが日中台間で問題となっていった．1993 年 5 月には岡松壮三郎通商産業省通商政策局局長が，同年 12 月に後任の坂本吉弘局長が台湾を訪問し，江丙坤経済部長と会談した．APEC という多国間会議枠組み内での出張を名目としていたとはいえ，中央省庁の局長が訪台するのは，1972 年の断交以来始めてであった．さらに，平岩外四日本経済団体連合会（経団連）会長が訪台して李登輝総統と面会し，台湾の「関税及び貿易に関する一般協定」（GATT）復帰に関して議論したと伝えられた．当時，主要先進国の閣僚が次々に訪台していたため，中国は高官の訪台による日台関係の格上げを恐れるようになった．

　1994 年 1 月には羽田孜副総理兼外相が北京を訪問して，中国の李鵬総理，銭其琛副総理兼外交部長とそれぞれ会談した．李鵬は台湾問題について「日本が『ひとつの中国』政策をとっていることを政府や人民は重視している」と述べ，銭其琛も「日本における日台関係の一部状況に注目している．民間レベルの交流はいいが，政府レベルではいかがなものか」と日本側をけん制した．羽田副総理は「日中共同声明を守ることには何ら変わりはない．台湾との関係は実務関係だ」と答え，台湾とは政府レベルの公的な接触はしないという基本原則は変えないとの立場を中国側に伝えた．

　台湾の外交攻勢はさらに続いた．1994 年 8 月，広島で開催したアジア・オリンピック大会で，大会運営団体のアジア・オリンピック評議会は，当初李登輝総統に招聘状を出した．中国が猛反発したことにより，李登輝は訪日断念を発表したが，李登輝の代理として徐立徳行政院副院長（副首相に相当）を派遣することとし，日本は徐の訪日を受け入れた．日本としては，これで中国に対して十分な配慮をしたつもりであったが，中国は徐立徳の入国を許した日本を非

難し続け,日本側は台湾に関する中国外交が「ゼロサムゲーム」であり,中国側の意向に完全に従わない限り,非難を被ることを実感した.

こうして,日中台関係では,1993年を起点として,台湾が外交上のブレークスルーを求め,中国がこれを阻止するために日本に圧力をかけ,日本が中台の間で苦悩しながら,中国の要求を受け入れる,という「政治化パターン」が形成された.ただし,この時期は中台間の対話が実現した時期でもあり,中国の日本や台湾に加える圧力は政治のレベルに止まっていた.

2 日中政治関係悪化過程における台湾問題

(1) 第3次台湾海峡危機の衝撃

中台間の激しい外交闘争を経て,1995年1月,江沢民国家主席は「江沢民8項目提案」(「江八点」)といわれる台湾への呼びかけを発表した.これは,中国当局による台湾向けの呼びかけの中で最も柔軟な姿勢を打ち出したものであった.これに対し,台湾側は1995年4月に「李登輝6項目提案」(「李六条」)と呼ばれる李登輝の談話を発表した.台湾もまた従来の立場から一歩踏み出して,中台間の対話を推進する意欲を表明した.江沢民と李登輝のこの応酬は,国家の分裂が確定して以来,初めて「言いっ放し」ではなく,「疑似的な対話」の域に達した.しかもいまだその主張には隔たりがあるとはいえ,ともに暫定的「現状維持」を示唆しつつ,「政治交渉」に入るためのハードルを下げ合ったのである[18]).

1995年6月に,李登輝は母校のコーネル大学を訪問するための米国訪問を実現した.これは,李登輝が外交関係のない主要国との関係強化を目指して推進してきた「実用主義外交」の大きな成果であった.中国は訪問終了後しばらく経って態度を突然硬化させ,李登輝訪米を「二つの中国」や「一つの中国,一つの台湾」を志向した行為であると批判して駐米大使を召喚し,中台間の対話のパイプを一方的に閉ざした.中国のメディアは異例な激しい個人攻撃を李登輝に加えた.

さらに中国は,1995年7月から翌年3月に到るまで,対台湾武力行使を模した5回の軍事訓練・演習を行った.特に96年3月に総統直接選挙と時期を

一致させて行われた軍事訓練・演習は、台北市と高雄市から至近距離の公海上での地対地ミサイル発射訓練、福建および広東省沿岸地域で行われた海・空軍合同の実弾演習、そして馬祖島から至近距離の地域で行われた三軍合同の上陸演習、という三段形式をとった。これは中国の台湾への軍事侵攻能力の示威であり、台湾海峡は一気に緊張し、米国は2個空母機動部隊を選挙期間中に台湾周辺に派遣した。

このときの台湾海峡危機は、日米中関係にも影響を与えた。中国が台湾に対して武力の威嚇を強めたことにより、台湾問題は日本の安全保障と深く関わり始めるようになった。中国の軍事行動に対して、橋本龍太郎首相と池田行彦外相は、前後して、間接・直接に懸念を表明している[19]。台湾海峡危機の直後の1996年4月に橋本首相はクリントン大統領と、「日米安全保障共同宣言」を発表して、日米安全保障体制の強化を謳った。日米両国政府は、1997年9月には「日米安全保障協力のための指針」(ガイドライン)を制定して、日本周辺有事に対する日本の対米防衛協力の方針を公表した。一連の動きは、1993-94年に発生した北朝鮮の核危機に対応するためのものであったが、タイミングが台湾海峡危機と重なったため、事実上台湾問題に対応するためであるかのような新たな印象を内外に与えてしまった。中国は日米同盟を牽制し、あらゆる機会をとらえて台湾を日米同盟の対象範囲から除くよう日本に働きかけを続けた(第六章参照)。

しかも、村山・橋本内閣の時には、米国を交えて日本と台湾との間で、トラックⅡ(非政府間協議)の形式をとった安全保障に関わるチャネルが作られたと報道されている。1994年から2000年まで、台湾、米国、日本の三者で秘密裏に行われた「明徳専案」と呼ばれる非公式の対話メカニズムがそれである[20]。台湾当局の主導で、日台米三者の政策エリート(元政府関係者を含む)が非公式に会合し、台湾問題や中国の脅威等を討論するなどして、実質的な「三者対話」が行われたという。

政府としての懸念表明に加え、参議院外務委員会アジア・太平洋に関する小委員会が、中国・台湾情勢に関する参考人等を招いて意見および説明の聴取と質疑を行った。それらに基づき、1996年5月に参議院外務委員会は「中国・台湾情勢に関する決議」を全会一致で通し、台湾海峡の不安定化に対して懸念

を表明した。さらに国会議員は超党派で台湾との関係見直しに動いた。1997年2月には、従来の自民党の日華関係議員懇談会をベースに、あらためて超党派の日華関係議員懇談会（略称、日華懇）が結成された。与党である自民党（202名）と最大野党の新進党（86名）およびその他政党の協力により成立したもので、衆参合わせて300名に達したとされる。「55年体制」の崩壊により、これまで自民党を中心としていた台湾との政治関係が、政権交代をねらう野党第一党を含めた関係へと拡大した。日本と台湾との関係は、台湾海峡危機の衝撃を経験したことで、幅広く強化されたということができる。

（2）江沢民と李登輝——対照的な2つの訪日——

　1998年7月に橋本政権の後継となった小渕恵三政権は、当初は自民党単独、後に小沢一郎が党首を務める自由党、そして公明党との連立を組んだ政権であった。小渕首相は、親中派と目される小渕派の中で、台湾との関係が強い有力政治家であった。

　小渕政権は、1998年11月に江沢民の訪日を受け入れ、「日中共同宣言」を発表した。江沢民主席は、訪日に先立つ同年6月に米国のクリントン大統領の訪中を受け入れた。江沢民は、1997～98年に米国との関係を改善してクリントン大統領との相互訪問を実現させ、クリントンは台湾を抑制する「台湾独立を支持しない、二つの中国、一つの中国と一つの台湾を支持しない、国家を要件とするいかなる組織のメンバーになるべきだとも信じない」といういわゆる「三つのノー」という発言を繰り返した。このことは、台湾に自律的な行動の抑制を求める政治的シグナルとなった。米国を後ろ盾として、中国は台湾を中国主導で対話の場に呼び戻そうとした。1998年10月、辜振甫海基会董事長は上海と北京を訪問し、上海では汪道涵海協会会長との会談を行い、4項目のコンセンサスを取り決めた。

　米国の後ろ盾を得た江沢民は、台湾のみにならず日本にも強い態度で臨んだ。江は訪日の際、小渕政権にも同じ「三つのノー」を明らかにするよう求めたと伝えられた。ところが、小渕首相は、首脳会談で中国側の要求を受け入れず、「台湾独立を支持しない」という「一つのノー」だけにとどめた。江沢民は、宮中晩餐会を含む多くの場で「日本の軍国主義」に対する批判を加えた。これ

は国際儀礼の点で異例であり，日本の世論は中国に対して感情的に反発した．

　日本は官民を問わず，江沢民訪日を契機として，中国に冷淡になり，対中国配慮を弱めるようになってしまった．皮肉なことに，江訪日の日本側の反応に驚いた中国側は，その後日本に対して抑制的な対応に転換したが，日本人の対中感情の悪化は止まらなかった．江沢民にとってさらに不運だったのは，せっかく改善した対米関係が，ベオグラードで起きた北大西洋条約機構（NATO）軍による「中国大使館誤爆事件」で極端に悪化したことである．台湾の李登輝総統は，1999年7月，同事件直後のタイミングに，中台の関係とは「特殊な国と国との関係である」（二国論）という刺激的発言をして米中に「反撃」した．台湾の自律的な行動は，米中関係が悪化した間隙をぬって，米中両国からかけられた抑制をはねのけてしまった．

　日本も中国の抑制から外れていった．小渕政権は，1999年9月に発生した台湾の中部で発生した大地震の際，中国の意向を必ずしも反映しない形で，真っ先に国際緊急援助隊を台湾に派遣し，台湾から感謝と高い評価を受けた．[24] これは日本の対外政策において，人道主義原則が中国の主張する「一つの中国」原則に優越することを象徴した事象であった．震災後の1999年11月には石原慎太郎が東京都知事として初めて訪台するなど，有力政治家の親台湾的な言動は増加した．日本では，台湾問題に関する中国の要求や圧力を軽視するケースが増えたのである．

　小渕首相の急逝を受けて2000年5月に成立した森喜朗内閣は，最も難度の高い李登輝訪日問題の処理に当たった．森内閣は公明党との連立を維持しつつ，自民党の森派，橋本派の連合によって成立した政権である．森派はかつての岸派の流れを汲む「親台派」の色彩が強い派閥である．橋本派はかつて日中国交正常化を成し遂げた田中角栄の派閥の流れを汲み，元来「親中派」の色彩が強い派閥である．森政権がまず直面したのは，退任した李登輝前総統の訪日問題であった．李登輝は日本で開催されるアジア・オープン・フォーラムへの出席を求めて2000年秋に訪日を図ったが，これに対し，日本は渡航証明書（以下，ビザ）の発給を認めなかったとされる．

　李登輝訪日が進展したのは，2001年4月である．今回李登輝は心臓病の治療を目的として訪日を希望し，ビザの申請を出した．この問題に関しては，表

表 9-1　日本国内主要アクターの李登輝訪日についての賛否

賛成	アクター	反対・慎重
森喜朗（首相） 安倍晋三（官房副長官）	首相官邸	福田康夫（官房長官）
衛藤征士郎（副大臣） 川島裕（事務次官）	外務省	河野洋平（大臣） 槇田邦彦（アジア大洋州局長）
扇千景（保守党党首） 鳩山由紀夫（民主党代表） 小沢一郎（自由党党首）	政党	神崎武法（公明党代表） 志位和夫（共産党委員長） 土井たか子（社民党）
小泉純一郎（元厚生大臣） 亀井静香（自民党政調会長） 麻生太郎（経済財政担当大臣）	自民党総裁候補	橋本龍太郎（元首相）
綿貫民輔（衆議院議長） 米田健三（内閣府副大臣）	その他有力政治家	野中広務（元自民党幹事長）
産経新聞，讀賣新聞，毎日新聞，朝日新聞	主要紙（世論）	

注）福田官房長官は，当初反対の立場であったが，李登輝が記者会見をした後に賛成に転じた．小泉純一郎総裁候補は，当初立場が不明であったが，世論の支持を受けて賛成を明確にした．
出所）劉冠效「従李前総統訪日看日本外交決策過程」『問題與研究』40巻5期，2001年9-10月，11，14-15頁．廖書賢「後冷戦時代的日台関係──従経貿外交到安保外交的十年──」『逢甲人文社会学報』7期，2003年11月，235頁．

9-1にあるように政府内部は外務省や連合与党内が，猛反発した中国への配慮から分裂した．ところが，入国管理は日本の主権の範囲内で行われる行政であり，中国に権限はない．これに先立ち，英国も李登輝にビザを発給していたし，すでに総統職から離れ，一般市民となった李登輝が手術を受けるために訪日を希望しているのに，中国が反対するからという理由だけでビザを出さないのは不当であるという論調が，日本の主要紙でも主流となった．この問題は紆余曲折を経た後，結果として「台湾寄り」の決定，すなわちビザ発給が決定された．李登輝は訪日して手術を受け，政治活動を一切行わず，感謝の言葉を残して日本を離れた．

　2001年の李登輝訪日受け入れの決定は，日中台関係に関する分水嶺となった．たとえ中国が反対する中台間の「ゼロサムゲーム」のテーマであったとしても，人道主義のような普遍的価値や日本の利益に基づく主体的な判断が優先されることが公に議論され，現実化したのである．同時にこのことは政府・国会内で，「親中派」と呼ばれる中国との安定した関係を重視する立場のアクタ

ーが決定的な力を発揮できなくなったことも意味している。そして，中国にとって，従来のように日本政府に政治的圧力をかけることによって李登輝訪日を阻止することができなかったことは，日本があたかも台湾独立を従容したかのような印象を中国に与え，大きな衝撃として受け止められた。

　実際，李登輝訪日は，李の戦略が勝利した結果であった。李登輝は，日本に対しては「心臓病治療という目的でさえ中国は反対する」というイメージを，台湾内部では「万難を排して訪日を実現し，台湾の国際空間を拡大した」というイメージを作ることに成功した。これに引き替え，中国は単調な原則的反対を繰り返し，対日世論対策としては全く逆効果に働いた。従来，日本の国会議員は訪中すれば江沢民から歴史認識問題に関する厳しい批判を聞かされ，訪台すれば李登輝から日本語で親しみある激励を受けてきた。江と李による対照的な「二つの訪日」は，従来一部の人間に限られていた中国および台湾に対するこうした印象を国民レベルにまで広めるきっかけを作ったのである。「二つの訪日」の差は，2人の指導者がオープンな民主社会において，メディアを通して自らのイメージ向上を図り，政治的利益に結びつけることに無知であるか，熟知しているかの差であった。

　李登輝は，台湾に戻った後台湾メディアの注目を再び集めることに成功し，台湾団結聯盟（台聯）という政党を作り，民進党とともに年末の立法委員選挙で勝利を収めた。こうした点から見ても，日本がいくら人道的配慮や自らの主権の範囲内であるという理由から李登輝の日本訪問を認めたとしても，中国にとってみれば，「台湾独立派」を従容する戦略を日本が採っているかのように見える。このバイアスは，過去の歴史的経験から発する先入観に加え，日本の社会や政治制度に対する理解水準の低さから発している可能性がある。日台関係に対する強い先入観は，中国の日本批判を強めさせ，日本の台湾への同情心を強め，対中配慮をさらに弱めさせるという循環を生んでいった。

（3）小泉・陳政権下における日台湾関係の発展

　台湾では李登輝の提起した「二国論」が住民大多数のコンセンサスとなった上，民進党陳水扁が2000年3月の総統選挙を制し，台湾独立派の政権が台湾で成立してしまった。陳水扁は総統に当選した時若干49歳であり，自然と政

表 9-2 日台間の「トラック II 安全保障対話」

会議名	参加者	期間
①日華大陸問題研究会議	学者,官僚,専門家	1971-
②アジア・オープン・フォーラム	学者,官僚,専門家	1989-2000
③日台対話(TT シャトル)	主として学者	1999-2001
④台湾の国家安全保障関連研究機関との間で行われる様々なアジア安全保障フォーラム	軍関係者,官僚,専門家	2001-
⑤日台フォーラム	学者,専門家	2002-
⑥東京—台北「アジアの平和」国際交流会議	軍関係者,学者,官僚	2002-
⑦日台フォーラム	学者,官僚,専門家	2002-

注) 軍関係者,官僚は主として台湾側の参加者である.⑤と⑦は主催名が異なる.
出所) Philip Yang, "Japanese-Taiwanese Relations and the Role of China and the U. S.," Michael McDevitt, Yoshihide Soeya, James Auer, Tetsuo Kotani, and Philip Yang, *NBR Analysis* (*Japan-Taiwan Interaction: Implications for the United States*), Vol. 16, No. 1, October 2005, p. 103.

権の主要メンバーは日本統治時代をほとんど経験したことがない若手・中堅本省人となり,日本との関係を1人で掌握することが可能な能力を持っていた李登輝の時代と比べて対日関係は薄弱になった.このため,陳水扁政権では,2001年夏に総統府内に「対日工作小組」を設立するなど,対日政策チームの組織化または「正規化」の動きが見られた.[25]

また,陳水扁政権は,李登輝時代に対日関係構築に役立ったアジア・オープン・フォーラムに相当するメカニズムを構築すべく 2001 年から 02 年にかけて,日本とのトラック II 対話チャネルを作った.表9-2は日台間の「トラック II 安全保障対話」をまとめたものである.このうち,①は蔣経国時代に,日華断交に備えて作ったチャネルであり,②は前述したとおり李登輝時代に作られた日台関係の新たなチャネルである.このうち,⑤〜⑦は,開始時期から推測して陳水扁政権が日本との交流強化という政策意図を持って始めた可能性が高い.

このほか,陳水扁政権は,海外で台湾独立運動に従事していた人々を顧問職や対日部門の要職につけるなどして,対日政策の陣営を確立した.日本は長年台湾独立運動の一大拠点であり,日本語が堪能で知名度の高い運動家が「陳水扁の代理」として対日関係の一翼を担うようになったとされる.[26]

このタイミングで,上記のように森首相が李登輝前総統の訪日受け入れの決断を行い,まもなく退陣した.2001年4月には,後継の小泉純一郎政権が成立した.これは森内閣と同様自民党と公明党の連立政権であるが,森内閣との大きな違いは,中国との関係が深い橋本派を権力中枢から排除した政権であっ

たことである．小泉首相自身は台湾との関係が薄かったものの，3次にわたる小泉内閣では，閣僚や党役員に，福田康夫，麻生太郎，安倍晋三，平沼赳夫といった国会議員が重用されたが，彼らには台湾との関係が深い者が多かった．

さらに，小泉は中国や朝鮮半島に関して，過去の経緯に比較的とらわれない政策を採る首相であった．中国が反対する靖国神社への参拝を任期中毎年続けたことや，北朝鮮に2度続けて訪問したことなどがその好例である．政治主導で独自のチャネルを通じた，前例にとらわれない政策決定を重んじたことで，外務省内の中国語研修者（いわゆる「チャイナ・スクール」）の影響力は低下したと伝えられた[27]．

小泉政権は，成立早々世界保健機関（WHO）に台湾が何らかの形でオブザーバー参加すること「関係者が満足する形」という条件つきで希望する旨を表明した[28]．台湾は中国の牽制によりWHOからは排除され続けているがために，台湾で重症急性呼吸器症候群（SARS）のような深刻な伝染病が発生しても，WHOから重要な衛生上の情報や関連技術，適切な医薬品も提供されない．台湾の代表は2004年の鳥インフルエンザ発生後の国際シンポジウムへの出席さえ，中国の圧力を受けたWHOから拒否された．小泉政権による台湾のWHOへのオブザーバー参加希望は，人道問題や日本の衛生に直接影響を及ぼしかねない問題では，必ずしも中国の定義する「一つの中国」に従わず，日本が主体的に判断することを意味していた．

小泉政権は，2004年12月に李登輝再訪日容認の決断も行った．今回は，2001年の時のような手術目的ではなく，観光目的の訪日である．それ以前の訪日は，従来通り実現しなかったが，2004年12月初旬の立法委員選挙が終了して，「政治的色彩」が薄れてからの訪日となった[29]．こうした背景には，小泉首相の靖国神社参拝への中国の非難や，その前月に中国の原子力潜水艦が日本領海を潜没航行したことにより，日本の世論が嫌中色を強めたことなど，日中台関係をめぐる環境変化が背景にあると指摘されている[30]．ただし，現役の台湾高官や中国が好まない元台湾指導者等にビザを発給するかどうかという問題は，2005年8月に台湾からの旅行客に対するビザ免除を議員立法で決定したことにより，一部解消された．中国からの圧力で日本国政府の裁量が影響を受ける幅は狭まったと言える．

事務レベルでも日本と台湾の関係強化は進んだ．2002年11月には外務省が内規を変更し，公務員の台湾への出張制限も緩和された．それまでとは異なり，バイラテラルな用件であっても課長職以下の職員の台湾出張を原則認め，課長職よりも上の幹部の出張であっても，APEC，世界貿易機関（WTO）等の日台双方が正式なメンバーとなっている国際的な枠組みの範囲内の用務であれば柔軟に対応することとなった．[31] 中国は独立したステータスで台湾がWTOに加盟することを阻止しようとしたが，成功しなかった．しかし，同時加盟後，中国を含む多くの国が台湾とWTOの枠組みの下で公的な接触を繰り返すようになったため，日本だけが過剰な接触制限をする必要がないと考えられたためであると推測される．そして，2005年5月には，「大使」に相当する交流協会台北事務所長に，チャイナ・スクールの有力者として断交後初めて池田維前ブラジル大使が派遣された．池田所長（2006年から「代表」との呼称を併用）は，かつて中国課長，アジア局長を歴任した高官である．[32] これは事実上日本政府の台湾重視を象徴すると同時に，対中関係の微妙さを熟知した人材を台北に配置する必要性が高まったことをも意味していた．

このほか，2000年に台湾で政権交代が起きたことを契機として，従来自民党と当時の新進党（1998年1月に解党）が主勢力であった日華関係議員懇談会（日華懇）に加え，当時最大野党となった民主党が「民主党日台友好議員懇談会」を結成した．[33] 日台間の国会議員交流では，従来の「中華民国」から「台湾」へと組織名称に使われるシンボルが転換し，かつてのように自民党と国民党という与党同志だけではなく，与野党共に台湾と事実上の「議員外交」を行う機運が高まった．

（4）日中安保関係の中心課題としての台湾問題

小泉・陳政権の時期に，台湾問題は日中の安全保障問題の中心的課題へとなっていった（第六章参照）．中国で台湾問題は「国家の生存と発展の中核的利益であり，全局的利益である」と表現されている．[34] 上述したように，台湾問題が日本にとって深刻な安全保障問題になったのは第3次台湾海峡危機が契機である．当時，交流協会台北事務所には軍事専門家が配置されていなかった．2003年1月には交流協会台北事務所に長野陽一元陸将補が配置された．民間人であ

るとはいえ，長野元陸将補は台湾での軍事情報の収集が期待されていると見なされ，事実上の「台湾駐在武官」と表現された。北京で防衛駐在官の経験を持つ退役自衛官の台北への派遣は，日本の関係機関が第3次台湾海峡危機以降，安保情報収集に困難を感じたからであると推測される。

日台のこうした動向は，中国の強い懸念を生んでいるが，中国では自国の軍事行動が台湾と日本の「接近」を招いているという観点がなく，中国で発表される論文にはそうした合理的推測を試みた形跡さえない場合が多い。ただし，現実には，台湾側が期待する日台間の「防衛交流」や「安保対話」に関しては，上述の民間のトラックⅡ交流のみが存在し，実際に日本政府が応じる様子は全くないとされる。

より重要なのは，日米同盟と台湾問題との関係である。台湾は安全保障上の「台米日」関係を重視しているし，米国は地域安全保障に関する日本の関与拡大を期待している。このため，トライラテラル関係が実態以上に中国に認識されるようになった。2005年2月19日，日米安全保障協議委員会（2プラス2）の共同発表で，12ある地域における共通の戦略目標のうち，①中国が地域及び世界において責任ある建設的な役割を果たすことを歓迎し，中国との協力関係を発展させる，②台湾海峡を巡る問題の対話を通じた平和的解決を促す，③中国が軍事分野における透明性を高めるよう促す，の三つが明記された。

こうした内容は従来日本政府が公式に発言した文言と大差ない。しかし，日米の「共通の戦略目標」ということになれば，それは「日米が共に積極的に達成しようとする目標」という意味に解釈される可能性があり，中国に与えた衝撃は大きかった。これらは，日米安全保障関係における問題であり，必ずしも日本の対台湾政策そのものではない。しかしながら，日米安保体制において，台湾問題に言及する公式文書が公表された政治的インパクトは大きい。

この直後，日本と米国は，2005年3月に中国が「反国家分裂法」を制定したことに対して，懸念表明を行ったし，同年5月には，町村信孝外相が日米安保条約における「極東の範囲」について，台湾海峡が含まれることをあらためて明言した。2005年に，中国の指導者が日中関係を語る際，第1に「歴史問題」，第2に「一つの中国＝台湾問題」を日本が適切に処理することが大切であると発言して日本を牽制するようになったのは，こうした動向への危機感の

表れであると解釈することができる。[41)]

　ただし，米国も同じであるが，日本は台湾問題を契機に日米同盟を強化しようという直線的な行動をとっているわけでは決してない．日本は，安全保障面で台湾問題への考慮を深めたことにより，台湾が独立の方向に動いて，結果として中国が台湾に武力を行使するような事態を等閑視するのではなく，かえって台湾の言動を牽制する動きを強めた．つまり，日本は，中台双方の自制を求め，台湾海峡の現状を維持しようとする米国の行動に類似した行動をとるようになった．[42)] 2003年12月，日本政府は交流協会を通じて，中国が台湾独立につながる重大事であるとして反対をしてきた「公民投票」や「新憲法制定」発言などに対して，「わが国としては台湾海峡及びこの地域の平和と安定の観点から憂慮している．(中略)慎重に対処していただくことを希望する」いう懸念を台湾の総統府に伝達した．[43)] このように，小泉政権下では対台湾関与が様々なレベルで進展し，日本は台湾海峡に関わる安全保障問題について，対中配慮と，日米安保体制とのバランスとりに苦慮するようになったのである．

3　日中間の認識ギャップと日台関係の実態

(1) 世論と専門家の認識

　日中関係における台湾問題を分析する上で，両国の世論に対する分析が不可欠である．ところが，日中両国には，日中関係における台湾問題に関し，継続的に行われた信頼に足る世論調査がなく，断片的な調査結果を基に分析をせざるをえない．中国社会科学院日本研究所が行った対日世論調査によると，[44)] 一般の中国人は，日本人が中国の「平和統一」を支持していると認識している者は16.6％しかなく，反対しているという見方を取る者は38.1％に達する（「支持でも反対でもない」は28.7％）．こうした調査によると，日本が中台の統一に対して消極的であるという懸念は一般民衆の間で決して少なくないことが分かる．中国には，日本が「72年体制」に対して主体的に挑戦しているという報道や宣伝が受け入れられやすい素地がある．

　他方，日本では1997年に行われた日経リサーチ社の調査があるが，これによると，日本国民のうち台湾を主権独立国家であると見なす人は64.3％，中

国の一部と見なす人が 25.3％，分からないと答えた人が 10.3％であった[45]．この調査によると日本人は台湾の主張に同調的であるが，調査された時期からいって，1996 年 3 月の第 3 次台湾海峡危機の影響が残っている可能性がある．この推測が正しければ，中国が台湾に対して武力の威嚇などを行い，厳しい態度で臨めば臨むほど，日本人は台湾に同情的になる，という傾向が示唆される．

次に，社会環境研究センターが 2004 年に行った台湾問題に関する世論調査もまた，日本国民が，中国と台湾との関係について，台湾の主張により多くの人が賛成していることを示している．他方，中国による「台湾は中国の一部である」の主張に関して，賛成する人が 14.7％と低い水準にとどまっているのに対して，台湾の陳水扁総統による「中国と台湾は別々の国である」（「一辺一国」）という主張に賛成する人は 40.8％に達している（「一概に言えない」と「わからない」を合わせると 45％を超える）[46]．つまり，日本の世論は中国側よりも台湾側の主張により同調している．

中国が日台関係の発展に対する疑念を深める中で，両国の世論は，日中台関係の現実を反映した結果を見せていると言える．これに対し，両国の専門家の見解にはかなり大きな違いが見られ，特に，日本国内の見解の幅が大きいところに特徴がある．

日本が主体的な意図を持って対台湾関与を強めているという観点は中国では一般的であり，「鍵となるのは，やはり日本が『普通の国』になるため，中国に対して『台湾カード』を出すことで中国を牽制し，警戒することが，戦略的な計略となっていることである[47]」とか，「小泉内閣には台湾問題を利用して中国を牽制する動向も表れており，このような調整は明らかに日本の現実主義的な戦略利益を基礎としている[48]」といった論断が中国ではしばしば見られる．中国には中国を牽制するために日台関係の強化を進める日本人が多いと考える傾向がある[49]．

中国の研究者が，台湾問題における日本の役割の拡大を具体的にどうとらえているかは修春萍による整理を見ると分かりやすい[50]．修は，第 1 に，日本政府が台湾事務を処理する態度に明確な変化が表れたこと，第 2 に，台湾と日本の公式な関係が急速に格上げされていること，第 3 に台湾と日本の軍事交流（ママ）が展開されるようになったことが述べている．こうした日台関係の変化の

主要な原因として，第1に，中国の迅速な発展に対して日本が焦りを深めていること，第2に，日本が「政治大国」になる目標を確立したことと，国内政治が右傾化していること，第3に，台湾当局の日本に対する積極的な働きかけ，第4に米国が中国を牽制する上での日本の役割拡大を期待していることが指摘されている。

ところが，日本は，西側の学術界で長年「外圧反応型国家（reactive state）」と表現され，日本外交は巨大な国力を対外行動に活かさない世界史の「逸脱ケース」として注目を浴びてきた。[51] 中国の学術界には，日本の対外行動に関するこうした研究動向を軽視した議論をする傾向がある。日台接近に関して，中国での議論にはかなりの程度一貫性が見られるが，日本での議論はより多元的である。日本には，「日米台同盟」を提唱する論者や，台湾を日本の「日本の生命線」であるという表現をする論者もいる。[52] ところが，日本には，逆に台湾をめぐる主体的関与の「危険性」を指摘して，その動きを中国と同様に批判する論者も存在するのである。[53] しかしながら，日本国内の議論で最も重要なポイントは，日本国内で，中国を牽制するために台湾に接近すべきであるという論点が，必ずしも政府の政策に影響を与えておらず，政府の行為が「72年体制」を維持しようとして非常に保守的なままであるということである。

（2） 日台関係進展の実態

実際，「普通の国」になるために「台湾カード」を切る戦略があるとしたら，党派が異なる歴代内閣の中で誰がその戦略を作り，「一貫して」実行してきたのであろうか。日本は官僚制の強い国であるが，外務省がそのような戦略を企画してきたということは考えにくい。日本には中国共産党のような一貫した政策決定アクターが存在しないのである。

日本の対台湾関与政策について，例えば添谷芳秀は，日本は中国の主張する「一つの中国」を尊重しつつ「事実上の二つの中国」問題にあえて決着をつけないフォーミュラを選択しているとし，それを「非戦略的方針（non-strategic orientation）」と呼んだ。[54] こうした見方に立つと，ポスト冷戦期における日本の対台湾政策の変化は，必ずしも中国牽制のために「一つの中国」に挑戦するため周到な準備を基にした戦略転換ではなく，基本的に状況に合わせた反応的，

第九章　台湾問題の新展開　241

表 9-3　日本の対台湾政策の変化と中国の反応（李・陳政権時期）

範疇	中国が反対する程度の差	
	反対の程度強い	反対の程度弱い／公式には反対せず
安全保障 (日米同盟)	・平和的解決の強調，武力の威嚇に対する遺憾表明 ・ガイドライン，周辺事態法 ・2プラス2声明（2005）	・交流協会台北事務所に退役陸将補を配置（2002） ・日中台トラックⅡ安全保障対話（明徳専案） ・日台トラックⅡ安全保障対話（2001-）
主権	・徐立徳行政院副院長訪日（1994） ・李登輝観光目的の訪日（2004） ・森前首相訪台（2003, 2006）	・交流協会台北事務所長にチャイナ・スクール出身者を配置
経済・社会	・WTO加盟支持	・経済協力・技術協力（1965-2002） ・APEC加盟支持 ・確定債務返還 ・慰安婦へのお見舞い金 ・公務員の訪台制限緩和 ・天皇誕生日レセプション[55] ・日台「漁業交渉」 ・叙勲[56] ・ビザ免除
人道主義	・李登輝治療目的の訪日（2001） ・WHOオブザーバー参加希望	・大地震に対する国際緊急援助隊派遣 ・日台「医療協定」締結[57]

注）日本政府当局の行為を中心としているため，石原都知事や平岩外四経団連会長の訪台などは入らない．日本政府の行為であっても，「尖閣諸島問題」のように，台湾にも中国にも不利な政策に関しては除外した．
出所）筆者の整理による．

受動的な対応の積み重ねであると考えられる．日本のこれらの政策決定は，1979年の「台湾関係法」のような法的裏付けによってなされているものでもなく，1982年にレーガン政権が公表した「6つの保証」のような原則的な声明もなく，1994年にクリントン政権が行ったような包括的な「政策見直し」でもなく，あるいは，ジョージ・W・ブッシュ政権が行ったような安全保障戦略の見直しにつながる対台湾政策の変更でもないのである．

　日本では，台湾への政策調整は，あくまで「72年体制」の枠組みの範囲内にあり，中国側の批判や懸念は不当であると考えられている．しかし，ポスト冷戦期における日本の台湾関与から，ケースバイケースであるものの，一定の傾向を見て取ることもまた可能である．表9-3にあるように，歴代内閣は，中台の利害関係がゼロサム関係にあり，中国の反対が強い領域でも，①日本の

安全保障や日米同盟に関わる領域，②日本の主権に関わる領域，③経済・社会に関わる非政治的領域，④人道問題に関わる領域であるならば，「日本の譲れない国益や価値」や「日本の主体的な判断」を重視して，結果としていくつか中国の意図に反する「台湾寄り」の政策決定をしてきた．逆に言えば，台湾は，こうした領域で外交攻勢を強めれば，日本から台湾寄りの政策を引き出すことが可能であり，実際に特に李登輝は2001年の心臓治療を目的とした訪日などに見られるように，そのようなアプローチを巧妙に取ってきたものと見られる．

　中国および台湾から見ると，中台関係において日本が果たしている役割は米国に類似している側面がある．すなわち，中国は日本が自分に不利な行動をとらないようにし向け，台湾は日本が自分に有利な行動をとるよう仕向けるようとしている．すなわち中台はいわば「日本の抱き込み競争」を展開している．しかし，米国との最大の差は，日本の対台湾政策の特徴が「受動的」であることであろう．日本の中台関係への関与が台湾に武器を売却したり，台湾の安全保障に責任を負ったりしているような主体性はない．日本の主体性は主に日本の利益や尊厳を中国に脅かされた時にのみ発揮されるのであって，台湾との関係昇格を目的とした主体性ではないと考えた方が妥当である．

（3）馬英九政権期における「政治化パターン」の沈静化

　以上のような，中台関係が不安定な中で，中国からの牽制を受けつつ日台関係を発展させなければならないという「政治化パターン」は，国民党の馬英九政権の打ち出した新政策により変わりつつある．国民党は2008年1月の立法委員選挙で議席の約4分の3を獲得し，馬英九は同年3月の総統選挙で民進党候補に200万票以上の大差をつけて圧勝した．馬英九政権は，これまでの李登輝・陳水扁両政権が，台湾の独自性を強調し，中国大陸を刺激したことで，台湾が経済的なチャンスを失いつつあるという認識に基づき，大陸との関係改善による経済発展に舵を切った．

　そこで，馬政権はあいまいながらも「一つの中国」という文言が入っているため中国大陸も受け容れ可能な「1992年コンセンサス」を打ち出し，中国大陸との対話メカニズムを回復し，中台の直行便を定期化し，中国人観光客を受

け容れるなど，矢継ぎ早に中国との経済連携を強化した．2012 年 1 月現在，「両岸経済協力枠組み協定」(ECFA) を含む 16 の協定が結ばれている．

　馬政権は対外政策においても「外交休戦」を唱え，中国もこれを公に否定しないまま事実上受け容れているため，「承認国の奪い合い」は止まり，台湾が外交関係を持つ国の数は馬の就任以来 23 カ国のまま増減がない．また，中国の圧力を減じる状況の方が国際空間拡大の活路を見いだすことができるという「活路外交」も進み，台湾は世界保健機関の年次総会 (WHA) に代表をオブザーバーとして参加させることにも成功した．

　以上の文脈の中で，日台関係にも変化が現れた．ただし，もともと馬英九と日本の関わりは希薄であった．また就任まもなく尖閣諸島（台湾名「釣魚台」）問題で，日本に厳しい態度をとったことなどから，日台関係を懸念する声があった[58]．日本側も，斉藤正樹交流協会台北事務所代表が「台湾の国際法上の地位は未定」という失言を行い，日台関係は一時ぎくしゃくした[59]．日本では 20 年ぶりの外省人総統である馬英九を，当初「反日」であるとする見方もあった．実際の経緯を見ると，馬は日本との関係強化を求めるプラグマティストである．馬英九政権は 2009 年に「台日特別パートナーシップ」を唱えるなど[60]，日台関係強化に前向きな姿勢を見せた．

　しかも，日本と台湾は，この時期にもさまざまな実務的な関係を進展させた[61]．2009 から 2010 年にかけて，ワーキングホリデー制度の実施，東京・羽田＝台北・松山空港間の直行便開設，札幌に台北駐日経済文化代表処札幌分処開設，政治大学等 4 大学への日本研究センターの設置など，民進党政権の時からの懸案が大きく前進した．

　馬政権の下で日台の実務関係が後退することはなく，むしろ強化された．そもそも日台双方の感情的繋がりはより良好になりつつある．台湾で交流協会が 2009 年に行った対日世論調査によると，台湾住民が最も好きな国は，日本が 1 位で 52 ％であった（2 位はアメリカで 8 ％）[62]．2009 年に台北駐日経済文化代表処が日本で行った対台湾世論調査では，91.2 ％が日台関係を「良好である」，65 ％が台湾を「信頼している」，56 ％が「身近に感じる」と答えた[63]．さらに，日本の国会議員が超党派で協力し，2009 年には外国人登録証に「中国」に代わって「台湾」と記入して申告するための法改正が，2011 年には台北にある

故宮博物院の展示会を日本で開催するために必要な法改正が実現した．また，2011年3月11日の東日本大震災の際，台湾では義援金が約170億円以上集まるなど，日台関係は民間を中心に極めて良好な関係を維持している．

こうした中で，最も注目すべき変化は，2010年には交流協会と亜東関係協会で「日台双方の交流と協力の強化に関する覚書」が，2011年にはいわゆる「投資保護協定」や「オープンスカイ協定」などが結ばれたことである．[64][65]「民間取決め」の建前をとり，政府の行為を縛らないという建前はあるものの，日本がこうした「取決め」締結を進めた意義は大きい．しかも，これら経済関係の取決めは，いわゆる「日台自由貿易協定（FTA）」の検討過程から派生したものであり，実際に必要性がある協定である．

つまり，中台関係が安定していて，さらに中台間で協定が多く結ばれ，政府高官同士の接触も拡大している現在，日台関係の強化を実質的に進めても，中国の反対はつまり「手続き上の抗議」（"profoma demarche"）に過ぎず，決して強くないと見切ることが可能となりつつある．中台関係が安定することで，日台関係を強化する動きがあっても，台湾の民意が反発することを恐れて，中国はそれに真っ向から反対しにくくなる状況が発生しているのである．

おわりに

本章の考察を通じて，1990年代以降の日中関係において台湾問題がどのように展開したかについて検討した．本章の考察から以下の4点を導き出すことができた．

第1点は，1990年代以降，に日中関係における台湾問題がパターン化した展開を見せたことである．李登輝訪日のような「ゼロサムゲーム」に典型的に見られるように，台湾が自己主張を始めて外交上のブレークスルーを求め，日本が中台それぞれとの関係に配慮しながら決定を下し，その過程において，中台それぞれから批判・期待を受け，結果についても批判を受ける，というパターンである．ゼロサム問題に関する中国の対日批判は，いかに日本が配慮を見せても，程度の違いは見られない．

第2点は，パターン化した台湾問題が，日中台三者の内政・外交・安全保障

と緊密かつ有機的に連関し，政治化するメカニズムを形成してしまったことである．日本の「脱55年体制」化，台湾の民主化・台湾化，中国の台頭，日米同盟の強化トレンド，米中関係の悪化・改善サイクル，中台関係の脱内戦化，日中政治関係の悪化，日台関係の緊密化などは，全てが全てに影響を及ぼす変数となっている．

　第3点は，日本の対台湾政策の変化には，戦略性はないものの，一定のトレンドが見て取れることである．日本は，中台の利害関係がゼロサム関係にある領域でも，いくつか中国の意図に反して台湾寄りの政策決定をしてきた．それは，日本の安全保障や日米同盟に関わる領域，日本の主権に関わる領域，経済・社会に関わる非政治的領域，人道問題に関わる領域である．こうした領域に関しては，「日本の譲れない国益」や「日本の主体的な判断」を重視するために「結果として台湾寄り」の判断がなされうる．日本の対台湾政策における変化は，基本的に状況に合わせた反応的，受動的な対応の積み重ねであり，その中に一定の傾向があると考えた方が妥当である．

　第4点は，日台関係の実態とは対照的に，台湾問題に関する日中関係は，アクター間の認識ギャップのような心理的な要因が大きな役割を果たしていることである．日本の対台湾関与に対し強い疑念を持っているため，中国は日本人が奇異に感じるほど強烈な対台湾牽制や対日批判を展開してしまい，その結果かえって日本の台湾への同情心が強まり，対中国配慮は低下してしまう．中国の対台湾武力行使に対する強い懸念を有しているため，日本は日米同盟への依存を強め，台湾とのトラックⅡ対話に高い関心を寄せるようになり，その結果中国のさらに強い疑念を招いてしまうのである．

　米国の中国専門家であるアレン・ホワイティングが中国で行ったインタビューが得た結論は，中国人の対日観に大きな影響を与える第三者とは，米国と台湾であるというものであった[66]．この指摘はいまだに真実のようである．1971年の米中接近の際，周恩来総理が訪中したヘンリー・キッシンジャー国家安全保障担当特別補佐官と会談した際に，「日本の軍隊が台湾に入る」可能性について強い懸念を表明していたことがそのことを如実に示している[67]．この会話内容は，少なくとも戦後日本の対外関与の歴史を全く無視した見解であり，普通の日本人には理解不能である．ただし，国際関係において，実態がどうである

かよりも，どのように認識されるかの方が重要である場合がある．実際に，日台には外交関係がなく，多くのことが表にでないで進行するため，中国の疑念を強化する材料はメディアを通じて「検証されない情報」として氾濫することになる．しかし，中国にとって日本の対台湾関与が主動的になされているのか，受動的になされているのかは，あまり重要ではないようである．重要なのは，日本の国力や地域大国としての地位やパワーであり，日本が中台関係において「牽制」や「抱き込み」の対象となっていることである．国際関係におけるバランサーとは，自らが能動的に他国と同盟関係を結ぶことでバランスをとろうとする主体である．中台関係において日本が果たしている役割とは，「受動的なバランサー」とでもいうべきであろう．こうした力の構造やアクター間の認識ギャップが変わらない限り，将来も台湾問題が日中間で政治化する可能性を排除することはできない．馬英九政権が試みている政策上の変化がどこまで進み，台湾を取り巻く日中関係にどのような影響を与えていくか，今後とも注目していく必要がある．

注
1) 本章では，特に断らない限り，台湾とはおおまかに言って日本が1895年に清朝から割譲を受け，1945年に中華民国が接収した台湾地域，および台湾に撤退した以降の中華民国政府が実効支配を続けている全領域のことを意味する．また中国大陸あるいは大陸とは，おおまかに言って台湾を除く中国を指し，中国とは中華人民共和国，中華民国，およびそれ以前の歴史上の中国を包摂した概念であるが，文脈により中華人民共和国の略称としても用いる．中華民国政府とは，中華民国国民政府（1925年に成立し，28年に国際的に承認された南京政府）以降の中華民国政府を指しており，その実効支配領域の変化や国際的承認の多寡を問わず，便宜上国府と表記する（略称は，華とする）．なお，台湾移転以降の国府は台湾当局とも称する．
2) 武見敬三「国交断絶期における日台交渉チャンネルの再編過程」，神谷不二編著『北東アジアの均衡と動揺』慶應通信，1984年，94〜99頁．
3) 清水麗「航空路問題をめぐる日中台関係」『筑波大学地域研究』18号，2000年，参照．
4) 中国側の「72年体制」に対する見方は，以下に詳しい．金熙徳著・須藤健太郎訳『二一世紀の日中関係——戦争・友好から地域統合のパートナーへ——』日本僑報社，2004年，90〜104頁．
5) 松田康博「中国の対台湾政策——江沢民八項目提案の形成過程——」『防衛研究』第

17 号，1997 年 10 月，7 頁．
6）呉寄南「日本対台政策及其関係」，楊潔勉ほか『世界格局中的台湾問題――変化和挑戦――』上海人民出版社，上海，2001 年，155～156 頁．
7）「台湾へ政府公式ミッション　通産省が技術支援」『産経新聞』1992 年 1 月 8 日．
8）清水勝彦「逆に結び付き深まる奇妙な関係――日台国交断絶 20 年――」『AERA』5 巻 38 号（通号 232）号，1992 年 9 月 22 日，25 頁．
9）李登輝筆記・李登輝口述歴史小組編注『見証台湾――蔣経国総統與我――』国史館，台北，2004 年，42～43 頁．
10）「李総統の来日問題――決着の見通し強まる――」『毎日新聞』1991 年 7 月 14 日．
11）当時の銭其琛外交部長は「日本は西側諸国の中国制裁共同戦線のなかで弱い部分であり，自ずと中国が西側の制裁を突破する最良の突破口となった」と回想している．銭其琛『外交十記』北京，世界知識出版社，2003 年，192 頁．
12）清水美和『中国はなぜ「反日」になったか』文芸春秋社，2003 年，11 頁．
13）松田前掲「中国の対台湾政策――江沢民 8 項目提案の形成過程――」14～20 頁．
14）小沢一郎『日本改造計画』講談社，1993 年，158 頁．
15）「閣僚の訪台を認めるべきだ――小沢氏が見解――」『朝日新聞』1993 年 8 月 14 日．
16）「李鵬首相日台交流にクギ――政府間への拡大けん制――」『朝日新聞』1994 年 1 月 9 日．
17）「【94 ニッポン再考】台北発――総統訪日中止――」『産経新聞』1994 年 12 月 23 日．
18）松田康博「中国との関係」，若林正丈編『もっと知りたい台湾』弘文堂，1998 年，266～267 頁．
19）「中台に自制を要請――首相，防大卒業式で――」『朝日新聞』1996 年 3 月 18 日．「日中外相会談の要旨」『毎日新聞』1996 年 4 月 1 日．
20）松田康博「中台関係と国際安全保障――抑止・拡散防止・多国間安全保障協力――」『国際政治』（日本国際政治学会）135 号，2004 年 3 月，71 頁．
21）参議院外務委員会アジア・太平洋に関する小委員会『中国・台湾情勢に関する報告書』参議院外務委員会アジア・太平洋に関する小委員会，1996 年 5 月．
22）「日華懇，超党派で発足――衆参 300 人が参加――」『産経新聞』1997 年 2 月 6 日．
23）James Mann, *About Face: A History of America's Curious Relationship with China, from Nixon to Clinton,* Alfred A. Knopf, Inc., New York, 1999, pp. 366-367（鈴木主税訳『米中奔流』共同通信社，1999 年，550～551 頁）．
24）「日本政府，素早い対応――国際機関の要請受け最大規模の援助派遣――」『毎日新聞』1999 年 9 月 22 日．
25）岡田充『中国と台湾――対立と共存の両岸関係――』講談社，2003 年，230 頁．
26）金美齢総統府国策顧問がその一例である．同上，229～233 頁．このほかに，総統府

国策顧問として，黄昭堂が，駐日代表や亜東関係協会会長として羅福全，許世楷が任命された．彼らは日本や米国での台湾独立運動をリードする立場にあり，陳水扁成立後，日本との関係構築に尽力した．

27)「『中国組』の影響力低下——政治の前で物言えぬ官僚——」共同通信，2005年5月31日．

28)「オブザーバーで台湾の参加支持　WHOで政府」『毎日新聞（夕刊）』2002年5月14日．

29)「台湾の李前総統，下旬の来日断念」『読売新聞』2004年9月17日．「李前総統，年内来日へ政府，ビザ発給方針」共同通信，2004年12月16日．

30)「親善大使として存在誇示　日本の嫌中感追い風に」共同通信，2004年12月27日．

31)「第155回国会衆議院決算行政監視委員会議録第3号」第1類第15号，2002年11月27日，11頁．国会会議録検索システム〈http://kokkai.ndl.go.jp/〉にて検索し，画像イメージをダウンロードした．

32)「交流協会台北事務所長に就任した池田維（いけだ・ただし）さん」共同通信，2005年5月18日．

33)「民主日台議員懇が発足——日華議員懇との綱引きも——」共同通信，2000年4月25日．

34) 葛東升『国家安全戦略論』軍事科学出版社，北京，2006年，126～127頁．

35)「自衛隊50年岐路の最前線4『台湾駐在武官』中台緊張の渦にもまれ」『朝日新聞』2004年3月22日．

36) 内田勝久『大丈夫か，日台関係——「台湾大使」の本音録』産経新聞出版，2006年，194～195頁．

37) Philip Yang, "Japanese-Taiwanese Relations and the Role of China and the U.S.," Michael McDevitt, Yoshihide Soeya, James Auer, Tetsuo Kotani, and Philip Yang, *NBR Analysis* (*Japan-Taiwan Interaction: Implications for the United States*), Vol. 16, No. 1, October 2005, pp. 102-104. 実際，台湾の指導者は日台間で防衛交流・安保対話がないことを憂慮し，日本に対して呼びかけを行っている．「台湾駐日代表『日台で安保対話の枠組みを』」『産経新聞』2005年8月19日．「中国軍拡『日米台の連携必要』呂台湾副総統が単独会見」『読売新聞』2005年8月10日．

38) 松田前掲「中台関係と国際安全保障——抑止・拡散防止・多国間安全保障協力——」70～71頁．

39) 外務省ホームページ〈http://www.mofa.go.jp/mofaj/area/usa/hosho/2+2_05_02.html〉．

40)「『台湾は日米安保の対象』——町村外相——」『朝日新聞（夕刊）』2005年4月30日．

41)「在十届全国人大三次会議記者招待会上温家宝総理答中外記者問」『人民日報（海外

版)』2005 年 3 月 15 日．「在雅加達会見日本首相小泉純一郎時胡錦涛就中日関係発展提出五点主張」『人民日報（海外版）』2005 年 4 月 25 日．「唐家璇国務委員会見日共同社社長山内豊彦」『当前中日関係和形勢教育活動文選』紅旗出版社，北京，出版年不明，8～9 頁．
42) 「変わる日本の台湾政策──米に協調，対中配慮──」『産経新聞』2004 年 1 月 19 日．
43) 内田『大丈夫か，日台関係』，187 頁．一方で，交流協会は，陳水扁が総統に当選した後「台湾がますます発展し，今後の日台関係がさらに発展することを希望します」と書かれた祝福のメッセージを送っている．「日本交流協会も」『毎日新聞（夕刊）』2004 年 3 月 27 日．
44) 中国社会科学院日本研究所「第二次中日輿論調査（2004 年 9‐10 月）」『日本学刊』2004 年第 6 期，2004 年 11 月．
45) 「日米，アジア巡り微妙な差──主な質問と回答──」『日本経済新聞』1997 年 6 月 15 日．
46) 財団法人社会環境研究センター『台湾に関する世論調査（台湾に対する日本国民の心の架橋）』財団法人社会環境研究センター，2004 年 9 月，17～20 頁．
47) 李建民『冷戦後日本的「普通国家化」與中日関係的発展』中国社会科学出版社，北京，2005 年，201 頁．
48) 郭震遠『国際関係與中国戦略』中国評論文化有限公司，香港，2003 年，151 頁．
49) 張耀武『中日関係中的台湾問題』新華出版社，北京，2004 年，357～365 頁．
50) 修春萍「中日関係中的台湾問題」『台湾研究（双月刊）』第 76 期（2005 年第 6 期），2005 年 12 月，49～52 頁．なお，中国の論文における「台湾と日本の軍事交流」とは，おおむねトラックⅡ交流等の機会を通じて日本の退役自衛官や台湾の現役軍人などが接触することを指しており，ハイレベル交流，軍種別交流，武器売買，軍事顧問団派遣，留学生・研修団相互訪問等のような典型的な軍事交流（日本では防衛交流と呼ぶ）を意味していない．中国ではこのような用語の拡大解釈がしばしば見られる．
51) 宮下明聡「序論」，宮下明聡・佐藤洋一編『現代日本のアジア外交──対米協調と自主外交のはざまで──』ミネルヴァ書房，2004 年，4～10 頁．
52) 例えば以下を参照のこと．それぞれ立場は異なるものの，日本による台湾への主体的関与の必要性を指摘している．中村勝範『運命共同体としての日本と台湾──ポスト冷戦時代の国家戦略──』展転社，1997 年．和泉太郎『日米台「三国同盟」の時代』展転社，1998 年．平松茂雄『台湾問題──中国と米国の軍事的確執──』勁草書房，2005 年．
53) 本澤二郎『台湾ロビー』データハウス，1998 年．
54) Soeya Yoshihide, "Taiwan in Japan's Security Considerations," Richard Louis Edmonds and Steven M. Goldstein eds., *Taiwan in the Twentieth Century: A*

Retrospective View, New York, Cambridge University Press, 2001, pp. 145-146.
55) 2003年12月，交流協会台北事務所は，断交以来初めて天皇誕生日レセプションを実施した．内田『大丈夫か，日台関係』153～162頁．
56) 2005年5月，日華断交後初めて，台湾住民が日本の叙勲を受けた．内田『大丈夫か，日台関係』162～170頁．
57) 「日本と台湾初の医療協定――SARSなど迅速対応/防疫や治療で共同研究――」『産経新聞』2004年4月20日．協定の名称は「重症急性呼吸器症候群（SARS）等共同研究に関する覚書」で，SARS以外にも大規模な感染症の発生に双方で対処する．交流協会と亜東関係協会が結んだ．
58) 清水麗「終章 継続と変容のなかの日台関係」，川島真・清水麗・松田康博・楊永明『日台関係史 1945-2008』東京大学出版会，2009年，232～236頁．
59) 中川昌郎「WHOと日華平和条約」『東亜』第504号，2009年6月，57～59頁．
60) 「外交部が2009年『台日特別パートナー関係促進年』を宣言」，2009年1月20日，データベース『世界と日本』，〈http://www.ioc.u‐tokyo.ac.jp/~worldjpn/documents/texts/JPTW/20090120.S1J.html〉，2012年1月31日アクセス．
61) 馬英九政権期の日台関係発展の成果については，以下に簡単な年表が掲載されている．「日台関係」財団法人交流協会ホームページ，〈http://www.koryu.or.jp/ez3_contents.nsf/12/F3CE8A140E14BA4649257737002B2217?OpenDocument〉，2012年1月31日アクセス．
62) 財団法人交流協会「台湾における対日世論調査」2010年3月，財団法人交流協会ホームページ，〈http://www.koryu.or.jp/taipei/ez3_contents.nsf/04/52F6843250D2FB0E492576EF00256445/$FILE/detail-japanese.pdf〉，2012年1月31日アクセス．
63) 「台湾に関する意識調査」2011年6月1日，台北駐日経済文化代表処ホームページ，〈http://www.taiwanembassy.org/JP/ct.asp?xItem=202393&ctNode=3522&mp=202〉，2012年1月31日アクセス．
64) 「交流協会と亜東関係協会との間の2010年における日台双方の交流と協力の強化に関する覚書」財団法人交流協会ホームページ，2010年4月30日，〈http://www.koryu.or.jp/ez3_contents.nsf/15aef977a6d6761f49256de4002084ae/1c11e1537f7f22e949257715000a735c/$FILE/20100430.pdf〉，2012年1月31日アクセス．
65) それぞれの正式名称は以下の通り．「投資の自由化，促進及び保護に関する相互協力のための財団法人交流協会と亜東関係協会との間の取決め」財団法人交流協会ホームページ，〈http://www.koryu.or.jp/ez3_contents.nsf/0/D744E5678982A3454925791200418C8F?OpenDocument〉，2012年1月31日アクセス．「民間航空業務の維持に関する交換書簡」財団法人交流協会ホームページ，〈http://www.koryu.or.jp/ez3_contents.nsf/04/ECA0D12DDD29497A4925768900283639?OpenDocument〉，2012年1月31日

アクセス．
66) アレン・S・ホワイティング著／岡部達味訳『中国人の日本観』岩波書店，2000年，ix〜xi頁．
67) 毛里和子・増田弘監訳『周恩来キッシンジャー機密会談録』岩波書店，2004年，151〜152頁．

（松田康博）

第十章　対中経済協力

はじめに

　2005年3月，邦字紙各紙は日本政府が中国に対する政府開発援助（Official Development Assistance）の過半を占める有償資金協力（円借款）について，その新規の供与停止を決断し，中国側と協議に入ったと報じた[1]。その後，日中両国は，4月17日の外相会談で2008年の北京オリンピック開催前までに対中有償資金協力の新規供与を停止することについて認識を共有し，対中有償資金協力が「有終の美」を飾れるように事務レベルで協議することを確認した[2]。

　この「確認」は，1979年12月に中国を訪問した大平正芳首相が有償資金協力の供与を開始する意思を表明して以来の対中経済協力のあり方の大きな変更を意味した[3]。政府開発援助は，「政府または政府の実施機関によって発展途上国に供与される資金と技術提供による協力」であり[4]，その動向に政府の対象国に対する認識や関係のあり方が強く反映されている。2005年4月の日中外相会談は日本の対中外交の転換点とも言えよう。

　なぜ，日本政府は対中有償資金協力の新規供与の停止を決断したのだろうか。それは日中関係にどの様な影響を与えたのだろうか。本章は，日本政府が対中有償資金協力の新規供与の停止を決定するに至った背景を明らかにすることを通じて，その決定が日中関係に与えた影響を論じる。

1　成功した対中経済協力

　なぜ，日本政府は対中有償資金協力の新規供与の停止を決断したのか。この問いに答えることは難しくない。有償資金協力を含む日本の対中経済協力が，その所期の目標を達成したからである。

(1) 経済協力のねらい

　1979年12月，訪中した大平首相が供与の意思を表明して以来，対中二国間政府開発援助は，2005年度までに有償資金協力が約3兆1331億円，無償資金協力が1457億円，技術協力が1505億円の規模で実施されてきた[5]．また，政府開発援助に含まれない「我が国の貿易，投資等海外経済活動のための環境整備や開発途上国が行う構造調整等に対する日本からの資機材の調達を条件としない資金協力」として，2003年度末までに，約2兆2842億円が供与されてきた[6]．

　多くの先行研究が指摘するように，これらの対中経済協力の供与を開始するにあたって，日本政府が設けた所期の目標＝ねらいは明確であった．日本の平和と発展という国益の確保のためには，国際社会の平和と安定に積極的に貢献する，豊かな中国の存在が不可欠であり，そのために日本は中国に対して経済協力を供与する，というものである．

　例えばそれは，対中有償資金協力の供与開始の意思を表明した，大平首相の中国人民政治協商会議講堂での講演「新世紀を目指す日中関係──深さと広がりを求めて」(1979年12月) のなかで確認することができる[7]．訪中後，大平首相は，同演説の前に行われた鄧小平副総理らとの会談を通じて，中国側に「国際社会の平和と安定のため一層積極的な役割を果たそう」とする意思があることを確認したとして，次のように述べていた．

　　世界の国々が貴国の近代化政策を祝福すべきものと受け止めているのは，この政策に国際協調の心棒がとおっており，より豊かな中国の出現がよりよき世界につながるとの期待が持てるからに外なりません．我が国が中国の近代化に協力するとの方針を強く打ち出した所以も，我が国独自の考え方に加えて，このような世界の期待に裏打ちされているからであります．

　そして大平首相は，「貴国の努力に対して，我が国が積極的な協力を惜しむものではないことをここに皆様にお約束いたします」と述べ，中国の「21世紀へむけての建設のいしずえ」となることを祈念して対中経済協力の供与の実施を宣言したのであった．こうしたねらいに基づいて，一貫して対中有償資金協力を含む経済協力が供与されてきたことは，その後『外交青書』や『政府開発援助白書』等の公式文書において確認できる．

（2）経済協力の成果

対中有償資金協力の供与の所期のねらいは，以下の中国が出現したことによって十分に達成した．

より豊かな中国

国際協力銀行が公開している資料によれば，日本が二国間政府開発援助を供与した地域は31省市にわたり，ほぼ全国的な規模で中国は日本の援助の恩恵を受けたことになる[8]．同援助を「業種別」契約額に整理すると，日本は援助を「鉄道」(21%)，「発電所」(15%)，「上下水道・衛生」(10%)，「港湾」(8%)，「道路」(5%)，「空港」(3%)などの経済インフラの整備に集中して供与しており，「中国の改革・開放と経済及び社会の発展基盤」を支えてきたことは明らかである[9]．

また，外務省が開設する政府開発援助に関するweb-siteである『政府開発援助ODAホームページ』が公開している資料によれば，対中有償資金協力の供与の結果，総延長5200 kmの鉄道が電化され，港湾分野においては1万トン級以上の大型バースが約60カ所整備されたという[10]．国際協力銀行の統計資料は，北京，武漢，ウルムチ，蘭州，上海，西安の各空港の機能拡充のために，30近くの主要都市における上下水道事業の整備のために，また天津・上海・広州間をはじめ，中国国内の主要都市間の電話通信網の整備のために資金援助が行われたことを示している．

この他，外務省経済協力評価室が公開する資料『対中ODAの効果調査』は，対中二国間政府開発援助が，中国経済のGDPを0.84%（1999年度の測定）押し上げたと分析した[11]．同資料によれば，この数値は「中国で最も先進地域である上海のGDP（1999年，4035億元）の17%に相当する，つまり，上海経済の2割弱を創出している」といい，同数値に「旧輸出入銀行ローンによる協力を加えて計算をすると押し上げ効果は1.94%となり，同効果は天津市と重慶市の二つの直轄都市のGDPを合計した経済を創出している」という．そして，これらの分析に基づいて同調査は，「中国の援助受け入れにおいて，日本は主導的地位にあり，日本の対中援助が中国のインフラ整備を充実させ，大規模な直接投資の誘発を招いたと言っても過言ではな」く，また，「中国の外資政策の

一層の拡大によって，インフラ部門への民間資金の参入の容認や，資金調達の多様化が起こっている．円借款は，こうした資金の呼び水としての役割の一端を担ったと考えられる」と日本の対中経済協力を評価していた．

「より豊かな中国」の出現に，日本の対中経済協力は少なくない貢献を果たしたのである．

平和と安定に積極的な役割を果たそうとする中国

加えて国際社会の平和と安定のために積極的な役割を果たし，「よりよき世界」の実現に努めようとする中国の出現にも日本の対中経済協力は貢献した．

そうした中国の出現は，例えば，2005年9月の国際連合設立60周年首脳会議に出席した胡錦濤国家主席の演説（「努力して，調和の取れた恒久的平和と共同繁栄の世界を建設しよう」）を通じて確認することができる[12]．胡錦濤主席は同演説において，中国政府は国際社会の平和と安定のために積極的な役割を果たす意思があると述べていた．

> 中国は対外開放という基本的な国策を維持し，市場システムへの一層の開放を実現する．そうすることで，より大きな範囲で，またより広い範囲で，そしてより高次のレベルにおいて，国際経済，技術協力と競争に参加し，世界各地との間で平等な協力を展開し，積極的に共同利益を追求し，それぞれがともに利益を上げられるような状態になる．中国はWTOに加盟し，その際の了解事項にもとづいて，関税を継続的に引き下げ，対外開放分野を拡大している．中国経済の安定的な発展は，世界経済の発展に対して継続に貢献していくのである．

胡錦濤がこう自負するのは，自身の発展とそれに裏打ちされた自信に依っている事は言うまでもない．先述の外務省の調査が示したように，そうした発展（＝より豊かな中国）が日本の経済協力の供与の成果であるとすれば，中国が国際社会の平和と安定の実現に向けて努力するようになった要因の一つとして日本の果たした役割は無視できまい．

そして，平和と安定に積極的な役割を果たそうとする中国の出現は，東アジア地域における国際秩序の安定を実現するために，日本と協力してその役割を

果たそうとする中国の姿勢を通じても確認できる．

　1998年11月に江沢民国家主席が訪日し，小渕恵三首相との会見後に発表された「平和と発展のための友好協力パートナーシップの構築に関する日中共同宣言」において，「(日中) 双方は，日中両国がアジア地域及び世界に影響力を有する国家として，平和を守り，発展を促していく上で重要な責任を負っていると考える．双方は，日中両国が国際政治・経済，地球規模の問題等の分野における協調と協力を強化し，世界の平和と発展ひいては人類の進歩という事業のために積極的な貢献を行っていく」ことを表明した[13]．また，2006年10月に，北京での安倍晋三首相と胡錦濤国家主席との会見後に発表された「日中共同プレス発表」は，次のように表明していた[14]．「日中関係の健全かつ安定的な発展の持続を推進することが，両国の基本的利益に合致し，アジア及び世界の平和，安定及び発展に対して共に建設的な貢献を行うことが，新たな時代において両国及び両国関係に与えられた厳粛な責任であるとの認識で一致した」と．

　こうして日中関係は，単なる善隣友好関係からアジア，さらには世界に影響力を及ぼす二国間関係へと発展していったわけである．日中関係がそうした発展を果たすことができたことが，まさに「平和と安定に積極的な役割を果たそうとする中国」の出現を物語っていよう．その出現が可能となった要因の一つが日本の経済協力なのである．

2　対中経済協力の見直し議論

　対中経済協力は所期のねらいを達成した．しかし日本政府は，それを最も重要な理由として対中有償資金協力の新規供与の停止を決断したと説明していたわけではない．「決断」は中国に対する日本国内の世論が厳しくなるなかで，対中批判の文脈のなかで下された，というのがより正確なのかもしれない．以下，「決断」が日中関係に与える影響を理解するために，対中有償資金協力の新規供与の停止の決定に至るまでの，対中経済協力のあり方の見直し議論を概観してみよう．

（1）「厳しい」国内世論

　2005 年 3 月の「決断」の以前から，有償資金協力を含めた対中経済協力について，政府・与党内では見直しの必要性が検討されていた．

　多くの先行研究が指摘するとおり，日本政府として 1979 年以来の対中経済協力のあり方を総括し，その見直しの方向性を提示したものが，01 年 10 月に外務省が公表した「対中国経済協力計画」(以下，「対中協力計画」) である．「対中協力計画」は，新しい対中有償資金協力の「重点分野・課題別経済協力方針」(以下，「方針」) として，「従来型の沿海部中心のインフラ整備から環境保全，内陸部の民生向上や社会開発，人材育成，制度作り，技術移転などを中心とする分野をより重視する」ことを示した．「対中協力計画」によれば，「方針」の見直しが必要なのは「(対中二国間政府開発援助は) 中国の改革・開放政策の推進を支援し，目覚ましい経済発展の実現に大きく貢献し」，また「中国がより開かれ，安定した社会となり，国際社会の一員としての責任を一層果たしていく」ように働きかけるうえで重要な役割を果たしてきたが，「(中国の) 経済発展に伴って，中国側の援助需要や援助に対する期待が変化しているほか，環境・感染症といった我が国にも直接影響が及び得る問題が増大し」，「また，我が国の厳しい経済・財政事情などを背景として，援助の効果・効率性の向上に対する要請や，対中援助に対する厳しい見方が存在する」からというのであった（文中傍点，筆者による加筆）．

　こうしたあり方の見直しの必要性を議論したのが，2000 年 7 月に外務省経済協力局局長の私的懇談会として設置された，「21 世紀に向けた対中経済協力のあり方に関する懇談会」(以下，「懇談会」) であった．「懇談会」は「当面 5 年程度を主として想定して」対中経済協力のあり方を提言し，「対中協力計画」は「懇談会」の提言を踏まえて作成された．公開されている記録によれば，「懇談会」が対中経済協力のあり方を見直す必要性を認識したのもまた国内世論の「厳しい見方」であった．

　例えば，2000 年 7 月に開催された第 1 回目の「懇談会」の席上，飯村豊外務相経済協力局局長は次のように述べていた．「我が国の厳しい経済・財政状況等を背景に，ODA，とりわけ多くの資金協力を行ってきた対中経済協力のあり方に対し，国内各界の関心は高まっている．したがって，こんごの対中経

済協力を進めてゆくにあたっては，それが，中国の改革・開放政策に基づく経済発展により効果的に貢献するとともに，国民各層より幅広く意見を伺い，国民の一層の理解と支持を得てすすめていく必要があることを痛感している」と[17]．また同会合に出席した河野洋平外相は，飯村局長の発言に続いて「本懇談会の作業は，両国国民，特に我が国の納税者に対するaccountabilityの観点から重要であると考える」と述べていた[18]．

外務省はまた，与党である自由民主党（以下，自民党）の意向をも踏まえて「対中協力計画」を策定した．自民党は，「懇談会」と同じ時期に対外経済協力特別委員会・経済協力評価小委員会において対中経済協力のあり方を議論し，2000年12月に「中国に対する援助及び協力の総括と指針」（以下，「総括と指針」）を取りまとめて発表した[19]．「総括と指針」によれば，同小委員会がこの時期に対中経済協力の新しいあり方を取りまとめる必要性を認識したのも「厳しい見方」があったからであった．「国内における景気の低迷，失業率の増大，財政赤字の拡大等により公的資金を活用した対外援助及び協力全体に対する見方が厳しくなっているが，中国に向けた援助及び協力についてもその例外では無くなっている」と言う．「対中協力計画」は，こうした「厳しい見方」を理由に策定されたのである[20]．

（2）二つの中国国別援助研究会

無論，対中経済協力のあり方の見直しは「厳しい見方」だけを理由として行われていたわけではない．その必要性は，久しく議論されてきていた．

それらを代表するものとして多く言及されるのが，1989年1月に国際協力事業団国際協力総合研修所に設置した「中国国別援助研究会（座長：大来佐武郎・内外政策研究会会長，国際大学名誉学長・理事（当時））」（以下，第1次研究会）と，その後の97年に再度国際協力事業団が設置した「第2次中国国別援助研究会（座長：渡辺利夫・東京工業大学大学院教授（当時））」（以下，「第2次研究会」）における議論である．前者は91年12月に「最終報告書」（以下，「第1次報告書」）を[21]，後者は98年11月に「中国国別援助研究会報告書（第2次）」（以下，第2次報告書）をそれぞれ発表した[22]．

「第1次報告書」によれば，この時期に対中経済協力のあり方の見直しの必

要性が提起されたのは，中国の経済発展と世界の政治経済情勢の変化により，時代に即した新たな指針が求められるようになったからである．具体的には，「1979 年からの改革・開放路線をとりはじめて 10 年程度経過したころであり，マクロ経済的にも不安定で改革・開放路線がセットバック（逆行，後退）に陥る可能性を含んだ状況」にある中国への支援として対中有償資金協力を位置付け，中国の改革開放路線の支持と，「経済安定とインフレ抑制，インフラ・ボトルネック解消」を提言した．

第 2 次研究会は，第 1 次研究会の提言の正しさが立証されたと総括し，（第 1 次研究会の提言が提出された）1991 年以来の日本の対中二国間政府開発援助の貢献を評価した．しかし同時に，「高成長にもかかわらず，あるいは高成長の結果として顕在化した，政策的に対処されなければならない問題が山積」していることから，「従来のものとは異なったアプローチをとることが必要」と確認し，対中経済協力のあり方の見直しの必要性を提言した．

具体的には，以下に挙げる事情を理由として掲げた．一つには「1997 年 6 月の財政構造改革についての内閣決定により日本の ODA 予算は今後 3 年連続して減額されることになった」結果，「ODA の量的な拡大が大変に難しくなった」という日本国内の事情である．これと同時に「第 2 次報告書」は，いま一つの事情として，中国が既に「自助努力」をする段階に到達したことを指摘していた．同研究会は，「中国の経済成長率がインフラの増加率を大きく上回り，インフラが中国経済の順調な発展を阻む深刻なボトルネックとして顕在化した」ことを理由に，日本は「電力を中心としたエネルギー供給部門，鉄道・道路・港湾といった輸送部門などの産業インフラ部門に重点的」に経済協力を供与してきたが，そうしたボトルネックは「中国の成長率が高すぎることによって生じた部分がかなり多い」と分析していた．そして「成長率をインフラの供給能力に応じた水準にまで抑制することが必要」という今日の問題は，中国自身が解決するものと結論づけていたのである．また研究会は，中国のインフラの建設能力は低くはなく，三峡ダムをはじめとして，「道路・鉄道・港湾・発電所などは，中国が経済成長率をもう少し抑制すればその建設は国内で十分に可能だ」との認識も示していた．このように中国経済は「自助努力」できる段階にまで成長したとの分析にもとづいて研究会は，日本の対中経済協力は

「逆に中国の自助努力によっては如何ともし難い,しかし開発上さらには福祉面で見て不可欠の分野に次第に重心を移していくべきである」と提言していた.第2次報告書は,こうした分析を踏まえて,貧困・地域間格差の解消,環境保全,農業開発・食糧供給,制度化された市場経済の構築等の「新たなアプローチ」を提示した.

興味深いことは,1998年の「第2次報告書」と2001年の「対中協力計画」がそれぞれ示した,対中経済協力のあり方の見直しを必要とする議論の共通点と相違点である.「第2次報告書」も「対中協力計画」も,見直しを必要とする根拠は共通している.一つには日本政府の財政問題を要因とする対外援助見直し議論であり,いま一つには援助を受ける中国の経済環境の変化である.これらを理由として,従来のインフラ建設を中心とした経済協力から,環境保全や格差の改善等を中心とした次の段階の経済協力へと移行する必要性を訴えていた.

しかし,両者には相違もある.後者では,日本国内に中国へ経済協力をすることに「厳しい見方」が存在していることをも見直しの理由となっていたのである.後述するが,この「相違」が有償資金協力の新規供与の停止という決断の伏線となるのである.

3　対中有償資金協力の新規供与の停止

対中経済協力のあり方の見直し議論は,2001年に「対中協力計画」として結実した.しかし同見直しから4年後,日本政府は更に新しい対中経済協力のあり方を提示した.それは4年前に策定したあり方を大きく変化させる内容であった.対中有償資金協力の新規供与の停止である.

(1) 停止の表明

対中有償資金協力の新規供与の停止の決定を,日本政府が国会で公式に明らかにしたのは,2005年3月17日に開催された参議院予算委員会における町村孝信外相の答弁であろう.[23] 町村外相は同参議院予算委員会において,世耕弘成参議院議員からの日中外相電話会談(3月15日)の内容に関する質問に答える

同答弁によれば，日本政府が北京オリンピック前までに対中有償資金協力の新規供与を停止することを決定した理由は，三点に整理される．第1に中国は既に自力で発展を実現する能力を備えているからであり，第2に中国は既に第三国に大規模な援助をする能力を備えているからである．そして町村外相は「特に」という前置きをして，第3点目の理由として参議院が提出した「第1回参議院政府開発援助（ODA）調査」の調査報告書（以下，『参議院報告書』）に言及していた．[24] 『参議院報告書』とは，参議院改革の一環として参議院改革協議会が「決算重視の立場から，ODA経費の効率的運用に資するため，新たにODAに関する専門の調査団を派遣する」と提言したことに基づき組織された，「第1回参議院政府開発援助（ODA）調査」派遣団の第1班（班長は鴻池祥肇参議院議員）による中国とフィリピンに対する調査の結果報告書のことである．日本政府が対中有償資金協力の新規供与の停止を決断するにあたって，この『参議院報告書』が与えた影響は少なくなかった．

（2）外相の主導と民意

周知の通り，町村外相だけでなく小泉純一郎首相もまた，対中有償資金協力の新規供与の停止の必要性を「卒業」という言葉をつかって公式の場において示していた．2004年11月，東南アジア諸国連合と日中韓三カ国首脳会議に出席するためにビエンチャンを訪問した小泉首相は，到着後の記者会見で，「目覚ましい経済発展を遂げている」ことを理由に，「円借款の返済も順調だし，早く政府開発援助（ODA）の卒業生となることを期待している」と述べた．[25] また，そうした認識を，同地で開催された日中首脳会談においても，中国側に表明したという．[26] とは言え，報道によれば，「卒業論」の政策化，つまり「対中有償資金協力の新規供与の停止」を決断するにあたって，主導的な役割を担っていたのは外相であったようである．

日本政府内において，「卒業論」をはじめて公に提起したのは町村外相であった．[27] 外相は，2004年9月の小泉第2次改造内閣で外相に就任した直後から，有償資金協力を含む対中二国間政府開発援助のあり方の見直しは必要である，との主旨の発言を繰り返していた．10月3日に開催された「小泉内閣タウン

ミーティング in 東京」において，対中二国間政府開発援助について外相は，「いつまでも中国に対して援助し続けていくとは考えられない．いずれ中国が日本の ODA から卒業する日がくるものと予想される」と発言していた[28]。

また，「卒業論」の政策化の過程で，外務省内の議論を積極的に主導していたのも町村外相であった．例えば 2005 年 10 月 7 日の衆議院外務委員会において山口壯衆議院議員からの質問に対する答弁で，逢沢一郎副外相は，町村外相の「リーダーシップ」の下で，北京オリンピック前までに有償資金協力の新規供与を停止することについて，中国外交部との間で大筋の合意を得た，と述べていた[29]。

無論，町村外相は「卒業論」を提起し，政策化のために議論を主導しただけであり，外相の「リーダーシップ」だけで政府として政策を決定したわけではないだろう．「論」が「政策」となるためには，正当性が必要であったはずであり，それを付与したのが『参議院報告書』であったのではないだろうか．「リーダーシップ」をとった外相は，しきりに同報告書に言及していた．

『参議院報告書』が提出された直後，11 月 30 日の参議院外交防衛委員会において三浦一水議員は，『参議院報告書』の「対中国 ODA を引き続き推進することの必要性は見当たらなかった」との結論に対する政府としての認識を町村外相に質した．外相は，これに次のように答弁した．まず，自らが提起した「卒業論」とは，「経済発展に応じて，ODA の新規供与をおこなわなくなると言うことを意味して言ったつもり」であり，「具体的には無償資金協力，円借款，技術協力，それぞれについて発展途上国が成長を遂げるに従って段階的に援助の供与を行わないということを意味している」と説明した[30]。そして外相は，『参議院報告書』が「述べていたと思う」と言及しながら，既に中国に対して民間投資が大量に投入されていること，中国の軍事支出の動向，そして中国が被援助国でありながら第三国に援助を実施していること，を理由として掲げて，中国は早晩日本の対中二国間政府開発援助を卒業するべきではないかとの認識を示した．外相は，答弁を通じて「卒業論」と，『参議院報告書』が示した供与停止の根拠の類似性を確認するのであった．

『参議院報告書』は「卒業論」の正当性を提示する材料として大きな意味を持っていた[31]。外務省で対中有償資金協力のあり方に関する協議をした際，外務

省幹部がその終了方針に疑問を挟んだことに対して,「これは国民感情の問題だ」と退けたように,外相は「卒業論」の提起と政策化にあたって「民意」を意識していた.そうした外相にとって,民意という裏付けを持つ『参議院報告書』は「卒業論」に正当性を付与し,政策化に向けた強力な政治的資源となったはずだ.この後,外相は「卒業論」を提起する際には,ほとんどといっていいほど『参議院報告書』に言及していた.例えば,『参議院報告書』が提出された直後の参議院本会議における答弁や,対中二国間政府開発援助のあり方を議題としていた「ODA 総合戦略会議」第 21 回会合 (2005 年 3 月 7 日) において,『参議院報告書』に言及しながら「卒業論」を論じていた.[32]

(3)『参議院報告書』

『参議院報告書』を詳しく確認してみよう.

同書は,冒頭部分で,「派遣議員団としての所見」として,対中二国間政府開発援助のあり方を次のように示していた.「結論から言えば,今回調査の対象とした案件そのものは,我が国からの ODA 資金は有効に活用され,特段の問題点はなかった」が,「今回の調査においては,対中国 ODA を引き続き推進することの必要性は見当たらなかった.中国は広大な国であり,様々な ODA が実施されているので,今後も引き続き調査する必要があると考える」と.

こうした結論を導き出すにあたって派遣議員団は,対中二国間政府開発援助の供与に対する日本国内における批判の論点として「著しい経済発展」と「増大する国防費等」,「反日・抗日教育」を挙げ,それぞれについて次のように調査,検証をしていた.

「著しい経済発展」について派遣議員団は,購買力平価に換算すると「実質的には中国は我が国の 2 倍,世界第 2 位の経済力を保有していると言える」ことに注目をしていた.そして,対中二国間政府開発援助のあり方を議論する際には,「1 人当たり GDP では,無償資金協力の上限である 1415 ドル (2002 年ベース) を下回るが,これまでの成長率から見て数年でこの基準を超すであろうし,また G7 で議論されているように人民元の切上げや変動相場制への移行が実施された場合には,即座に低所得開発途上国を卒業するという現状を再認

識する必要がある」と指摘するのであった．

「増大する国防費等」については，「近年，GDP の伸び率を大きく上回る」国防費の伸び率と「有人ロケットの打ち上げなどに膨大な予算を当てている」こと，「フィリピン国鉄に対する低利融資等に見られるように第三国に対し経済援助を実施している」ことを問題視した．そして，そうした中国に対して二国間政府開発援助を供与することについて，「我が国からの ODA 資金が環境問題や貧困克服のために使われるとしても，援助を受けることにより浮いた財源をこのような部門への支出に振り分けているのでないかという，いわゆるファンジビリティの疑念を払拭することができない」と論じていた．

また「反日・抗日教育」について派遣議員団は，訪中調査を通じて「概して日本に対し好感を持ち，日本の技術力を学ぼうという意欲が感じられ」，「天安門事件以降展開された愛国主義教育運動が今日の反日行動を引き起こしているのではという評論が多々あるが，民主化，貧富の格差等についての批判や不満の矛先が政府に向けられるのでなく，反日行動として表されている要素の方が大きいと観測する方が正鵠を得ているであろう」との認識を示した．しかし「中国社会の発展に寄与する」という視点で対中経済協力を供与してきたのであるから，「日本の顔の見える形の援助になっているのかということも，調査の視点のひとつにした」場合，幾つかの問題があるとを指摘していた．例えば，中国側に日本の有償資金協力は「低利であっても利子分を付けて返済するから一種のビジネスである」という認識があることについてである．こうした認識については，「財源不足で国内投資の予算が制約される状況下で，低利・長期返済期間の ODA 資金を貸し付ける訳であるから，国民に対する説明責任を果たすため，また親日感情を醸成するためにも，有償案件といえども『顔の見える援助』に努めるとともに，中国国民に対する広報等について積極的に取り組む必要があろう」と指摘するのであった．

派遣議員団は，こう調査，検証したうえで，最終的に「国民の感情」を理由に，冒頭の結論を導いていた．「国民の感情」というのは，「ODA は単に相手国の経済力だけでその是非を判断すべきでなく，我が国の国益を重視した外交を展開する上で大きな武器であるとの考えもある．しかし，サラリーマンはリストラに不安を抱き，中小企業や農民は中国からの輸入品との厳しい競争にさ

らされているという現下の状況の下で納めた税金がビジネス競争国の中国に対するODAとして使われることについて，ODA理念の大切さという理屈だけでは割り切れない」という感情である．

『参議院報告書』とは，まさに「国益」という理屈だけでは割り切れないという「国民の感情」＝民意を具現化したものなのである．

(4)「国民の感情」

『参議院報告書』によって正当性が付与された「卒業論」は，小泉首相が「卒業」の認識を示した後，政策化にむけて歩みをはやめることとなる．2005年1月末には，政府が対中二国間政府開発援助を大幅に削減する検討に入り，有償資金協力の供与を08年度にも停止する案が有力となっていると報じられた[33]．そして，2月3日の対外経済協力関係閣僚会議で町村外相は，「中国側と円借款終了の軟着陸に向けた話し合い」を行うと表明し[34]，同年3月17日の参議院予算委員会での発言へと至るのである[35]．

「卒業論」が民意を背景に政策化した構図は明らかになった．しかし，ではなぜ，2005年3月という時期に政策化されなければならなかったのだろうか．2001年に策定された「対中協力計画」は，インフラ建設を中心とした協力から，次の段階の協力へと移行する必要性を提言していた．それが2005年3月になって，対中有償資金協力の新規供与の停止が提起されることになった理由である．その要因を説明するのは難しい．

難しいのは，2001年の時点での対中経済協力の見直しを必要とした論点と，2004年時点のそれとの間に，違いを見出せないからである．例えば，「対中経済協力計画」を策定するにあたって参考とした自民党経済協力評価小委員会の「総括と指針」が示した対中経済協力のあり方のみなおしを必要とする論点と，『参議院報告書』で指摘されたその論点との間の違いである．

「総括と指針」では，日本の対中経済協力に対する中国側の評価が低いこと，軍事費を拡大させ第三国へ経済支援を行っている中国に経済協力をし続けることの妥当性，東シナ海において積極的に中国軍が活動していること等を論点として挙げていた[36]．『参議院報告書』は，経済力を急成長させ，防衛費を拡大させ，また第三国へ援助をしているにもかかわらず援助を受けていることへの疑

念，中国国民に対する日本の政府開発援助の広報不足の問題等，順序や表現は多少異なるものの，「総括と指針」と類似する点をみなおしの必要性の論点として掲げていた．両者のみなおしの論点は類似している．にもかかわらず，『参議院報告書』は，「新規供与の停止」という結論を導いたのであった．

ただし，両者に全く相違が無いわけではない．後者は日本国内の対中認識の変化により強く言及するのである．それが「国民の感情」である．

たしかに，内閣府が実施している「外交に関する世論調査」によれば，2004年は，2001年と比較して，日本国内の対中認識は悪化している．実際，図序-1（序章）に示すとおり，この時期，日本の国内世論の「対中親近感」は悪化する傾向にあった．例えば2004年の世論調査の結果，中国に対する親近感は前年の数値と比較して10.4ポイント減少した．この減少は，いわゆる「宝山ショック」が原因となったと思われる親近感の減少（1981年，10.3ポイント），天安門事件が原因となったと思われる親近感の減少（1989年，16.9ポイント）に匹敵する大きな変化である．確かに，2004年の調査の直前（10月7日から17日）の日中関係において日本の対中感情の悪化を誘引しうる材料はそろっていた．例えば2004年5月に中国が東シナ海の白樺（中国名，春暁）ガス田において開発を本格的に着手したことが明らかになってからの中国側の東シナ海における油ガス田開発の積極的な行動，さらには2004年7月末から8月にわたっての中国各地で開催されたサッカー・アジア杯のいくつかの試合において，日本チームに対する中国観客の過激な反日的な応援と試合後の反日的な騒動などが記憶に新しい．その後，11月には中国原子力潜水艦が日本領海を侵犯し，海上自衛隊に対して海上警備行動が発令されていたし，また，翌年4月には北京，上海，成都，広州等の都市において，反日抗議デモの発生していたのである．

そうした対中認識の変化は，最近の4年間だけの傾向ではなさそうである．図序-1で確認できるように，1990年代末以来，対中認識は一貫して悪化していた．こう整理すれば，『参院報告書』がいう「国民の感情」とは，そうした厳しい対中認識が堆積した結果だと言えるのではないだろうか．

そして，「対中有償資金協力の新規供与の停止」という決断に『参議院報告書』が正当性を付与したのだとすれば，この「決断」は，積みあがった対中認識である「国民の感情」を，「政治」が国益だけでは判断できないとして汲み

取った結果であると言えはしないだろうか．

4　国益だけでは割り切れない「国民の感情」

では，なぜ，「政治」が国益だけでは割り切れないと判断するにまで，厳しい対中認識は積みあがってしまったのだろうか．

（1）「援助」か「協力」か

その背景として，日本の対中経済協力に関する認識が日中間で一致していないことを指摘できるかもしれない．日本の対中経済協力に関する認識が日中間で一致していないとは，日本側の視点に置き換えれば，日本の「援助」である対中経済協力を，中国側が，そう認識していない，ということである．

そうした中国政府の認識を示す最近の事例として，よく挙げられるのは，2004年11月30日にビエンチャンで行われた日中首脳会談における温家宝国務院総理の発言である．同会談において小泉首相が，「中国は早くODA学校の卒業生になってほしい」と述べたことに対して，温総理は，「今までの国家建設から見ると，円借款の重要性が減少してきているのは事実だ．しかし中止したら『雪上加霜』になる」，「立法府や世論が騒ぐのはいい．ただ，行政府の立場の者が言うのはいかがなものか」，「中国はかつて日本に戦争賠償を要求しなかった」と述べたのである．「雪上加霜」とは「災いが重なる」という意味である．[37]

一方で日本政府は，公式には，一貫して，日本が対中経済協力を供与したことと，中国が戦争賠償を放棄したこととは無関係としている．1972年9月の日中国交正常化に際して調印した「日中共同声明」の第5項が，「中華人民共和国政府は，中日両国国民の友好のために，日本国に対する戦争賠償の請求を放棄する」としたことについて，田中角栄首相は，「全く素直に『賠償は放棄いたします，戦争賠償の請求はこれを放棄いたします』ということであって，ネゴシエーションをやったり，これ（戦争賠償）をやめてくれればこれ（国内建設への協力）をだすということではない」と述べていた（括弧内，筆者加筆）[38]．また79年4月の第87回国会衆議院商工委員会において，板川正吾議員（社会党）

が,「中国は,日中正常化の共同声明の中で,わが国に対する賠償を放棄しておりますから,賠償ではありません」と確認したうえで,「日本国民として,戦時中中国で犯した非人道的行為に対して何らかの反省のしるしとして,中国に対し特別な経済協力を行うべきではないか」と質問したことに対して,大平首相は「そういうものではない」と答弁していた.続けて大平首相は,「賠償につきまして,中国は賠償を請求しないということが決められたわけでございます.したがって,賠償の問題はもうそこで最終的に決着がついておるわけでございます.したがって,賠償とか賠償にかわるものとか,そういう考え方に立脚して日中関係を考えることは正しくない,また中国の意図でもないと私は考えておりまして,今後の日中関係というのは,日中平和友好条約にも示されておるような原則に立ちまして鋭意進めてまいるべき」と発言するのであった.[39] その後も日本政府は,国会において,両国間に賠償請求権の問題は存在せず,また中国側もそう認識している,と繰り返し確認していた.[40]

　中国政府もまた,公式には対日戦時賠償請求を放棄しており,日本の対中経済協力は戦時賠償と関連付けない認識を示してきていた.加えて中国側からは,日本の経済協力に対する感謝の気持ちが繰り返し述べられてきた.例えば,1988年に訪中した竹下登首相と鄧小平中央軍事委員会主席との会談において,鄧小平主席は「今回竹下総理が示された経済協力（竹下首相は訪中の際に8000億円規模の円借款を供与することを発表した）は決して軽いものではない.私は心から歓迎し,感謝する」と表明していた.[41] また,1998年の「平和と発展のための友好協力パートナーシップの構築に関する日中共同宣言」において,中国側は「日本がこれまで中国に対して行ってきた経済協力に感謝の意を表明」していた.[42] その後,2000年10月に朱鎔基国務院総理が訪日し,森喜朗首相と会談した際,「日本のODAが中国の経済発展を助け,日中経済関係の促進にも寄与したと高く評価したい.特別円借款に感謝している」と述べ,また2002年4月のボアオ・アジア・フォーラムにおける朱鎔基総理と小泉首相との会談においても,対中有償資金協力が中国の経済発展に対して果たした役割を「高く評価」していた.[43]

　一方で中国側には,日本の対中経済協力に関して,これとは異なる認識もあったようである.例えば,中国で日本の二国間政府開発援助が,「援助（*yuanz-*

hu: 日本語訳「援助」）」ではなく「合作（hezuo: 日本語訳「協力」）」と表現されることは，そうした認識の存在を示唆していると言えるかもしれない．2004年11月末の日中首脳会談後に行われた中国外交部の定例記者会見において報道官は，「日本の対中経済協力は，中国経済の発展に一定の積極的な効果をもたらした．中国側はこのことを高く評価している．しかし，指摘しておかなければならないことは，円借款を主とする対中援助は中日経済協力の迅速な発展を促進した．この経済協力においては日本企業にもメリットをもたらしている．だからこれは一方的な施しではない」，また「周知の通り，対中円借款は特殊な政治的及び歴史的背景を持った互いにメリットをもたらす資金協力である」と述べていた．その後，翌年3月3日の外交部報道官記者会見において，「日本政府が中国に対する有償資金協力の新規供与の停止を決断し中国側と協議に入っていること」を邦字紙各紙が報じたことに関して，報道官は次のように答えた．「周知の通り，対中円借款は特殊な政治的・歴史的背景のある互恵資金協力である．我々は，双方がこの件に関して両国関係の大局に立ち，責任ある態度を以って適切に処理し，対中円借款が有終の美を飾れるよう期待する（文中傍点，筆者による加筆）」と．

中国外交部報道官が日本の対中二国間政府開発援助をこう表現するのは，中国の政権内にさらに国民に，日本の対中経済協力は中国政府が戦争賠償を放棄したかわりの補償としての経済協力である，という認識が存在していたからではないだろうか．こうした認識の存在は，前述の2004年11月の日中首脳会談における温家宝総理の発言だけでなく，他の中国の政権幹部の発言を通じても確認できる．唐家璇外交部部長は，2000年5月に訪日して日本記者クラブで記者会見を行った際，「中国が対日戦争賠償の要求を放棄したことに対し，何らかの形で中国の経済建設のために貢献すべきではないかという気持ちが，大平正芳首相にはあったと思う」と述べていた．またその翌年1月に北京で日本人記者団に対して項懐誠財政部部長は「侵略戦争が中国及び中国人民に与えた重大な損害からみれば，日本の対中ODAが戦争賠償に代わることはできない」と述べていたという．さらに時間をさかのぼれば，前述の1987年6月の鄧小平中国共産党中央顧問委員会主任と矢野絢也公明党委員長との会談において，鄧小平主任は，日中関係史からみて，「日本は世界のどの国よりも中国に

対する借りが一番多い」として，日本は中国の発展を助けるためにもっと多くのことをするべきであると述べていた．[50]

（2）色褪せる美談

　日本の対中経済協力に関する認識を日中の指導者間で，さらには国民間で共有できなかったことは，日中関係を感情化させてしまった要因の一つであるといえるかもしれない．日本世論は，中国側が「感謝の気持ち」を十分に表明していないことを問題視し，中国側に対する不信感を増大させた．同時に，中国側から何ら「感謝の気持ち」を得られず，良好な日中友好関係の構築に貢献できない経済協力を実施してきた自国の政治に対する批判も高まっていた．[51]一方，中国側が，日本の対中経済協力を戦時賠償と関連したものと認識し，「援助」ではなく「合作」と認識しているのであれば，日本の指摘を受けて「賠償」の認識をかえって強く確認させてしまうことは，むしろ当然かもしれない．そしてまた，中国側のそうした強調が一層日本側において反中的な感情を強めてしまうのである．対中経済協力に関して日中が認識を共有できなかったことは，相互に相手に対する「感情」を昂ぶらせてしまうのであった．

　これに加えて，対中経済協力の供与にあたって設定した所期のねらいどおりに「より豊かな中国」が出現したことも，実は日本側の感情を昂ぶらせる触媒となってしまったのかもしれない．例えば，小泉総理が2002年4月の「ボアオ・アジア・フォーラム」において，中国の経済発展を「脅威」と見るのではなく，むしろ経済発展が日本にとっての好機であり，中国の経済成長に伴う市場の拡大は，競争を刺激し，世界に大きな経済機会を与えるであろう，と述べていた．[52]この時期，外務省が実施した世論調査にも示されるように，日本国内において「より豊かな中国」の出現が，日中関係における大きな問題になるとの見方は少なくなかったのである．[53]対中経済協力の成果として出現した「豊かな中国」は，日本側の「ねらい」を超え，かえって対中不安と不信を引き起こしてしまったのかもしれない．

　さらにこうした状況をより複雑にさせてしまうのは，日本の対中経済協力に関する認識をめぐって日中間で認識を共有できない理由が，中国側の「誤認」だけにあるとは言い切れないことである．

前述のとおり，日本政府は公式には対中経済協力と戦時賠償放棄との間に関連性が無いとしている．しかし，日本側に，対中経済協力の供与を賠償放棄に代わるものとする認識が無かったわけではない．例えば，『読売新聞』紙上での日中国交正常化30週周年記念の座談会で野田毅衆議院議員は，「私たちの先輩の世代には（日中戦争を起こしたという）ある種の原罪意識があったと思うし，なんと言っても対日賠償請求権を放棄した中国側の懐の深さにみんな感じ入ったのも事実だ」と述べていた．また，前出の大平首相の板川議員の質問に対する答弁は，次のような言葉で締めくくられていた．「過去との関連という点につきましては，心情的な気持ちは板川さんおっしゃることはわからぬわけではございませんけれども，そういうものではなくて，公明に処理してまいるべきものと考えております」．大平首相は，明確に対中経済協力と補償との間に関連性が無いことを述べる一方で，心情的な部分において，そうした説明とは異なる認識を持っていたのかもしれない．この点は，前出の唐家璇外交部長の発言が説明しているのかもしれない．

 また，当時，日中経済交流に影響力を持っていた経済界の有力者にも，経済協力と賠償との関連性を意識している主旨の発言は少なくない．例えば，対中有償資金協力の供与開始時には日中経済協会副会長であり，その後1986年から97年にわたって会長職にあった河合良一氏は，「現在の中国へのODAはインドネシアとほぼ同じですが，戦時賠償をしていないことや，与えた影響の規模を考えると，本当はもっと額を増やしてもいいのではないかと思います」と述べていた．

 こうして，日中国交正常化，日中平和友好条約の締結に心血を注いだ政財界の有力者が，対中経済協力の供与にあたって，中国が戦時賠償を放棄したことを意識していたとすれば，中国側の「誤認」を日本側は一方的に批判できないだろう．もしかしたら，日中両国間には，対中経済協力の供与と戦時賠償放棄との間に，暗黙の認識が共有されるという「東洋的な美談」があったのかもしれない．しかし，時間の経過とともに日中両国において当事者が不在になるにつれて「東洋的な美談」は色褪せてしまうのである．その結果が，国益という理屈だけでは割り切れない「国民の感情」の顕在化であり，「対中有償資金協力の新規供与の停止」という決断であったとも言えるのではないだろうか．

おわりに

　日本の平和と発展という国益の確保のためには，国際社会の平和と安定に積極的に貢献する豊かな中国の存在が不可欠であるという認識にもとづいて，日本の対中経済協力はスタートした．そうした日本のねらいは見事に成功した．しかし，日中両国政府が日本の対中経済協力の多くを占める有償資金協力の新規供与を停止するための協議を行った過程で，日中両国関係は感情的な問題を抱え込んでしまった．

　2007年をもって日本は新規の対中有償資金協力の供与を終了した．現在，日本の対中経済協力として無償資金協力と技術協力が中心に継続して実施されている．これらの協力は，日中両国が共有する環境問題の解決や感染症による被害の防止などに向けた取り組み，市場経済をはじめ国際的なルールの遵守や良い統治，省エネを目的とした案件や，「人材育成奨学計画」をはじめ両国間の人的交流を促すことによって日本の価値観や文化を中国に伝える取り組みが中心となっている．こうした対中経済協力の重点の変化は，日中両国政府によって積み上げられてきた両国関係のあり方にかんする協議と歩調を合わせている．

　1972年の国交正常化，そして1978年の日中平和友好条約の締結後，日中両国は善隣友好という二国間関係の発展に力を注いできた．対中経済協力はその手段として位置付けられた．その後日中両国は，1998年に「平和と発展のための友好協力パートナーシップの構築に関する日中共同宣言」を発表し，日中両国関係を善隣友好という二国間に限定された関係から「アジア太平洋地域ひいては世界の平和と発展にとって積極的に貢献する」，「平和と発展のための友好協力パートナーシップ」という関係に発展させることを確認した．さらに日中両国は，2008年5月に胡錦涛国家主席が訪日した際に「『戦略的互恵関係』の包括的推進に関する日中共同声明」を発表した．こうした約40年を経て日中関係は，善隣友好という二国間関係から，「友好協力パートナーシップ」へ，そして「戦略的互恵関係」へと展開してきたのである．対中経済協力もまた，そうした両国関係の展開にともなって，機能と目的を柔軟に修正させてきたの

である．

　本章が論じたように「対中有償資金協力の新規供与の停止」という日本政府の決断をめぐって日中関係は不安定な時期を経験した．そうした不安定な関係は，両国間関係が新たに展開してゆく過程で生じた，相互認識の不足に基づく一時的な問題と整理できるかもしれない．

　今日の対中経済協力は，そうしたぎくしゃくした一時期を乗り越えたかのように，両国間の相互理解の深化を新しい目的の一つとして位置付け，無償資金協力と技術協力を中心に対中経済協力が実施されている[57]．重要なことは，「東洋的な美談」の存否を明らかにすることに力を注ぐことよりも，日中関係の新しい展開という文脈の中で実施されている対中経済協力の意義と，その発展の必要性を再認識しておくことであろう．

注
1）例えば「対中円借款打ち切り方針日中」『読売新聞』2005年3月3日．「対中円借款，2008年度停止で合意──日中政府，段階的に減額」『日本経済新聞』2005年3月15日．「対中円借款の打ち切り表明日中認識に深い溝」『産経新聞』2005年3月18日．「対中関係映したODA，北京五輪の08年に円借款終了」『朝日新聞』2005年3月31日．

2）「町村外務大臣訪中（日中外相会談）平成17年4月17日」『外務省ホームページ』http://www.mofa.go.jp/mofaj/kaidan/g_machimura/china05/gaisho_gai.html．なお，「対中円借款，外相，08年度停止表明」『日本経済新聞』2005年3月17日によれば，3月15日の李肇星外交部長との電話会談において，「北京五輪までに終了する方向で協議することで一致した．日中間で基本的な合意はできた」としているが，同日に行われた中国外交部定例記者会見において報道官は合意の事実を否定している．「2005年3月17日外交部発言人劉建超在例行記者会上答記者問」『中華人民共和国外交部』http://www.fmprc.gov.cn/chn/xwfw/fyrth/1032/t187831.htm

3）本章は，「経済協力」を二国間政府開発援助という援助の上位概念として定義する．経済協力は資金の流れからいくつかに分類することができる．一つには政府による経済協力としての政府開発援助，いま一つには政府開発援助の定義には含まれない政府資金による経済協力である．この他，民間資金による協力や非営利団体による贈与がある．また，政府開発援助は二国間援助と多国間援助に分類することができる．前者は相手国政府に直接協力するものであり，後者は国連などの国際機関を通じて協力をするものと定義される．

4）「ODAとは」『政府開発援助　ODAホームページ』http://www.mofa.go.jp/mofaj/

gaiko/oda/index/nyumon/oda.html

5)「日本の対中国経済協力（概観）2006年3月」『在中国日本国大使館』http://www.cn.emb‒japan.go.jp/oda_j/summary_j.htm

6) 外務省経済協力局編前掲書49頁．

7)「資料207 大平総理の北京政協礼堂における講演 一九七九・十二・七」，『日中関係基本資料集1949年～1997年』（財団法人霞山会，1998年）537～543頁．

8)「国際協力銀行」のweb-site（http://www.jbic.go.jp/）より円借款案件検索機能を利用して対中有償資金協力に関する資料を分析した．なお有償資金協力を含む二国間政府開発援助の省別の実態については，在中国日本国大使館web-siteが公開する資料『日本政府対華開発援助分省実績資料集』に詳しい（『在中国日本国大使館』http://www.cn.emb-japan.go.jp/oda_j.htm）．

9)「％」は，全契約額に占める，各業種別契約額の比率．

10)「対中ODAの実績概要」『政府開発援助 ODAホームページ』http://www.mofa.go.jp/mofaj/gaiko/oda/index/kunibetsu/e_asia.html

11)「対中ODAの効果調査（外務省経済協力局評価室）」『外務省』http://www.mofa.go.jp/mofaj/gaiko/oda/shiryo/hyouka/kunibetu/gai/china/koka/index.html なお，この数値について，「（モデルや前提の置き方によっては大きく変わり得る性質」と留保を示してはいる．

12)「促進普遍発展実現共同繁栄――在聯合国成立60周年首脳会議発展筹資高級別会議上講話（2005年9月14日），美国 紐約」http://www.fmprc.gov.cn/chn/ziliao/wzzt/gjzxhjt/t212090.htm

13)「平和と発展のための友好協力パートナーシップの構築に関する日中共同宣言」『外務省』http://www.mofa.go.jp/mofaj/area/china/nc_sengen.html

14)「日中共同プレス発表」『外務省』http://www.mofa.go.jp/mofaj/kaidan/s_abe/cn_kr_06/china_kpress.html

15)「対中国国別援助計画」『政府開発援助ODAホームページ』http://www.mofa.go.jp/mofaj/gaiko/oda/index/kunibetsu/e_asia.html

16)「『21世紀に向けた対中経済協力のあり方に関する懇談会』提言」『政府開発援助ODAホームページ．http://www.mofa.go.jp/mofaj/gaiko/oda/index/kunibetsu/e_asia.html

17)「21世紀に向けた対中経済協力のあり方に関する懇談会（第1回会合・記録）」（行政機関の保有する情報に関する法律に基づく外務省への開示請求による，開示請求番号：2001～01001，平成13年6月26日開示決定）．

18) この時期に取組まれた対中経済協力の「見直し」議論は，中国だけを対象としたものではない．2007年7月号の『外交フォーラム』誌で前出の飯村豊外務相経済協力局局

第十章　対中経済協力

長は、「国際社会における ODA の考え方の流れが変わってきている」なかで、「日本の対外政策の重要な一翼を担い、また国際社会全体の宝の一つとなっている援助を維持・発展させてゆくためには、「何よりもまず、国民の支持をより強固なものとし、また国民の幅広い層の参加を得ながら援助を進めていくことが重要」と指摘し、そのための具体的方針を提示している。飯村豊「パラダイム変化と日本の理念──『国旗を下ろした援助』か『顔の見える援助』か」『外交フォーラム』2000 年 7 月号、66～76 頁。

19)「中国に対する経済援助及び協力の総括と指針」『武見敬三ホームページ』http: // www. takemi. net/pdf/taichu. pdf

20)「▽政府開発援助 (ODA) 白書のあらまし……外務省」『官報資料版平成 15 年 7 月 16 日』http://www.kantei.go.jp/jp/kanpo-shiryo/2003/0716/siry0716.htm # mokuji 1

21) 国際協力事業団国際協力総合研修所編『中国国別援助研究会報告書』国際協力事業団、1991 年 12 月。

22) 独立行政法人国際協力機構編『第 2 次中国国別援助研究会報告書報告書提言編』平成 11 年 2 月、http://www.jica.go.jp/branch/ific/jigyo/report/country/2000_05. html

23)『第百六十二回国会参議院予算委員会会議記録第十三号』(平成 17 年 3 月 17 日)。また、同日に開催された自民党外交関係合同部会における町村外務大臣の発言も、政府として、2004 年 12 月末以来すすめられてきた対中有償資金協力の新規供与の停止を決断し、中国側と協議をしてきたことを与党に対して日本政府として公式に明らかにしたものと言えよう。

24)「第 1 回参議院政府開発援助 (ODA) 調査派遣報告書」『参議院ホームページ』http://www.sangiin.go.jp/japanese/frameset/fset_i 01_01.htm

25)「対中 ODA 首相も廃止言及「もう卒業の時期」」『産経新聞』2004 年 11 月 29 日。

26)「先月の日中首相会談中国「ODA 不要」戦後賠償「代替」と示唆」『産経新聞』2004 年 12 月 4 日。「中国、一方的見直し抵抗」『毎日新聞』2004 年 12 月 14 日。

27)「日中関係に転機」『読売新聞』2005 年 3 月 3 日。「対中外交、新局面に」『朝日新聞』2005 年 3 月 18 日。

28)「小泉内閣タウンミーティング in 東京」(議事要旨)『政府開発援助 ODA ホームページ』(http://www.mofa.go.jp/mofaj/gaiko/oda/kaikaku/tm/naikaku 04_mg. html.) また町村外相は、外相就任以前から対中政府開発援助の供与については批判的であったようである。1999 年 5 月に外務政務次官として訪中した際、(対中)「円借款主体の経済援助の組み替え、縮小は今後必須、不可欠であり、ODA 見直しをこんご国会で議論していきたい」と述べていた。「対中 ODA 縮小へ町村外務政務次官が意向『援助の効果なし』」『産経新聞』1999 年 5 月 7 日。

29)『第百六十三回国会衆議院外務委員会議記録第一号』(平成 17 年 10 月 7 日)。

30)『第百六十一回国会参議院外交防衛委員会記録第八号』(平成 16 年 11 月 30 日)。

31)『第百六十二回国会参議院予算委員会記録第二号』(平成17年1月31日).
32)「ODA総合戦略会議第21回会合・議事録」『政府開発援助ODAホームページ』http://www.mofa.go.jp/mofaj/gaiko/oda/kaikaku/kondankai/senryaku/21_gijiroku.html
33)「対中円借款、2008年度停止」『日本経済新聞』2005年1月28日.
34)「対中円借款『終了へ協議』」『日本経済新聞』2005年2月4日.
35)『第百六十二回国会参議院予算委員会会議記録第十三号』(平成17年3月17日).
36) 前掲『武見敬三ホームページ』http://www.takemi.net/pdf/taichu.pdf「懇談会」委員であった小島朋之慶應義塾大学教授は、この時期の対中二国間政府開発援助の見直し議論を4点にまとめている.「中国を『責任ある大国』にするために」,『外交フォーラム』2001年2月号38〜45頁.
37)『産経新聞』2004年12月4日付け前掲記事.『毎日新聞』2004年12月14日付け前掲記事.同報道にもあるように、外務省が公開する日中首脳会談記録では「雪上加霜」の表現は無い.「行政機関の保有する情報の公開に関する法律」に基づいて実施した行政文書の開示請求(開示請求番号2006-00956)に対しては、不開示の決定(情報公開第03181)が下されている.なお、2004年12月3日放送のNHK「ニュース7」において、日中首脳会談で温家宝総理が次のように発言したことを報じている.「今は、どうしても円借款が必要な状況ではないが、中日友好の大局に立って決断している.仮に、これを中止すれば、両国関係ははじける状況になる.われわれは先の戦争の賠償を一銭も求めておらず、慎重に対応すべきだ.仮に日本がこの問題を取りあげるならば、中国から中止を言いだすかもしれず、中日友好には不利だ.」(NHK視聴者コールセンターに問い合わせて筆者確認).
38)「資料167 田中総理記者会見詳録一九七二・九・三〇」,財団法人霞山会『日中関係基本資料集1949年〜1997年』(財団法人霞山会,1998年)437〜446頁.
39)『第八七回国会 衆議院商工委員会会議記録 第九号』(昭和54年4月11日).
40) 例えば、『第一二六回国会衆議院外務委員会会議記録第一四号』(平成5年6月11日)での池田維外務省アジア局長の発言.また『第一五六回国会 衆議院決算行政監視委員会第一分科委員会会議録 第一号』(平成15年5月19日)での川口順子外相の発言.
41)「竹下―鄧会談 主なやりとり」『日本経済新聞』(夕刊)1988年8月26日.「中日関係應以相互信任為基礎」『人民日報』1988年6月27日.
42) なお外務省資料によれば、2004年11月末の日中首脳会談において「温総理から、日本からの円借款がこれまで中国の経済建設に大きく貢献してきたことを評価.双方は、今後、適切な形で処理していくこととなった」との指摘があった」.「ASEAN+3首脳会議の際の日中首脳会談(概要)」『外務省』http://www.mofa.go.jp/mofaj/kaidan/s_koi/asean+3_04/china_g.html

43)　http://www.mofa.go.jp/mofaj/kaidan/s_koi/boao02/chaina_g.html
44)　「章啓月就温家宝與小泉会吾等答記者問」『新華網』http://news.xinhuanet.com/zhengfu/2004-12/01/content_2279902.htm
45)　「外交部発言人章啓月就日本停止対華貸款言論答記者問（2004年12月2日）」『中華人民共和国外交部』http://www.fmprc.gov.cn/chn/xwfw/fyrth/t172815.htm
46)　「外交部発言人劉建超在例記者会上答記者問（2005年3月17日）『中華人民共和国外交部』http://www.fmprc.gov.cn/chn/xwfw/fyrth/1032/t187831.htm　なお同様の表現は，1987年に訪中した日中経済協会訪中団に対する李鵬副総理の演説においても確認できる．「資料1　李鵬副首相との会見中日長期友好の大原則が重要」『日中経済協会会報』1987年10月号（日中経済協会），22～17頁．
47)　「日本対華貸款善始還需善終」『解放日報』2005年3月14日．こうした関連付けは，杉本信行・元駐上海日本国総領事が明確に説明している．杉本信行『大地の咆哮』PHP研究所，2006年，139～142頁．
48)　「対中ODA 戦時賠償の代わり」『産経新聞』2000年5月13日．
49)　「中国財政相「戦争責任償えず」対中ODAで見解」『産経新聞』2001年1月9日．
50)　「資料263　日本外務省高官による「鄧小平雲の上の人」発言を伝える邦字紙記事一九八七・六・四」『日中関係基本資料集1949年～1997年』財団法人霞山会，1998年，707頁．
51)　例えば，2000年3月の参議院外交・防衛委員会において武見敬三参議院議員は，中国側は対中円借款を利子付できちんと予定通り返済をしているのだから「純粋な援助とは違う」という認識を持っているように感じられるが，そうした認識では日本側から中国が円借款を評価し，感謝の意を表してくれているのだろうかという疑問が現れ，最終的には「本当の理解と，そしてせっかく日本がこうして協力をしているにもかかわらず，そこから友好的な感情も生まれてこないということに私はなってきてしまうのではないか」と指摘する．武見議員は，「基本的な認識のレベルにおいて，やはりこれは政治的にも調整をして相互の理解というものを深めて」ゆく必要性を指摘していた．『第一四七回国会参議院外交・防衛委員会会議録第八号』（平成12年3月30日）．この他，小森義久「間違いだらけの中国援助」『中央公論』2000年3月号，94～109頁．小森義久「対中ODAを全廃せよ」『VOICE』2002年7月号，64～71頁がある．
52)　「『アジア・ボアオ・フォーラム』における小泉総理演説」『首相官邸』http://www.kantei.go.jp/jp/koizumispeech/2002/04/12boao.html. また，伊藤元重・東京大学大学院教授が財務省財務総合研究所において「アジアの新たな経済展望にかんする研究会」の座長として取りまとめた『日中関係の経済分析』（東洋経済新報社，2003年）において，「中国の経済発展が日本の産業に打撃を与え，日本経済へのマイナスの影響を及ぼすという見方」，「中国の成長への脅威論」に対する検討を行っている．こうした同書の

問い立ては，日本国内における中国の経済成長を脅威と見る認識が強かったことを示唆していよう．

53)「日中関係に関する世論調査」『外務省』http://www.mofa.go.jp/mofaj/area/china/yoron.html

54) 例えば1972年9月に調印した日中共同声明の5項に対して，中国側だけでなく，「日本側にも「賠償放棄に報いるべきだ」との声があった」という．「基礎からわかる日本の戦後賠償」『読売新聞』2005年7月23日．徐承元『日本の経済外交と中国』(慶應義塾大学出版会，2004年) 85頁．

55)『中央公論中国ビジネス徹底研究』7月号臨時増刊（中央公論社，1994年7月）22頁．また，1987年9月の日中経済協会訪中代表団に参加した松沢卓二・経済団体連合会副会長や岡崎嘉平太・日中経済協会常任顧問（初参加）らは，それぞれ日中共同声明において中国政府が賠償放棄を決定したことを理由として掲げて，中国に対する一層の協力の必要性を訴えている．座談会長期の日中友好を確認」『日中経済協会会報』1987年10月号（日中経済協）6～18頁，及び「管鮑の交わり」『日中経済協会会報』1987年10月号（日中経済協）19～21頁．

56) 朱建栄「対中ODAを再び日中間の美談にしよう」『論座』2001年2月号264～269頁．

57) 対中有償資金協力の新規供与の停止後も，無償資金協力，技術協力の供与は継続する．今後は，これらの供与のあり方について検討が求められよう．町村外相が対中有償資金協力の新規供与の停止を明らかにした「ODA総合戦略会議」第21回会合において，同会合の議長代理である渡辺利夫・拓殖大学学長は次のように発言していた．「卒業論とか廃止論とか，そういう議論で話題になっているのは，日本の中国に対する巨大な資金の流れのうちの円借款についてですよね．無償とか技術協力については，議論の対象になっていないことの前提はお忘れなきように．これは一つのフットノートですが，大事なフットノートではあろうかと思います」（「ODA総合戦略会議第21回会合・議事録」前掲URL）．対中無償資金協力を日本が供与することの意義については，杉本信行前掲書（151～158頁）が示唆に富む指摘をしている．

（加茂具樹）

第十一章　日中経済関係の歴史的転換

はじめに

　小泉政権以降の日中政治関係は安倍総理の訪中によって一定の改善はしたが，いまだに良好であるとは言えない状況の中，経済的相互関係が深まっている．その最大の要因は中国経済の著しい成長であろう．世界銀行によれば，中国の1979～2010年の実質GDP成長率は9.95％に達しており，同じ時期の日本の2.10％，世界平均の2.97％より高いパフォーマンスを示している[1]．特に中国は2001年のWTO加盟を果たして，これまでの世界的な生産基地としてだけでなく，世界の市場としての重要性も増している．また2008年に起きたリーマンショックを契機に，中国は内需拡大の政策を進めており，多くの日本企業の対中国ビジネスも従来の「モノづくり」から「ウリづくり」へと高い意欲を示している．

　しかし，歴史を振り返ると，今日のような日本と中国との重要な経済関係はすでに近代において形成されていた．日本は中国における西洋列強との経済権益の競争のなかで，日清戦争を始めとした戦争を通じて，より大きな権益を中国から獲得した．日本にとって中国は隣接した最大の原料供給地，そして商品の輸出市場であった．また，日本は中国を最重要な資本輸出相手国として，銀行投資や企業投資による資本輸出を通じて，植民地的支配を強めると同時に，巨額な利益をも獲得したのである．これは日本の原始的蓄積と資本主義の発展にとって重要な役割を果たしたとされている[2]．したがって，近代の日本もまた自国の資本主義の発展にとって，中国市場の存在が重要な意味を持っていたものと考えられる．

　本章の目的は，このような近代からの日中の経済関係がどのような歴史的な変遷を現代まで歩んできたかに焦点をあて，両国間の経済関係はいかに過去の

歴史を継承し，いかなる変貌をへて，現代に至ったのかを明らかにすることである．本章の構成は第1節では1949年までの近代における日本と清朝，そして第二次世界大戦までの経済関係を，貿易と投資の両側面から分析する．第2節では，1972年までの日中国交正常化前の日中経済関係が冷戦体制に制約を受けながら，民間貿易を中心とした経済関係の交流は全体的に揺らぐことなく続けられていたことを明らかにする．さらに，第3節では日中国交正常化後，日中経済関係の新たな段階に入ったことに注目し，特に1978年以降の両国の経済関係の，量的かつ質的な転換を分析し，相互依存関係の高まりを明らかにする．

1　近代における日中経済関係

アヘン戦争以前の中国（清朝）は貿易を通じて，日本との経済交流を行っていた．中国はシルク，織物，薬材，工芸品，書籍などを日本に輸出し，日本から海産物や銅などを輸入していた．特に銅の輸入量が多く，当時日本への貿易船は「銅船」とも呼ばれていたほどである[3]．しかし，このような一次産品は貿易量の規模が小さく，中国の対外貿易のほとんどは西洋諸国との取引であった．なかでもイギリスは1785〜1833年の間，中国の輸入額の80〜90％，輸出額の65〜80％を握っていた[4]．

しかし，アヘン戦争後の中国は国際政治における地位が転落し，その結果，西洋列強による一世紀にわたる侵略の歴史が始まり，中国の半植民地化が進行することとなった．西洋諸国にとって，中国は自国産業の製品を輸出する市場としてのみならず，工業化のための原料品の獲得市場としても重要となったのである．そして，西洋諸国との不平等条約を脱した日本も商品の輸出入先を次第に中国市場を求めるようになっていった．

特に1871年に中国との間に日清修好条規・通商章程が調印されたことを機に，日本による対中貿易が大きく前進した．1868年から1895年の間，日本の対中貿易額は16倍にも拡大し，イギリス，アメリカに次ぐ第3位の貿易相手国となった[5]．とりわけ中国からの綿花の輸入増加が目立ち，1887年から1882年にかけては82万円から6000万円と，約73倍に急増した[6]．日本の綿花貿易

表 11-1 　清政府期の対外貿易に占める日本の比重の変化

時　期	輸入に占める日本の比重（％）	輸出に占める日本の比重（％）
1871-1873	3.7	1.7
1881-1883	4.9	2.4
1891-1893	4.7	7.2
1901-1903	12.5	12.5
1909-1911	15.5	15.9

出所）厳中平『中国近代経済史系統資料選輯』科学出版社，1955 年版より．

はもともとアメリカとインドが主な輸入先だったが，その運賃コストを引き下げるため，近隣の中国に切り替えたのである．

　さらに，中国は日本の原材料の供給地としてだけでなく，次第に日本の重要な商品市場としても重要な存在になっていった．特に日清戦争後に「下関条約」が締結されて以後，日本は租界や長江の通行権，開港の営業権および領事裁判権などの特権を手に入れ，中国市場の開拓を本格化にし[7]，その結果中国は日本の綿糸，綿織物，マッチなどの工業製品の主な輸出市場となったのである．例えば，1892 年から 1903 年の間，日本の重要な輸出商品であった綿織糸・綿織物の輸出先シェアは中国と香港がそれぞれ 80.6％，12.2％を占めていた[8]．また，同年の 1892 年における日本の対中国輸出額は，香港を含めると 1884 年の約 3 倍の 1965 万円となり，日本の輸出総額の 21.5％を占めるようになった[9]．

　表 11-1 は清朝における日中貿易の変化を示した推測統計である．これによれば，1871 年から 1873 年における中国の対外輸入，輸出に占める日本の比重はそれぞれ 3.7％，1.7％にすぎなかったが，1909 年から 1911 年の間ではそれぞれ 15.5％，15.9％を占めるようになった．これらのことから，日清戦争や日露戦争を通じて，日本の中国での経済権益が一段と拡大したことを両国の貿易規模から読み取ることができる．

　以上のように，清朝期には日本は中国との間に原材料の調達と商品輸出という「二つの市場」の経済関係を構築した．このような経済関係は中華民国期に入ってからより強化された．特に日本は中国との経済関係について，いっそうの関心を寄せていた[10]．その代表的な議論として日本には中国から原材料を調達し，それを加工，製造した後，再び中国に輸出することによって，日本経済の繁栄が図れるという考え方であった．実際に民国期に入ってからの日本は中国

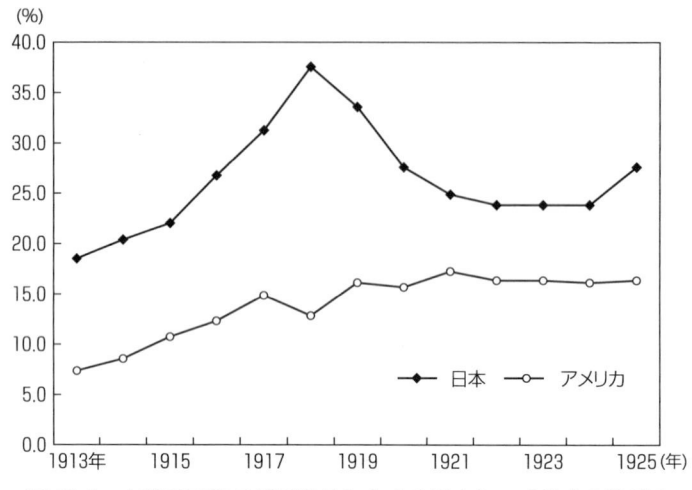

図 11-1　中華民国期の対外貿易に占める日本とアメリカの比重の変化

出所）厳中平『中国近代経済史系統資料選輯』科学出版社，1955年版より．

に対して，このような「加工貿易型」の経済関係を一層に推進した．

　そして，第一次世界大戦の勃発をきっかけに，日本による中国経済との関係がさらに強固なものとなった．その背景にはヨーロッパが戦場となったため，西洋列強はもはや中国での権益確保を二の次とせざるを得なくなり，中国市場への工業品輸出もまた，大幅に減少することになったからである．図11-1は中国の対外貿易に占める日本とアメリカの比重を示しているものである．この図から，第一次世界大戦の結果，日本の対中国貿易は飛躍時代を迎えたことが読み取れる．例えば，1913年から1918年の間，アメリカと日本だけが対中国貿易総額をそれぞれ73％，102％にまで増大させた．

　日本もまた世界大戦を通じて，海外との貿易地域が変化した．欧米先進国の比重が着実に減少し，かわって東南アジア諸国や中国，朝鮮，台湾の比重が少しずつ高くなる傾向にあったという[11]．表11-2は1929年から1945年における，日本の対外貿易に占める中国とアメリカのシェアの推移を示している．これによると，日本の輸出に占める中国の比重が大きく，特に日中戦争が始まったことを契機に，対中輸出が飛躍的に拡大した．さらに，日中戦争の段階に入ると，日本の対外貿易は対中貿易によって決定されるという関係になった．特に

表11-2　日本の輸出入に占める中国とアメリカの比重変化

(%)

年度	輸入		輸出	
	中国	アメリカ	中国	アメリカ
1929	16.9	33.3	21.7	44.7
1931	19.1	31.2	18.2	39.3
1933	14.6	35.4	22.2	29.5
1935	14.0	36.5	23.0	26.1
1937	11.4	40.5	24.5	25.5
1939	23.2	42.4	48.9	21.5
1941	29.1	32.6	63.0	14.2
1943	68.7	0.3	79.2	—
1945	88.9	4.5	95.9	—

注）中華民国には満州および関東州を含む．
出所）日本貿易史研究会編『近代日本貿易史』
　　　1997，第3巻，103～104頁．

1942年から1945年にかけての貿易は，ほとんど中国市場が占めている．

次に，日本の対中国経済関係を資本輸出の側面から考察してみる．明治期日本の対外投資の対象地域は圧倒的に「対中投資」が占めていたことと言っても過言ではない．特に日清戦争以降の投資権利獲得，及び日露戦争，第一次世界大戦，満州事変を契機に対中国資本輸出は段階的に拡大していった．

日本の対中国の資本輸出は経済的投資と政治的投資（実質，政府への政治借款）に分けられる．表11-3はその推移をイギリスとの対比とともに示している．これによると，1902年の対中直接投資はわずか百万ドルに過ぎなかったが，第一次世界大戦を通じて大きく拡大したことがわかる．さらに日本の直接投資は1920年の352万ドル（総額の23.1％）から，1936年の1560万ドル（同40.8％），までに拡大し，列強の中で最も大きな比重となった．イギリスは1930年には，直接投資と政府借款のいずれにおいても日本に抜かれたのである．

日本の対中直接投資は紡績業を筆頭に，飲食料品，印刷，化学，機械工業など様々な産業が，上海を始め，華中，華南の諸都市において設立された．当初は貿易業者が中心で，なかでも三菱商会は1875年に横浜と上海の間に定期航路を開いた．三井物産もまた，創立の翌年にあたる1877年には上海に支店を開設し，のちに中国における日本の最大規模となった．横浜正金銀行は中国に

表 11-3　日本による対中国投資と借款（イギリスとの対比）

(百万ドル)

	1902	1914	1920	1930	1936	1940 (日本 1945)
合計	812.7	1672.4	2017.7	3648.8	3941.4	6762
直接投資	528.4	1096.4	1418.9	2751.6	3127.3	5540.8
借款	284.3	576	598.8	897.2	814.1	1221.2
日本	1	224	466.4	1489.7	1818.3	4451.6
直接投資	1	186.6	351.9	1116.4	1560.1	4121
借款	—	37.4	114.5	373.3	258.2	330.6
イギリス	264.4	626.9	745.7	1008.9	1020.8	940.3
直接投資	155	431.2	555.2	846	870.7	765.4
借款	109	195.7	190.5	162.9	150.1	174.9

出所）許滌新・呉承明主編『中国資本主義発展史』2003年版，第3巻・上，39頁．

進出した最初の日本の銀行として，1893年に上海で支店を設け，のちに中国における日本の権益を代表する総本山的な存在となった．また，1895年に三井物産が上海紡績工場を設立し，その後いわゆる「在華紡」進出の先鞭をつけた．紡績業は日本の対中投資の重要な産業として，1935年までに，上海，青島，天津など各地ですでに日系企業14社が中国で資本総額2億元以上，44社の紡績工場を開設または中国企業を吸収合併した．また満州事変以後の東北地域の紡績業は完全に日本が独占した．[12]

なぜ日系紡績企業の多くが中国進出をするようになったのか．その経済的な動機については，第1に，中国の棉生産量が大きく拡大され，その品質も向上したこと，第2に，日本に比べて中国での工場設立は税金が安いうえ，従業員の労働時間に対する制限もないこと，第3に，人件費コストが日本の三分の一で，電力コストも日本より20％安かったことなどが挙げられる．[13]

第一次世界大戦の結果，日本はイギリスにかわり，中国における最大の権益国となり，日本による製造業への投資は上海を中心に，次第に全国的な進出を果たした．しかし，満州事変を機に，日本の対外投資は「満州国」へ向けて大きく傾斜することになり，列強による対満州投資の独占をするようになった．とりわけ南満州鉄道公司（満鉄）がその投資額の60％以上を占めており，鉄道経営にとどまらず，日本への石炭，鉄鉱山などの原料輸出，化工や繊維業などにも進出していった．これはそれまでのアメリカおよび中国本土を主要市場と

する貿易構造から，資本輸出と重工業品輸出をセットにして満州に集中するという，いわば典型的な帝国主義的再編成を図るものであった．そしてこのような対満州投資は莫大な利益をもたらした．満鉄資料によれば，1932年から1944年の対満州投資の合計額は9069億2000万円に達したが，投資利益の3218億8000万円にものぼる巨額な資金が日本に還流していたという．[14)]

このように，近代の日本は1871年（明治4年）の日清修好条規・通商章程，日清戦争，日露戦争および第二次世界大戦などを契機に，次第に中国での権益を拡大するとともに，中国とは最も重要な両国間の経済関係を構築するようになった．日本はまた資本輸出と貿易を通じて，自国の産業発展にとって欠かせない資源輸入の確保，また工業製品の輸出の場としての中国市場を重視した．もちろん，近代における日本と中国との経済関係は，決して対等的な立場におかれたものではなく，いわば日本による「一方通行」な形で構築されたと言えよう．しかし，第二次世界大戦終了後の中国国内では，中国国民党と中国共産党との内戦もあって，日本は中国との貿易はほとんど進展させることができず，両国の経済関係も中断されることとなった．

2 国交不正常期の日中経済関係

1949年10月に中華人民共和国が成立し，1950年3月に米国により，日本の民需物資輸出が認められたことを転機に，日中貿易は第二次世界大戦後以来の再開を迎えることになった．その結果，1950年に日本からは鉄鋼，金属製品，機械など1960万ドルが輸出され，米，大豆，強粘結炭，鉄鉱石など3950万ドルを中国から輸入された．

しかし，同年6月に朝鮮戦争が勃発したことにより，アメリカは対共産圏輸出統制委員会（ココム）制限や対中国輸出統制委員会（チンコム）の設置など，一連の対中禁輸制限策を次第に強化するようになった．日本も対中国貿易の規制に加わり，中国にとっての必需貿易財である鉄鋼，非鉄金属製品および紡織機械などを輸出制限項目としたため，再開したばかりの日中貿易は早くも著しい衰退を示した．

このように，朝鮮戦争は日中経済関係に大きな影響を及ぼした．それ以降の

表 11-4 冷戦期における日中貿易関係の主な協議

日中民間貿易協定（第1～4次）	1952年6月～1958年3月
日中貿易促進に関する共同コミュニケ	1956年10月15日
周恩来首相の対日貿易3原則に関する談話	1960年8月27日
日中LT貿易協定（第1～3次）	1962年11月～1964年9月
日中友好貿易促進に関する議定書	1962年12月27日
日中覚書貿易会談コミュニケ（第1～4回）	1968年3月～1971年3月
日中貿易協定（政府間）	1972年9月29日
日中長期貿易協定	1974年11月13日
日中長期貿易取り決め書	1978年2月16日

出所）東京大学東洋文化研究所田中明彦研究室『日中関係資料集』（http://www.ioc.u-tokyo.ac.jp/~worldjpn/documents/indices/JPCH/）より整理.

日本は中国との経済関係は何よりも冷戦，とりわけ米国による中国封じ込めという厳しい国際関係に強く規定されていた．この時期における日本政府の立場としては，政治的関係と経済的関係を別個のものとして，国交のないままに中国との貿易関係を進めていこうとする「政経分離」の考え方が支配的であった．しかし，中国は政治と経済は一体であるとの「政経不可分」の考え方を主張したのである．結局，1972年までの23年間は国交正常化がされないまま，日中経済関係は国際情勢の変化や両国事情の変化に従って揺れ動くことになる[15]．

とはいえ，日本と中国との経済関係の全体の流れは民間主導型の貿易交流が続いた．表11-4は日中貿易関係の主な民間協議を示したものである．この表からは，冷戦時期にも日中民間貿易に関する様々な協議が行われてきたことがわかる．民間による経済交流は1952年6月1日に北京で第1次日中貿易協定が調印され，年間で輸出入各3000万ポンドの協定が結ばれた．わずかな貿易額であったが，それ以降の直接貿易の基礎を築くものであったと評すべきである[16]．

1953年に朝鮮戦争の停戦が実現されるなか，衆議院で「日中貿易促進決議」が可決され，対中貿易統制が次第に緩和され，輸出品目の制限も次第に解除されるようになった．これを受けて，1953年の対中国貿易の規模は輸出は2970万ドル，輸入は454万ドルに回復した．1954年にはさらに輸出が前年度より4倍へと拡大した．この背景には世界的な景気後退による東西貿易再開の動向，朝鮮戦争休戦による世界情勢の緩和があった．

他方の中国は五カ年計画を遂行するため，機械設備などの資本財の輸入が必

要としたことから，西側諸国との貿易を積極的に模索していた．その一貫として，中国は1955年に38名のメンバーからなる最初の貿易代表団を日本に派遣し，中国への輸出を拡大するよう働きかけた[17]．その結果，同年に「日中貿易促進に関する共同コミュニケ」が発表され，両国は通商代表部の性格を民間代表とすること，両国為替銀行間に直接業務関係を樹立すること，商品分類を調整すること，などについて協力することを合意した．これを受けて，12月に対中国貿易の窓口の一本化の体制が強化され，日中輸出入組合が設立された．

しかし，第3次日中貿易協定は1957年5月に期限切れとなったが，第4次日中民間貿易協定をめぐって，日本政府の消極的な態度を示したため，両国間の交渉が難航し，結局協議そのものが決裂局面を迎えた．このため，日中貿易も中断せざるを得なくなった．しかしながら，日中貿易関係はこのような政治的な対立の影響を受けて，数年の間急速に落ち込んだが，経済関係の全体的な流れは揺らぐことはなかった[18]．

この背景には，この時期にイギリス，ドイツなどのヨーロッパ諸国が対中輸出条件を緩和し，いち早く中国市場に進出するようになったということがあった．日本の経済界はこの動きに焦りを募らせ，貿易再開の努力はまた民間主導で行われるようになった．例えば，日中貿易輸出組合は，日本の重化学工業製品の輸出市場および安定的かつ有望な原材料の輸入市場として，中国の重要性を強調し，貿易再開が急務であることを訴えた[19]．また，大阪商工会議所は「政治問題よりも経済問題を優先すべき」であると主張し，第4次貿易協定の早期調印を呼びかける談話を発表した[20]．これらの努力の結果，1958年3月に両国間における正式調印が行われた．しかし，それ以降日中間の貿易をめぐっては，台湾からの抗議や長崎国旗事件などによって，再開したばかりの貿易もまた中断されることになった．図11-2でも示しているように，1959年から1961年の間，両国の貿易はほとんど空白の時期となっている[21]．

1962年に入ってから，池田内閣は対中貿易拡大に意欲を示した．この時期の日本は高度成長期であり，大型プラントの輸出余力が増進していた．他方，中国では，中ソ対立が激化し，旧ソ連からの経済技術援助が打ち切れたため，西側先進国の大型プラントに対する需要が高まっていた．1962年9月に大臣を歴任した松村謙三氏の訪中をきっかけに，日中貿易の全面修復の条件が合意

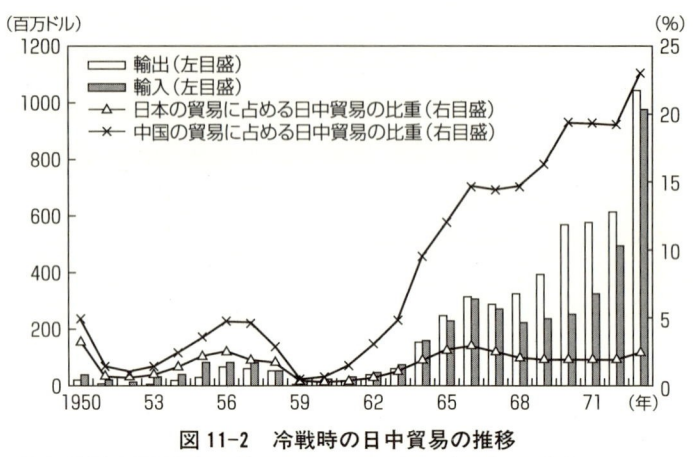

図 11-2 冷戦時の日中貿易の推移

出所）財務省貿易統計（http://www.customs.go.jp/toukei/info/）より作成．

され，11月に「日中長期総合貿易に関する覚書」が締結されることになった．この取り決めに基づく日中貿易はいわゆるLT貿易と呼ばれ，プラントも含まれる対中輸出が翌年から開始された．

図11-2が示しているように，日中貿易は1960年代以降にほぼ一貫して拡大し続けていた．1963年には輸出および輸入はいずれも戦後のピークの1956年の規模に近づいた．そして，1965年に輸出入合計で4億6974万ドルにも達し，中国は日本の対共産圏諸国貿易のなかで旧ソ連を抜いて第1位を占めるようになった．翌年の1966年には，日本の全貿易相手国のなかで，中国はアメリカ，オーストラリア，カナダに次いで第4位となった．またその規模は戦後の最高であるばかりでなく，戦前のピークに匹敵するものであった．この時期の日中貿易は，高度成長期の日本経済にとって，その比重は低いものであるが，中国にとっての対日貿易はその比重が高まる一方であった．このように，日中両国は政治面では冷戦の枠組みに組み込まれていたにもかかわらず，日本の輸出拡大と中国の工業化に不可欠な資本財の輸入拡大という経済面での思惑は合致していたのである．[22]

1970年代になると，中国は第4次五カ年計画による経済建設の進展，米中接近と日中国交正常化を契機に，中国の対外貿易は急速に拡大した．その中で，1971年8月，アメリカ大統領ニクソンが国際収支理由による付課税の賦課な

どに関する新経済政策を発表した．これを受けて，日本はこれまでの対米輸出至上主義の戦略を再検討せざるを得なくなった．こうした中で，重化学工業の分野のほとんどあらゆる業種が，輸出市場としての中国に大きな関心を示し始めた．[23] また対中輸出依存率がすでに高い鉄鋼，化学肥料，機械機器などの業界も中国市場をますます重要視するようになった．日中貿易は1972年の日中国交正常化を契機に，両国の経済関係は新たな段階に入ったのである．

3　国交正常化後の日中経済関係

　日中国交回復したことを受け，日中貿易は実務の面においても次第に正常化が進展した．1972年12月には輸銀融資の延払方式によるプラント輸出の復活第1号として，東洋エンジニアリングのプラントの輸出契約が実現した．さらに，1973年1月に通産省は中国などからの輸入事前許可制を廃止し，1974年1月に調印された「日中貿易協定」に基づく最恵国待遇の相互供与によって，中国からの輸入品に設けられていた関税差別が撤廃された．また同年に「航空協定」，「海運協定」などの協定が締結され，日中両国政府間における経済関係の基礎が確立された．

　1976年に日本の経済団体は中国を訪問し，対外貿易部との間で，中国側が石油，石炭を輸出し，日本側がプラント，技術資料，建設資材などを輸出するという日中貿易長期協定を結ぶことに合意した．これは両国において，貿易促進という意味で民間の貿易拡大に対する積極的な姿勢を示すものである．こうして，日中国交正常化後の両国経済関係は，政府間の貿易協定を積極的に推し進めた結果，貿易が急速に拡大したのである．

　また1978年の2月に「日中長期貿易取り決め書」が日中の民間団体によって締結された．[24] 中国は四つの近代化を推進するため，大型工業化プロジェクト建設を核とする経済政策を打ち出した．これを受けて，日中商談ブームが巻き起こり，上海の宝山製鉄所建設を始め，大型商談が次々と実を結び，日中貿易，特に日本から中国への輸出が急速に伸びていった．

　そして1978年12月に中国の改革開放路線の実施を契機に，日中経済関係は貿易の拡大に加えて，対中直接投資の拡大を通じて，次第に補完的な関係が形

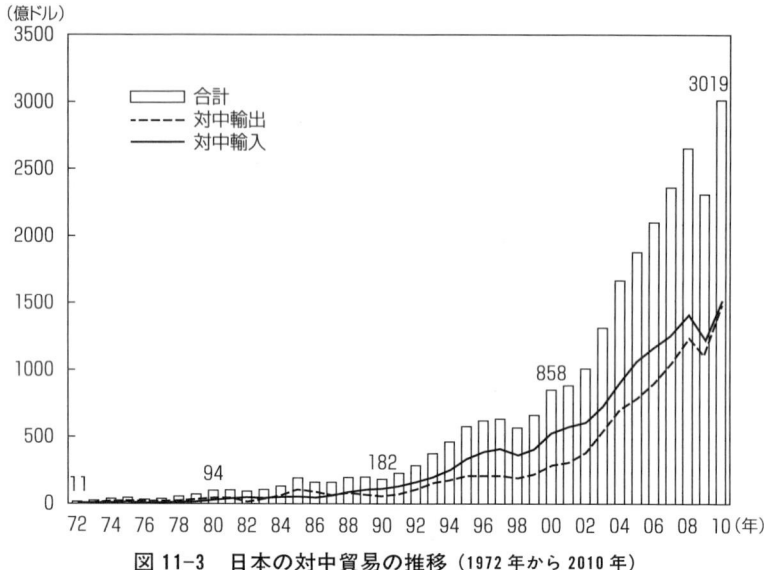

図11-3 日本の対中貿易の推移（1972年から2010年）
出所）財務省貿易統計より作成．

成され，かつてないほどに深い経済関係になった．1980年代の日中経済関係は中国による対日本への単一依存関係であったが，1990年代以降は次第に相互依存関係へと深化を遂げたのである．

このような両国の経済関係はまず貿易規模拡大の側面から確認してみる．図11-3が示しているように，日中貿易総額は国交復活の1972年の11億ドルから改革開放の元年である1978年の51億ドルまで大きく拡大した．そして1981年に初めて100億ドルを越えてから，1991年に200億ドルを上回った．1980年代の中国にとって，日本は常に輸出第2位で，輸入が第1位を占め，貿易総額では最重要な貿易相手国であった．しかし，図11-3でも示しているように，日中貿易は2000年代以降の中国経済の持続的な高度成長を反映して，より大きな進展が見られている．貿易規模は2002年に初めて1000億ドルの大台に達してから，2010年に3000億ドルへとわずか8年で3倍の急拡大を遂げている．このように，日中貿易の動向は1980年代の緩やかな拡大，1990年代の大幅な拡大，2000年代以降の急速な拡大と表現することができよう．両国ともに相手国の貿易，経済にとって重要な地位を占めるようになり，経済の相

互依存関係は深まる一方である．

また，改革開放後の中国にとって，日本企業による対中投資は実に 1945 年以来 30 年ぶりのことであった．1980 年に大塚製薬株式会社が対中投資の先駆者として進出してから，1983 年には日本は対中国投資が 9 億 5400 万ドルにのぼった．ただ，日本にとっての対中投資は海外投資のなかできわめて規模の小さいものにとどまっていた．例えば，1985 年に対中国投資額は 1 億ドルにのぼったが，日本の対外直接投資総額（122 億ドル）の 0.8％にすぎなかった．また，対中投資の企業もほとんど中小企業に限られていた．それでも日本からの直接投資は香港に次いで第 2 位であり，中国にとって日本の資本は貴重な存在であったことは言うまでもない．

このように，1980 年代初期における中国の対外開放政策の実施によって，中国と日本との経済関係はより緊密化してきたといえる．それはとりわけ，両国の貿易，日本による直接投資などに現れている．しかし，1980 年代における日中の経済関係は総じていえば，日本は中国にとって最大の貿易相手国であったが，日本にとっての中国は必ずしも重要な経済関係の相手国になっていなかった．両国の経済関係はいわば中国経済による日本経済への「単一依存型」であったといえよう．

しかし，1990 年代に入ると，中国の著しい経済成長を反映して，両国は貿易と投資の拡大を通じて，「相互依存型」への経済関係を築くようになった．特に日本にとっての対中貿易の重要性が大きく前進したことが挙げられる．図 11-4 は日本の世界貿易に占める日中および日米の構成変化を示している．これによると，1993 年に対中貿易（香港を含む）が日本の世界貿易総額の 10％台を初めて超え，2010 年には 23.7％へと大きく上昇している．また日本にとっての最大の貿易相手国の「米中逆転」が 2002 年に輸入総額，2004 年に貿易総額，そして 2009 年に輸出総額にも実現した．[25]

このような貿易関係が緊密化していくなかで，日本の対中輸入商品の構成は大きな変貌を遂げている．一次産品と工業製品の大別でみると，工業製品の比重が 1980 年代の 22.6％から 1990 年代には 50.8％へと高まり，さらに 2010 年には 92.5％へと大きく上昇している．中国による対日貿易の製品は，1980 年代の原料を中心としたものが，1990 年代中頃は繊維関連を製品とした加工

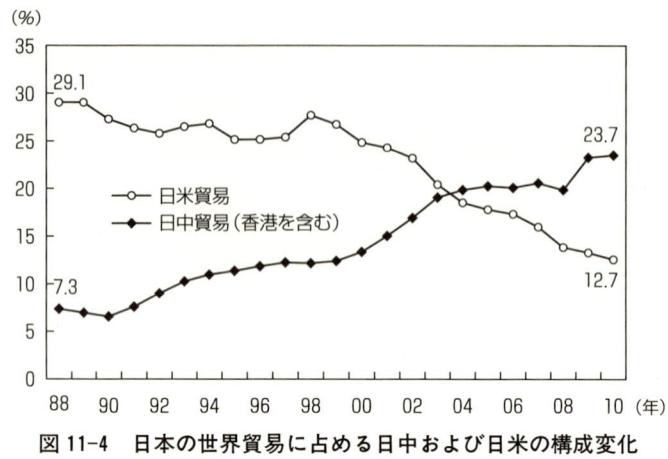

図11-4 日本の世界貿易に占める日中および日米の構成変化

出所）ジェトロ『貿易白書』各年版より．

製品が中心的になって，2000年代には電子部品，精密部品，電気機器や化学製品等の資本財の取引が急速に伸びてきている．輸入の主役は1990年代の繊維製品（1995年に34.4％を占め）から2000年代の機械機器（2010年に42.7％を占め）へ交代している．

　他方，日本から中国への輸出品の中で，機械機器類は一貫して最大の輸出品目である．その比重は1980年の42.2％から2000年の54.8％へと上昇した後，2010年には45.9％へと10ポイントほど減少している．その代わりに，2000年代以降は化学製品や輸送用機器の増加も目立つものであり，2010年にそれぞれ12.9％，10.2％を占めている．これは輸入と輸出とともに，日本の対中貿易は1980年代の垂直分業から1990年代以降の水平分業へと貿易構造の変化をもたらしている．

　このような貿易構造が大きく変化した背景には，日本企業による対中直接投資の拡大があった．図11-5は日本企業の対中直接投資の時系列的な変化を示している．これによると，日本企業の対中投資ブームは3回ほど挙げられる．第1回目は1992年に鄧小平による南方談話（「南巡講話」）である．これをきっかけに，世界中から対中投資の空前たるブームのなかで，日本の対中国投資も本格的な段階を迎えることになった．さらに円高が拍車をかけ，日本企業は競争力をなくした繊維，機械，電気などの産業の生産を積極的に中国へとシフト

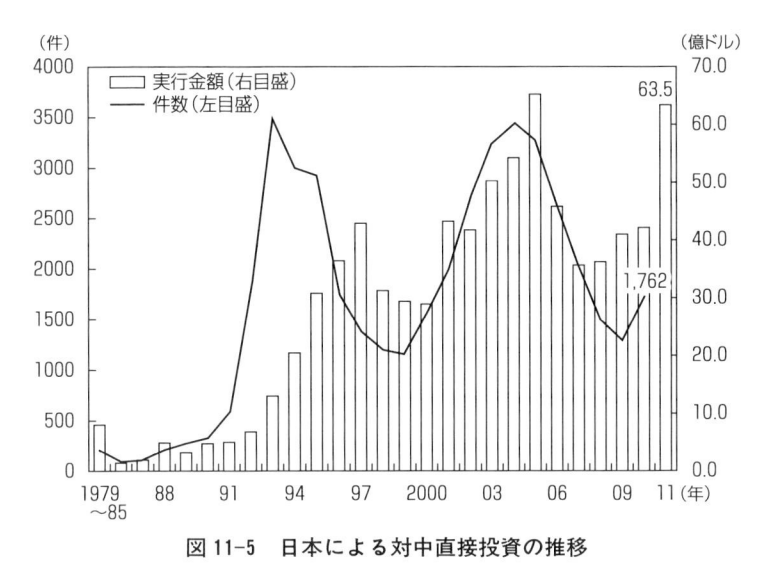

図 11-5　日本による対中直接投資の推移

出所）中国商務部分析報告（http://www.mofcom.gov.cn/gzyb/gzyb.html）より作成．

していった．

　そして，WTO 加盟後の中国は第 2 回目の「対中投資ブーム」を迎え，日本企業の対中国市場への期待が高まり，中国は世界の工場から世界の市場へと変化してきている．日本による対中直接投資の実行額は 2000 年の 29 億 2000 万ドルから 2005 年に大きく伸び，過去最高の 65 億 3000 万ドルを記録した．これは中国が 2001 年の WTO 加盟により，中国の市場開放や投資環境の改善が一段と進んだ結果であると考えられる．その後，小泉首相の靖国参拝やリーマンショックによる世界経済への打撃などの影響もあって，対中投資はいったん一服し，2011 年には 63 億 5000 万ドルへと，過去 2 番目の水準に戻しつつ，第 3 回のブームを迎えようとしている．これは中国が最終製品の市場としての重要性から，潜在的にも巨大な中国市場をターゲットとした企業戦略の一環であると思われる．

　このように，日中貿易は日本による対中投資の拡大を通じて，貿易関係はいっそう強まってきている．図 11-6 は日本，アメリカおよび中国三国における二国間の貿易結合度を示している．相手国との貿易の結びつきの度合いを確認してみる．貿易結合度（degree of trade linkage）は二国間貿易シェアの数値シェ

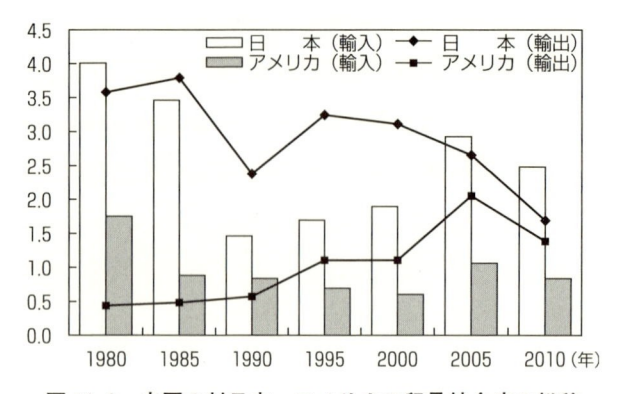

図 11-6　中国の対日本，アメリカの貿易結合度の推移

出所）小林通・清水隆雄・川口智彦・陳文挙『東アジア経済圏構想と国際分業』高文堂出版社，2006 年，112 頁より．但し，2005 年と 2010 年は WTO データより筆者算出．

アから，相手国の世界貿易に占めるシェアの影響を取り除いた指標である[26]．この指数は相手国とのつながりの強さを示し，1 が基準値であり，これより大きければ，日本にとって相手国とは標準以上に結びつきが強いことを意味している．

　まず図 11-6 の輸出結合度指数をみると，中国からみた日本との間では，1980 年には 3.590 とかなり高く，1990 年に天安門事件を背景に，一時 2.389 まで低下した．1995 年には 3.276 までに回復した後次第に低下し，2005 年には 1.703 となっている．それとは対照的に，輸入結合度指数は 1980 年代がきわめて高く，1990 年代はいったん低下したが，2005 年には 2.946 まで再び高い指数となった．しかし，この指数が低下している自体は，貿易関係が弱くなっているということを意味しない．図 11-6 が示しているように，むしろ中国の輸出は対アメリカとの輸出規模が相対的に拡大したことを反映しているといえる．ただ，2010 年の輸出結合度指数をみると，日本もアメリカもそれぞれ同時に低下している現象が起きている．これは近年の中国にとって，日米両国の貿易相手国としての重要性は低下していると思われる．

　他方，中国からみたアメリカとの間の輸入結合度指数に関しては，1980 年と 2005 年は 1 を超えたものの，それ以外はいずれも 1 以下である．これは中国にとってアメリカとの輸入面では，それほど密接な貿易関係はみられないこ

とを意味している．結果的に中国はアメリカとの貿易を通じて，巨額な貿易黒字が生まれ続けているともいえよう．

　以上のように中国の輸出入結合度をみるかぎり，中国と日本とアメリカとの結びつきがかなり強いと言える．特に，輸出の場合のアメリカ，輸入の場合の日本とそれぞれの結合度が顕著に高いことが特徴である．これは日中貿易では中間財，米中貿易では最終財という日本，中国およびアメリカの間の三角貿易圏が形成されていることを意味している．ただ，近年において，中国にとっての対日，対米貿易結合度指数の同時低下現象は，これまでの貿易構造に新たな変化が起きていることも示唆される．その背景には世界金融危機による対米輸出の低下や中国の対外貿易におけるEU貿易やASEAN貿易の重要度の上昇などが反映されているといえる．

おわりに

　本章は日中経済関係を近代からどのようにして発展してきたか，またどのような量的かつ質的転換を遂げたかを考察してきた．以上の分析結果をまとめると，次のような結論を導くことができる．すなわち，現在の日中経済関係は近代によって構築され，継承されたものである．近代の日本は資本主義の発展とともに，次第に中国の存在が重要視されるようになった．それは日本経済にとっての中国は，重要な原材料の供給基地だけでなく，製造基地，そして商品市場としての存在意義が極めて重要であったからである．しかしながら，近代におけるこのような日本による中国への「単一依存」の経済関係の形成には，日本を含め，西洋列強による半植民地支配のもとで，きわめて不平等な立場で築かれていたものである．

　そして1949年以降の日中経済関係は厳しい冷戦状況によって制限されていた．重工業化路線が志向された中国にとって，日本からの機械設備などの資本財の輸入，また日本にとって中国から原料品の輸入と商品の輸出の重要性があったものの，時には政治状況に左右され，貿易を中断せざるを得なくなった．それでも両国間における貿易の重要性から，民間貿易を中心に，絶えず経済関係が続けられてきたことも事実である．

中国の経済改革路線が施行されたことを契機に，日中経済関係が新たな段階を迎えることになった．両国の経済関係も1980年代の中国による日本経済への単一依存から，1990年代以降の相互依存関係へと深化を遂げてきている．日中貿易は1999年以降毎年過去が更新されていく中で，中国は輸出入とも日本の最大の貿易パートナーとなっている．また中国のGDP規模は2010年すでに日本を抜いて世界第2位となっており，その成長エンジンも外需から内需へとシフトしている．それをビジネスチャンスとして，中国市場への「ウリづくり」を目指す日本企業による対中投資も第3回のブームを迎えている．さらに，近年の中国企業は日本の市場や優れた技術やウハウに注目し，対日投資に乗り出している．

　このように，両国は互いに貿易と投資を通じて，日本は中国経済の活力をうまく取り込み，中国は日本企業の優れた技術力を生かし，産業構造の高度化を図っていくという相互補完関係を構築するという日中経済関係の新しい姿へ変えようとしている．そういう意味では，日本と中国との経済関係は「かけがえのないパートナー」として，新しい歴史の転換期を迎えているといえるのである．

注
1）World Development Indicators databaseより算出．
2）周啓乾『明治の経済発展と中国』六興出版，1989年，2頁．
3）許滌新・呉承明主編『中国資本主義発展史』2003年版，第2巻，上，中国出版集団・人民出版社，41頁．
4）同上，46頁．
5）同上，89頁．
6）藤村道生『日清戦争』岩波書店，1973年，23頁．
7）また，日清戦争を機に当時の日本の財界も中国進出に強い関心を持つようになった．例えば，財界の代表である大倉氏は日本の発展を中国への進出と結びつけて考え始めたという（李廷江『日本財界と近代中国』御茶ノ水書房，2003年，132頁）．その理由は中国の4億人の人口を有することから，潜在的な市場が大きいことや資源も豊富であることから，日中の協力は互いに補完関係を築けるのである．
8）日本貿易史研究会編『日本貿易の史的展開』三嶺書房，1997年，35頁．
9）同上，21頁．
10）李廷江『日本財界と近代中国』132頁．

11) 澤逸平・山本有造『貿易と国際収支』(長期経済統計：14) 東洋経済新報社，1979年，9〜11頁．
12) 陳真・姚洛・逄先知合編『中国近代工業史資料』第二輯，三聯書店，579頁．
13) 同上，584頁．
14) 許滌新・呉承明主編『中国資本主義発展史』2003年版，第3巻，下，中国出版集団・人民出版社，398頁．
15) 臧世俊『日中の貿易構造と経済関係』日本評論社，2005年，9〜10頁．
16) 宮下忠雄・上野秀夫『中国経済の国際的展開』ミネルヴァ書房，1975年，186頁．
17) 入江昭『日中関係この百年：世界史的展望』岩波書店，1995年，133頁．
18) 同上，132頁．
19) 日中輸出入組合編『日中貿易白書：貿易中断に際して』大同書院，1958年，103〜104頁．
20) 臧世俊『日中の貿易構造と経済関係』日本評論社，2005年，15頁．
21) 1958年5月，長崎で開催中の日中友好協会開催の中国切手，紙工芸品展示会場で，一青年が展覧会場にかけられてあった中国国旗をひきおろすという「国旗侮辱事件」である．この事件を受けて中国の陳毅外交部長が声明を発表し，日本に対する非難の談話を発表した．このことを契機に中国の貿易機関は日本との貿易契約を破棄した．
22) 宮下忠雄・上野秀夫『中国経済の国際的展開』197頁．
23) 同上，207頁．
24) この取り決めの有効期間は1978年から1985年までの8年間で，中国は原油，原料炭，一般炭を計100億ドル前後日本に輸出し，日本側はプラント，および技術を70〜80億ドル，建設用資材，器材を20〜30億ドル前後を日本輸出したとされる．
25) この貿易数値には香港が含まれない．香港のシェアを含めると，財務省が統計を取り始めた1947年以降，2004年に初めてアメリカを抜いて，第1位となった．
26) A国から見たB国との輸出結合度＝(A国の対B国輸出／A国の輸出)／(B国の輸入／世界の輸入)
　A国から見たB国との輸入結合度＝(A国の対B国輸入／A国の輸入)／(B国の輸出／世界の輸出)

（唐　　成）

第十二章　アメリカの対中・対日政策
――乖離する相互イメージ――

はじめに――政策の「送り手」と「受け手」――

　米中日のトライアングル構造は，1970年代に米中接近が起こったころからすでに，正三角形ではなく，二等辺三角形などと揶揄されてきた．その意味するところは，アメリカと太平洋を挟んだ中国・日本との間の力関係が対等でないことであって，アメリカが日中双方に対して優勢なポジションを占めてきていることを指している．これは，アメリカ自体が軍事的にも経済的にも大きな国力を日中両国に対して有していたことと同時に，第二次世界大戦後の東アジアが，アメリカを中心として延びる放射線状の二国間同盟によってその安定を保ってきたことと密接に関係している．

　この結果，東アジア国際政治の安定は，日米間，米中間や日中間の勢力均衡によるものでなく，アメリカの力の一方的な優越，すなわち覇権的構造によって保持されてきた．冷戦期の安定が，米ソそれぞれのブロック同士の利権をお互いに認知する「勢力均衡」的発想によって維持されてきたことから考えれば，東アジア地域の安定は，およそそれとは異なるアメリカの「覇権」によってもたらされたものであったと言える．

　このアメリカが提供する「覇権」による秩序像は，その秩序の「提供者」と「受益者」との間で，乖離する傾向が見られた．秩序の「提供者」であるアメリカは，冷戦期前半は日本を同盟国として取り扱ってきたが，70年代以降「対ソカード」のために中国を味方に引き入れ，時に対ソカードとしての準同盟国として扱うようになった．しかしその一方で，日本をおざなりにしていたわけでなく，1978年のガイドラインで強固な同盟関係を再確認したり，日本の長年の懸案であった中国との政治的関係の改善や貿易促進に向けて働きかけをしてみたり，また中国に対しては，一党支配の共産主義国としてときに突き

第十二章 アメリカの対中・対日政策　299

放してみたりと，適度に日中間をバランスさせてきたという方が正確である．

そして秩序の「受益者」である日中両国は，このアメリカの「覇権」をどう認識したのだろうか．まず日本は70年代の「ニクソン・ショック」よろしく，アメリカと中国との関係が親密になるのを見るたびに不安を感じることが多くなり，他方，米中間が天安門事件直後のように疎遠になると安心感を得るという「三角関係」的な感情を繰り返してきた．他方中国は，冷戦終結までアメリカと日本との関係を対ソ連防波堤として認識していたため，80年代には日本との関係を構築することに意を注いできた．その意味で，中国にとってアメリカとの関係改善は，日本との関係を良好にするのにも役立ったのである[1]．それが冷戦後において対ソ連への防波堤が必要なくなると，1997年の新ガイドライン合意や，2004年の新防衛計画大綱への反応に見られるように，日米の堅固な同盟を警戒視する視点が往々にして見られるようになった．以上のことから，日本，中国双方ともに，アメリカの影響力を自国の都合の良い方向に取り入れて，お互いの外交政策を上手く進めようとしているということが言える．

これらの結果，米中日の三国間には，実際の国力とはかけ離れたイメージによって外交政策が形成されるという事態が生じることとなる．日中関係が険悪になることによって，構造的に日中各々はアメリカに依存するようになり，アメリカも離間された日中関係を前提としてアジア政策を構築することとなる．その結果，アメリカの対中・対日政策は，「送り手」のアメリカ政府においてはそれぞれ別個に立案されながら，その政策の「受け手」である中国と日本では，お互いを意識し合っているのが現状である．その意味で，外交政策の「実際」と「認識」との間には，懸隔が存在しているのである．

本章は，このような問題意識にたって，アメリカにとって日中関係はどのような政策的意義を有しているのかを概観するものである．次節では，アメリカの対中・対日政策が，アメリカの意図とは無関係に日中両国から過剰な反応を受けていることを明らかにする．第2節では，中国が推進する「アジア共同体」が，むしろアメリカのアジア政策の利益と衝突することを明らかにする．そして第3節では，アメリカの対中・対日政策は，依然として日中両国を分断することであり，そのようなアジア諸国における対立状況こそがアメリカのアジアにおけるコミットメントを継続させている誘因を形成していることを論じ

る．そして，冷戦後のクリントン政権以来アメリカ政府が維持してきている「アジア 10 万人体制」の維持のためには，日中両国が「適度に仲良くし，適度に対立する」関係を保持していくことがアメリカの利益に適うことを論じる．

1 「中国大国論」と日米同盟の「質」
―― アメリカにとっての「日中離間」――

　そもそも，アメリカにとって対中・対日政策は，お互いがリンクされたものではなく，別個の政策として構想されてきた．冷戦時代に日本を用いることによってアジアの共産主義へと対抗したものの，これは取り立てて中国だけを意識して作られた政策ではない．米ソ冷戦というイデオロギー対立が主軸であったからこそ，アメリカの対中政策は，中ソ離間を行って，中国を自国陣営に引き入れるチャンスをうかがってきたのである．すなわち，日中関係と同様，中ソ関係も懸隔が存在していただけに，アメリカの対中政策は日本に対してと言うよりも，ソ連への対抗策として展開していった．[2]

　アメリカ政府の対日政策と対中政策は，それぞれ別個に形成されてきたが，これは，アメリカが日本が期待する事柄と，中国に期待する事柄が異なっていたことを表している．まず，日本に対しては，堅固な日米同盟関係を礎にして，冷戦時代には共産圏に対抗するための，冷戦後にはグローバルな脅威を封じ込めるための「日米パートナーシップ」が要請されてきた．言葉を替えて言えば，日米関係に関しては，「モノと人の交換」が冷戦時代に，「人と人の交換」が冷戦後に要求されるようになった．1950 年代より日米同盟を相互的な負担があるものとして主張し，「モノと人の交換」と述べたのは西村熊雄外務省条約局長（当時）であるが，第二次世界大戦後の日米関係が始まった際の「交換条件」は，アメリカによる兵力の拠出という「人」の要素と，日本による土地の提供という「モノ」の交換であった．これが 1960 年代を経て日本が高度経済成長を成し遂げた後になると，日本の提供する「モノ」は，基地の提供だけで済まなくなった．それだけに，日米関係が経済問題という新しいイシューに翻弄されるようになり，日本が経済成長するにつれて，同盟国に対する認識が日本とアメリカとの間で徐々に異なってきたのである．冷戦後になると，アメリカは日本に同盟国としてほぼ対等の負担を人的にも物的にも求めるようになり，そ

れが今日の米軍再編議論における日本政府負担へとつながっているのである．つまり，アメリカは，「世界の中の日米同盟」に相応しい日本からの「同盟国」としての貢献を求めてきたのであった．³⁾

　他方，アメリカの中国政策は，日本に対してほど万全な信頼を立脚しているものではない．しかし，中国の潜在的能力に関しては，それがアメリカとの友好関係を育むものであれば「期待感」を表明し，他方，アメリカの国益を侵す可能性があると判断する場合には「脅威」として中国をみなす傾向が往々にして見られた．1970年代以降，対中接近・国交正常化が進むにつれ，アメリカの対中政策は，良かれ悪しかれ過大なる期待を中国に抱くようになる．アメリカが，中国をその一人当たりGDPには拘泥せずに，国際政治における「極」の一つとして扱おうとした経緯は明らかに見て取れるし，また，連絡事務所設立を経て国交正常化に至る時点で米中貿易は飛躍的に増加している．胡錦濤政権時代にはGDPが日本を超えて世界第2位となり，中国製品は世界中で売買されるようになった．それだけ，中国の経済的利益は，歴史的にも，そして今日の観点から見ても，アメリカには大きなものであることが分かる．[4]

　このようにアメリカが中国と日本に対して期待する役割が異なるために，アメリカの中国に対する接近が，日本内で根拠のない憶測をよび，逆に，日米関係の堅固さを訴えることが，日中間の離間につながってきたことが往々にして存在した．

　まず，前者に関しては，米中関係が和解から国交正常化に至る時期が，その典型例である．アメリカが日中の疎遠な関係を巧みに利用することによって自国の優位を期せずして維持することとなった．ニクソン・ショックに代表されるように，米中の接近は，アメリカが意図した以上の衝撃を日本に与えることとなった．冷戦開始以降の同盟関係によって，日本の対中政策は相当程度アメリカによって拘束されていると日本政府側は感じていた．ベトナム戦争が開始された以降，日本の佐藤政権は政権発足当初の認識とは異なり，アメリカのジョンソン政権に倣って対中脅威論を宣伝する傾向にあった．その結果，日中間の懸隔は拡大するばかりで，71年にニクソン大統領が対中接近を突如として発表した際に大きな「ショック」を日本は受けることとなってしまったのである．[5]

この日米同盟からの「捨てられる恐怖」は，今日の日米同盟関係においても，当てはまる．1990年代に入り，中国の経済成長が顕著になってくると，時のクリントン大統領は米中首脳会談を行った後，日本に立ち寄らずに帰国する「ジャパン・パッシング」もときに起こるようになった．その際に，日本が「頭越し」の米中協調の下で感じる不安感は，70年代の頃と変わっていない．

　次に，後者の日米同盟が中国に与える不安感であるが，これは，同盟関係が強すぎても，逆に弱すぎても，どちらの場合においても中国を不安にさせてきた．日米関係の堅固さを強調する1997年の日米新ガイドラインや，「中国が脅威である」と明言した2004年の新防衛計画大綱は，「グローバルな日米同盟」を強調される余り，自国が封じ込められていると中国は感じている．他方，日米同盟の堅固さが失われて，日本が自主防衛に傾いていくことにも，中国は懸念を持っている．1970年代に明らかであったことは，中国側が出した台湾と日本からの駐留米軍の撤退・削減に対してアメリカ政府は，日米同盟に被さっている「ビンの蓋」がなくなり，日本の軍事大国化を招くことになるかもしれないということであった．それだけ中国は日本の軍事大国化に対して警戒心を抱いていることの現れである．戦後日本が60年間渡って戦争をしない国家として足跡を辿ってきているにもかかわらず，中国が日本の意図通りの認識をしていないのは，70年代に限らず，今日にも言える事柄である[6]．

　このようにアメリカが日本に期待することと，中国に期待する事柄には懸隔が存在している．日本に対しては同盟を堅固にすることを要求するが，その背景には，日本がアジア地域におけるアメリカの利益を牽引するものであるとの認識が存在しており，その意味で，日本はアメリカにとって「予測できる」範囲の行動様式を取るのである[7]．他方，中国の行動様式は，その地理的大きさ，経済成長率の急激さをも相まって，中国を国際社会にどのように迎え入れるかを探る一方，もしも中国が軍事大国になって，アメリカのコントロールの利かない政策を取り始めたら，どのように対処するかということも考えており，その意味で，「ヘッジ戦略」が基本である．そして，その「ヘッジ戦略」をアメリカが展開する際に，アジアにおいてもっともアメリカに協力的なのが日本となっているのである．

では，そのアメリカが中国に対して有する不安というのは，どのように分類できるだろうか．以下の二つのジレンマに分類できる．

第1に，経済と人権とのジレンマである．元来アメリカの建国の理念は自由と民主主義であるから，ヨーロッパと違って外交政策に価値的な要素が入り込む．しかし，1990年代クリントン政権のときにアメリカ政府は人権よりも最恵国待遇を優先させ，自国の経済利益を優先した．この米中経済エンゲージメントは，アメリカにとって「予期しなかった」経済成長を成し遂げた中国が米中相互依存という「構造的変化」をもたらしたことに起因するものであって，クリントンとかブッシュとか言った大統領のパーソナリティが生み出したエンゲージメントではない．

そもそもアメリカの対中政策に関して，経済的関係を前面に出して相互依存関係を巧みに操作しつつ，中国を国際社会に取り込んでいくといった政策は，冷戦初期には考えられなかったことであるし，また，米中が接近した1970年代でも大きくは期待されていなかった．また，中国のみならずアジア諸国全体の経済成長率が上昇し，アジアが世界の「成長センター」として認識され始めたことによって，中国を「対ソカード」として手段的に用いるよりも，一国家として対等に扱うようになっていったのである．つまり，「米中パートナーシップ」は1990年代を通じて両国間の経済的連携を探ると同時に，2001年以降はテロ対策の点でもグローバルなものとなり，そこでは「人権」問題は米中両国の二国間関係のイシューとなっていったのである．[8]

第2は，安全保障と民主主義との間にジレンマが存在することであり，これは中台関係に当てはまる．台湾は1970年代以降，アメリカに「捨てられた」同盟国として扱われてきたために，アメリカの注意を引くような政策を実施しなければならなかった．台湾関係法第2条に「本法律に含まれるいかなる条項も，人権，特に約1800万人の台湾全住民の人権に対する合衆国の利益に反してはならない．台湾のすべての人民の人権の維持と向上が，合衆国の目標である」と書かれているが，これは台湾の人権状況が近い将来改善されることをアメリカが期待して作成したものであり，その意味で民主化は台湾がアメリカの関心を維持するために残された「宿題」であった．

しかし，台湾が1990年代李登輝のリーダーシップの下で国際的に大きな賛

美を受けたのは，その当時に独特の国際環境が存在していたからである．第1に，冷戦の終結によってアメリカが中国を利用するその価値が減退したこと，そしてそれに伴って分断国家である台湾の政治的地位が相対的に上昇したこと，第2に，中国が1989年の天安門事件によって，その権威主義的政治体制をちらつかせたこと，これに対して李登輝は台湾の民主化を進めていることを内外にアピールして大陸中国との差別化に成功したのである．こういった偶然とでも言うべき時代背景が存在したからこそ，台湾の民主主義は国際的な説得力を持ったのである．より一般化して言えば，民主主義のような「価値的」な要素がアメリカに対して説得力を持つのは，近隣諸国（この場合は大陸中国）があからさまな砲艦外交（gunboat diplomacy）をしている間だけであった．

中国と日本とは，アメリカ外交にとって，その期待する中身と性質が異なるものであり，それだけに冷戦期からアメリカが意図した対中・対日外交，そして中国・日本の意図したアメリカ外交には，次のような二点の問題が常に存在していた．第1に，日中間にはそれぞれの国家の意図とは無関係に，お互いの間に「誤認」が構造的に存在していることである．その背景には，明治政府以来の日本の中国政策が「主権線」「利益線」の名の下において大陸進出を行ってきたことも関係していれば，歴史的に日中間は対立の契機を何度かはらんで来たことも指摘されるだろう．いずれにせよ，中国が自国のことを平和愛好国家だと思うのと同じように日本が中国のことを認識していることはないし，また逆もそうであって，常にある程度の緊張関係を包含しながら日中の両国間関係は進行してきたのである．

第2に，その結果，アメリカが東アジア地域に大きな影響力を持つようになった第二次世界大戦以降，日中の二国間関係に存在するある程度の懸隔が結果的にアメリカの優位を助長してきたということである．冷戦時代に「共産圏封じ込め」という共通の戦略的目標が日米間には存在したし，冷戦が終焉した今日においても日米関係はその役割を徐々にグローバルなものに変えてきている．しかし，冷戦時代の「封じ込め」は言うに及ばず，冷戦後の今日，日米同盟のグローバル化を「日本の軍国主義化」として批判する中国の姿勢は珍しいことではない．その政治的意図はともかく，少なくとも日本政府が自衛隊を使って

何らかの国際的役割を東アジアや世界規模で展開することに対し，中国が常に懸念を表明してきているのも目新しいことではない．

このようなアメリカの優位を必然的に助長する日中間の懸隔が，歴史的に軌を一にしたことが一度だけある．1970年代後半に米中が国交正常化してから80年代に入ると，「ソ連封じ込め」という共通の戦略的目標の下に米中のみならず，日中関係においても共通の利益が存在することとなったのである．国交正常化以来の日中関係が良好であったのは80年代前半から天安門事件に至る約10年ほどであるが，この時期の日中関係は，アメリカの後押しによってその仲を保持していたと言ってよい．[9]

以上のことから，日米中の三国間関係は，アメリカが意図するとしないとに関わらず，日中間が伝統的に「誤認」を有してきたことから，そこに安全保障を提供するアメリカが必然的に大きな役割を果たすこととなってきたことが分かる．つまり，アメリカとしては，日中間が構造的に対立関係を有すれば，自動的に自国の利益に適うことになっていったのである．

2　東アジアの「分断」と「統合」

アメリカの覇権外交に対する政策の「送り手」と「受け手」の間に存在する誤認を，日中という「受け手」の側から論じたのが前節であれば，次に論じなければならないのは，政策の「送り手」であるアメリカが日中関係の協力と，それを進めたアジアの統合をどのように見ているかである．

米中日の三国間関係において，アメリカの影響力の源泉は，その圧倒的な国力のみならず，疎遠な日中関係という「国力」とは別の構造的要因によって規定されてきた．実際，第二次世界大戦後のアメリカの政策は，日本を共産主義に対する主要な盾と見なし，自国の市場を開放して日本商品を購入することに余念がなかった．そこで得た経済成長と日本の技術力は，今日においてもアメリカと日本とが経済的に相互依存関係を深く有していることにつながっている．と同時に，戦後の端々でアメリカは中国に対して，その実像以上に大きな期待を抱いてきた．太平洋戦争終結の頃からアメリカは広大な領土を有する中国を戦後の拠点にする予定であったが，国共内戦のためにそれが果たせず，その後

も中国の核兵器を恐れ、その反面で中国の経済市場を魅了されてきたことは事実である。70年代の米中接近から国交回復に向かう過程、80年代の「対ソカード」の名のもとの米中連携、そして冷戦後に生じた中国の経済成長を使用して、最恵国待遇を人権よりも優先したクリントン政権の政策は記憶に新しい。このようにアメリカの対中・対日政策が別個に組み立てられ、そこには「東アジア」という地域概念は重要視されてこなかった。アメリカの意図と有無に関わらず、構造的に日中離間がアメリカの政策の中で形成されていたと言ってよい。[10]

つまり、アメリカがアジア地域において優位を維持する戦略は、地域をさまざまな理由をつけて分断することであった。あるときは「イデオロギー」による対立が、あるときは「歴史」認識による対立が東アジアにも存在したし、またそれを意図的に惹起することによって、アメリカによるコミットメントが根拠を与えられてきたのである。冷戦が終結した現在でも、共産主義体制は残り、また過去の歴史問題がアジアの国家間協調を妨げている。アジアの域内貿易の比率が上昇したことは事実だが、それが政治的協調にまで到達していないのは、「政冷経熱」という言葉からもうかがえる。

他方で、アジア諸国とアメリカとの貿易依存度もかなりの分量である。20年以上改革開放政策を続けて経済成長を続ける中国こそ、そのアメリカに対する貿易依存度は抜きん出ており、アメリカこそ、アジア地域での貿易利権を保持していると言ってもよい。つまり、アメリカがアジア地域を政治的に分断しておきたいのは、現在受けている経済的利得を保持し続けたいからである。[11]

東アジア地域の「統合」や「共同体」や「サミット」といった動きは、このようなアジア太平洋地域の現状に変更を加えようとするものであるからこそ、アメリカは、東アジアが一つにまとまる構想である「共同体」構想に疑問を呈してきた。アーミテージ前国務次官が「アメリカ外し」と言って批判を加えたことは記憶に新しいが、アジアが「共同体」として一体化することは、これまでアメリカがアジア地域に対してもっていた優位が揺らぐことになりかねない要因をもっている。[12]

これに対するアメリカの対処法は、以下の二点にわたっている。第1は、東アジアに残存する対立要因を巧みに利用して、地域の一体化に向けてのスピードを遅くすることである。そのためには、北朝鮮問題をも含めてアジアに存在

する脅威を強調することである．その意味で，日中がある程度対立状況にあることがアメリカとしては，もっとも好ましい状態となる．

　第2に，日本と一緒になって，「共同体」へのメンバーを拡大することである．中国のASEAN＋3構想に対して，日本はインド，オーストラリア，ニュージーランドを加えたASEAN＋6の構築を目指しているが，アメリカも自国の利害認識を共有できる諸国を取り入れるという意味で，「共同体」の構成員が多いようになることを仕向けている．他方，アジア太平洋経済協力（APEC）のように，クリントン政権が初期に重要視した以外は関心を集めることのできなかった機関を再度活性化していくことが，2006年になって行われ始めたし，オバマ政権になってからは環太平洋戦略的経済連携協定（TPP）も提唱され始めた．APECをオーストラリアと日本とが提案したことから鑑みれば，アジア太平洋地域の経済連携に関する包括的な枠組みがアジア諸国からでなくアメリカから出されることはこれまでなかったことであるし，それだけアメリカも当該地域のルール・メーキングに乗り出し始めたと言える．つまり，これまでは具体的な中身のない「ハコモノ」としてアジア共同体が維持され，単に加盟国の討議が定期的に行われる類のものであれば，アメリカの利益は依然として保持できると考えていたが，これからは積極的にルール・メーカーとして二国間のみならず，多国間枠組みにおいても影響力を発揮しようと試みることとなる．

　つまり，「共同体」や「統合」に向かおうとしているアジアにおいて，アメリカのプレゼンスは，徐々に低下しているか，または，低下しているとアメリカが危機感を抱いている．ならば，これまで続いてきたアジアの分断化戦略は，今後どのように推移していくのだろうか．次に，それを検討したい．

3　前方展開「10万人体制」の将来

　前方展開「10万人体制」は，クリントン政権時代の所産である．冷戦が終結して共産主義の勢力が減退したにも関わらず，アメリカの前方展開は必要なのかという問いかけに対応して提出された．しかし，その基本前提は，アジアにおける1970年代の国際関係を引き継いだものであった．元来，今日の日米

中三国間関係の基本構造は，1970年代，米ソ冷戦と中ソ対立が混在するという国際政治構造の中で構築されている．アメリカも日本も「一つの中国」を堅持することに相違ないものの，アメリカは国内法として台湾関係法を制定し，中台関係の平和的解決を双方に促してきた．

それから30年が経過した今日，1970年代には予想されなかったことが，現在進行中である．それは，中国の経済成長と，台湾での政権交代である．中国の経済成長は，アメリカの対東アジア政策にも影響を及ぼし，アメリカ内では対中「脅威論」から，中国を有益な市場とみなす「活用論」まで，様々な意見が存在している[13]．

そもそも米中が国交を正常化した1978年以来，アメリカは中国の将来における軍事力行使の可能性を完全に否定することなく今日までやってきた．台湾関係法第3条には，中国からの非平和的手段に対し，台湾が「十分な自衛力を維持 (maintain a sufficient self-defense capability)」できるようにアメリカの能力を維持することを行政府に義務付けており，大統領と議会が協力して「適切な行動 (appropriate action)」を取ることが明記されている．ここには，外交交渉から軍事力行使に至るまで様々な手段が包含されており，そのアメリカの包括的なコミットメントが後の「戦略的あいまい性」の起源となったのである．

この「戦略的あいまい性」は，中国と台湾の紛争にアメリカがどの程度介入するかを意図的に「あいまい」にすることによって，中台双方に自制的な外交態様を求めたものであった．しかし，アメリカによる台湾への過度の防衛コミットメントは，台湾の自律的傾向と同時に，それを力で押さえ込もうとする中国のタカ派的な態度を生むことになるため，その度合いは必ず一定限度内に抑えなければならない[14]．このような微妙なバランスがうまく機能するためには，いくつかの条件が整っている必要があった．

第1に，中国と台湾とは，ともに「一つの中国」の正当性をめぐって争う分断された政権同士であり，「中国統一」と「台湾独立」との間に中間的な選択肢は存在しないということである．即ち，「中国」という一つの「椅子」をめぐって大陸と台湾とがゼロサム・ゲームを繰り返すということが前提となっていた．

第2に，その中国が台湾を統一する際の方法は，武力による可能性が大きいというものである．中台が別個の政治権力によって統治されている以上，現状

の打破は武力によって行われる以外にないというものである．

　しかし，今日これらの前提は崩れ始めている．まず，今日のように経済的相互依存が当然となった中台関係において，中台双方ともに自己完結型の「両岸政策」を取りにくくなっている．特に2000年総統選挙以降，国民党を中心とした勢力は，民進党封じ込めのために大陸共産党との宥和を図っており，台湾の内政は中国大陸とも密接に絡み合っているのである．[15]

　次に，中国による台湾の武力解放という選択肢は，アメリカの介入を招くこととなり，また，そのような事態が生じるならば中国はアメリカとの軍事衝突に勝利を収める可能性はほとんどないことから，賢明な選択肢とはなり得ない．また，中国自らが「新安全観」や「対日新思考」を提示することによって，中国側から「対抗」・「闘争」的な態度が見えなくなってしまい，米中間が軍事的対抗関係に入ることもあまり考えられなくなっている．

　つまるところ，中国の「軍国主義」に対抗して台湾が「民主化」を対外的に主張している間は，アメリカによる安全保障コミットメントと，それへの意思の表明は有効であった．しかし，1990年代以降のアメリカは，「中国の経済成長」という新しいファクターによって経済的関与を行ってきている．この「経済的関与」に加えて戦略的に米中協力をする機会を与えたのが，9・11テロであり，新疆ウイグルとチベット問題を抱える中国にとって，テロ対策は，地方の独立運動を封じ込めるにはもってこいであった．

　これらを総合すれば，米国が「中台関係」を安定的にするために台湾関係法によって規定付けてきた前提条件が変容を余儀なくされる状況が今日出てきている．しかも，これらの変容は，米国の政策が変わったことよりも，中国の対米外交が，また，中台関係の相互依存化が進展してきたことに起因している．言葉を換えて言えば，「中台問題」が米国のコントロールが効く状況から離れつつあるということである．[16]

　これは，1970年代以来の米国の対中国・台湾戦略を根底から変容させる可能性をもったものである．「戦略的あいまい性」は，東アジアにおける紛争要因を巧みに使いながら，米国による過度の介入を避けることによって米国自身の優位性を保持することに役立ってきた．1990年代に中国で経済成長が始まる以前においては，その意味で，アメリカの「台湾関係法体制」が描いた路線

を順当に歩んできたものと言える．しかし，「台湾関係法体制」にとって予想外であったのは，中国が90年代に経済成長を成し遂げることと，台湾で国民党以外の，しかも「台湾化」を進め，独立を志向する政党が政権に就いたことであり，この新しい状況への対処法を探せば探すほど，中国は武力攻撃的な立場には出てこないという状況が展開している．

　ということは，アジア地域に展開されている「10万人体制」は，アジア地域における紛争可能性を前提とした議論に支えられていない限り，有効性を失することとなる．中国の経済成長と台湾の政権交代は，「1972年体制」の段階では想定されていなかったことであり，その意味でアメリカによる安全保障コミットメントの前提は，変容しつつあると言える．

お わ り に
——中国の経済成長によるアジアの変容とアメリカの戦略——

　中国の経済成長は，アジアの国際関係のみならず，アメリカのコミットメントの前提まで変容させてしまった，というのが本稿の主旨である．「1972年体制」は，中国の共産主義体制と，その軍事介入的イデオロギーをして台湾や周辺諸国に干渉するであろうという前提の下で作り上げられてきた．それだけに，台湾の「民主主義」が，中国の「権威主義」に対抗し得たのであり，また，アメリカの安全保障コミットメントも意味があったのである．

　しかし，その前提が崩れようとしている．これまでのアメリカの「アジア分断戦略」を敷衍すれば，今日において日中関係を適度に仲良く，適度に仲悪く保持することが，アメリカの国益にもっとも合致することになる．すなわち，「世界の成長センター」としてのアジアが，アメリカの経済権益を下支えできる程度に安定的で戦争を誘発しない環境であると同時に，アメリカによるコミットメントが必要だと認識される程度に不安定であること」が，アメリカにとってもっとも好都合な状態．すなわち，一方で，日中関係において万が一にでも武力行使が起きるような事態を避けることがアメリカの役割であるが，他方で，日中間の経済関係がうまく行っている限り，アメリカとしては特別な介入を行うのは，むしろ自国の利益の後退につながるのである．

　さて，問題は，この「アジア分断戦略」は，日中間にある程度適合できても，

アジア地域全体に用いることができるかである．また，自民党政権から民主党政権に交替し，具体性に乏しい「東アジア共同体」論議が一時は存在したが，中身がないゆえに日本が対中国・対アジア諸国にどのような政策を展開するか，依然として不明である．[17] また，日中関係が改善したとして，それがアメリカにとって好ましいものとアメリカ自体が判断するかどうかも，今後の焦点である．[18] アメリカが往々にして席次を有していないアジア地域での首脳会談や経済共同体の話が進展するにつれ，30年前に存在したアメリカの安全保障コミットメントの前提は，崩れていっているのである．

リーマン・ショック以降の世界経済は，「新興国」頼みである．アジアが世界経済を牽引しているというが，その担い手は日本でなく，中国，シンガポール，タイ，ベトナムといった新興国ばかりである．この新興国の台頭が，国際関係全般に関する政策決定の枠組みを変えつつあるのは周知の事実であり，これまでの主要舞台であったG7・G8がG20に取って替わりつつある．そうなると，地域主義における「正当性」と「実効性」のジレンマが生じてしまう．言葉を替えて言えば，地域主義に伴う国際社会の「需要」と「供給」のバランスが欠如していることとなる．G20の重要性は，米国のオバマ大統領自身が認めたところであるが，参加国を増やしたからといって実効性ある国際的枠組みができるかどうかは疑問である．国際協調を促すような「国際公共財」をどの国が負担するかという議論は冷戦時代よりあったが，近年この担い手が多岐に渡るようになった．しかし，GDPの増大が即座に公共財の供給へと至る国家は実際のところ少ない．アメリカ一国，またはG7・G8に対する疑念が表され，国際協調は多国間にわたることが必要だという「需要」は高まっているものの，公共財の「供給」は不十分なのである．この「地域主義」への需給バランスが欠如しているのが，今日の特徴である．

日中関係のような二国間関係は，お互いが知合いになるためにちょっと遠慮しながらも，少しずつ主張をし始める第一段階（概して主張の強い方の意見が通る），次に，互いに遠慮がなくなってきて，言いたいことを主張しあう第二段階（うまくいかなければ，そこで関係は終了する），そして，最後に，酸いも甘いも了解した友好の第三段階に分けることができる．そうならば，日本にとって，アメリカとの関係と，中国との関係とには，明らかに二国間関係の成熟度に差

があると言える.果たして,アメリカにとって,中国との関係と,日本との関係はどうなのであろうか.日本は戦後60年の同盟関係から「信頼できるパートナー」であるが,中国のように将来性を感じさせるような「戦略的パートナー」ではない.中国が将来「脅威」になるのか,「活用」できる対象になるのか分からない現在では,アメリカにとってみれば,日本をアジア地域における「見張り役」として,対中国外交を「ヘッジ」していく以外にない.その意味で,アメリカの対中・対日戦略は,依然として「アジア分断論」を引きずっている.伝統的なアジアにおける「軍事安全保障」を中心とした秩序像と,「経済的繁栄」を基盤とした秩序像との間で,アメリカ外交も揺れているのである.しかし,いずれの秩序像も,その秩序に大きな影響を及ぼしているのは,中国であって,日本ではない.アメリカの対アジア戦略は,その意味で,日本の対アジア戦略の課題でもある.

注
1) すなわち,中国にとって,アメリカとの関係が改善することは,日本との関係をアメリカの意思次第で動かすことができることを意味するのに対して,日本は,米中関係が良好になることに対して不安感を持つという傾向があった.ただ,この前提は,冷戦後半期のように,米中日三国が対ソ連という共通の目標で合致している間だけであった.
2) 中ソ離間に関しては,数多くの研究書があるが,代表的なものとして,John Lewis Gaddis, *The Long Peace: Inquiries into the History of the Cold War* (New York and London: Oxford University Press, 1989), chap. 4.
3) 伊藤剛『同盟の認識と現実——デタント期の日米中トライアングル』有信堂,2002年.
4) Nancy Bernkopf Tucker, "If Taiwan Chooses Unification, Should the United States Care?" *Washington Quarterly*, Vol. 25, No. 3 (Summer, 2002), pp. 15-28.
5) ニクソン・ショックの再考に関しては,増田弘編著『ニクソン訪中と冷戦構造の変容』,慶応大学出版会,2006年.また,伊藤剛『同盟の認識と現実』前掲書.
6) なお,この議論に関しても「ビンの蓋」が依然として効いていると日本は考えており,その意味で,日米同盟の効用について日中双方で「認識」が異なるのである.
7) リチャード・アーミテージ (Richard Armitage) 氏との面会の最中における発言.2005年3月28日.アメリカ,フィラデルフィアにて.
8) Robert Ross (ed.), *After the Cold Ear: Domestic Factors and U. S.-China Relations* (New York: M. E. Sharpe, 1998).

9）田中明彦『日中関係』東京大学出版会，1991年．
10）つまり，日中が構造的に疎遠なために，アメリカの意図とは無関係に，アメリカの日中両国に対する優位が確立されてしまうのであり，同時に，日中それぞれがアメリカに対して過度な期待をしてしまう．とくに日中関係の場合，それぞれが太平洋戦争当事において「攻めた国」と「攻められた国」であるとともに，また，戦後においては「敗戦国」と「戦勝国」というレッテルが貼られてしまい，日中関係は，「戦後」が出発した時点からぎくしゃくした構造をもつこととなった．

実際，冷戦を経た今日においても，日中間において生じる摩擦は60年前に遡及されて論じられる．近年の中国の戦略の一つに，アメリカを味方に引き入れて60年前の戦争責任をアメリカを介して行おうするものがある．自国に賛成してくれる国家の数を増やして，日本の影響力を相対的に減少させようとするものである．他方，日本も日米同盟の「国際化」を宣伝し，中国や北朝鮮が東アジアの潜在的脅威になることをアメリカに伝えることによって，自国の立場をアメリカに理解してもらう方法を依然として取っている．

11）同様な主張は，Amitav Acharya, *Regionalism and Multilateralism: Essay on Cooperative Security in the Asia-Pacific* (Singapore: Times Academic Press, 2003).
12）渡部恒雄「アメリカ抜きの東アジア経済圏と日本の選択」『The World Compass』2005年5月号．なお，他方で，アジア諸国も地域内の紛争を利用し，アメリカを自己の権益の中に取り込もうとすることによって，利益を得てきた面も大きい．「対岸の火事」をどのように利用するかは，依然としてアジア諸国の外交態様の大きな特徴である．
13）中国の将来像が予測できないのは，その経済的・軍事的成長がアメリカのコントロールできない範疇にまで進行することを恐れるからであるが，この状況は1970年代においても，現在においても，当てはまる．現在のブッシュ政権も，2001年に発足した当初は，中国を「戦略的な競争相手」としていたが，9・11テロ以降「建設的関係」を米中間に求めるようになり，当時のパウエル国務長官は米中関係を「国交正常化以来，最良の状態」と評するまでになった．2005年9月には，ゼーリック国務副長官が中国を「責任を負う利害関係者（responsible stakeholder）」と評し，中国のなおいっそうの国際社会への帰属を訴えている．

他方で，中国の経済大国化に対して懸念も表明されている．アメリカ議会や財務省，通商代表部（USTR）は拡大する対中貿易赤字に対し人民元改革を迫り，国防総省は，経済成長率以上に増大する軍事費に対し軍事大国化（とくに潜水艦技術の上昇と軍艦数の増加）を懸念している．グラスルーツ・レベルでは，地域によっては，中国製品の輸入一つひとつが産業と経済を揺るがしかねない危険性があるため，拡大する中国の影響力を「脅威」とする見方が存在するのが実情である．

また，中国のアメリカに対する認識にも，ある程度の「揺れ」が見られる．胡錦涛政

権自体，アメリカとは「建設的な協力関係」を維持し，EUとは「全面的な戦略的パートナーシップ」に関係を格上げし，ロシアや中央アジア諸国とは「上海協力機構」によって地域協力メカニズムを推進し，そして東南アジアのASEAN諸国とは「東アジア共同体」を形成することによって，アメリカや周辺諸国との協調を基本とする「大国外交」と同時に，「周辺外交」を展開している．2003年のボアオ・アジア・フォーラムでは鄭必堅・中国改革フォーラム理事長が「平和的台頭（和平崛起）」論を打ち出し，中国自身が平和的・友好的なイメージの宣伝を行っている．

一方，2005年7月の朱成虎国防大学防務学院院長による「もしもアメリカが中国と台湾の紛争に介入してミサイルなどの誘導兵器を中国に向けて発射した場合，中国は核で反撃する」という発言は，アメリカのみならず，日本にも激震を走らせることとなった．1996年の台湾海峡危機の際に，「中国の核ミサイルはロサンゼルスを火の海にすることができる」という発言が飛び出したように，中国共産党の公式見解とは異なる強硬な意見は，往々にして聞こえてくる．

14) その意味で，中国の台湾への軍事力行使は，台湾を接収できる程度に厳しいものでなくてはならず，アメリカの介入を招かない程度に緩いものでなければならない．現実問題として，そのような微妙な軍事力行使が可能かどうか疑問である．

15) 伊藤剛「9・11後の米中台関係――中国『脅威論』と『活用論』の狭間で」『国際問題』2004年2月号．

16) この種の論理を展開する論客として，Nancy Bernkopf Tucker, "If Taiwan Chooses Unification, Should the United States Care?" *Washington Quarterly,* Vol. 25, No. 3 (Summer, 2002), pp. 15-28 がいる．

17) 本章を修正する課程で，野田佳彦首相が「太平洋憲章」を近々発表するという報道があったが，安倍政権の「美しい日本」や，麻生政権の「価値外交」や，鳩山政権の際の「東アジア共同体」のように，首相の交替と同時に廃れてしまった提案が山積みである．ある程度の政権基盤の安定性を前提としなければ，いかなる理念やスローガンも無意味である．

18) ただ，アジアの地域主義に関して，日中の間で，そのアメリカの包含の仕方について，意見が分かれている．まず，中国が「周辺外交」「平和的台頭」といった言葉で主導する地域主義は，①アジア地域の主権国家同士によるマルチラテラルな討議（つまり，台湾を排除），②アメリカを入れない形でのアジア共同体の推進にある．他方，日本が構想する地域主義フレームワークは，①アメリカを含んだアジア太平洋経済協力（APEC）の推進，②さもなくば，できるだけアメリカと友好関係を持った国家をアジアの中に入れて，「中国色」を薄めること，の二点に特徴がある．

（伊藤　剛）

改訂版へのあとがき

　本書は,「過去との対話」と「未来への模索」をモチーフとして,現在の日中関係をめぐる諸問題をどのように理解したらよいかを明らかにした研究書である.12のテーマはいずれも日中関係におけるやっかいな問題ばかりである.日中双方の視点をバランスよく取り入れ,「日中間では,なぜ,どのように問題が政治化するのか」という観点からこれらの問題に正面から挑戦した結果,他に類を見ない研究書になったと自負している.日本で中国研究にたずさわる者として,日中関係が良好であってほしいという願いがあるのは当然であるが,我々は,あくまで日中関係を「分析者の目線」で腑分けし,執筆に取り組んだ.

　本書を「岐路に立つ日中関係」と命名したのは,日中両国がこのまま過去にとらわれつつ対立局面に逆戻りするのか,より未来志向でともに発展する途につくのか,まさに岐路に立っているという認識を執筆者が共有しているからである.歴史の発展は直線的ではなく,行きつ戻りつするのが常であり,時にはらせんを描くことさえある.日中の「戦略的互恵関係」がかつての米中関係における「建設的な戦略的パートナーシップ」のようにいったんしおれてしまうのか,あるいは長期的な利益に基づき,地域にウイングを拡げて花開くのかを,我々は冷静に見つめていきたい.しかも,「戦略的互恵関係」が順調に構築されたとしても,それが必ずしもバラ色の未来を保証するとは限らないことを忘れてはなるまい.

　本書の構想は,2005年春に本書の姉妹編ともいえる『5分野から読み解く現代中国』(晃洋書房,2005年)を刊行した後,執筆グループの中心的存在である家近亮子(敬愛大学)が,「日中関係を真っ向勝負で分析する研究書を書こう」と呼びかけたことから始まった.おりしも,当時は靖国神社参拝問題に象徴されるように,「歴史認識問題」をめぐって日中政治関係が底を打ち,反日デモが発生し,両国の国民感情が悪化した状態にあった.よりによってこんなときに日中関係の本を書くなんて……,鳥肌が立ったことを覚えている.

　2005年秋に,編者の家近,段瑞聡(慶應義塾大学),松田康博(防衛研究所)が

集まって，基本的なコンセプト，章立ておよび人選を議論し，それに基づいて，12月に執筆者の顔合わせを行い，全体の構成，章立てと節立ての詰めを行った．そして2006年4月から12月にかけて，原稿を持ち寄って5回合評会を行った．

『5分野』執筆時以来の「伝統」になりつつあるが，この研究グループの原稿合評会には誰に対しても遠慮会釈，情け容赦，長幼の序といった研究に不要な美しい不純物が全くない．今回も，前回に増して長時間にわたる徹底討論と相互批判を繰り広げるはめになった．純粋に学問を究めるために切磋琢磨し合う研究者仲間をもてたことは，とても幸せなことであると思う．

執筆陣は『5分野』と一部重なっており，全員が日本をベースとして研究・教育活動に従事する研究者である．メンバーの大部分は慶應義塾大学大学院で中国研究の世界に入ったが，様々な職場で中国研究と格闘している．また，ほとんどの執筆者が日中関係以外に自分の専門領域を有しているが，全員が日中関係に対する高い関心を持っており，家近の呼びかけを好機として一念発起し，各論文を書き下ろした．

本書の内容として残念な点は，日中関係における「メディアと世論」に関する章を設けることができなかったことである．また，対象が「日中関係」であるからには，日本の政治外交を専門とする研究者を加えた方がよかったと途中で気づいた．日本では日本の政治外交について自由に分析し，批判することができるとはいえ，中国研究者が主たる執筆者であるため，本書は中国内部の分析の方に若干力が入っているかもしれない．日本で訓練を受けた中国研究者によって書かれたことは，本書の最大の強みであるが，他方で一定のバイアスが潜んでいる可能性もある．読者の建設的なご批判をお待ちしたい．ただ，研究には「多少の悔い」が残った方がよいとも思う．次のステップへの原動力になるからである．

羽田哲・海洋政策研究財団研究員（2007年当時）には，第八章の「東シナ海における日中双方の主張と合意に関する図」の作成でご協力をしていただいた．的確な知識に基づき，正確なデータを専門のソフトで処理しているため，羽田氏の作成した地図は恐らく日本で公刊されている関連地図の中で最も精確なものである．

また，改訂版出版に当たっては，櫻井一宏立正大学専任講師に，2008年の日中合意に基づく東シナ海における共同開発区域を追加していただいた．この場をお借りしてお二人に心から御礼を申し上げたい．

　本書は幸運なことに多くの大学で教科書としての指定を受け，多くの読者からの支持を受けてきた．このたび，初版の売り切れに伴い，新たな変化を加筆して改訂版を出すことにした．本書の改訂版の上梓が可能となったのは，ひとえに上田芳樹・晃洋書房社長のご厚意のおかげである．末筆であるが，上田社長がこの企画をこころよく引き受けてくださったことに対し，執筆者を代表し，この場を借りて心より感謝を申し上げたい．また，編集を担当していただいた井上芳郎氏にも厚く御礼を申し上げたい．

　2012年3月

松田康博

人名索引

ア 行

アーミテージ，リチャード　306,312
逢沢一郎　262
麻生太郎　235
阿南惟茂　77,81
安倍晋三　14,33-35,83,145,149,156,216,
　235,256,314
安倍晋太郎　73
家永三郎　66
池田維　236
池田行彦　229
石田雄　16
石破茂　143,146
石橋湛山　2
石原慎太郎　231
板垣正　49
板川正吾　267,271
袁偉時　23
王毅　58,81,175,176
王暁雲　69
汪精衛　2,47
汪道涵　230
大来佐武郎　258
大平正芳　8,27,28,96,252,268,269,271,272
岡松壮三郎　227
小川平二　69,70
奥野誠亮　68
小沢一郎　226,227,230
小渕恵三　31-33,165,230,231,256
温家宝　11,35,53,54,155,216,267,269

カ 行

カー，E. H.　15
カーン，ジョセフ　129
海部俊樹　72,73,225
郝柏村　225
華国鋒　139
加藤紘一　51
何東昌　119
鹿取泰衛　70,74
金丸信　225
何方　172
カルダー，ケント・E　136
河合良一　271
神崎武法　53
岸本昌雄　15
北岡伸一　35
キッシンジャー，ヘンリー　245
姫鵬飛　27,69
金正日　153
金大中　31,32
久間章生　143
喬宗淮　81
隈丸優次　79
栗原祐幸　139
クリントン，ウィリアム　156,229,230,241,
　300,302,303,306,307
小泉純一郎　9,17,31,33,34,39,51-55,79,
　80,82,104,143,154,177,234-236,238,239,
　261,267,270
黄華　69
項懐誠　269
江沢民　31-33,51-53,79,80,119,120,228,
　230,231,233,256
江丙坤　225,227
呉学謙　70
胡喬木　69
胡錦涛　22,53,54,81,149,165,216,255,256,
　272
伍修権　139
辜振甫　230
後藤田正晴　49,73
子安宣邦　58
胡耀邦　47,50,74,139

サ 行

崔天凱　81
斉藤正樹　243
坂本吉弘　227

時殷弘　22
周恩来　26,27,30,91,95,96,138,211,212,245
朱鎔基　80,167,268
蒋介石　1,2,21,24,93,137
蒋経国　225,234
肖向前　68
徐立徳　227
鈴木勲　67,69
鈴木善幸　28,44,57,69,70,82
世耕弘成　260,261
銭其琛　103,104,140,164,227
銭復　225
粟裕　139
孫科　1
孫国祥　79
孫平化　226

タ 行

竹下登　268
田中角栄　26,27,30,96,138,231,267
田辺誠　47
ダレス，ジョン　91,93,94
遅浩田　143
張愛萍　139
張憲文　22
張才千　139
趙紫陽　70,122,139
陳健　77
陳水扁　233,234,236,242
程永華　78
天皇（今上）　32,33
天皇（昭和）　19,20,28,30,41
天皇（明治）　40
トインビー　2
唐家璇　51,54,77,81,170,269
東条英機　46,47
鄧小平　28,29,47,69,71,74,112,119,120,124,139,170,292,253,268,269
鄧昌黎　71
童増　103,104
鄧力群　69
遠山敦子　79
戸田恒美　77
ドリフテ，ラインハルト　136

ナ 行

中江要介　73
中曽根康弘　29,44-51,57,73,74,82,139
中谷元　143
長野陽一　236,237
ニクソン　288
西尾幹二　76
西本徹也　140
野田毅　271
野本佳夫　78

ハ 行

馬英九　242,243,246
橋本龍太郎　31,50,52,164,229
羽田孜　227
林健太郎　72
馬立誠　22
ヒトラー，アドルフ　47
平岩外四　227
平沼赳夫　235
広田弘毅　1
福沢諭吉　4
福田赳夫　28,44
福田康夫　51,78,216,235
藤岡信勝　76
藤尾正行　29
藤波孝生　45
武大偉　51,52
ブッシュ，ジョージ　241,303,313
細川護熙　30,75,226
歩平　35
堀之内秀久　81
ポーレー，エドウィン　89,90
ホワイティング，アレン　74,245

マ 行

マーウィック，アーサー　15
股野景親　73
町村信孝　76,237,260,262,265
マッカーサー，ダグラス　18
マッコイ，フランク　90
松野幸泰　69
三浦一水　262
三木武夫　28,41,42,44

人名索引

溝口雄三　3
宮澤喜一　50,69
村尾次郎　72
村田直昭　141
村松兼三　287
村山富市　30,31,52,76,229
毛沢東　3,9,21,24,95,96,138
森山欽司　72
森喜朗　80,231,234,268

　　　　ヤ　行

谷内正太郎　81
矢野絢也　29,139,268
山口壯　262
山崎拓　51
山下元利　139
熊光楷　141
姚依林　47
楊尚昆　224
楊振亜　73

楊得志　139
吉田茂　25,94

　　　　ラ　行

李源京　49
李肇星　53,171
李鉄映　119
李登輝　80,148,224-228,231,232-235,242,
　　　　244,303,304
李鵬　80,227
劉雲山　120
劉述卿　73
劉松藩　225
廖承志　69
林彪　117
レーガン，ロナルド　241

　　　　ワ　行

渡辺幸治　68
渡辺利夫　258

事項索引

ア 行

愛国主義　第5章
愛国主義キャンペーン　116-118,120,125,126,130
愛国主義教育　第5章および6,10,24,29
愛国主義教育運動　264
愛国主義教育モデル基地　121,131,133
愛国主義実施綱要　120
明るい日本・国会議員連盟　76
アジア・オープン・フォーラム　225,231,234
アジア主義　4
アジア太平洋経済協力会議（APEC）　225,236,307,314
アジア通貨・金融危機　163
アジア分断戦略　310
ASEAN自由貿易圏（AFTA）　167
ASEAN・中国協力基金　171
ASEAN投資地域（AIA）　167
ASEANビジョン2020　167
ASEAN+3　162
ASEAN+3（日中韓）　307
『新しい公民教科書』　75,77
『新しい歴史教科書』　75,77,83
亜東関係協会　222,244
アヘン戦争　119,126,280
安全保障関係　11
安全保障問題　9
安全保障理事会　5
安保闘争　24
慰安婦　97,99-101
家永教科書裁判　66,68
遺家族議員協議会　75
遺棄化学兵器　114
「以徳報怨」演説　24
ウリづくり　279,296
『うれうべき教科書の問題』　65
A級戦犯　1,19,24,44,46-49,51,52,57,58
英霊にこたえる会　43

英霊にこたえる議員協議会　49,75
円借款　28,70,71,74,96
欧州連合（EU）　146
ODA　6,9,29,30,82,179,224,252,253,263,264
ODA総合戦略会議　263
沖縄戦　20

カ 行

改革開放政策　29,31
改革開放（政策）　113,116,118-122
階級史観　22
海峡交流基金会　226
海峡両岸関係協会　226
外交に関する世論調査　7,266
海上保安庁　204,206
華夷的世界秩序　3,4
解放軍　137,139,152
外務省アジア局　25
海洋法に関する国際連合条約（国連海洋法条約）　191-193,195,197,198,200,201,204-207,209,210
「学潮」　124
閣僚の靖国神社参拝問題に関する懇談会　45
ガス田開発　6,9
活路外交　243
環太平洋パートナーシップ（TPP）協定交渉　184
カンボジアPKO　152
記憶の共同体　16,19,26,30,34
技術協力　253,272
教育基本法　18
教科書問題　第3章および9,10,14,19,28,45
教科書問題を考える議員連盟　72
強制連行　97-99
共同開発の合意　154
極東委員会　90
極東国際軍事裁判（東京裁判）　44,57,78,79
極東国際軍事裁判所憲章　18

義和団事件　126
近隣諸国条項　29,70,76,82
国別 GDP　3
軍国主義　40,45,46,48,53,58,71,77,81,82,95,304,309
経済制裁　128
嫌中　7,9
嫌中意識　5,6,8
原爆　19,20,102
光華寮問題　29
皇国史観　77
合祀　40,41-44,49,52,57
「紅色旅遊」　121
厚生省　40,41
交戦法　19
江沢民 8 項目提案　228
抗日戦争　21,24,111,113,114,118,120,127,128
抗日戦争勝利 60 周年記念大会　22
河野洋平　258
交流協会　222,225,236,238,243,244
氷を割る旅　34
五カ年計画　286,288
国際連合　5,6
国際連合安全保障理事会（国連安保理）常任理事国　82
『国防白書』　147,148,153
国民政府　21,22
国連　25
国連常任理事国　7
55 年体制　65,66,75
国家教育委員会　119,125,126
国家神道　40,46
国旗・国歌法　18
国旗法　126
国交正常化　288
五点主張　182

サ 行

サッカー・アジアカップ（2004 年）　54,266
三角貿易圏　295
参議院政府開発援助調査の報告書　261-263,265,266
三光作戦（政策）　75
三者協議　153

三熱愛教育活動　119
参拝　28
サンフランシスコ平和条約　57,79,89,91,101,102,104
GHQ（連合国軍最高司令官総司令部）　18,20,40
自衛隊法　150
自虐史観　76
資源問題　11
次植民地　6
思想道徳修養　113
資本輸出　283,285
自民党総裁選（2001 年）　51
謝罪　75,76
上海協力機構（SCO）　157,170
上海ファイブ　169
従軍慰安婦（慰安婦）　75-77
自由主義史観　76
自由主義史観研究会　76
周辺外交　169
周辺事態　141,151,152
周辺事態法　143,147,148
自由貿易協定（FTA）　166
10 万人体制　300,307,310
商品市場　281,295
辛亥革命　126
新宮澤構想　165
人権に関する罪　19
人口大国化論　3
「新思考」論　175
神社本庁　43
新世紀の三大任務　170
神道指令　40
『新編日本史』　71-73,83
『人民日報』　117,118
杉本判決　68
政教分離　39,41,44,46,50,57
西洋の衝撃　4
政令経熱　2,163,306
世界貿易機関（WTO）　236
世界保健機関の年次総会（WHA）　243
責任二分論　47,82
戦域弾道ミサイル防衛構想（TMD）　147
尖閣諸島　8,9,154,191,193-195,199,200,202-204,209,211,212,214,215,217,243

尖閣諸島中国漁船衝突事件　8, 35
1992年コンセンサス　242
1998年日中共同宣言　172
戦後処理　113, 116, 128
戦後賠償・補償問題　10
戦時性的強制被害者問題解決促進法案　105
専守防衛　139, 141
戦争責任　27, 30, 44, 51, 58, 75, 88, 92, 94, 95
戦争責任二分論　24
戦争責任論　20
戦争賠償　47, 88, 94, 102, 103
戦争賠償・戦時賠償　267, 268, 270, 271
戦略的互恵関係　8, 34, 156, 183
『戦略的互恵関係』の包括的推進に関する日中共同声明　272
戦略的パートナーシップ　171
善隣友好　48, 53
相互依存　290, 296
卒業論（ODA）　261, 262, 265
損害賠償　97-105

タ　行

第一次世界大戦　282, 284
大国外交　171
対ソカード　298, 303, 306
大中華　5
対中経済協力　11
対中直接投資　283
対中投資ブーム　292
対中経済協力計画　257, 265
大東亜会議　78
大東亜戦争　76, 79
第二次世界大戦　34, 285, 298, 300, 304, 305
（第2次）天安門事件　119, 124
（対日）新思考　22, 309
台日特別パートナーシップ　243
大日本帝国憲法　40, 100
太平洋戦争　5, 7, 20, 22, 42, 43, 82
台湾　114, 118, 123
台湾海峡危機　144, 229, 230, 237, 238
台湾海峡有事　151
台湾関係法　241, 303, 308-310
台湾人　115
台湾の民主化　304
台湾問題　9, 11, 35, 172, 182

台湾有事　152, 156
脱亜入欧　4, 5
脱亜論　4
田中総理・周恩来総理会談記録　27
単一依存　290, 296
チェンマイ・イニシアチブ　165
チャイナ・カード　224
中華民国（台湾）　25
中華民国史　22
中華民族　112, 117, 122, 124, 126
中共中央宣伝部　118, 120, 122, 126
中国・台湾情勢に関する決議　229
中国脅威論　6, 145, 146
中国共産党　1, 6, 17, 21, 22, 24, 25, 29, 31, 112, 117, 118, 122, 123, 125-127
中国共産党第16号全国代表大会（16全大会）　170
中国国別援助研究会　258
中国国民党　6, 21
中国国家海洋局　213, 216, 217
中国市場　279, 280, 285, 287, 293, 296
中国司法制度調査団　103
中国人戦争被害賠償請求事件弁護団　104
中国人民共和国憲法　24
中国人民抗日戦争記念館（抗日戦争記念館）　29, 52, 53
中国人民志願軍　137
『中国青年報』　23
中国に対する援助および協力の総括と指針　258
中国民間対日損害賠償連合会　104
中ソ友好同盟相互援助条約　137
中ソ和解　140, 223
中台間で軍事紛争　146
中台紛争　152
中日友好病院　28
朝鮮戦争　91, 116, 137, 285
TPP（環太平洋戦略的経済連携協定）　5
天安門事件　140, 144, 223, 224, 226, 264, 299, 304, 305
天皇訪中　30
東京裁判　19
東京裁判史観　72
東京宣言　178
東京地方裁判所　17, 18

事項索引　325

東南アジア経済共同体（AEC）　167
東南アジア諸国連合（ASEAN）　162
東南アジア友好協力条約（TAC）　177
都教育委員会　17,18
「特殊な国と国との関係」（二国論）　148,231
特別円借款　165
トライアングル構造　298

　　　　　　ナ　行

内需拡大　279
731部隊　75,97
72年体制　181,223,224,238,240,241,310
南京事件（大虐殺）　19,27,28,35,67,73,75-78,114
南巡講話　120
ニクソン・ショック　299,301,312
二国論　233
西松建設　97,98
西松広島事件　97
21世紀に向けた対中経済協力のあり方に関する懇談会　257
日台双方の交流と協力の強化に関する覚書　244
日米安全保障協議委員会（2プラス2）　149,237
日米安全保障共同宣言　141
日米安全保障条約　91,151
日米安保体制　139,143,237,238
日米同盟　141,143,144,147,151,238,242,245,300-302,304,313
日米防衛協力のための指針（ガイドライン）　141,143,147,151,298,299,302
日華関係議員懇談会（日華懇）　225,230,236
日華平和条約　89,93-95,100-102
日韓共同声明　33
日韓共同宣言　31,32
日中共同作業計画　181
日中共同声明　27,48,68,73,82,94,95,99-103,222,267
日中経済協会　271
日中国交正常化　47,48,57,67,69,95,104,138,305
日中国交正常化30周年　271
日中戦争（抗日戦争）　20,21,42,47,73,75,78,99,282

日中平和友好条約　28,48,68,100,101,138,271,272
貿易協定　286,287,289
日中友好条約　31
日中歴史共同研究　34,35,83,84
日中歴史共同研究『報告書』　23,35
日本・ASEAN特別首脳会議　177
日本遺族会　41,43,50
日本教職員組合（日教組）　65,66,72,77
日本郷友連盟　43
日本中国友好協会　26
日本の前途と歴史教育を考える若手議員の会　76
日本を守る国民会議（国民会議）　71-73,83

　　　　　　ハ　行

賠償問題　14
白団　137
ハーグ陸戦条約　100
花岡事件　97
反国家分裂法　147,237
反日学生運動（1985年）　47,48,57
反日学生騒動（2003年）　54
反日感情　111,129,130,133
反日教育　6,121,129
反日デモ　6,8,54,82,111,113,118,145,181
反面教師　24
非核三原則　141
東アジア・スタディ・グループ（EASG）　162
東アジア・ビジョン・グループ（EAVG）　162
東アジア共同体　5,162
東アジア協力　174
東アジア自由貿易圏　167
東アジア首脳会議（東アジア・サミット）　162
東アジアの協力に関する共同声明　168
東シナ海　35
BC級戦犯　46,47
一つの中国　227,228,230,231,235,237,240,242,308
一人あたりGDP　3
『氷点週刊』　23,83
武器輸出三原則　138

武器輸出三原則等　138,141
扶桑社　75,76,81,82
二つの市場　281
文化大革命，文革　117,118,121
米中逆転　291
米中接近　138,245,298,306
平和と発展のための友好協力パートナーシップ
　　31,256,272
平和と発展のための友好協力パートナーシップ
　　構築に関する共同宣言　32
平和に関する罪　19
北京オリンピック　6,252,261
北京政府　21
「北京の春」　117
ベトナム戦争　138,301
ヘルシンキ最終合意書　144
ボアオ・アジア・フォーラム　270
『防衛白書』　145,148
北東アジアFTA　167
保釣　114

　　　　マ　行

満州国　1,73,78
満州事変　1,42-44,47,126
満州問題　2
三つのノー　230
宮澤談話　73,82
民間外交　4
民間交流　25
民間貿易　4,25,286
民主化運動　118,119,122,124
民主党日台友好議員懇談会　236
みんなで靖国神社に参拝する国会議員の会
　　50,75
無償資金協力　253,263,272
村山談話　30,52,82
明徳専案　229
毛沢東時代　116
モノづくり　279

　　　　ヤ　行

靖国神社　20,28,29

靖国神社関係三協議会（靖国関係三協議会）
　　49,75
靖国神社公式参拝　41-51,57,139
「靖国神社合祀事務に対する協力について」
　　40
靖国神社国家護持　41,44
靖国神社参拝　第2章および1,10,14,17,
　　19,20,33,104
靖国神社参拝問題　114,118
靖国神社への参拝　235
靖国神社法案　41,44
靖国問題　9
友好協力パートナーシップ　173
有償資金協力　253,260,261,264,268,272
吉田書簡　94
与隣為善，以隣為伴　170
善隣友好　173

　　　　ラ　行

李登輝6項目提案　228
両岸経済協力枠組み協定（ECFA）　243
レアアース　8
冷戦　25,82,89-91,137,140,223,298-301,
　　304-306,308,312
冷戦の終結　223
歴史・検討委員会　75
歴史教科書問題　118
歴史認識　52,58,76,78,83,92,103,104,113,
　　116,118,119
歴史認識問題　10,67,71,89,143,155,223
歴史問題　39,44,48,51,53,54,57,59,182
連合国　6,7
六者協議　153
盧溝橋　52
盧溝橋事件　2,78,114

　　　　ワ　行

枠組み協定　167
和平演変　119,126

《執筆者紹介》（＊は編著者，執筆順）

＊家 近 亮 子（いえちか　りょうこ）
　　1992 年　慶應義塾大学法学研究科政治学専攻博士課程修了
　　現　在　敬愛大学国際学部教授
　　　　　　法学博士
　主要著作
　『蔣介石と南京国民政府』（慶應義塾大学出版会，2002 年）
　『日中関係の基本構造――2 つの問題点・9 つの決定事項――』（晃洋書房，2003 年）
　『中国近現代政治史年表増補版』（晃洋書房，2004 年）
　執筆担当……序章，第Ⅰ部第一章

一 谷 和 郎（いちたに　かずお）
　　2002 年　慶應義塾大学大学院法学研究科後期博士課程単位取得
　　現　在　中部大学人文学部准教授
　主要著作
　「日中戦争期晋冀魯豫辺区の貨幣流通」山本英史編『近代中国の地域像』（山川出版社，2011 年）
　「革命の財政学――財政的側面からみた日中戦争期の共産党支配」高橋伸夫編著『救国，動員，秩序』（慶應義塾大学出版会，2010 年）
　執筆担当……第Ⅰ部第二章

＊段　　瑞　聰（だん　ずいそう）
　　1999 年　慶應義塾大学大学院法学研究科政治学専攻博士課程単位取得
　　現　在　慶應義塾大学商学部教授
　　　　　　博士（法学）
　主要著作
　『蔣介石と新生活運動』（慶應義塾大学出版会，2006 年）
　「抗戦，建国と動員」高橋伸夫編著『救国，動員，秩序』（慶應義塾大学出版会，2010 年）
　執筆担当……第Ⅰ部第三章

中 岡 ま り（なかおか　まり）
　　2002 年　慶應義塾大学大学院法学研究科後期博士課程単位取得
　　現　在　常磐大学国際学部専任講師
　主要著作
　「中国地方人民代表大会選挙における「民主化」と限界――自薦候補と共産党のコントロール」（『アジア研究』57 巻 2 号，2011 年 4 月）
　「基層社会と党――上海市民意識調査から――」菱田雅晴編『中国共産党のサバイバル戦略』（三和書籍，2012 年）
　執筆担当……第Ⅰ部第四章

木 下 恵 二（きのした　けいじ）
　　2002 年　慶應義塾大学大学院法学研究科後期博士課程単位取得
　　現　在　慶應義塾大学商学部・杏林大学外国語学部・横浜市立大学国際総合学部・群馬県立女子大学国際コミュニケーション学部非常勤講師

主要著作
「1930年代新疆盛世才政権下の『ソ連型』民族政策とその政治的矛盾」(『史学』78巻4号，2009年12月)
「新疆における盛世才の統治と粛清」(『法学政治学論究』89号，2011年6月)
執筆担当……第Ⅰ部第五章

＊松田康博(まつだ　やすひろ)
1997年　慶應義塾大学大学院法学研究科後期博士課程単位取得退学
現　在　東京大学大学院情報学環教授
　　　　博士(法学)
主要著作
『台湾における一党独裁体制の成立』(慶應義塾大学出版会，2006年)
「中国の軍事外交試論――対外戦略における意図の解明――」(『防衛研究所紀要』第8巻第1号，2005年10月)
執筆担当……第Ⅱ部第六章，第九章

増田雅之(ますだ　まさゆき)
2003年　慶應義塾大学大学院政策・メディア研究科博士課程単位取得
現　在　防衛省防衛研究所地域研究部主任研究官
主要著作
「『大国』としての中国外交――『責任大国』の模索――」小島朋之編『21世紀の中国と東亜』(一藝社，2003年)
「二つのシナリオが交錯する日中関係――政策課題としての『戦略対話』――」(『東亜』第453号，2005年3月)
執筆担当……第Ⅱ部第七章

阿南友亮(あなみ　ゆうすけ)
2005年　慶應義塾大学大学院法学研究科後期博士課程単位取得退学
現　在　東北大学大学院法学研究科准教授
　　　　博士(法学)
主要著作
「軍隊建設にみる秩序再編と動員の関係――1920年代広東の事例を中心に」高橋伸夫編著『救国，動員，秩序』(慶應義塾大学出版会，2010年)
「人民解放軍考」(『外交』Vol.10，2011年11月)
執筆担当……第Ⅱ部第八章

加茂具樹(かも　ともき)
2003年　慶應義塾大学大学院政策・メディア研究科博士課程修了
現　在　慶應義塾大学法学部准教授
　　　　博士(政策・メディア)
主要著作
「党国体制の現在――変容する社会と中国共産党の適応」(慶應義塾大学出版会，2012年)
『中国 改革開放への転換――「一九七八年」を越えて』(慶應義塾大学出版会，2011年)
執筆担当……第Ⅱ部第十章

唐　　　成（とう　せい）
　2002年　筑波大学大学院博士課程社会科学研究科経済学専攻修了
　現　在　桃山学院大学経済学部教授
　　　　　博士（経済学）
主要著作
「中国における銀行業の生成と発展――近代から現代へ」中兼和津次編著『歴史的視野からみた現代中国経済』（ミネルヴァ書房，2010年）
「中国におけるマクロ経済政策の決定プロセス」佐々木智弘編『現在中国分析シリーズ5　中国「調和社会」構築の現段階』（アジア経済研究所，2011年）
「産業集積地における中小企業と銀行との取引関係」加藤弘之編著『中国長江デルタの都市化と産業集積』（勁草書房，2012年）
執筆担当……第Ⅱ部第十一章

伊藤　　剛（いとう　つよし）
　1997年　米国デンバー大学国際学大学院 Ph. D.課程修了
　現　在　明治大学政治経済学部教授
　　　　　Ph. D.（国際学）
主要著作
『同盟の認識と現実――デタント期における日米中トライアングル――』（有信堂高文社，2002年）
『比較外交政策――イラク戦争への対応外交』（共編著，明石書店，2004年）
執筆担当……第Ⅱ部第十二章

改訂版
岐路に立つ日中関係
——過去との対話・未来への模索——

2007年5月30日　初版第1刷発行　　＊定価はカバーに
2012年6月10日　改訂版第1刷発行　　　表示してあります

編著者の了解により検印省略	編著者	家近　亮子
		松田　康博 ©
		段　　瑞聡
	発行者	上田　芳樹

発行所　株式会社　晃洋書房

〒615-0026　京都市右京区西院北矢掛町7番地
電話　075(312)0788番(代)
振替口座　01040-6-32280

印刷　創栄図書印刷㈱
製本　㈱藤沢製本

ISBN978-4-7710-2361-1

家近亮子・唐　亮・松田康博 編著
改訂版　5分野から読み解く現代中国
――歴史・政治・経済・社会・外交――
A 5 判 346頁
定価 3,465円

家近亮子 著
日 中 関 係 の 基 本 構 造
――2つの問題点・9つの決定事項――
A 5 判 200頁
定価 2,520円

家近亮子 編
増補版　中国近現代政治史年表
――1800～2003年――
A 5 判 194頁
定価 2,310円

德岡　仁 著
現 代 中 国 と そ の 社 会
――治安問題と改革開放路線の20年――
A 5 判 254頁
定価 3,150円

畠山圭一 編著
中国とアメリカと国際安全保障
――問われる日本の戦略――
A 5 判 294頁
定価 3,360円

杉本　孝 編著
東アジア市場統合の探索
――日中韓の真の融和に向けて――
A 5 判 414頁
定価 4,410円

中村哲夫 著
日 中 戦 争 を 読 む
A 5 判 282頁
定価 3,045円

竹歳一紀 著
中 国 の 環 境 政 策
――制度と実効性――
A 5 判 208頁
定価 3,150円

晃　洋　書　房